880/c

D1078118

Hugo Claus
Toneel I

1988
UITGEVERIJ DE BEZIGE BIJ
AMSTERDAM

Voor Ton Lutz
met mijn dank
H.C.

Voor België Contact NV Antwerpen
Copyright © 1966 Hugo Claus Gent
Eerste druk 1966.
Tweede druk 1968
Derde druk 1971
Vierde druk 1973
Vijfde druk 1978
Zesde druk (Toneel I) *1988*
Omslagontwerp Leendert Stofbergen
Druk Thieme Nijmegen
ISBN 90 234 0175 1 CIP
D 1988 79 11
NUGI 302

Inhoud

De getuigen

TONEELSPEL IN ÉÉN BEDRIJF

Personen

DE OUDE MOENE
DE JONGE MOENE
PRUUSCH
JUAN

*In het donker, tegen een muur geleund zitten drie mannen. Uiterst links
de oude Moene, naast hem zijn broer de jonge Moene, naast deze Pruusch.
Wanneer het doek opgaat zitten zij stil en zwijgen. Een speaker kondigt
aan (hij leest een Laatste Nieuws-tekst, onderlijnt zonder ironie maar met
een zekere overtuiging de soms pompeuze, soms nuchtere uitdrukkingen):*
Op veertien juli laatstleden bevonden zich de drie getuigen van
dit schouwspel voor de woning van Micheline van den Berg,
in de wandeling genaamd Lorna.

*De oude Moene steekt een sigaret aan, geeft de brandende lucifer over
aan Pruusch. Rechts is er vaag een huisgevel te zien, waarvan een raam
verlicht is.*

DE OUDE MOENE Zo gaat het. Je hebt gelijk.

DE JONGE MOENE Ik heb altijd gelijk.

DE OUDE Het gebeurt dat het ook anders gaat, maar meestal is
het zo.

DE JONGE Meestal ja.

DE OUDE Het kan niet anders met dit weer. [*Stilte*] Warm is het,
warm.

DE JONGE Om neer te vallen.

DE OUDE Ja, zo gaat het. [*Stilte*] De zaterdag is een rare dag.

DE JONGE De zondag ook.

DE OUDE De zondag niet. Je kan uitgaan. Naar de voetbal. Je
kan drinken, eten, naar de bioscoop. Alles kan je doen. Omdat
het zondag is. 's Zaterdags niet, als je gewerkt hebt tot één
uur. De dag houdt midden in de dag op. Alsof het niet mocht.
Hij is begonnen, die dag, wat moeten wij er verder mee doen?

DE JONGE Hier zitten. Bij Lorna.

DE OUDE Wij werden gewassen vroeger, weet je wel, in de
kuip? Hoe wij rood en warm en lachend in het water zaten?

DE JONGE Herkauw je weer?

DE OUDE Je doet het ook.

DE JONGE Niet waar. Ik denk aan Lorna.

DE OUDE Ik ook. [*Stilte*] Misschien wast zij zich ook.

DE JONGE In het bad.

DE OUDE Rood en warm. En lachend. [*Stilte*] Wat een hitte.

DE JONGE Om neer te vallen.

PRUUSCH [*hij heeft een onaangename, scherpe stem; hij lacht schril*]
Om recht te staan. Hihihi.

9

DE OUDE Rare Pruusch.

DE JONGE Hij zegt ook wat. Als hij zijn mond open doet is het om beestigheden te vertellen.

De lantaarn die aan het huis is vast gemaakt gaat aan. De drie mannen zijn nu goed zichtbaar. Ze zijn in werkmanspak, zitten gebogen, roken, kijken voor zich uit. De gebroeders Moene lijken zeer op mekaar, er is geen leeftijdsverschil te zien zelfs. Pruusch is een mager mannetje.

DE OUDE Wat een weer.

DE JONGE Zij wast zich en kijkt in de spiegel.

DE OUDE Zij vindt zich mooi.

DE JONGE Zij is mooi.

DE OUDE Maar De Haan komt pas om tien uur.

DE JONGE Zij maakt zich nu al klaar om hem te ontvangen.

DE OUDE Vrouwen.

DE JONGE Lorna.—Nu ziet ze ons weer, in het lantaarnlicht.

DE OUDE Ik zit liever in het donker.

DE JONGE Ik ook.

DE OUDE Waarom ga je dan niet in het donker zitten, aan de voorkant van het huis?

DE JONGE Dat vraag je mij nu al maanden.

DE OUDE Jij zegt al maanden dat je liever in het donker zou zitten.

DE JONGE Jij zegt het ook.

PRUUSCH Misschien ziet zij jullie niet eens.

DE OUDE Waarom zou zij ons ook bekijken?

DE JONGE Ja waarom?

DE OUDE Zij is de mooiste vrouw van de stad.

DE JONGE Haar haar is zilver en goud terzelvertijd.

DE OUDE Het is geverfd.

DE JONGE Het is mooi.

PRUUSCH Het maakt jullie niet minder heet.

DE JONGE Het haar steekt ons in brand. Als een vlam.

DE OUDE Zij loopt als een beest. Zij wiegt haar lenden als draaiden zij rond een stalen, maar buigzame spil.

DE JONGE Haar mond gaat open als een natte, gespleten vrucht.

DE OUDE Haar lichaam is een boog.

DE JONGE Die niet breekt maar buigt en buigt.

DE OUDE Het is een viool.

DE JONGE Ik wilde dat ik een vioolspeler was.

DE OUDE En ik een schutter. [*Stilte*] Ik heb mijn vrouw in geen weken gezien.

DE JONGE Ik heb er nooit een gehad.

PRUUSCH Jullie hebben Lorna nu. Hihihi.

DE OUDE Zij brengt ons geen geluk.

DE JONGE Zij haat ons.

DE OUDE Wij durven haar niet te naderen.

DE JONGE Als zij naar ons kijkt op straat wenden wij onze blikken van haar af.

DE OUDE Wij hebben haar al drie keer gezien totnogtoe.

PRUUSCH Toch is zij de grootste hoer van de stad.

DE OUDE De Haan is haar meester.

DE JONGE En voor hem was het Koopman.

DE OUDE En voor hem Kistemaeckers, Ram, Tweelinckx, Louis de Rode.

PRUUSCH Maar nooit Pruusch.

Zij lachen samen, stilletjes.

DE OUDE Het komt wel.

DE JONGE Later.

DE OUDE Want op een dag bezwijkt zij.

DE JONGE Op een dag kan zij er niet meer tegen. Tegen onze aanbidding.

DE OUDE Op een avond komt zij aan haar raam en roept ons samen binnen, als drie vertrouwde minnaars, als drie vroegere vrienden van haar die zij al jaren kent. Zij zegt: Hier ben ik. Neemt mij. Verdeelt mij zoals jullie willen maar neemt mij.

DE JONGE Op een dag valt zij voor ons op haar knieën.

PRUUSCH Ja, wanneer zij op haar benen niet meer kan staan van de ouderdom. Hihihi.

DE OUDE Zelfs dan gaan wij naar binnen.

DE JONGE Wat geeft het?

DE OUDE Waarom zou het iets geven? Zij is Lorna, zij blijft Lorna. [*Stilte*] Waarom ga ik niet naar haar kamer toe? Alle deuren staan open, een hond kan er zo naar binnen lopen. Waarom klop ik niet aan haar deur en zeg: Lorna, ik wil je minnaar zijn? Waarom doe ik het niet en beven mijn oude knieën en tikken zij tegen mekaar?

DE JONGE Omdat je bang bent. En oud. En vies. Lelijk. Omdat je geen kleren aan je vel hebt, geen geld in je zakken, geen liefelijke woorden in je mond, niets in je hersenen, en tegen de tijd dat je bij haar komt niets meer in je buik. [*Hij lacht*]

DE OUDE Je bent niet beter.

DE JONGE Ik ben je broer.

PRUUSCH Hihihi. De tweelingsbroeders Moene. Geen Siamese tweelingen, neen, maar toch zijn zij aan mekaar gebonden.

DE OUDE Jij... Waarom aan mekaar gebonden? Ik heb niets met hem te maken.

DE JONGE En ik niets met hem.

DE OUDE Ik ken hem niet. Hij lijkt op mij, ja, wij hebben dezelfde moeder, hij werkt in dezelfde fabriek als ik en wij wonen samen maar ik *ken* hem niet. Wie is die kerel? Hij heet Moene, ja, zoals ik, maar wie is Moene?

DE JONGE Ja en wie is *hij*?
Stilte.

DE OUDE Pruusch... Waarom aan mekaar gebonden?

PRUUSCH Gebonden door Lorna, hihihi.

DE OUDE En jij dan, Pruusch, met je vogelstem, je vogelhoofd en je vogelpootjes, waarom ga jij niet naar boven?

PRUUSCH Waarom zou ik? Ik zit hier goed.

DE OUDE Je wacht op iets.

DE JONGE Waarop wacht je?

DE OUDE Hij wacht tot wij samen in haar kamer komen. Tot hij meesluipen kan.

DE JONGE Zodra wij in haar kamer komen, gooi ik hem door het raam.

DE OUDE Parkietje, Parkietje, klein Pruuschje, kan je vliegen?

PRUUSCH Ik ga er niet binnen.

DE OUDE Omdat je niet binnen kàn.

DE JONGE Je hebt geen kleren, je haar zit niet goed, je kan niet spreken want je tjilpt, je kwettert. Je hebt geen goede manieren.

DE OUDE Je hebt geen auto.

DE JONGE De Haan gaat bij haar naar binnen. Hij heeft een Jaguar.

DE OUDE Een Jaguar Twee en vijftig, kleine Pruusch.

PRUUSCH Ik wacht op iets anders, Moene. Op mijn dooie ge-mak tegen dit muurtje hier geleund en op mijn kont. En voor mijn parkietenoogjes zal het gebeuren op een dag. En jullie, of een andere, of vijf anderen, met Lorna of zonder Lorna, zullen hier een dansje uitvoeren, een spelletje spelen. Als houten marionetjes. Ik zal de touwtjes niet vasthouden, o neen, daarvoor ben ik te zwak, te dun, te mager, een veel te schamel vogeltje, maar ik zal het zien gebeuren. Ik zal het zien. Zonder te betalen, zonder te verroeren zal ik het spelletje zien gebeuren.

DE OUDE Luister.

In het huis heeft Lorna haar grammofoon aangezet. Een warm, hitsig jazz-liedje 'My Mother done told me'. Als de zangeres aan de woorden 'A Man is a Two-face' komt, zegt

DE OUDE Wat zegt het liedje, Pruusch?

PRUUSCH Dat de man een twee-gezicht is. Een dubbel gezicht heeft.

DE JONGE Ja?

DE OUDE [*springt recht*] Ik wist het. Ik wist het. Dat zijn wij. Zij bedoelt ons tweeën. Zeg? Een man met twee gezichten, dat zijn wij toch! Dat wil ze ons vertellen. Zij nodigt ons uit.

DE JONGE Wij zijn met zijn drieën.

PRUUSCH Maar ik tel niet mee, lieve Moene. Ik ben een vogel. Een man is geen dubbel gezicht en een vogel. Neen. Een man is een dubbel gezicht en dat zijn jullie.

DE OUDE Natuurlijk. Ik voelde het.

DE JONGE Durft zij ons dan niet anders uitnodigen?

DE OUDE Dit is de manier der vrouwen.

Op dit ogenblik verschijnt Juan, een zeer jonge jongen in een werkmans-pak. De Speaker leest weer voor: Toen de muziek ophield, verklaar-den de getuigen Moene, verscheen ten tonele Juan, een jonge-man die in dezelfde fabriek werkte als zij. Hij was een Spaanse vluchteling, die ten tijde van de Spaanse Burgeroorlog naar België was gebracht door de Rode Kruis-diensten. Toen Juan hen zag, zei hij

JUAN Eindelijk heb ik jullie gevonden. Ik vroeg mij af waar jullie heen trokken elke avond samen.

DE OUDE Hoe heb je ons gevonden?

13

DE JONGE Wie heeft het jou verteld?

JUAN Wat doen jullie hier? Zitten jullie te broeden op een overval, mijn lieve gangsters? En jij, Pruusch, heb je dan goud of parels zien blinken ergens?

DE OUDE Hij heeft ons gevonden.

JUAN Mag ik mee op rooftocht? Kijk, ik heb een mes, ik kan er mee gooien als een Mexicaan.

De Speaker leest voor: En hij liet hen een dolk van Duitse makelij zien...

PRUUSCH Zij gaan niet roven, Juan, al staren zij zich nog zo molleblind op het huis, waar de schat op hen wacht...

JUAN Waar is die schat dan?

DE OUDE Weet ik het.

DE JONGE Welke schat?

PRUUSCH Zij weten het maar al te goed, maar durven hun mond niet opendoen, omdat hun adem hen verraden zou, omdat hun tong razend rondloopt in hun bakkes en 'Lorna' roept, 'Lorna'.

JUAN Woont zij *hier*?

DE OUDE Ken je haar dan?

DE JONGE Kennen de kinderen der stad haar dan al?

JUAN Zij is mooier dan mijn moeder, zegt men.

DE OUDE En mooier dan je zuster, en je tantes en alle vrouwen in de stad.

DE JONGE Zij is geen vrouw meer, zij is een Onze Lieve Vrouw.

JUAN Komt zij hier bij jullie?

DE OUDE Neen.

DE JONGE Nooit.

JUAN Komt zij dan niet buiten?

DE OUDE Overdag, als wij in de fabriek werken.

DE JONGE Of in de auto van de Haan, 's nachts heel laat.

JUAN Komt zij dan niet aan haar raam? Roept zij jullie nooit iets toe?

DE OUDE Haar raam is altijd gesloten.

DE JONGE Maar verlicht, zodat wij weten dat zij er is.

DE OUDE Dat zij rondloopt in haar huis, in een bebloemde, zijden jurk.

JUAN Wenkt zij dan niet eens vanachter de ruit?

14

DE OUDE Zij loert ons van achter de dichte gordijnen af.

PRUUSCH Dat denken jullie toch. Hihihihi.

JUAN En waarom gaan jullie er niet in? Of glijden jullie 's nachts als dieven binnen?

DE OUDE Waarom ga jij niet?

DE JONGE Als je zo moedig bent.

DE OUDE Hij zou wel durven.

DE JONGE Zou hij?

JUAN Wat moet ik haar dan zeggen?

DE OUDE Hij durft.—Zeg haar dat wij hier op haar zitten te wachten.

DE JONGE Dat wij honger hebben naar haar, haar lach, naar haar warme ogen.

JUAN Luister... ik weet niet hoe met vrouwen om te gaan... ik stotter als ik tot ze spreek... ik durf ze niet te naderen soms...

DE OUDE Zie je?

DE JONGE Aha.

DE OUDE Het moedig leeuwtje.

DE JONGE Het Spaanse tijgertje.

JUAN Maar als jullie het willen, nu jullie het mij gevraagd hebben dan is het iets anders... dan ga ik wel...

DE OUDE Overigens heeft zij naar je gevraagd daareven.

DE JONGE Ja, daarnet riep zij ons nog toe: Waar is Juan?

JUAN Ik dacht dat zij niet tegen jullie sprak?

DE OUDE Waar is Juan, riep zij, die jongen die bij jullie op de fabriek werkt?

JUAN Dat zij niet aan haar raam verscheen?

DE JONGE Waarom laat hij op zich wachten, gilde zij.

DE OUDE Haal hem uit zijn huis, riep zij. Ik kan niet langer leven zonder hem. 's Nachts word ik wakker en roep hem toe.

JUAN Kent zij mij dan?

DE OUDE Zij loopt soms achter je aan in de stad.

DE JONGE Als een lenige, bronstige schaduw volgt zij je stappen door de straten.

DE OUDE Je zag haar nooit.

DE JONGE Zij verschool zich.

DE OUDE Zij was bang, verlegen.

JUAN Is zij dan verliefd op mij?

15

PRUUSCH Dodelijk.

Stilte.

JUAN Als ik binnenkom moet ik haar hand vastnemen en kussen, nietwaar?

DE OUDE Natuurlijk.—Wacht. [*Hij staat op, streelt zijn heupen en zegt met een vrouwenstem*] Dag jongeman.

DE JONGE Neen; dag Mijnheer.

JUAN Maar zij is verliefd op mij. Zij zal uitroepen: O Juan ben je daar eindelijk? Na zolange tijd?

DE OUDE Maar neen. Zij is schuchter, meteen opgeschrikt als een wild veulen, wat denk je jongen? Vergeet niet, zij is een maagd, zij kent de mannen niet. [*Hij wordt Lorna*] Met wie heb ik de eer, Mijnheer?

JUAN [*speelt mee*] Met Juan.

DE JONGE Mevrouw.

JUAN Met Juan, Mevrouw.

DE JONGE Dan ga je achteruit, je buigt diep en je wuift heel even voor je met je hand. [*Hij buigt en zwaait als een musketier*] *Juan naast hem, doet hem na.*

DE OUDE [*als Lorna*] Met wat kan ik u van dienst zijn, o hoog-edelgeborene?

DE JONGE Met uw hart, o vrouw van mijn gedachten.

Juan naast hem herhaalt het.

DE OUDE [*als Lorna*] Gij zijt stoutmoedig, Mijnheer, maar...

DE JONGE [*gaat naast de oude staan en wordt ook even Lorna*]... ik houd van moedige harten.

JUAN [*aarzelend*] Het mijne is moedig en behoort u toe.

DE OUDE Neen. Neen.

DE JONGE Niet bluffen, Juan. Maar ook niet tam zijn. Neen. Je komt vlakbij en kijkt haar lang en diep in de ogen. Je zegt: Je ogen...

PRUUSCH Zijn blauw en diep als de hel.

JUAN Zijn blauw en diep als de hel.

DE OUDE EN DE JONGE Neen. Neen.

DE JONGE Zij zijn blauw als de zee. Ik wil er in verdrinken.

DE OUDE [*weer Lorna*] Je neemt mijn hand en kust haar.

Juan kust de hand van de oude.

JUAN En dan op haar wang?

16

DE OUDE Neen. Op haar mond. Het is een verrassing, een blitz-overval. Zo overwint men de citadel. Met één harde en vlugge daad spring je over alle hindernissen.

JUAN En wat doet zij?

DE OUDE [*plooit verlegen in mekaar, fluistert*] Verlaat mij nu, schone jongeling.

DE JONGE En jij: Mag ik vannacht aan uw venster zingen?

JUAN Ik kan niet zingen.

DE JONGE Dat doet Pruusch wel in je plaats. Nietwaar?

PRUUSCH Je zal er niet zijn vannacht, Juan.

JUAN Neen?

PRUUSCH Neen.

JUAN [*wendt zich van Pruusch af, traag, herneemt zijn rol*] Mag ik vannacht aan uw venster zingen, Lorna?

DE OUDE [*fluistert en knikt*] Ja.

DE JONGE Dan loop je vlug de deur uit, laat haar achter in ver-warring, alleen met haar lichaam dat ontroerd en wakker is.

DE OUDE En je vertelt ons hoe het afgelopen is.

JUAN En kom ik dan vannacht?

DE OUDE Klokslag twaalf uur sta je hier te zingen. Of liever, staat Pruusch hier te zingen. Dan ga je naar binnen. In haar meest geheime kamer.

PRUUSCH Dat is zo. In een nieuwe, geheime kamer, die zij zel niet kent.

JUAN Dan... ga... ik.

DE OUDE Wij wachten.

DE JONGE Kijk haar goed aan.

DE OUDE Kijk elke beweging van haar aan, zodat je ons alles nauwkeurig kan vertellen.

JUAN [*gaat. Komt terug*] Langs daar?

DE JONGE Ja, de keuken, dan de eetkamer, dan de trappen.

Juan gaat.

DE OUDE Hij is jong.

DE JONGE Hij weet niet wat een vrouw is.

PRUUSCH Hij zal het leren.

DE OUDE Nu gaat hij zacht en zijn ingewanden branden. Hij weet niet waar zijn voet treedt. Waar hij zijn blik moet wen-den.

17

DE JONGE Zijn hoofd is een klok. Zijn polsen slaan.

DE OUDE Hij is een jonge, jonge man.

DE JONGE Misschien vindt zij hem mooi.

DE OUDE En houdt hem tussen haar gevederde klauwtjes.

PRUUSCH Dat zal zij doen.

De andere twee kijken hem lang aan.

DE OUDE Hij durft binnen te gaan omdat hij niet weet wie zij is.

DE JONGE Hij denkt aan een witte, splinterende bruid, die hem tegemoet komt.

DE OUDE Niet aan een spannende, wrede panter.

DE JONGE Zij is een witte bruid en een panter tegelijk.

De Speaker leest voor: Op dit ogenblik hoorden de getuigen een vage schreeuw [*men hoort een kort, verstikt geluid*] waarin zij de stem van Juan meenden te herkennen. Onmiddellijk daarna kwam hij op hen toegelopen...

JUAN Leugenaars. Oude, dikke leugenaars. [*Hij staat op het punt in huilen uit te barsten*] Ik zal jullie zo meteen in jullie rotvel snijden [*Hij haalt zijn mes te voorschijn*]

De Speaker leest voor: en bedreigde hen met het mes, dat hij hen tevoren getoond had.

PRUUSCH Zie je? Zie je?

DE OUDE EN DE JONGE Ho. Ho. Héla.

DE OUDE Wat is er aan de hand, jongen?

DE JONGE Is zij dan niet mooier dan...

JUAN Zij heeft haar jurk opengedaan.

DE OUDE En?

PRUUSCH Zij was er naakt onder.

JUAN Ja.

DE OUDE Vertel.

DE JONGE Gauw.

JUAN [*komt over zijn woede heen, spreekt hortend*] Ik maakte mijn buiging, ik zei: Uw hart, o vrouw van mijn gedachten... maar toen kende ik het niet meer en ik zei: Lorna, Lorna... en zij lachte en zei: Dag lieverdje... en deed haar jurk open.

DE JONGE Deed zij dat?

DE OUDE Opzettelijk of viel de jurk vanzelf open?

DE JONGE Deed zij het vlug?

DE OUDE Of berekend, traag en zacht?

18

DE JONGE Ja, hoe? Traag of vlug?

In het huis heeft Lorna opnieuw de grammofoon aangezet. Hetzelfde lied.

DE OUDE Zij vraagt of je terug komt.

DE JONGE Zij nodigt je uit met haar liedje.

DE OUDE Zij is niet schuchter, niet teruggetrokken meer. Zij wil je.

DE JONGE Ben je nog bang?

DE OUDE Hij is nooit bang geweest.

DE JONGE Alleen maar verrast.

JUAN Ja.

DE OUDE Kom, lieve Juan, zegt het liedje.

DE JONGE Zij zegt het, zij zingt het, het is haar stem.

JUAN Moet ik nu terug?

DE OUDE Natuurlijk.

DE JONGE Je mag haar niet beledigen. Zij is een dame, de mooiste dame uit de stad.

DE OUDE Doe haar geen pijn, jongen.

DE JONGE Pijnig haar niet.

JUAN Ik weet niet wat ik moet doen.

PRUUSCH Je zal gaan, kleine Juan. Hoe wil je eraan ontsnappen?

JUAN Ik wil er niet heen en toch ga ik. Waarom?

DE OUDE Omdat je toch wil.

JUAN Alsof er iemand mij met touwen heen trekt. Wat is het, Pruusch?

PRUUSCH Ik houd je niet aan touwtjes gebonden, Juan. Niemand trekt aan de touwtjes en toch beweeg je, toch ga je binnen, kleine bruidegom, naar het bed, naar de armen, naar de zachte huid.

Juan gaat.

DE OUDE [*roept naar het raam*] Wees goed voor hem, mooie Lorna.

DE JONGE [*idem*] Aanhoor hem, aanbiddelijke.

DE OUDE [*stil*] Nu gebeurt het.

DE JONGE Hij is jong. Jong en glad als een gladde, jonge berk.

DE OUDE En zij heeft zich uitgekleed.

DE JONGE Parfum over haar spannend vel gewreven. Zij is blij en jachtig, want hij is jong en wild, denkt zij.

DE OUDE Haar handen zijn diertjes die zij niet temmen kan, zo heftig springen zij op.

DE JONGE Haar tanden blinken hem tegen.

Buiten piept een autorem. Een autodeur klapt dicht.

DE OUDE [*bang*] Hij is te vroeg. Veel te vroeg.

DE JONGE De Haan.

Zij staan recht, roepen naar het raam, zij zijn zenuwachtig, het lijkt alsof zij willen weglopen. Alleen Pruusch blijft zitten en kijkt hen aan.

DE OUDE De Haan komt binnen.

PRUUSCH Als slappe, houten marionetjes.

DE OUDE De Haan gaat door de tuin, hij doet de voordeur open. Zij horen de deur niet dichtklappen. Zij horen de stappen zelfs niet.

DE JONGE Juan zit in de klem.

DE OUDE Als een rat. Hij kan niet weg.

DE JONGE Zij heeft De Haan gehoord. Maar Juan wil niet weg.

Zij lopen driftig over en weer, luisteren, kijken naar het raam.

De Speaker leest voor: Op het ogenblik dat Lorna de auto van haar vriend, de bekende industrieel en schepen van Openbare Werken, de heer Aloysius De Haan hoorde, bad zij vriendelijk doch beslist de jonge man haar woning te verlaten. Hij weigerde, zeggende dat hij haar beminde. Toen de heer De Haan de kamer binnentrad en hen beiden samenvond sloeg hij de jonge vrouw in het gezicht. [*Men hoort een vrouwengil*] De getuigen hoorden haar schreeuw. Door de woede of door de angst gedreven bracht de Spaanse vluchteling de heer De Haan daarna twee messteken toe in de buik, waarvan men de dode...

Men hoort een man schreeuwen, het geschreeuw vergaat in een rochel. Juan komt voor de drie mannen staan.

DE OUDE Hij heeft het gedaan.

DE JONGE Is zij dood? Ligt zij bloedend in de kamer?

PRUUSCH Zij heeft niets, zij is springlevend en houdt haar ogen open en ziet hem liggen.

DE OUDE De Haan.

JUAN Zij vroeg mij jullie te komen roepen. Zij zegt: Laat hen vlug vlug hierheen komen, je vrienden in het donker daar. Ik heb hen nodig.

DE OUDE De directeur van de fabriek.

DE JONGE De Haan.

DE OUDE Je geraakt er nooit uit.

DE JONGE Je zit vast.

JUAN Zij heeft jullie nodig. Zij wacht, zij is angstig, zij huilt.

PRUUSCH Zij durven niet, Juan. Jullie zijn twee ratten. Nu is het ogenblik, tweeling van mijn voeten, nu. Zij is ontredderd, zij staart met wijdopen ogen naar de leegbloedende man op het tapijt. Zij is in de war maar levend. Het bloed jaagt versneld door haar lijf.

DE OUDE Ga jij, Juan.

DE JONGE Help haar.

DE OUDE Hij is onze baas.

DE JONGE Van onze fabriek. Wij zullen ontslagen worden.

JUAN Ik wil haar niet meer zien. De kamer niet meer. De man niet meer die haar sloeg.

DE OUDE Help haar, jongen.

DE JONGE Want jij hebt het ongeluk over haar gebracht.

JUAN Wie helpt mij? Wie helpt mij? [*Hij wrijft over zijn gezicht, zijn bevlekte mouw laat er bloedsporen*] *Ik* had haar moeten slaan en hij had *mij* moeten steken. Ah.

De Speaker leest voor: Toen Lorna uit haar bezwijming trad en de vermoorde industrieel zag liggen, verwittigde zij onmiddellijk de plaatselijke politie.

JUAN [*gaat naast Pruusch zitten*] Pruusch noemen zij jou. Waarom eigenlijk?

PRUUSCH Omdat ik op een parkietje lijk. Pruuschje, parkietje.

JUAN Waarom noemen zij mij dan Juan?

PRUUSCH Omdat je Spaans bent. Het betekent iets Spaans dat wij niet kennen.

JUAN Hoelang komen jullie hier al zitten?

PRUUSCH Ik zal hier niet meer komen.

JUAN Neen.

PRUUSCH Ben je bang? Je beeft.

JUAN Ik ben niet bang. Ik heb het koud.

PRUUSCH Nu ga je de gevangenis in.

JUAN Ik weet het.

DE OUDE [*komt bij hen staan*] Was zij mooi? Zeg, Juan...

JUAN De mooiste vrouw die ik ooit gezien heb. Mooier dan mijn moeder. Mooier dan alle vrouwen in de stad.

PRUUSCH Het is beter dat je haar vergeet, nu.

JUAN Ik wil haar niet meer zien.

Een politiewagen met de sirene, die huilt.

DE OUDE Nu, jongen...

DE JONGE Ja.

JUAN Ik wil haar niet meer zien, zeg ik jullie. Ik wil er niet meer heen.

DE OUDE Het hoeft niet.

DE JONGE Je hebt haar gezien. Je zal haar niet vergeten.

DE OUDE Zeg... was zij mooi?

DE JONGE Zeg... hoe was haar vel, was zij warm toen je haar voelde?

DE OUDE Was haar mond vochtig?

JUAN Ik wil haar niet meer zien. Ik wil haar niet meer zien.

De twee gebroeders komen dichter bij hem, nemen zijn handen vast. Spreken zachter.

DE OUDE Zeg... hoe was zij? Hoe?

De politiewagen is nu vlakbij, stopt. De sirene sterft. De deuren van de politiewagen klappen dicht. Stappen. Geschreeuwde bevelen. Fluitjes. De gebroeders Moene fluisteren dicht rond Juan, raken hem aan, opgewonden, driftig. De Speaker leest voor: De politie onder leiding van Luitenant Moker vond de jonge moordenaar bij de achterkant van het huis, waar hij in bedwang gehouden werd door de twee getuigen Moene en een oudere werkman, die men Parkiet noemt.

Doek

(1952)

Een bruid in de morgen

TONEELSPEL IN VIER BEDRIJVEN

'A great love is a fire
That burns the beams of the roof.
The doorposts are flaming and the house falls.'
ROBINSON JEFFERS

Personen

HENRI PATTINI, de vader
MADELEINE PATTINI, de moeder
THOMAS, hun zoon
ANDREA, hun dochter
HILDA, de nicht

De actie speelt zich af in deze tijd, in een provinciestad, in de maand maart.

Nota's voor de regisseur

Decor. Daar dit geen realistisch stuk is, zeker geen realistisch decor. Het geheel zeer schematisch. Effen panelen in een eenvoudig gebinte. Een gelijk grijze kleur. Alleen de trap en het kamertje boven ontsnappen hieraan. De trap is helderwit. Het kamertje boven, in tegenstelling met het uiterst herleid aangeven der andere kamers, is een bric à brac van een heftige kleur. Affiches, een gitaar of een mandoline. Papieren allerhande, portretten van musici. Een fonograaf. Kleurige lappen. Zodat wanneer het licht in dit kamertje aangaat voor het eerst, de toeschouwer die al gewoon was aan de grauwheid van het Pattinihuis, ineens een hevige, bijna glanzende, nieuwe wereld in dit huis ontdekt, de kamer waar de vroegere musicus zich terugtrekt om te 'werken', waar de dromen dus opgestapeld zijn en waar het meisje Andrea sterft.

Lichten. Doven langzaam, gaan langzaam aan. In een paar gevallen kan de overschakeling echter vlug gebeuren. Bijvoorbeeld wanneer Hilda in het tweede bedrijf zegt: 'Wat voeren zij daar toch uit?' kan een zeer vlugge overschakeling, die Andrea's kamer in het volle licht zet en de huiskamer in de schaduw, haar gedachtengang suggereren.

Muziek. Ik duidde aan: weke muziek. Men kan evengoed lezen: sentimentele, ontroerende muziek. Indien er geen speciale muziek gecomponeerd wordt, zou ik een passage van 'Les Biches' van Francis Poulenc prefereren, die steeds terugkomt als een leitmotiv. Vooral de muziek niet gebruiken om bepaalde sentimentele passages te onderlijnen. Eerder wat laten rondfladderen, versnipperen over het geheel.

Andrea en Thomas. Heel jong. Geen jeune premiers met theaterstemmen. Andrea draagt in de eerste twee bedrijven een broek en een pull-over. Zij heeft zwart, kortgeknipt haar. Is los, beweeglijk, in zichzelf gekeerd. Rookt veel. Latente hysterie. Thomas draagt ook een pull-over, zonder hemd. Hij is *niet achterlijk*, maar een beetje vreemd. Ziekelijk gevoelig. Soms dikhuidig, soms uitermate kwetsbaar. Even trager, maar fantastischer dan Andrea. Hij spreekt met handbewegingen.

25

De moeder. Onderdrukte overgevoeligheid. Zij heeft zichzelf zolang het harnas der beheersing, de kalme berekening opgelegd dat het een tweede natuur geworden is. Metaalstem.

De vader. Hij zit er maar. Probeert tot 'rust' te komen, maar wil die eigenlijk niet. Zeker geen meubelstuk. Eerder een bliksemafleider die de onrustige bewegingen der anderen opslorpt. Aldus een zekere verademing laat aan de toeschouwer.

Hilda. Is opgevoed geworden door haar zieke moeder en in kostscholen. Een oud jongmeisje. Niet belachelijk, hoe naïef haar gezegden ook zijn.

Eerste bedrijf

Het decor is een grillige doorsnee van het appartement der Pattini's.
Rechts de woonkamer. Een tafel, een kast, een sofa en een paar stoelen.
Aan de muur een oude affiche van een Pattini-recital. Het raam rechts
geeft uit op de straat. De deur in de 'fond' is die van de slaapkamer der
ouders. Links, drie-vier trappen hoger, de kamer van Andrea. Een ijze-
ren bed. Tussen deze twee kamers begint de trap die naar een klein
kamertje boven de huiskamer leidt.
Als het gordijn opgaat is alleen de huiskamer verlicht. Pattini, een moede,
voorovergebogen man van in de vijftig, zit op de sofa. Hij spreekt traag,
welwillend, slap. Zijn vrouw is vroeger een schoonheid geweest, maar
daar is niet veel meer van te merken. Zij is zenuwachtig en hard. Zij zit
aan de tafel, drinkt koffie.

DE MOEDER De manchetknopen, Pattini, en je weet het goed
genoeg, zijn voor Thomas. Waarom moet jij ze, precies vandaag, aandoen? Het lijkt wel alsof je het opzettelijk doet, alsof
je wil dat hij er uitziet als een vagebond. Je weet wat er van
afhangt en toch veroorloof je je weer grilletjes.

DE VADER Waarom mag ik niet eens zijn manchetknoopjes aandoen, als hij mijn scheerzeep gebruikt, mijn hemden aandoet?
Waarom moet *ik* mij altijd met veiligheidsspelden behelpen?

DE MOEDER Morgen, Pattini, overmorgen, elke dag vanaf
morgen mag je ze aandoen. Vandaag niet, als alles op het spel
staat.

DE VADER Goed. Goed. Hier [*Doet de manchetknopen af en geeft ze*]
De moeder legt ze op de tafel.

DE MOEDER Ik ken je, Pattini, je wil weer ruzie maken, je wil
mij op de zenuwen werken, je wil alles laten mislukken.
De vader maakt een moedeloos gebaar.

DE MOEDER Of wil je weg? Is het dat? Krijg je weer de jeuk in
je oude knieën en wil je de straat op? Zeg het mij maar als het
dát is. Daar, daar is de deur. Ga maar. Laat mij alleen achter in
dit kaal huis, alleen om alles op te knappen, zoals ik al vijfentwintig jaar doe. Ga maar.

DE VADER Ik ga niet, je weet het wel.

DE MOEDER Maar je wil het, je wil het.

DE VADER Overigens, ik heb geen tijd. Ik moet mijn concerto overwerken.

DE MOEDER Huh.

DE VADER Ben ik al een keer de straat opgegaan de laatste maanden? Neen. Ik kan het niet meer. Ik wil geen mensen zien. Zij zijn allemaal gelijk, grimmige, kleine schoften. Zoals die dag in de Empire.

DE MOEDER Het waait. Het zal regenen. Misschien durft Hilda de straat niet op. Zeg, wat dan, als het begint te regenen?

DE VADER Zij komt wel door de regen. Hoe laat is het?

DE MOEDER Kwart voor vier.

DE VADER Als zij om vier uur komt kan ik niet meer werken?

DE MOEDER [*lusteloos*] Neen.

DE VADER Elke dag is het zo, week in week uit. Geen ogenblik, geen minuut tijd heb ik om aan het werk te gaan. Mijn tijd gaat voorbij, vloeit weg als water onder mijn neus en ik zit er naar te staren. Ik hou het niet meer uit.

DE MOEDER [*schamper, daarna zachter*] Je hield het twintig jaar geleden al niet meer uit. Waarom ga je niet in je kamertje zitten, rustig?

DE VADER En het gaat niet meer, zeg je net! Als Hilda komt, moet ik er toch bij zijn, ik moet haar toch ontvangen. Zij wil mij toch zien, de vader. Zijn eigen vader moet er toch bij zijn?

DE MOEDER Ik zou liever hebben dat je in je kamertje zat, als zij komt.

DE VADER Oh. Goed. Zij hebben een plaat gekocht van mijn Requiem, zeg je? Dus houden zij van mijn muziek? Misschien is zij wel een intelligent, gevoelig meisje.

DE MOEDER Misschien.

DE VADER Maar zij is niet zo mooi, zeg je?

DE MOEDER O, ze lijkt op haar moeder, op je zuster, nu ben jij bepaald ook niet van de knapsten. Vroeger wel, dat is waar, je was de knapste jongen van de school.

DE VADER Ja.

DE MOEDER Ze is niet lelijk, Hilda, als zij zich poederde, schminkte, [*grinnikend*] haar neus liet rechtzetten, als haar heupen smaller waren, haar benen dikker en vooral als zij haar mond niet opendeed.

DE VADER Maar misschien is zij fijngevoelig, lief?

DE MOEDER Huh. Zij is niet meer van de jongsten, dat is het, Pattini. Achtendertig. Alhoewel zij nog een betrekkelijk goed figuur heeft voor haar leeftijd. Zij heeft de man nog niet gekend, daarom heeft zij nog een betrekkelijk goed figuur. Wel. Het is de enige oplossing.

DE VADER Je zegt het.

DE MOEDER [*roept in de richting van het kamertje boven*] Thomas.

DE VADER Misschien kunnen wij, als zij verloofd zijn, een feestje geven, aangenaam, gezellig onder ons en kan ik dan het eerste deel van mijn concerto voorspelen?

DE MOEDER [*schril*] Hier in huis?

DE VADER Waarom niet? Wij lenen een piano van Alfred.

DE MOEDER En als Hilda hier binnenkomt met haar moeder? Huh. Ik zie haar al, je zuster Myriam, zoals zij hier zou binnenpikkelen met dat lamme been van haar, pikkel pikkel pom en hoe zij gilt: 'O, Henri, waar zijn de twee Perzische tapijten die mama je meegegeven heeft? O, Henri, en de Venetiaanse spiegel van mama, waar is hij, oh, oh?'

DE VADER Myriam komt niet meer na al die tijd.

DE MOEDER Oh, de tapijten? zeg ik dan [*zij spreekt op een zeer geaffecteerde salontoon*], Myriam, liefste, die hebben wij jammer genoeg twaalf jaar geleden moeten uitlenen aan onze vriend en bekende Chopinvertolker Alfred Wijnberg, die hierboven woont, en die ons daarvoor een lening heeft aangeboden om ons toe te laten Pattini in vrede zijn concerto te laten afwerken. Twaalf jaar geleden. En de Venetiaanse spiegel, liefste, staat beneden bij de concierge, voor dezelfde redenen.

De man op de verdieping boven het appartement der Pattini's speelt piano. Zeer weke muziek.

DE MOEDER En niet alleen de tapijten, liefste Myriam. Maar ook de schilderijen en de beelden. Zelfs het portret van Mozart, waar Pattini op verliefd was. En nog meer. De meeste meubelen, alle meubelen. En mijn twee mantels. De overtollige schoenen.

DE VADER En de piano.

DE MOEDER [*valt wild uit*] Je wilde de piano niet meer, Pattini. Je wilde niet meer spelen, zei je, je gaf je muziek op, zei je. Dat mag je mij niet verwijten. Je zei: Verkoop die piano of ik gooi haar het venster uit, ik wil haar niet meer zien.

DE VADER Dat zei ik misschien maar.

DE MOEDER Je speelde er ook niet meer op. Je had er in geen jaren meer op gespeeld.

DE VADER Dat betekent niets.

DE MOEDER [*roept opnieuw naar boven*] Thomas.—En dan zeg ik: En dit alles, liefste, is precies gegaan zoals je je broer voorspelde twintig jaar geleden toen hij met mij wilde trouwen. Wat zei je ook weer, Myriam? O, ja: 'Zij is een slons,' zei je. Wel, liefste kind, de slons heeft je broertje inderdaad klein gekregen; en haarzelf er bij ook natuurlijk, maar dat telt niet zo zeer. Hihi. [*Zij wordt bitter*] Ja liefste Myriam, alles is nu verloren gegaan, wij hebben niets meer over en de familie Pattini woont nu in het kaalste huis van de stad, de wind waait er door als op een akker en niemand komt ons ooit bezoeken en wij komen niet meer uit het huis. Behalve ik dan natuurlijk, als ik ga stempelen. En nu het laatste, liefste Myriam, dat ons overblijft, geven wij jou cadeau, jou die wij in geen twintig jaar gezien hebben. Wij geven jou onze zoon Thomas en wij binden hem vast met honderd touwen aan je dochter Hilda, want anders kan zij op haar benen niet meer staan, want sedert zij hem gezien heeft op de Vogelmarkt, een week geleden, is zij koortsig en valt bloedarmoedig aan stukken, elke dag meer en meer.

DE VADER Hoor die Wijnberg toch aan. Hoor die kerel toch aan.

De man boven herbegint zijn week stukje muziek. De vader verbergt zijn hoofd tussen zijn handen.

DE MOEDER Wij zijn verplicht, Pattini, hoeveel het ons ook kost, haar hier binnen te halen, in het kaalste huis van de stad, waar wij als bedelaars huizen. 'O, tante,' zei Hilda, 'ik wil dolgraag het nestje zien, waar jullie jullie geluk verbergen.' Het nestje. Hihi. Ah, dit huis is koud en leeg en er kan niets aan gedaan worden. Bekijk die affiche daar. [*Zij gaat op de affiche toe en rukt haar van de muur*]

DE VADER En die vent hierboven.

DE MOEDER Ik heb het hem al twintig keer gezegd en de concierge heeft het hem ook al gevraagd, maar hij weigert. Hij mag spelen, zoveel en zo hard als hij wil, zegt hij, hij heeft de huur betaald. En hij moet oefenen.

DE VADER Hè, oefenen? Laat ons daar maar niet over spreken. Voor wie? Waarom? En noemt hij dat oefenen? Als er een van mijn leerlingen...

DE MOEDER En niet eens kussens op de stoelen. Zeg, zouden wij niet een paar zetels, een paar schilderijen van Wijnberg kunnen lenen, voor vandaag en morgen?

DE VADER Dat doet hij niet.

DE MOEDER Natuurlijk niet. Niemand doet iets voor een ander, dat weten wij nu al. Dat heb je mij geleerd. Oh, ik weet wat je gaat zeggen: 'Ik heb het zelf moeten leren, zelf aan den lijve gevoeld.' Huh. Kolder zeg ik je, glanzende kolder. Ben je iets te kort gekomen, man, sedert die twintig jaar dat ik voor je zorg, dat ik je koester als een oude kat en dat ik je de mond volprop? Huh. Ik liep op de toppen van mijn tenen en ik dorst niet te spreken, herinner je je, vroeger, toen je nog aan je concerto bezig was?

DE VADER Ja.

Een stilte.

DE MOEDER [*zucht*] Gelukkig is zij bijziende. Of zou zij een bril dragen? Zeg, zou zij een bril dragen? [*Zij kijkt de kamer rond*]

DE VADER Weet ik het.

DE MOEDER Zij droeg geen bril laatst op de Vogelmarkt, maar zij liep ook tegen alle mensen aan.

DE VADER Misschien draagt zij een bril binnenshuis.

DE MOEDER [*roept weer naar boven*] Thomas!

THOMAS Ja.

DE VADER Misschien is zij wel aardig.

DE MOEDER Ach, Pattini, je maakt je er weer gemakkelijk van af. Het wordt weer op mijn rug geschoven. Zoals alles in dit huis. Tot zelfs dit gore zaakje, om ons vel te redden.

DE VADER Wiens idee is het? Het mijne misschien?

DE MOEDER Maar je weigert niet, Pattini, je zegt niet: Neen, dit gebeurt niet in mijn huis, ik wil het niet. Je zit als een oude kat te ronken in je sofa en gebeure wat er wil, Pattini speelt niet meer.

DE VADER Maar als je denkt dat het voor zijn bestwil is...

DE MOEDER Huh. Hoe kunnen wij ooit weten wat voor het bestwil van die jongen is. Hij heeft haar één keer gezien. Op de Vogelmarkt. Hij was zo verlegen, zo bang. Hij stak zijn hand uit en zei: 'Ben jij Nicht Hilda?' En zij at hem op met haar bijziende ogen en lachte haar slechte tanden bloot.

DE VADER Misschien vindt hij haar wel aardig.

DE MOEDER [*kijkt hem aan*] Zij is achtendertig jaar oud, Pattini.

DE VADER Maar hij is jong, hij weet niets van vrouwen af, misschien vindt hij haar mooi.

DE MOEDER Huh. [*Stilte. Dan schudt de moeder met het hoofd in de richting van Andrea's kamer*] Als *zij* zich maar rustig houdt.

DE VADER Waarom zou zij zich niet rustig houden?

DE MOEDER Pattini, Pattini, zie je dan niet uit die oude doppen van jou? Merk je dan niet wat er aan de hand is? Je bent een blinde mol, Pattini, je neus is verstopt en er zit kurk in je oren. Merk je dan niet wat er hier zwelt en groeit in dit huis? Als een steengezwel? Hier, wat koffie. [*Zij schenkt hem in*] Het is maar best dat zij niet wil opstaan. Hihi. Dat heeft zij wel van haar vader. Als er iets misloopt schuilen zij als bange katjes, die twee. De ene gaat in haar bed liggen om haar niet niet te moeten zien en de andere komt de deur niet meer uit omdat een paar kwajongens hem uitgefloten hebben in de Empire.

DE VADER Het waren niet een paar kwajongens. Het was de hele zaal, zeg ik je. Iedereen gierde van het lachen en floot. Het was het ergste op de wereld. En *wie* had er mij aangeraden dit hondse baantje aan te nemen? *Wie* had er plezier in mij te verlagen, in de modder te sleuren door mij op een bioscooporgel te laten tokkelen tussen twee filmvoorstellingen in? En dan het gegil van die mensen, de hoge lachjes van die vrouwen. Soms 's nachts hoor ik haar nog, die ene vrouw, het was een gepiep dat door merg en been drong, als een varken dat lachte. En toen ik op straat kwam de dag daarna, al die jonge, grijnzende koppen die fluisterden: Daar heb je Pattini, die vroeger les gaf aan het Conservatorium, alle mensen hebben hem uitgefloten in de Empire gisteren.

DE MOEDER Madame Monge zei mij dat je het toneel afrende als een kangoeroe. Niet als een haas, zegde zij, maar met sprongen, als een kangoeroe.

DE VADER Kon ik anders, zeg, kon ik anders?

DE MOEDER [*staat op en kijkt door het raam*] Het gaat regenen. Het wordt donker.

DE VADER Je zou haar kunnen telefoneren dat zij later komt, volgende week of zo.

DE MOEDER Pattini, weet je hoeveel rente je zuster Myriam heeft van de zaak? Twintigduizend. En hoeveel van het pensioen van haar man? Tegen de tienduizend. En weet je wanneer zij sterft? Volgende week.

DE VADER Dat zei je vijf jaar geleden al.

DE MOEDER Toen kon het mij niet schelen, je zou je wettig aandeel gekregen hebben en daarmee uit. Nu niet. Het moet gebeuren voor zij sterft, anders blijft Hilda alleen met haar rente over en is dat dan nog de moeite? Huh. En weet je hoeveel er van de erfenis naar de goede werken gaat, als wij er niet zeer vlug bij zijn volgens de notaris? Twee derden. [*Zij roept*] Thomas.

THOMAS Ik kom zo meteen.

DE MOEDER Madame Monge zei mij dat haar aanval eergisteren wel twintig minuten duurde. Zij lag groen en blauw en vond geen adem meer.

DE VADER Te hoge bloeddruk. Ik heb het ook. Wij hebben het van onze moeder.

DE MOEDER Dat weten wij allang, Pattini. Het wordt steeds donkerder.

DE VADER Misschien komt zij door de regen.

Het licht in de huiskamer gaat langzaam uit en gaat op in Andrea's kamer. Thomas komt de trap af en gaat de kamer binnen. Hij is jong en onzeker. Andrea ligt op haar bed, rookt een sigaret.

THOMAS Wil je nog niet opstaan?

ANDREA Neen.

THOMAS Ben je nog altijd kwaad?

ANDREA Ik ben niet kwaad. Ik wil alleen maar niet opstaan.

THOMAS Hoe zie ik er uit?

ANDREA [*glimlacht*] Mooi.

THOMAS Vind je Nicht Hilda dan zo lelijk? Zo slecht, dat je haar niet eens wil zien?

ANDREA Zij is niet slecht, maar ik wil haar niet zien.

THOMAS Ik wel. Ik ben zo benieuwd. Mama zegt dat zij haar armen vol cadeaus zal hebben.

ANDREA Dat zal wel. Zij heeft geld genoeg. Wat kost het haar om wat rommel mee te brengen en je daarmee warm te houden?

THOMAS Denk je dat zij een radio meebrengt?

ANDREA Neen, zover zal zij het wel niet drijven.

THOMAS Mama zegt van wel.

ANDREA Niet waar. [*Zij springt ineens op, zij heeft dezelfde wilde, bijna hysterische uitvallen als haar moeder*] Er komt hier geen radio in huis van dat schepsel, als je dat maar weet, Thomas. Ik gooi hem het raam uit.

THOMAS En je wou er een verleden week.

ANDREA Niet van haar.

THOMAS Ik zal er jou een geven, Andrea, overmorgen als ik aangenomen ben door Mijnheer Alban. Die grote vierkante die wij zagen staan bij Schutters. Of nog een groter model, een die hier met moeite door de deur naar binnen kan, een met achttien lampen.

ANDREA Ja.

THOMAS Wat zal Nicht Hilda zeggen als zij hoort dat je niet uit je bed wil komen om haar te zien?

ANDREA Kan mij niet schelen.

THOMAS Zal ik haar zeggen dat je ziek bent?

ANDREA God, neen, zeg dat vooral niet, Thomas, anders komt zij hier regelrecht naar binnen gevlogen met een mand vol flesjes en drankjes en vruchten. Zo is zij. Zij wilde zelfs verpleegster worden, maar dat mocht niet van tante Myriam.

THOMAS Zal ik haar zeggen dat je gevaarlijk ziek bent, zo erg, dat zodra zij in de kamer komt zij besmet wordt? Blauw en purper wordt in haar gezicht. Dat als zij jouw adem in haar gezicht krijgt zij meteen op de grond neervalt en doodziek wordt?

ANDREA Neen, Thomas. [*Lachend*] Dan telefoneert zij naar de vier dokters van haar mama en komt er een ambulancewagen hierheen.

THOMAS Hier is hij. [*Hij doet de sirene van een ambulancewagen na en loopt over en weer*]

34

ANDREA En dan dragen zij mij, of ik wil of niet, op een berrie naar buiten.

THOMAS Maar dan houdt zij toch wel van jou, als zij met vruchten wil komen of er de dokters bij haalt?

ANDREA Misschien wel, maar ik houd niet van haar.

THOMAS Waarom niet? Ben je kwaad?

ANDREA [*wendt zich af*] Neen.

THOMAS Ik droomde van Mijnheer Alban vannacht. Hij ontving mij in een enorme kamer, zo groot als een fabriek, maar helemaal leeg en ik moest vlak bij hem gaan zitten in een diepe lederen zetel. 'Zo, ben jij Thomas?' zei hij met een lage, warme stem, Andrea, net als een vader...

ANDREA Niet als jouw vader.

THOMAS Neen, hij was veel ouder, veel zachter. En ik zei: Ja, Mijnheer Alban, dan ben ik, Thomas, uw nieuwe chauffeur, om u te dienen. 'Zo,' zei hij, 'dan gaan wij even een ritje doen om uw krachten te meten.' Best, zei ik en daar gingen wij en hij zat vlak naast mij. Op de macadamweg door de bossen, over Antwerpen, door het land en in de weiden, zeg, Andrea, alle koeien liepen met ons mee met hun staarten in de lucht.

ANDREA En vond Mijnheer Alban dat leuk?

THOMAS Eh... eh... ik weet het niet.

ANDREA Zag hij de koeien?

THOMAS Ja, en hij schrok, eh, ja, hij schrok en hij hield zijn hand op mijn knie en in de bochten kneep hij er in. O, Andrea, denk je dat hij het erg vond? Dat hij het niet leuk vond toen ik zo hard reed? Omdat hij zo oud is?

ANDREA Hij is niet oud, hij is dood, honderd en twee jaar oud is hij.

THOMAS Papa zegt dat hij ten hoogste negentig is.

ANDREA Papa weet er niets van.

THOMAS Kan je nog spreken als je zo oud bent? Misschien is hij doofstom. Als hij overmorgen in de auto zit en ik rijd tegen honderd dertig is hij misschien doodsbang, maar kan hij het niet zeggen. Andrea, en dan maakt hij wilde gebaren en molenwiekt, maar ik denk dat hij zo wild doet omdat hij het heerlijk vindt, en ik rijd maar door.

ANDREA Je moet meteen stoppen als hij gebaren maakt.

THOMAS Hij zal wel niet doofstom zijn, anders zou hij geen piano kunnen spelen.

ANDREA Maar hij hoeft geen piano meer te spelen, hij is voorzitter van de vereniging der pianospelers.

THOMAS Ik weet het wel. En de vereniging, Andrea, heet: Vereniging voor Componisten, Muzikanten en Sympathiserenden. Maar misschien zegt hij: 'Ik ben een zeer oude man, ik wil een zeer oude chauffeur.' Dan trek ik Pa's kleren aan. Zal ik een grijze baard aanplakken? Een beetje scheef lopen? [*Hij loopt ineengezakt door de kamer en stuurt vlug en bevend een auto langs Andrea heen. Zij lachen samen*] Of zou hij mij niet aardig vinden?

ANDREA Jij, rare Thomas. Natuurlijk neemt hij jou aan, je bent de liefste, de knapste chauffeur die hij ooit kan vinden. Alleen moet je je heel goed wassen morgen en overmorgen. Vooral beleefd zijn, niets zeggen dan het allernoodzakelijkste. Glimlachen. Neen, glimlach maar niet. Kijk ernstig.

THOMAS [*kijkt zuur*] Zo.

ANDREA Dan ziet hij dat je een ernstige chauffeur bent, niet een die de hele tijd grappen verkoopt en zenuwachtig achter het stuur zit zoals een zekere kwikzilver-Thomas, die ik ken.

THOMAS Dat ben ik, hè, Andrea.

Andrea lacht.

THOMAS Zeg, ik droomde vannacht nog van Nicht Hilda...

ANDREA Wat dan?

THOMAS Wij liepen samen door de Veldstraat hand in hand en ik had mijn chauffeurspak aan, weet je wel, het blauwe met de zilveren knopen en de riem met de revolver en ik liep heel rechtop en alle mensen keken ons na, want zij was mooi, weet je, verblindend mooi, en zij had een jurk aan, want zij is rijk, hé Andrea, een jurk van briefjes van duizend frank. En aan de Koornmarkt wie komt daar aan? Jij.

ANDREA En?

THOMAS Je was woedend, je begon te schreeuwen en je ogen waren twee zwarte knikkertjes, je was zo nijdig, zo nijdig. Ineens stak je je sigaret zo op haar buik en haar hele jurk schoot in vlammen, alle briefjes verbrandden en in haar broek liep zij de straat op, en iedereen gilde van het lachen.

Thomas lacht heel hard, Andrea doet onwennig mee. De moeder in de

36

huiskamer roept: Thomas, schiet op. Andrea, hou hem niet bezig.

ANDREA Kom hier. [*Zij strijkt zijn haar achterover, schikt zijn das recht, geeft hem een klopje op de rug*]
Thomas gaat de huiskamer in, waar het licht weer opgaat. Andrea gaat weer op haar bed liggen, rookt.

THOMAS Hoe zie ik er uit?

DE VADER Fijn, jongen, fijn.

DE MOEDER Heeft Andrea dan toch je haar niet geknipt? Natuurlijk niet, het liefst zou zij jou als een bedelaar willen zien. Het liefst nog zou zij willen dat je maar één oog of één been had...

THOMAS Maar ik heb het haar nog niet gevraagd, Mama, of zij mijn haar wilde knippen. Zij heeft het zo druk.

DE MOEDER Druk, hihi, druk... Jawel, je hebt het haar gevraagd. Vanmorgen. Ik heb het gehoord en zij heeft jou geantwoord: 'Ik doe het niet, je bent goed genoeg zo voor die gans.' Ja, die gans heeft zij jouw lieve nichtje Hilda genoemd.—Zeg niet dat het niet waar is. Kom hier, dat ik je haar knip.

THOMAS Neen, neen. Ik wil niet!

DE VADER Mama, je weet toch wel dat zij alleen zijn haar mag knippen.

DE MOEDER En jij volgt hen nog in ook, Pattini, je trekt partij voor hen. Ah, God is mijn getuige, dat ik hier dag in dag uit niet anders moet doen dan waken en spieden of zij geen beestigheden uithalen, die twee, en jij zit daar maar te broeden op je sofa of verbergt je in je kamertje en durft de straat niet op te komen om de eerlijke mensen in hun gezicht te kijken. En als je dan nog eens je mond open doet is het om partij te trekken tégen mij. Ah, ik ben hier alleen in dit leeg huis en sta voor alles en zodra ik iets in mekaar wil steken om jullie een ordentelijk leven te bezorgen, werken jullie mij allemaal met alle macht tegen.

THOMAS [*tot zijn vader*] Overmorgen weet ik of ik aangenomen ben, Pa.

DE MOEDER [*wild*] En dat wil ik ook niet, dat proletenbaantje gaat niet door. Ik zal het niet laten gebeuren dat een of andere vlegel, ook al is hij negentig jaar oud en voorzitter van de Club der Componisten, naar mijn zoon fluit als naar een hond, en

37

dat Thomas achter hem aan moet hollen en de deuren van de auto moet openhouden als een gedresseerde aap.

THOMAS Mama.

DE MOEDER Neen.

DE VADER Je moeder heeft gelijk jongen. Vergeet dat baantje. Het is echt niets voor jou. Overigens wij hebben iets veel beters voor jou in zicht, iets dat je echt zal bevallen.

THOMAS Maar ik wil niets anders, Pa, ik wil chauffeur worden. Iemand die vooraan zit in een uniform en die sturen mag en rijden zo hard als hij wil, wanneer en waar hij maar wil. Soms, Pa, denk ik dat ik geboren ben om chauffeur te worden.

DE MOEDER En ik was geboren om een baron te trouwen. Wat is er van gekomen.

DE VADER [voor het eerst kwaad] Wil je daarover zwijgen?

DE MOEDER [schrikt] Ja natuurlijk. [Stil] Vergeef mij. [Tot Thomas] Je bent geboren, Thomas, en, dat heb je geleerd op school, om te doen wat je ouders zeggen.

DE VADER Je kent je lessen toch nog van school?

THOMAS Zeg, Pa, zal ik hier overmorgen voorbijkomen met de oude Mijnheer Alban? Zal ik hem vragen of ik jou mag komen afhalen voor een ritje? Dat laat hij zeker toe, hij zou het leuk vinden om tegen jou te praten achter in de wagen, terwijl wij maar snorren, de macadam op, tot over Antwerpen, door de bossen...

DE VADER Ja, dat zou leuk zijn, jongen.

DE MOEDER Hou op, Pattini. Thomas, kom hier. Laat je oren zien. En je tanden. Thomas, je hebt je tanden niet gepoetst.

THOMAS Jawel, Mama, vanmorgen.

DE MOEDER Ga zitten. Je ziet er bleek uit, ondervoed. Wat moet je nicht van je gaan denken? Dat je geen eten krijgt hier, dat je ziek bent of zo iets? Wrijf een beetje over je wangen dat er wat kleur in komt. Wacht even. [Zij haalt uit haar handtas haar lippenstift, geeft zijn lippen en zijn wangen wat kleur en wrijft de rouge open] Zo is het al beter. Luister nu goed wat ik je ga zeggen. Zit stil. Weet je waarom je nicht Hilda hierheen komt? Heeft Andrea je dit al verteld?

THOMAS Neen. Maar je hebt mij gezegd dat zij kwam om mij te zien en mij cadeaus te brengen.

38

DE MOEDER Zo is het ook. Nu zou het kunnen gebeuren, Thomas, als het weer goed blijft en als Nicht het leuk vindt bij ons, dat zij wel een dag of twee blijft logeren. Maar zou zij hier blijven als jij haar rare dingen vertelt of haar aan het schrikken maakt door met een hazevel het huis rond te zwieren zoals je gisteravond gedaan hebt, of zoals verleden week met een carnavalsmasker voor je gezicht in het donker rond te lopen 's nachts en Boe-Boe te schreeuwen? Zou zij dat aangenaam vinden, denk je?

THOMAS Neen.

DE MOEDER Maar als je aardig bent en vriendelijk en haar af en toe aanlacht en doet alsof je haar mooi vindt... want, eh, zij is mooi, hé, Thomas...

THOMAS Zij is niet zo mooi als Andrea.

DE MOEDER Jawel.

THOMAS Neen.

DE VADER Neen, dat vind ik ook niet.

DE MOEDER En je hebt haar niet eens gezien, jij, Pattini. In ieder geval is zij eleganter, beter gekleed en verzorgd, zij is een dame, een mooie, grote dame, en je zuster, zoals die er bij loopt, is net een garagist.

THOMAS Omdat wij geen andere kleren hebben voor haar, maar dat zal veranderen als ik chauffeur ben en geld verdien.

DE MOEDER Zeg eerder dat zij er zo bijloopt omdat zij te lui is om zich aan te kleden.

THOMAS Vinden jullie dat leuk als Nicht Hilda hier komt logeren?

DE MOEDER Ja. Jij toch ook?

THOMAS [aarzelend] Ja.

DE MOEDER Ach, Thomas, je bent nog te jong om dit alles te begrijpen, maar ik heb in geen jaren iemand te logeren gehad, weet je wel wat dat betekent? Niemand die ooit eens tegen mij spreekt. Zelfs niet een van die vrouwen, die met mij gaan stempelen, wil hier binnen komen en je hebt gezien hoe raar zij doen als ik ga stempelen, je was er bij drie dagen geleden. En elke keer er een nieuwe bijkomt, vraagt zij en wijst naar mij: 'Wie is dat mens?' En iedereen lacht. En elke dag is er een nieuwe.

39

THOMAS Het is waar, Mama, ik had er niet aan gedacht.

DE MOEDER Zo is het jongen, niemand denkt er aan wat ik hier meemaak. Maar het zal nu wel beter gaan, nu Nicht Hilda komt logeren.

DE VADER [*helemaal niet te pas*] En ik denk zelfs dat je niet een oogje op jou heeft, Thomas. [*Hij lacht gezellig, olijk*]

THOMAS Een oogje?

DE MOEDER Pattini. [*Zij doet hem teken, dat hij zich stil moet houden*]

Nu de stemmen lager klinken, vermoedt Andrea iets en komt zij aan de deur luisteren.

Heb je er nooit over gedacht, Thomas, om iemand te hebben die voor je zorgt?

THOMAS Maar jullie zorgen toch voor mij?

DE MOEDER Ja, wij houden erg veel van je, Thomas. Maar je weet wel, je voelt wel dat wij niet genoeg voor jou kunnen zorgen, niet zoals het hoort, omdat je Pa en ik het moeilijk hebben met geld, omdat wij niet de middelen hebben om je alles te bezorgen waar je zin in hebt...

DE VADER En nu zou er iemand zijn, die zich de hele dag elk ogenblik met jou zou bezighouden...

THOMAS Nicht Hilda?

DE MOEDER Zij zou goed voor je zijn. Ik ken geen andere vrouw, die zo goed met jou zou kunnen opschieten als zij. En niet alleen dat, maar ook...

DE VADER Weet je wat...

DE MOEDER Pattini, hou je bek! Stel je voor, Thomas, dat je met je nichtje samenwoonde in een prachtig huis, met de mooiste, de duurste meubelen die je je kan indenken, met een badkamer in marmer en tapijten...

THOMAS Waar je lekker barvoets op kan lopen.

DE MOEDER Ja. En zodra je zin hebt in iets, laat ons zeggen in een reep chocolade of een sigaret, duw je op een knopje en er komt een dienstmeisje vragen: 'Wat wenst Mijnheer Thomas?'

THOMAS [*ongelovig lachend*] Neen.

DE MOEDER Jawel. Echt waar. Kijk, bijvoorbeeld je baantje als chauffeur, weet je wat er daarmee gebeurt? Ik zal hem telefoneren, die oude zak van een Mijnheer Alban en ik zal hem zeggen, waar je bij zit: Mijnheer Alban, mijn zoon, Mijnheer Thomas Pattini, veegt vierkant zijn botten aan jouw baantje als chauffeur, [*Thomas schrikt en wil iets zeggen*] want hij heeft nu zelf zijn wagen, een Simca Acht, Mijnheer.

THOMAS Je mag niet zulke dingen zeggen, Mama.

DE MOEDER Huh. Als je geld in je zakken hebt mag je alles zeggen.

THOMAS Maar ik zou het leuk vinden om die oude Mijnheer Alban in een wagen rond te rijden.

DE VADER Dan telefoneer je hem en nodig je hem uit om met jou een namiddagje door de bossen te rijden. In jouw auto.

THOMAS En doet hij dat dan?

DE VADER Hij zou blij zijn.

THOMAS [*ongelovig*] Neen, Pa.

DE MOEDER En dan kan je ons ook eens uitnodigen als je in dat mooie huis woont, je Pa en ik zouden lekkere koekjes komen eten bij jullie en Nicht zou ons lekkere koffie schenken. O, wij zouden het zo op prijs stellen, je Pa en ik, ergens uitgenodigd te worden na zoveel jaren ellende, miskenning. En je Pa, die arme oude man, zou eindelijk weer eens op de piano kunnen spelen, want je zou hem toch een piano cadeau doen, hè, Thomas?

THOMAS Natuurlijk, Mama. Natuurlijk. De mooiste van allemaal, je mag hem zelf met mij mee gaan kiezen, Pa.

DE MOEDER En mij, Thomas, zou je mij niet als een goedverzorgde dame willen zien, in deftige, mooie kleren. Wij zouden samen met zijn vieren naar de Mis kunnen gaan 's zondags en 's avonds naar de bioscoop. Niet zoals nu, dat ik niet buiten durf, een oude, versleten lompenvrouw waar iedereen mee lacht.

THOMAS [*die aan iets anders gedacht heeft*] Maar ik wil niet ergens anders gaan wonen.

DE MOEDER Waarom niet?

THOMAS Kon ik hier niet blijven wonen?

DE MOEDER Eh... eh... eh... ja, als je dat absoluut wil, natuurlijk. Dan zoeken je Pa en ik een gezellig, klein appartement in de stad en...

THOMAS En Andrea dan?

DE MOEDER Wat Andrea?

THOMAS Gaat zij dan weg, met jullie mee in het appartement wonen en laat mij hier alleen achter met Nicht Hilda?

DE MOEDER Natuurlijk jongen, je kan toch niet veronderstellen, dat Andrea bij jullie kan blijven wonen als jullie getrouwd zijn. Zij zou kunnen helpen de eerste dagen om alles in orde te brengen.

THOMAS Moet ik dan trouwen?

DE MOEDER Ja, dat zeiden wij je toch.

THOMAS Neen, dat heb je niet gezegd.

DE MOEDER Thomas, je bent nu toch al oud genoeg, negentien jaar, om te weten dat je niet zo maar met een vrouw kan samenwonen?

THOMAS Maar ik wil niet trouwen, Mama. Ik wil niet samenwonen met iemand die ik niet ken.

DE MOEDER Je zal haar wel gauw leren kennen.

DE VADER [gezellig] Zij zal jou niet opeten.

THOMAS [ineens verschrikt] En wat zal Andrea daarvan zeggen?

ANDREA [komt in de deuropening staan en schreeuwt] Dat jullie twee oude varkens zijn. [Zij slaat de deur achter zich dicht]

DE MOEDER [verbluft, zacht] Hoor je dat, Pattini?

DE VADER Ja.

DE MOEDER [windt zich op] Pattini, heb je dat gehoord, vraag ik je. Ga naar haar toe, zeg dat zij onmiddellijk haar excuses moet aanbieden. Of zal je dit weer laten gebeuren? Laat je je weer voor de zoveelste keer uitschelden in je eigen huis door je eigen dochter? Morgen slaat zij je in je gezicht, kerel. Ongehoord...

THOMAS Waarom zegt zij dat?

DE VADER Het is toch wat grof, wat zij gezegd heeft, Thomas.

DE MOEDER Oh, God, over vier uur. Thomas ga je haar kammen en poets je tanden nog eens.

Het licht dooft in de huiskamer, terwijl de moeder zacht moppert en scheldt. Thomas gaat naar Andrea's kamer. Zij ligt op haar buik op het bed, haar hoofd begraven in de kussens. Thomas streelt haar haar, gaat op het bed zitten.

THOMAS Wees niet treurig. [Zij schudt haar schouders] Ik voel mij heel vreemd worden als ik je treurig zie. [Andrea schuift recht]

Het lijkt alsof iemand met een rubberen hand mijn hart vast-houdt. De hand knelt niet, duwt niet, ligt alleen maar rond mijn hart. Alsof de hand nooit meer weggaat, lijkt het dan.

ANDREA [*steekt een sigaret op*] Buig je. [*Zij kamt zijn haar*] Dat ik je mooi maak voor straks als de gans komt, dat zij bleek wordt als zij je ziet en hakkelt als zij tot je wil spreken. Kijk haar goed aan Thomas, recht in haar gezicht, zodat zij ziet dat je niet bang bent voor haar.

THOMAS Waarom ben je treurig?

ANDREA Ik ben niet treurig.

THOMAS Jawel, dat ben je. Ik zie het aan je mond, die dicht-knijpt en smaller wordt en aan je wenkbrauwen die samen komen, er is een kleine rimpel tussen [*Hij gaat met een vinger over haar wenkbrauwen*] en aan je neus die beweegt als van een konijntje. [*Met zijn vinger over haar neus*]

ANDREA [*duwt hem zacht weg*] Jawel, ik ben treurig en nijdig en gemeen en kwaad en lelijk.

THOMAS Neen, je bent niet lelijk. Je bent veel mooier dan Nicht Hilda.

ANDREA Ik wilde dat zij neerviel voor de drempel hier, dat zij de kramp kreeg zoals haar moeder. [*Lacht grimmig*] Of dat zij ineens onterfd werd door haar moeder, de gierige, bevende tante Myriam, die plots het idee krijgt dat zij beter al haar geld aan de kloosters kan geven dan als bruidsschat voor haar bij-ziende gans van een dochter. O, wat zou Mama schrikken, wat zou zij dan op haar neus staan kijken, die schat, die lieve Mama van jou.

THOMAS [*hij lacht*] Ja, hè?... Je wil niet dat ik met haar trouw hè, Andrea?

ANDREA Neen. [*Zij neemt zijn gezicht in haar handen*] Hou je een beetje van mij?

THOMAS Ja. [*Zij kust hem heel even op de wang*] Zeg, is zij dan zo rijk dat zij mij een auto kan kopen?

ANDREA [*hard*] Misschien.

THOMAS Weet je wat? Dan koop ik er ook een voor jou. Want ik ben de baas. Niet zoals Papa hier, hoor, o neen, alle centen zit-ten in *mijn* zak. En ik koop jou een splinternieuwe Lancia. Dan rijd ik vóór in mijn Simca en jij komt vlak achter mij, en wij snorren de autostrada op, honderddertig in de bochten en alle mensen schrikken zich rot en...

Hij stokt, want de bel gaat. In de huiskamer, waar het licht opgaat, kijkt de Moeder aan het raam, loopt naar de kamer van Andrea en roept: Zij is daar. Ben je klaar, Thomas? Kom meteen als ik je roep. *Wanneer zij terug door de huiskamer loopt sist zij Pattini toe*: Maak je weg, jij. *Pattini houdt zijn kamerjas bijeen en schuift naar Andrea's kamer. Hij kijkt en luistert met Andrea en Thomas aan de deur. De moeder leidt Nicht Hilda binnen, een streng geklede vrouw rond de dertig, onhandig en verlegen, iets te veel gemaquilleerd. Maar niet belachelijk.*

DE MOEDER God, kind, wat zie jij er weer knap uit vandaag.

HILDA Ja, ik ben een beetje te vroeg, maar het was nogal kil buiten...

DE MOEDER Je bent helemaal niet te vroeg, kind, ik ben blij je te zien. Ga zitten. En hoe maakt het je arme moeder?

HILDA Goed. Goed. Gisteren heeft zij nog een kleine aanval gehad, maar zij is nu weer veel beter.

DE MOEDER En wat zegt dokter Beversluis?

HILDA Dat het goed mogelijk is dat die nieuwe injecties haar helemaal weer op de been brengen.

DE MOEDER Wel. Ik ben blij dit goede nieuws te horen, Hilda.

HILDA Wat een enig huisje hebben jullie hier, tante.

DE MOEDER Vind je?

HILDA Is oom Henri er niet?

DE MOEDER Neen, hij had je dolgraag gezien, maar precies vandaag om drie uur moest hij naar de componistenvereniging toe en dat zou hij voor geen geld ter wereld willen missen.

HILDA En Andrea?

DE MOEDER Eh, die is met hem mee, ja, hij gaat nogal moeilijk de laatste tijd. Een beetje te hoge bloeddruk, denk ik.

HILDA En...

DE MOEDER Thomas? Natuurlijk is hij er. Hij is zich aan het klaarmaken. Hij wil er namelijk zo goed mogelijk uitzien, begrijp je? [*Zij lachen samen. De moeder buigt zich vertrouwelijk naar Hilda over*] Hij vroeg mij: 'Moet ik mij heel mooi maken, Mama?' [*Zij giechelen*] Ik zei hem: Thomas, weet je wat Nicht Hilda tegen mij zei toen wij laatst op de Vogelmarkt waren?

44

Dat zij jou zo'n aantrekkelijke jongen vond en dat zij hierheen zou komen om nader met je kennis te maken. 'Is dat echt waar, Mama,' vroeg de jongen en hij bloosde. [*Gegiechel*] En het kan wel gebeuren, Thomas, zei ik, dat zij een paar dagen bij ons komt wonen, zei ik. 'En waar zal zij slapen?' vroeg hij en dat was het eerste wat hij vroeg. Hihihi.

HILDA O ja, vroeg hij dat?

DE MOEDER Ja kind. Hihihi.

HILDA Toen ik Mama vertelde dat ik naar Leuven ging om mijn vriendin Martha te bezoeken...

DE MOEDER Vond zij het niet verdacht, zo ineens?

HILDA Neen, tante, zij is te ziek, zij lijdt te veel...

DE MOEDER Die sukkel, de arme vrouw.

HILDA ... heeft zij mij een nieuw kleed laten kopen. [*Zij doet haar jas open*]

DE MOEDER Schattig, schattig. Wat een fijne plissé. De jongen zal opkijken.

HILDA Denk je dat, tante?

DE MOEDER [*roept opgewekt*] Thomas, Thomas, jongen, Nicht Hilda is hier.

Thomas die al een tijdje ongeduldig werd, schuift Pattini terzij en komt de huiskamer in.

En hier heb je je nichtje Hilda weer.

HILDA [*verlegen de hand uitstekend*] Dag Thomas.

THOMAS [*met een brede glimlach*] Dag, Nicht Hilda.

HILDA Ja... ik... [*Zij kijkt onwennig, als om hulp vragend naar de moeder*] ik kwam even langs...

DE MOEDER [*schuift een stoel aan en neemt haar jas over*] Maak het je gemakkelijk, Hilda.

HILDA Zo heel toevallig kwam ik langs en ik dacht...

Doek

Tweede bedrijf

Zelfde decor. De dag daarop. Acht uur 's avonds. In de huiskamer staat Thomas tegen zijn moeder te spreken. De vader zit op de sofa. Op een laag meubeltje merkt men een nieuwe radio.

THOMAS Maar hij zou het mij laten weten.

DE MOEDER Heren als Mijnheer Alban hebben het erg druk. Zij werken elke dag acht uur of meer op hun kantoor. En denk nu niet dat zij op hun kantoor niets anders te doen hebben dan te wachten op een zekere Thomas of dat zij daar klaar staan om hier meteen naar toe te rennen en te komen smeken of Thomas alsjeblieft chauffeur zou willen worden.

THOMAS Maar hij houdt van mij.

DE MOEDER Wie zegt dat?

THOMAS Andrea.

DE VADER Ja, hij houdt van je, jongen, natuurlijk houdt hij van jou, zoals wij allemaal doen. Maar hij kent je toch niet.

THOMAS Andrea is er naar toe geweest en zij heeft hem duidelijk verteld wie ik ben; zij heeft mij helemaal beschreven en toen zei hij, heel zacht en vaderlijk: 'Ik zal Thomas zo gauw als mogelijk berichten hierover.' En nu hoor ik ineens niets meer van hem.

DE MOEDER Huh. Wat heeft het geholpen dat Andrea naar de vereniging is geweest. En ís zij er wel geweest? Hoe kan je het ooit weten of zij Mijnheer Alban gezien heeft? Als zij dit nu zo maar eens vertelde om je te sussen, om je op de wagen te nemen? Zij is er toch voor in staat?

THOMAS Waarom zou zij zo iets doen?

DE MOEDER Je kent haar nog niet goed, Thomas. Je kent de wereld nog niet. Je bent nog te jong, en veel kleinigheden ontsnappen je.

THOMAS Maar waarom zou Andrea dit doen?

DE VADER Zoiets zou zij misschien niet *willen* doen, maar misschien vindt zij zo'n verhaaltje uit omdat zij bang is dat je een ontgoocheling oploopt.

THOMAS Dat mijnheer Alban mij niet wil aannemen?

DE VADER Of dat hij al een andere chauffeur heeft aangenomen.

THOMAS Een andere, maar dat kan toch niet?

DE MOEDER Nu, je bent niet alleen op de wereld, er zijn tientallen jongelui die een goede baan als chauffeur willen krijgen.

THOMAS Maar geen *goede* chauffeurs.

DE MOEDER In ieder geval betere dan jij.

THOMAS ... En wilde Andrea mij een ontgoocheling besparen?

DE MOEDER *Misschien* heeft je vader gezegd.

THOMAS Dus weet hij het niet zeker?

DE MOEDER Neen. Laten wij afwachten wat er gebeurt. Ondertussen, Thomas, moet je gehoorzaam zijn, luisteren naar wat je Pa en ik, die het erg moeilijk hebben deze dagen, je bevelen. Ons vooral geen verdriet aandoen. Zal je dat?

THOMAS Ja, Mama.

DE MOEDER [*zij streelt hem over het hoofd*] Hoe vind je je nichtje?

THOMAS Een beetje raar.

DE MOEDER Maar toch wel aardig, hè, om je zo maar meteen een radio te kopen?

THOMAS [*niet overtuigd*] Ja, Mama.

DE MOEDER Kan je je voorstellen hoe rustig wij zouden leven, hoe gerustgesteld je Pa en ik onze oude dag zouden slijten als wij wisten dat wij ons over jou geen zorgen meer hoefden te maken, maar dat je veilig onderdak was met Nicht Hilda, die veel van je houdt.

Andrea in haar kamer schreeuwt: Thomas.

DE MOEDER [*schreeuwt terug*] Wat wil je?

Andrea opnieuw: Thomas. *Thomas loopt naar de kamer.*

DE VADER Wat is zij zenuwachtig.

DE MOEDER Iedereen hier. Ook je niet...

DE VADER *Mijn* niet?

DE MOEDER ...is veranderd sedert gisteren. Niet zo verlegen meer. Zoals zij hier binnenkwam had je gedacht: daar komt het lammetje om geslacht te worden. Hèhè. Zij merkt, daar mag je zeker van zijn, aan onze houding, dat wij haar nodig hebben. Dat wij op haar staan te wachten.

DE VADER Het enige wat ik vervelend vind, wat werkelijk ergerlijk is, is dat zij opstond vanmorgen, liever, vannacht, en iedereen wakker hield. Zij weet, dat ik maar inslaap tegen de morgen, dat heb je haar nog zo duidelijk verteld gisteravond, dat ik doodmoe neerval van de oververmoeidheid—en toch, vanaf acht uur stampte zij hier met haar lompe voeten door het huis. Wat wilde zij toch? Wat zat zij hier te doen vanaf acht uur? Koffie maken, goed. Koffie drinken, wachten tot iemand bij haar komt om te praten. Waarover? Waarom? Wat wil zij toch doen, zo gejaagd, onrustig vanaf acht uur in de morgen?

DE MOEDER Zeur niet zo, Pattini. Zij is het waarschijnlijk zo gewoon thuis.

DE VADER Ja, zij moeten daar waarschijnlijk niets anders te doen hebben, Myriam en zij, dan maar op te vliegen om acht uur 's morgens en koffie te drinken en te praten. De hele dag lang.

DE MOEDER Alsof jij iets anders doet.

DE VADER Omdat ik verplicht ben, in de klem zit hier in dit huis. En dan nog werk ik. Ik ben bezig, de hele dag door ben ik met mijn concerto bezig, zelfs al lijkt het dat ik niets doe. Ah. Als ik rust had, stilte, afzondering, ik heb het zo nodig.

DE MOEDER O, je hebt het nodig, hè? De gevoelige natuur heeft het nodig, hèhè. Wij zijn ongevoelige logge wezens allemaal, wij kunnen tegen dit hondeleven, wij zijn er tegen bestand, want wij hebben geen concerto's maar lood in het hoofd, hè?

DE VADER Hou op.

Stilte.

DE MOEDER Als Myriam maar niet te horen krijgt, dat haar dochter hier zit. Toen wij gisteren gedrieën naar de bioscoop zijn geweest, zei ik haar: Verduik je een beetje, kind, buig je hoofd wat, maar wat deed zij? Kaarsrecht en midden in de straat liep zij en in de pauze ging zij naar de toilettes. Het leek alsof zij het opzettelijk deed, alsof zij wilde dat iedereen haar met ons zag. Ik wilde niet dat zij de deur uitging vanmorgen, maar zij stond er op, zij wilde wat frisse lucht happen.

DE VADER Hèhè. Frisse lucht.

DE MOEDER Zij *moest* absoluut boodschappen doen. Wat kon ik anders dan haar laten gaan? Het was de enige manier om eindelijk eens iets behoorlijks te eten te krijgen. Zeg, Pattini, stel je voor, dat iemand, die haar gezien heeft met ons in de bioscoop, naar je zuster toegaat en het vertelt?

DE VADER Ja dan... Maar zelfs al wordt zij een beetje bazig, ik

48

vind haar toch wel meevallen. Wie zou het doen, zoals zij, zo-dra Thomas zegt dat hij een radio wil, er een gaan kopen.

DE MOEDER Het is een deel van haar opzet, Pattini, wat kan haar drie-vierduizend frank schelen, als zij er wat verder mee komt?

DE VADER Het is waar. Zou zij mij een piano kopen later, denk je?

DE MOEDER Ben je gek geworden, vent? Wat krijg je? Moet alles weer naar de knoppen geholpen worden door je heb-zucht? Als alles in orde komt heeft zij gezegd, krijgt oom Henri zijn piano. Dat heeft zij mij gezegd. Maar hoever staan wij? Nergens.

DE VADER *Later* heb ik gezegd, *later*.

DE MOEDER Ik ben moe, Pattini.

DE VADER Ik ook.

DE MOEDER Ik zal blij zijn als dit alles achter de rug is.

DE VADER Ja, als er rust is in dit huis.

DE MOEDER En je 'rustig' niets meer hoeft te doen, bedoel je.

DE VADER Hou op.

DE MOEDER Maar dat wij niet opschieten is Andrea's schuld. Zij hitst de jongen op. Zij wil niet dat het hem goed gaat, noch ons. Ik weet niet wat in haar gevaren is de laatste tijd. Vroeger was zij al niet zo beminnelijk, maar nu...

DE VADER Ik begrijp het niet.

DE MOEDER Ik wel. Maar ik durf er niet over spreken.

DE VADER Wat betekent dat?

DE MOEDER Dat zullen wij wel zien.

DE VADER Ik begrijp niet hoe zij het hart heeft gehad om achter mijn rug te telefoneren naar de vereniging. Zonder dat ik er-gens iets van af wist. En hoe ben ik weer niet op de pijnbank gelegd geworden gisteren? Ik was er in geen jaren geweest, in het lokaal van de vereniging, en nu, zo ineens, werd ik daar, waar ik vroeger als een koning, als het muzikaal wonder van de stad werd ontvangen, als een misdadiger ter verantwoor-ding geroepen. 'Pattini, wat is dat met je dochter,' zei Lauwers die piepjonge windhaan van een secretaris. 'Wat wil zij toch van onze voorzitter, wij hebben jou toch geen enkele belofte gedaan? Waarom dring jij je zo op en stoort ons hier voor een chauffeursbaantje? Is er dan geen enkele trots meer in jullie gebleven?' Niet genoeg dat wij door de hele stad worden uitgefloten en uitgelachen. Nu worden ook mijn collega's mijn vijanden. Iedereen.

DE MOEDER [*zacht*] Ik niet, Pattini.

DE VADER [*kijkt haar aan, wendt dan zijn hoofd af*] Neen.

Stilte.

Wat heeft Andrea dan toch?

DE MOEDER Zij wil weg.

DE VADER Weg, Andrea? Waarom?

DE MOEDER En niet alleen. Met Thomas.

DE VADER Waarheen?

DE MOEDER Ik hoorde zo iets gisteren. Zij fluisterden samen.

DE VADER Maar waarom? Waar willen zij naar toe?

DE MOEDER Naar Engeland, bij Margerita.

DE VADER Belachelijk. Hoe kunnen zij daar ooit geraken?

DE MOEDER Zij wil niet dat Thomas trouwt.

DE VADER Zo maar? De juffrouw wil het niet?

DE MOEDER Neen. Iets anders.

DE VADER Maar waarom dan toch? Wat zit er toch in haar hoofd, van die domme gans, wat wil zij toch? Wij zijn goed op weg nu, alles schijnt in de beste omstandigheden te kunnen verlopen, en nu wordt zij koppig en verbrodt voor haar genoegen...

DE MOEDER Ik ben bang, Pattini, dat er iets misloopt.

De bel gaat.

Daar is zij.

Zij gaat de deur open doen en komt terug met Hilda. Deze gooit haar tas op de tafel en legt moeizaam twee in papier gewikkelde pakken neer, twee melkflessen en een brood.

HILDA Waarom zetten jullie de radio niet aan?

DE VADER Er is niets op de radio, kind, ik heb het nagekeken op het programmablad.

DE MOEDER Maar Pattini, zet de radio toch aan, als Hilda een beetje muziek wil horen.

HILDA O, voor mij hoeft het helemaal niet. Alleen dacht ik... als jullie nu een radio hebben voor het eerst... dat jullie het prettig zouden vinden om te luisteren...

DE MOEDER Wij hadden twee radio's vroeger, Hilda, en een pick-up.

HILDA Zijn zij nog steeds in de kamer?

DE MOEDER Ja, waarom?

HILDA [*gaat zitten*] Ik heb nog nooit zo iets vreemds gezien, tante, als de manier waarop Thomas en Andrea met mekaar omgaan.

DE VADER Hoe dan, kind? Zij schieten toch goed met mekaar op?

HILDA Dat is juist.

DE VADER Maar zij zijn toch broer en zuster, zij houden van mekaar.

HILDA Er is iets vreemd aan toch. Zoals nu bijvoorbeeld. Waarom hokken zij daar samen in het kamertje? Waarom zitten zij niet gezellig bij ons in de huiskring?

DE VADER Zo zijn zij altijd geweest, Hilda. Van kinds af aan hadden zij elkaar geheimpjes te vertellen.

HILDA Toch is het eigenaardig. [*Tot de moeder, die zich afzijdig hield*] Heb je er over gesproken met oom Henri,

DE MOEDER Eh, ja, hij is akkoord. Hij geeft ons gelijk.

DE VADER Waarover?

DE MOEDER [*doet tekens achter Hilda's rug*] Je weet het wel, Pattini, waar wij het daarnet over hadden.

DE VADER O ja. Ja. Natuurlijk.

DE MOEDER Ja, oom Henri is ook van oordeel dat het best zou zijn als Thomas en jij elkaar wat beter leerden kennen, als er een zekere vertrouwelijkheid heerste tussen jullie, want tenslotte kennen jullie mekaar nog niet, hè? [*Zij lacht*]

HILDA [*lacht niet*] Want ik ga naar huis morgenavond.

DE MOEDER Ja, daarom juist.

DE VADER Ja.

DE MOEDER Neen, langer kan je niet blijven want je moeder zou wel ongerust worden. [*Zij lacht aanmoedigend, maar Hilda reageert niet*]

HILDA [*vaag*] Ja. [*Verlegen*] Wanneer gebeurt het dan, oom Henri?

DE VADER Wat?

DE MOEDER Wel, wat wij afgesproken hadden daarnet, van de bedden.

DE VADER De bedden?

DE MOEDER Zoals ik je zei, zou Hilda het liefst, om Thomas beter te leren kennen en je zal toegeven dat Andrea al het mogelijke doet om hem bezig te houden en hem rond haar rokken te laten draaien, Hilda zou dus vanavond, voor de laatste avond dat zij bij ons is, in de kamer van Andrea willen slapen [*de vader maakt een verschrikt gebaar maar de moeder spreekt er over heen, vlug*] want Hilda heeft nog geen gelegenheid gevonden, dat zei zij mij vanmorgen nog, en dit nadat zij zo'n mooie radio voor hem heeft gekocht, om drie woorden met Thomas te wisselen zonder dat er iemand bij was. En tenslotte was de bedoeling toch dat Hilda hier zou logeren om Thomas te leren kennen, nietwaar?

DE VADER Ja, maar Andrea...

DE MOEDER [*scherp*] Andrea kan in jouw kamertje slapen. Voor een keer. Zo erg is dit toch ook weer niet dat zij haar kamer moet afstaan voor een nacht.

DE VADER Neen, natuurlijk niet, het is zelfs een uitstekend idee, maar...

DE MOEDER Ik begrijp Hilda volkomen. Hoe kan je nu verwachten van haar dat zij morgen naar huis teruggaat zonder Thomas even gesproken te hebben? En hoe kan dit beter gebeuren dan dat zij 's avonds rustig in Andrea's kamer bij Thomas blijft?

DE VADER Maar Andrea...

DE MOEDER Pattini, Andrea zal wel begrijpen dat twee verliefden enkele ogenblikken alleen willen doorbrengen.

HILDA [*onwennig*] Je mag zelfs zeggen, tante, twee verloofden.

DE MOEDER [*lachend*] Hoe waren wij niet, hè, Pattini?

DE VADER [*onwillig*] Ja, hoe waren wij niet?

DE MOEDER [*gezellig tegen Hilda*] Pattini was toen leraar aan het Conservatorium en 's avonds om zeven uur stond ik hem af te wachten. Maar ik was toen al verloofd met Baron Lemberecht en die was, omdat ik al enkele jaartjes ouder was, ontzettend jaloers...

DE VADER [*ongelooflijk scherp ineens*] Spreek daar niet over.

DE MOEDER Neen, neen. Neen, dat komt hier niet te pas. Waarover had ik het? O ja, over de lieve woordjes die Pattini mij toefluisterde, wanneer wij samen door het park liepen 's nachts. En op een avond, hè Pattini, bleven wij zitten tot één uur en wij hoorden de nachtegaal.

DE VADER Ja.

DE MOEDER Wel, stel je voor, Pattini, dat er geen park was geweest, waar zouden wij mekaar ontmoet hebben? En waarom zouden Thomas en Hilda in het park gaan zitten als zij hier gezellig in een kamertje kunnen blijven?

HILDA Was oom zo lief vroeger, tante?

DE MOEDER Ja. Maar er is veel water onder de bruggen gevloeid sedert.

DE VADER Ja.

HILDA Maar jullie zijn nog zo jong, tante.

DE MOEDER Ja, hè? [*Zij lacht*]

HILDA Iets dat ik je nog niet vertelde, tante, omdat ik niet durfde. Thuis slaap ik altijd in Mama's kamer. Ik kan niet alleen in een kamer slapen. Wel, gisteren hier alleen in oom Henri's kamertje boven heb ik geen oog dichtgedaan.

DE MOEDER Arm kind, je had het mij moeten zeggen vannacht.

HILDA Ik durfde niet. [*Stilte*] Maar wat voeren zij daar toch uit? *Het licht in de woonkamer verdwijnt en klaart op in Andrea's kamer, waar Andrea en haar broer zijn. Er staan nu twee bedden. Naast elkaar. Andrea ligt in het verste en Thomas zit op de rand van het andere. Zij praten, terwijl het licht opgaat, zacht, en pas langzamerhand zijn hun zinnen verstaanbaar.*

THOMAS En is er ook een dierentuin in Londen?

ANDREA Natuurlijk.

THOMAS Zo groot als die van Antwerpen?

ANDREA Nog groter.

THOMAS Ik wil de zebra's van Londen zien. En de apen. Die grote aap die bijna praten kan, die zwarte, waar je mij over vertelde, hoe heet hij ook weer?

ANDREA [*lacht*] Je weet het best, Thomas, hij heet net zoals jij.

THOMAS [*lacht*] Maar ik wil het je horen zeggen.

ANDREA Prins Thomas heet hij.

THOMAS Ik lijk op hem, hè?

ANDREA Soms als je kwaad bent en je gromt.

*Thomas doet de kwade aap na. Gromt. Slaat op zijn borst. Andrea
kirt. Dan is hij weer stil.*

THOMAS En de krokodillen, de geheime, de gevaarlijke wil ik
zien. Zitten zij in het water de hele tijd, of komen zij er soms
uit om zich te laten zien?

ANDREA Soms.

THOMAS Zij laten zich soms als planken op de stroom drijven
en je gaat op de plank zitten, je weet nergens iets van en ineens gaat hun bek open en hun tanden klappen dicht als lange,
witte messen. En de olifanten, mag je er ook op zitten in
Londen?

ANDREA Neen, de Engelse olifanten verdragen geen mensen op
hun rug.

THOMAS Die van Antwerpen wel.

ANDREA Er is een haven ook in Londen, waarover de mist
hangt, zodat de lantaarnen 's nachts grijze, ronde vlekken zijn,
als hoofden van mensen zonder gezicht. De mist is als een dikke, dikke sigarenrook. De sirenes huilen als mensen die er in
ondergaan. Je drijft in de mist als in een grijze, vlokkige wolk
en ineens, zonder dat je het hoort, zonder geluid of teken,
schuift vlak naast je een enorme, hoge kanaalboot.

THOMAS Ik wil er zo graag heen, Andrea. Mag ik mijn auto
meenemen op de boot? Of moet je er veel voor betalen?

ANDREA Wij hebben toch geen auto, Thomas.

THOMAS Natuurlijk. Die van Nicht Hilda.

ANDREA [*aarzelend*] O ja.

THOMAS Wij gaan op een grote kamer wonen vlak bij die haven.
Dan laten wij 's nachts het raam open en de mist komt er in
drijven zodat wij er midden in liggen als twee bootjes op de
sigarenrook en 's morgens is er zoveel mist binnengekomen
dat ik jou niet meer vind, je bent het raam uitgedreven en ik
moet je achterna zwemmen. [*Hij klieft door de lucht met twee
handen en komt bij haar*] En ik vind dan je gekke gezicht weer.
[*Hij houdt haar gezicht vast*] Je lijkt ook op een aapje.

ANDREA Niet waar.

THOMAS Jawel, op die lange, grijze, die zo lenig zijn en die
vriendelijke, zachte oogjes hebben en die als zij kwaad worden
als zij geen eten krijgen, hun tandjes laten zien.

Andrea laat haar tanden zien.

THOMAS Als ik dicht bij je kom, klopt mijn hart.

ANDREA [*duwt hem speels weg*] Hoe vind je de radio die je lieve nicht heeft meegebracht?

THOMAS Eh... ik vind er niets aan.

ANDREA Zodra je die auto van haar zou krijgen zou je er ook niets aan vinden.

THOMAS Dat is niet waar, Andrea, je weet het wel.

ANDREA Misschien niet.

THOMAS Wij zouden in Londen ook...

ANDREA Genoeg nu. Laten we er over zwijgen.

THOMAS Waarom?

ANDREA Je maakt mij zenuwachtig. Het gaat toch niet door.

THOMAS Wat gaat niet door? Die auto?

ANDREA De reis naar Engeland.

THOMAS En waarom niet?

ANDREA Wij hebben geen geld.

THOMAS Dat kan ik toch aan Nicht Hilda vragen?

ANDREA Neen. Dat wil ik niet.

THOMAS Je wilde de radio ook niet. En wat heb je gedaan toen zij er mee binnenkwam en hem op de tafel zette? Pff, heb je gedaan en je lip naar voren gestoken. Nu staat hij er toch.

ANDREA Tot ik hem uit het raam gooi.

THOMAS Van mij mag je. Ik vind er niets aan. Maar wacht tot ik mijn Simca heb. Een rode Simca wil ik met zwarte kussens in leder en lage koplampen. En ik noem hem: Branding.

ANDREA Zoals het paard van Prins Everhart?

THOMAS Daarom juist. Als hij een paard heeft dat Branding heet, mag ik het ook. Ik ben een prins net als hij.

ANDREA En ik ga als Reinhilde in het verhaal naast je zitten op Branding en wij rijden door de bossen. Het is herfst. De dode bladeren zijn een zacht en nat tapijt waarop wij rijden.

THOMAS En je houdt mijn lenden vast en ik zit heel rechtop.

ANDREA En ik leg mijn hoofd tegen je rug en ik denk: Wat een sterke ruiter is Prins Thomas.

THOMAS Het paard hinnikt.

ANDREA Het rijdt steeds verder.

THOMAS Het houdt niet op.

ANDREA Neen.

THOMAS Mijn hart klopt als je bij mij komt.

ANDREA Het mijne ook.

THOMAS Het liefst zou ik altijd bij je willen zijn.

ANDREA Het kan niet.

THOMAS Als ik in de kamer ben en je bent er niet, denk ik, en een rubberhand zit in mijn binnenste en houdt mij vast: Waar is Andrea? Waarom komt zij niet?

ANDREA [na een tijdje] Wat nog?

THOMAS Soms word ik wakker 's nachts en kijk naar het driehoekje van het raam waar de maan in zit en ik denk: Zo licht en zo klaar is het licht als een driehoekje van Andrea's vel.

ANDREA Dat kan niet.

THOMAS Ik heb naar je gekeken vannacht. Je slaapt met je mond open en je maakt geluidjes als een aapje.

ANDREA Jij ligt stil en onbeweeglijk. Maar soms spring je op in je slaap en je schouders schokken. Je zei een paar keren iets maar ik kon het niet begrijpen.

THOMAS Ik hield je hand vast over het bed.

ANDREA [strekt haar hand uit naar hem] Zo.

THOMAS Tot wij moe waren.

ANDREA Ik dacht dat wij nooit moe zouden worden.

THOMAS Maar wij kregen het koud. [Zij lachen samen. Dan wentelt Andrea zich om, zwijgt] Wat is er?

ANDREA Niets.

THOMAS Denk je aan Nicht Hilda?

ANDREA Ja.

THOMAS Je wil niet dat ik met haar trouw, hè? Waarom toch niet? Waarom toch niet? Weet je wat er gebeuren zal? Ik heb het al helemaal voorbereid. Wij trouwen, goed, drie weken gaan voorbij. Zij koopt de Simca en op een zekere dag, wie koopt er twee ticketjes voor de boot naar Londen? Jij en ik. Wat zou zij op haar neus staan kijken, zeg?

ANDREA Neen.

THOMAS Eigenlijk zou ik wel eens willen trouwen. Zie je mij al in mijn nieuw pak, donkerblauw met een wit hemd en een Amerikaanse das op het stadhuis? En Nicht Hilda, ernstig en oud, helemaal in het wit met een sluier voor zodat niemand,

56

behalve jij en ik, die er heel dichtbij zijn, zien kan hoe oud zij is. En wij komen van de trappen van het stadhuis naar de taxi toe en alle mensen roepen en wuiven: 'Leve prins Thomas en zijn bruid! Viva!' En de oude Mijnheer Alban is er ook en als wij 's avonds rond de tafel zitten mag hij piano spelen. En of hij het goed doet of niet, dat kan niemand schelen, want iedereen is blij en vrolijk, en hij is zo fier achter de piano, zo trots en zo blij...

ANDREA Zwijg.

THOMAS Ah.

Zij luisteren samen naar wat de ouders in de woonkamer zeggen.

DE MOEDER Begrijp het toch, Pattini.

HILDA Ik zal hem niet opeten, hoor, oom Henri, maar ik dacht dat wij het overeengekomen waren.

DE VADER Dat is het juist. Ik wist er niets van.

DE MOEDER Doe niet zo flauw, Pattini, help mij het bed opmaken.

DE VADER Ja, zo meteen. Waarom moet het allemaal zo gejaagd gebeuren?

HILDA Het is al bij acht uur.

DE MOEDER En morgen gaat zij weg.

In Andrea's kamer.

THOMAS [*glimlachend*] Pa is lastig. Hij is zenuwachtig de laatste tijd. Wat zou het zijn? Wil hij weer de straat op en durft hij niet?

ANDREA Wat is er gaande over het bed?

THOMAS Welk bed?

ANDREA Waar zij het over hebben.

THOMAS Ik weet het niet.

ANDREA Natuurlijk weet je het. Je wil het mij niet zeggen.

THOMAS Neen, echt waar, ik weet nergens iets van.

Zij luisteren maar er wordt niets meer gezegd in de huiskamer. De ouders komen dan naar Andrea's kamer toe. De moeder draagt lakens en de vader een hoofdkussen. De nicht in de huiskamer zet de radio aan en blijft alleen achter. Wanneer de ouders in Andrea's kamer binnenkomen, springt Andrea recht.

ANDREA Wat gebeurt er?

DE MOEDER Dit bed moet opgemaakt worden voor Hilda.

THOMAS Slaapt zij dan hier?

ANDREA [*aarzelend*] Met mij? Waarom?

DE MOEDER Neen, jij gaat in Pa's kamertje boven vannacht.

ANDREA [*schreeuwt*] Neen.

DE MOEDER Andrea, begin niet opnieuw met je onzin.

ANDREA Neen. Neen. Neen.

DE MOEDER Wat kan jou dat nu schelen als je even een nacht niet in je kamer moet slapen?

DE VADER Ja, is dat nu zo verschrikkelijk. Het lijkt wel...

ANDREA Neen. Neen. Ik wil het niet dat zij hier met Thomas alleen blijft. Dit zal niet gebeuren. Ik zal het niet laten gebeuren dat zij zich in zijn bed nestelt.

DE VADER Maar Andrea, daar gaat het toch niet om.

ANDREA Daar gaat het wel om. Het is haar enig doel, zij wil Thomas hebben. Het mag niet.

DE MOEDER Andrea.

ANDREA Omdat zij oud wordt en geen mannen heeft gehad die naar haar wilden omkijken, komt zij hier en valt die jongen lastig, het is...

DE VADER Andrea, je gaat te ver.

ANDREA [*wordt hysterisch*] Het gebeurt niet.

DE MOEDER [*vast*] Hilda heeft volledig het recht om met Thomas alleen te blijven voor een avond. Als jij verloofd was, zouden wij dat ook van jou en je verloofde aannemen.

ANDREA [*lacht schril*] Verloofd? Wie zegt dat? Jullie. Hij weet er niets van.

THOMAS Jawel.

DE MOEDER Thomas, heb ik je niet alles duidelijk uitgelegd?

DE VADER Ja en ik ook?

THOMAS Van de verloving wel. Maar niet van het bed.

DE MOEDER Herinner je je toen wij het over de verloving hadden, dat wij zeiden dat je een nieuw, groot huis met een badkamer in marmer zou gaan bewonen. Toen heb jij gezegd: ik wil hier blijven en heb ik je dan niet uitgelegd dat je niet met een vrouw kan samenwonen zonder eerst verloofd en daarna getrouwd te zijn?

ANDREA Daar gaat het helemaal niet over.

DE MOEDER Hou jij je brutale bek.

ANDREA Zij liegen je voor, Thomas.

DE VADER Maar Andrea...

ANDREA [*opnieuw hysterisch*] Het kan niet. Het mag niet.

DE VADER Maar je bent belachelijk, Andrea, je bent soms zo kinderachtig als Thomas.

DE MOEDER Dat is waar. Jullie zijn geen kinderen meer, jullie hebben de leeftijd om te beginnen denken dat het leven geen grapje is, dat er iets anders bestaat dan elkaar verhaaltjes vertellen in het donker. Wij, Pa en ik, zitten tot over ons hoofd in de zorgen en jullie maken het ons steeds moeilijker.

THOMAS Maar ik heb niets gedaan, Mama.

DE MOEDER Je laat je beïnvloeden door je zuster, je hangt aan haar als een schoothondje, je aapt haar na en zij doet niets anders dan je ophitsen tegen ons, je ouders, die alles, alles voor je over hebben en zich opofferingen getroosten meer dan zij kunnen verdragen.

DE VADER Zo is het, jongen, geloof mij, alleen zal je dit pas later merken, als wij er niet meer zullen zijn.

ANDREA Ik haat jullie. Ik haat jullie!

DE MOEDER [*schamper*] Huh. Hoor dit eens aan. [*Tot Thomas*] Is dit nu een manier om tegen haar ouders te spreken? Je hoort het nu zelf met je eigen oren.

THOMAS Dat mag je niet zeggen, Andrea.

ANDREA Neen, natuurlijk niet, ik moet alles laten gebeuren, ik moet toekijken hoe... [*Stokt*] Neen.

DE MOEDER Dus je geeft toe dat je niet wil dat Thomas gelukkig wordt, dat je zijn toekomst verpest. En daarmee de onze. En de jouwe.

ANDREA Ik heb niets van jullie nodig, hoor je.

DE MOEDER Wij hebben je opgebracht in liefde, in kommer, dag in dag uit waakten wij over je toen je klein was. Toen je appendicitis kreeg en gelukkig hadden wij toen nog geld, heb ik de hele nacht in het hospitaal doorgebracht, over je bezweet hoofd gewaaid, je kleine hand vastgehouden en gehuild uren lang. En je Pa...

DE VADER Ik wachtte buiten in de gang. Ik dacht dat je stierf.

DE MOEDER En dit is onze beloning. Je haat ons.

ANDREA [*hard*] Ja.

DE VADER En dit omdat je nicht een paar woorden met Thomas wil wisselen.

ANDREA [*schamper*] Een paar woorden wisselen noemen jullie dat. Alsof jullie niet wisten waar het over ging.

DE VADER Je moet geen dingen zoeken waar zij niet zijn.

ANDREA [*schril*] Hèhè.

DE VADER Het is toch heel natuurlijk...

ANDREA Je hebt het al gezegd. Pa, je zegt het te veel, het zit jullie dwars, dat is het. Jullie proberen het voor jullie zelf te verontschuldigen. Tevergeefs. Hilda zal niet een paar woorden wisselen.

THOMAS Wat is er toch aan de hand?

DE MOEDER Genoeg met je gezeur, Andrea. Het wordt laat en Hilda gaat morgenavond naar huis.

ANDREA Waarom kan zij morgen niet praten met Thomas? Ik kan de hele dag in de bioscoop zitten.

DE MOEDER Genoeg. [*Zij gooit de lakens op het bed*]

ANDREA [*schreeuwt*] Neen. [*Zij neemt de lakens van het bed, werpt ze op de grond. Stampt er op*]
Haar moeder geeft haar een harde klap in het gezicht.

THOMAS Mama.

DE MOEDER Hou je er buiten, Andrea. Wat hier te beslissen valt doe ik. Je bent minderjarig en mijn dochter, je hebt te luisteren naar wat ik zeg. Naar wat je ouders zeggen. Wij weten wat goed is voor Thomas en daar handelen wij naar.

ANDREA En wat goed voor jullie is.

DE MOEDER En voor jou. Voor ons allen. [*Zij neemt het hoofdkussen uit de vaders hand en raapt de lakens op*] Ga naar pa's kamertje. *Thomas gaat bij zijn zuster.*
Neen, jij blijft hier.

THOMAS Ik ben bang. Ik blijf hier niet alleen.

ANDREA [*tot haar broer*] Wil jij bij die meid in bed?

DE VADER Andrea, waar ben jij opgevoed geworden? Met je gemene uitdrukkingen?

ANDREA Wil je of wil je niet?

THOMAS Ik weet niet wat ik moet doen... ik...

ANDREA [*neemt zijn hand vast*] Tommie?

DE MOEDER Ach, maak je weg, kind, wat ben je toch lastig.

Het lijkt wel alsof zijn leven er van afhangt. Doe niet zo dramatisch.

DE VADER Ja.

Hilda komt in de deuropening.

HILDA Wat is er aan de hand? Ik hoorde schreeuwen. Gaat er iets niet.

DE MOEDER Het is niets, kind. Een kleine woordenwisseling. Gebeurt in de beste families, nietwaar? [*Glimlacht*]

DE VADER Een kleine discussie. [*Glimlacht*]

HILDA Dag, Thomas. Ik heb je nog niet gezien vanmiddag.

THOMAS Ik ben bij Andrea gebleven.

HILDA Waarom?

THOMAS Zo maar.

DE MOEDER Zij houden zo van elkaar, die twee, het is gewoon belachelijk.

ANDREA Thomas, het hangt van jou af.

THOMAS Wat?

ANDREA Wat er nu gebeurt.

DE MOEDER Luister niet naar haar, jongen.

ANDREA Je weet wel wat er gebeurt, je wil het niet toegeven, maar je weet het, Tom, ik zie het aan je blik, je durft mij niet aan te kijken. Ze hebben jou door de modder gesleurd en je durft er niet aan denken, het maakt je verlegen en je schaamt je.

THOMAS Ja.

DE MOEDER Andrea, ga de kamer uit.

ANDREA Neen.

HILDA Wat is zij ongehoorzaam, tante.

ANDREA [*huilt, maar probeert zich te beheersen*] Tommie, doe het niet.

THOMAS Ik moet doen wat mama zegt.

ANDREA Omdat je het zelf ook wil. Het was dus niet waar wat je mij zei daareven, je houdt niet van mij. Je liegt, je wil...

THOMAS Jawel, het was wel waar. [*Hij neemt haar arm*]

ANDREA Laat mij los. [*Thomas laat haar arm los, kijkt naar de moeder*]

ANDREA Je wil weten hoe een vrouw is. Omdat je geen kleine jongen meer bent. Je bent nieuwsgierig, je wil weten hoe het

61

is, een vrouw die niet je moeder en niet je zuster is. En dat weet zij, je moeder, en zij rekent er op dat je nieuwsgierig bent, dat...

DE MOEDER [*gilt*] Er uit.

DE VADER Onmiddellijk.

ANDREA [*huilt nu openlijk*] Je zal zien, Thomas je zal zien. [*Zij klapt de deur hard dicht en rent de trap op. Thomas gaat haar achterna. Zij zit op de trap en houdt haar hoofd tussen de handen. Zij kijkt niet op terwijl zij de eerste zinnen spreekt*]

THOMAS Het is niet zoals je denkt, ik was niet nieuwsgierig.

ANDREA Jawel.

THOMAS Een beetje.

ANDREA Zie je.

THOMAS Maar wij moeten gehoorzaam zijn, dat weet je toch. Mama en Pa menen het goed. Tenslotte moet ik iemand hebben die voor mij zorgt en zij kunnen het niet meer, zij zijn moe alle twee, en jij moet ook iemand hebben, die naar je omkijkt. Wij kunnen niet zo maar door de wereld gaan, jij en ik, helemaal alleen.

ANDREA Zwijg.

THOMAS Ah. [*Hij wil verder de trap op*]

ANDREA [*kijkt op, en maakt een afwerend gebaar voor zich*] Laat mij gerust. Voor mij moet niemand zorgen, niemand heb ik nodig!

THOMAS Neen?

ANDREA Ik ga weg.

THOMAS Naar Engeland?

In Andrea's kamer luisteren de vader en de moeder. De vader maakt een gebaar maar de moeder houdt hem tegen. De nicht houdt zich afzijdig maar luistert toch mee.

ANDREA Ja.

THOMAS Alleen? Zonder mij? Je mag niet. Wij hebben het afgesproken.

ANDREA Je moet hier blijven, kleine jongen, bij je nicht. Zij wordt je bruid binnenkort.

THOMAS Maar dan kan je toch bij ons blijven?

ANDREA [*met een grijnsje, dat haar lelijk maakt*] Hèhè. [*Zij loopt de trappen op, het kleine kamertje in*]
Thomas daalt traag de trap af, komt bij zijn ouders en zijn nicht.

DE MOEDER Wat zei zij nog?

THOMAS [*gaat ineengedoken zitten*] Niets.

DE VADER Het leven, beste jongen, is een strijd. En pas wanneer je op een zekere leeftijd gekomen bent, merk je dat. Je merkt het niet eerder omdat je ouders tot dan toe al het werk voor je hebben opgeknapt, omdat zij jou uit de brand hielden, omdat...

HILDA Dat is waar, oom, daar heb je gelijk in.

THOMAS [*voor zich uit*] Zij houdt niet meer van mij.

HILDA Wie? Ik? Maar wie durft dat te zeggen?

DE MOEDER Thomas, poets je tanden.

THOMAS Waarom lachte zij mij uit?

DE VADER En een voorname regel is je nooit onder laten duwen, hoe zwaar het beest in je nek ook mag wegen. Het leven is een strijd en de wereld behoort aan hen, die...

DE MOEDER Pattini, je maak mij doodmoe met je verhalen, laat hem gerust. Ga je tanden poetsen, jongen. [*Terwijl hij opstaat*] Heb je gezien hoe lelijk zij zich gedragen heeft?

THOMAS [*afwezig*] Ja, mama.

DE MOEDER Het wordt donker. Kind, help mij even. [*Zij reikt Hilda een laken aan*]

Doek

Derde bedrijf

Een paar uur later. De kamer van Andrea is verlicht maar het gordijn is er voor getrokken, zodat men vaag twee schaduwen ziet die bewegen. Op de trap staat Andrea in pyjama en kamerjas te luisteren. Een vaag gefluister hoort zij, dan ineens heftig doch onverstaanbaar de stemmen van Thomas en Hilda. Een gekraak. Een stoel valt om. Een gescharrel als van een worsteling. Men hoort Thomas roepen: Neen. Neen! *Een o-genblik later loopt hij Andrea's kamer uit. Staat even ontredderd in de woonkamer. Zijn haar is in de war en hij kijkt verwilderd. Andrea loopt de trap af, neemt hem bij de arm.* Thomas, *zegt zij zacht, maar hij rukt zich geweldig los en loopt weg. Na een korte aarzeling loopt zij hem achterna. De voordeur slaat dicht. Nog een keer. De moeder komt uit de slaapkamer der ouders, zij heeft een versleten, paarse kamerjas aan. De nicht komt uit Andrea's kamer en strijkt haar haren glad. Zij knoopt haar blauwe en rose bebloemde peignoir beter dicht.*

DE MOEDER Wat is er aan de hand? Dit hels lawaai?

HILDA [*met een verschrikt stemmetje*] Hij liep weg.

DE MOEDER Thomas? Waar is hij dan naar toe? [*Zij maakt een beweging en gaat in de richting der voordeur*]

HILDA Andrea is hem nagelopen.

DE MOEDER Waar zijn zij naartoe?

HILDA Ik weet het niet.

DE MOEDER Maar waarom?

HILDA Zo maar. Ineens liep hij weg. [*Zij begint heftig te huilen*] Ik heb niets gedaan, tante, niets. Ik sprak heel lief tegen hem, ik zei dat hij niet bang moest zijn voor mij en ineens liep hij weg, tante, alsof ik hem geslagen had.

DE MOEDER Toe nou. Huil niet. Bedaar. [*Zij gaat op de nicht toe, en streelt haar schouder*]

HILDA [*legt haar gezicht in haar tante's hals, snikkend*] Ik heb echt niets verkeerds gedaan, tante, zoals ik je beloofd had.

DE MOEDER Ik geloof je wel, kind. Thomas is zo eigenaardig soms.

HILDA [*snikkend*] Ja.

DE MOEDER Hij komt wel meteen terug met Andrea, zij zal hem kalmeren. Zij is de enige naar wie hij luistert.

HILDA Ik ben zo bang geweest, tante, ineens begon hij te schreeuwen en 'Andrea!' te roepen...

DE MOEDER [leidt Hilda naar de sofa. Zij blijft rechtstaan. Hilda bedaart] De jongen was beter in het gesticht gebleven voor een tijdje, dan was hij misschien helemaal genezen van zijn nukken. Weet je dat wij hem eens weggebracht hebben?

HILDA [veegt haar tranen weg] Neen.

DE MOEDER Op een nacht heeft hij het appartement van dokter Bondy in brand gezet en toen de ruiten ingegooid bij de bakker. Omdat zij hem geplaagd hadden, alle twee, zei hij. Alle mensen uit de buurt hebben een petitie ondertekend en naar de politie gebracht om hem weg te krijgen.

HILDA De mensen zijn slecht, tante.

DE MOEDER Wij hebben hem naar Winteren moeten brengen naar het gesticht der Kinderen van Maria, waar de minderjarigen... die... zo... zijn ondergebracht worden. Het was een zomerdag, ik herinner het mij zo goed, het was een der vreselijkste dagen van mijn leven, de hitte zat in de lucht en wij liepen door het koren, op een landweg, want het gesticht ligt midden in de velden, de oudste kinderen werkten er op het land, en *hij* liep vooruit en schreeuwde en zweette, lachte, want hij was zo blij, zo blij dat hij naar school mocht. Maar toen hij ineens achterblijven moest tussen de twee Zusters die hem vasthielden en hij naar ons omkeek, die bij de deuropening stonden, besefte hij het ineens en hij huilde, o Hilda, mijn hart brak, hij tierde en de Zusters moesten er twee mannen bij halen.

HILDA Oh.

DE MOEDER Het heeft niet geholpen, want dezelfde week liep hij weg. Wij hebben hem schuilgehouden gedurende twee maanden, toen ben ik bij de buren geweest, één voor één, en ik heb beloofd dat hij zich rustig zou houden van nu af aan. En alles betaald bij dokter Bondy en de bakker. Wij hadden het hart niet om hem terug te zenden, want anders was hij misschien wel naar het groot gesticht van Oostveld gestuurd geworden waar zij... de echten... onderbrengen. Maar de buren wenden langzamerhand aan hem. Niemand plaagt hem meer nu, ik weet niet waarom. Het is best zo, want als hij opgehitst wordt, is hij als razend...

HILDA Ik heb hem niet opgehitst, tante.

DE MOEDER Dat zei ik niet.

HILDA Ik zei hem heel zacht: Thomas, hou je een beetje van mij? Maar hij antwoordde niet, keek van mij weg, in het wilde weg, of hij niet wist dat ik er was, en toen ineens alsof hij een afschuwelijke nachtmerrie had met zijn ogen open, schreeuwde hij... en liep weg...

DE MOEDER Hij loopt af en toe het huis uit, Hilda, wij verwonderen er ons niet meer over. Vroeger bleef hij soms drievier nachten weg en een keer heeft de politie uit Antwerpen ons opgebeld en moesten wij hem daar terughalen. Het is niet zo erg, hij doet geen kwaad. Maar misschien heb je hem, zonder het zelf te willen natuurlijk, iets gezegd dat hem getroffen, gekwetst heeft. Je weet het nooit met die jongen. Vertel mij eens alles van het begin af aan.

HILDA Er is niets te vertellen. Ik zat op mijn bed en hij op het zijne en toen ging ik naast hem zitten. Niets kwaads, dat begrijp je wel, tante. Ik nam zijn hand vast. Ik zei dat hij mooie handen had. Die heeft hij, nietwaar tante? Pianistenhanden heeft hij, zoals oom Henri. Ik streelde er over en ik vroeg hem stilletjes, om hem niet te laten schrikken: Hou je een beetje van mij? en ik... [zenuwachtig]... dat is alles. Ineens liep hij weg.

DE MOEDER Maar het lawaai dan dat ik hoorde?

HILDA Hij gooide een stoel om en ik raapte mijn kleren op, mijn nieuwe plisséjurk die op de grond lag, en toen ik opkeek was hij er niet meer, en...

De bel gaat, drie keer vlug.

Zou hij het zijn?

DE MOEDER Ja, daar zijn zij al. [*Zij gaat het toneel af, zegt bij de voordeur*: Waar is hij dan? *en komt terug met Andrea*] Waar is hij dan gebleven? Wacht hij buiten? Heb je hem gezegd van buiten te wachten?

ANDREA [*in de war*] Hij liep te vlug. Ik heb hem nooit zo gezien. Als een razend hert rende hij de straat in en toen ik hem riep, luisterde hij niet eens. Om de hoek is hij op een rijdende tram gesprongen.

DE MOEDER Welke tram?

ANDREA Een zeven. In de richting van de Koornmarkt.

HILDA Dat is verschrikkelijk.

ANDREA [*gaat op haar toe*] Wat is er gebeurd tussen jullie?

HILDA Niets.

ANDREA Zeg het mij.

HILDA Tante, ik ben afgemat, doodmoe. Ik heb mij in geen tijden zo uitgeput gevoeld. Wil je asjeblieft zeggen dat Andrea mij met rust laat. Ik heb alles verteld, nietwaar, was er iets verkeerds in?

ANDREA Wat hield jullie op, voor je slapen ging, Hilda? Wat fluisterden jullie over mij?

HILDA Je luisterde. Je moet het weten.

ANDREA Waarover praatten jullie?

HILDA Over onbelangrijke dingen.

ANDREA Welke dingen dan, dat hij wegrende als een razende?

HILDA Als je het wil weten, vraag het hem.

DE MOEDER Maak je niet driftig, Andrea, en ga slapen.

ANDREA Als zij niet antwoordt, ga ik zo meteen naar haar moeder toe.

HILDA Neen.

DE MOEDER Andrea.

ANDREA Wat was het dan dat je zo zacht, zo geheimzinnig te vertellen had dat ik het niet kon horen.

HILDA [*uitdagend*] Over jou had hij het, Andrea. Dat hij genoeg had van jou en van het leven dat hij hier met jou leidde, en dat hij weg wilde. En nog meer, maar dat zeg ik niet. Hij luistert niet meer naar de anderen, hij ziet niets meer, hij weet niet dat er iemand anders in de kamer is als hij over jou spreekt, weet je dat? En ik heb hem een paar dingen over jullie beiden gevraagd en hij heeft mij *geantwoord*.

ANDREA Zei hij dat hij wegwilde?

HILDA Ja.

ANDREA [*zoekend*] Van zijn ouders weg?...

HILDA Van jou. Uit dit huis, waar jij bent, uit deze muffe, verstikkende atmosfeer waar jij bent.

ANDREA [*bijna deemoedig*] Hoe zei hij het? Was hij kwaad? Treurig?

HILDA Hij bedaarde pas toen hij hoorde dat ik hem mee zou nemen op reis naar Engeland. Onze huwelijksreis.

67

ANDREA Gaan jullie...

HILDA Of weet je dat nog niet, spinnetje in de hoek van de kamer? Heb je niet genoeg geluisterd, gespied en geloerd in je hoekje daar?

ANDREA En die dingen... die je hem gevraagd hebt?...

HILDA Dat zeg ik niet.

ANDREA En toen spraken jullie ineens niet meer en er hing een lange stilte in mijn kamer.

HILDA Ja.

ANDREA Je heb hem gekust.

HILDA Ja.

ANDREA Hij liet het toe?

HILDA Hij kuste mij. Zoals een man zijn vrouw kust.

ANDREA Niet waar. Niet waar.

HILDA Hij nam mij bij de schouder en kuste mijn nek, mijn oor, zijn vingers gingen door mijn haar en lager toen over mijn nek en mijn rug.

ANDREA [*bijna klagend*] Het is niet waar.

HILDA [*spreekt zij over iemand anders?*] 'Liefste,' noemde hij mij en nam mijn kleed vast, zijn ogen blonken als warme hondeogen. Hij zei dat hij altijd bij mij zou blijven, dat hij mij nooit meer in de steek zou laten, nooit meer.

DE MOEDER Wie? Thomas?

HILDA [*stokt, zij is uit haar roes gerukt*] Ja, natuurlijk, Thomas. En toen ineens liep hij weg. Dat is alles.

ANDREA Je verzwijgt heel wat. Waarom schreeuwde hij?

DE MOEDER Genoeg nu, Andrea. Je nicht heeft mij alles verteld, zij is doodmoe. Wij gaan allen slapen. Thomas komt wel opduiken.

ANDREA Zij vochten.

HILDA Het is niet waar. Hij kuste mij. Geweldig kuste hij mij. Wij vielen bijna, en gooiden een stoel omver.

DE MOEDER Vochten jullie, Hilda?

HILDA Natuurlijk niet, tante, ik had het je toch verteld.

ANDREA Zij heeft zich uitgekleed waar hij bij was.

DE MOEDER Andrea, hoe durf je zo iets veronderstellen? Wat er nu gebeurd is, is voornamelijk, neen, uitsluitend, jouw fout. Jij hebt die jongen helemaal van streek gebracht door hem malle verhalen op de mouw te spelden, dat jullie samen zouden weglopen, samen in Engeland zouden gaan wonen. Jouw schuld is het. Door jouw laster en jouw ophitsende, wrokkige praatjes over ons, zijn ouders, en zijn aanstaande vrouw, krijgt Thomas zijn aanvallen weer. Het is een schande. Je weet hoe overgevoelig de jongen is en je misbruikt zijn gevoelens. Het doet mijn hart stilstaan als ik zie hoe hij kinderlijk, onschuldig in je netten loopt. En ik had je verwittigd. Ik had het je gezegd dat je hem met rust moet laten.

ANDREA [schreeuwt] Ik ben de enige hier die naar de jongen kijkt. Als er iemand hier in huis verantwoordelijk is voor zijn toestand, Mama, ben jij het.

DE MOEDER Zijn toestand, hoor dat eens aan, zijn...

ANDREA Ja, zijn toestand. Of is hij niet ziek misschien? Wil je dit ook verzwijgen en verduiken achter een scherm van lieve woordjes en schijnheilige praatjes? Ben je dan zo verlegen met je zieke zoon?

DE MOEDER Andrea!

ANDREA En zij, zijn aanstaande vrouw, moet zij niet op de hoogte gebracht worden nopens zijn behandeling, hoe zij haar bruidegom moet verzorgen? Want, liefste Hilda, van nu af aan zal het erger worden, weet je, kleine bruid, na deze aanval komen er andere en Mama weet het. Of weet je dit ook niet, Mama?

HILDA Wat vertelt zij toch, tante?

DE MOEDER Nonsens, kind. Zij is nijdig, razend is zij omdat haar broer niet naar haar geluisterd heeft toen zij hem nariep vanavond op straat. Omdat hij voor de eerste keer in haar leven zijn laars aan haar veegt, haar lief broertje.

ANDREA [schreeuwt] Maar hij houdt van *mij*! Van *mij*! Alleen! *Haar* wil hij niet! Aan *haar* veegt hij zijn laars, aan die vrouw zonder tanden, dat oude mens dat hem in bed wil!

HILDA O tante.

DE MOEDER [schreeuwt] Jij... jij bent een wild dier! Jij bent het, die wij zouden moeten opsluiten in een gesticht, achter tralies! Jij, mijn giftige, hete, schunnige dochter!

De man boven tikt met een stok heel hard tegen het plafond. En er valt ineens een stilte. De moeder en de dochter halen diep adem. Wapenstil-

stand. Dan spreekt Andrea, maar moet haar keel schrapen. Als zij haar stem vindt, is deze zacht en scherp.

ANDREA Jullie zijn begonnen, jij en Pa, jullie begonnen met mij te kwetsen. Het zogezegd geluk dat jullie Thomas opdringen is een gemeenheid, een laagheid en het zal jullie niet gelukkiger maken. Jullie haten mij omdat ik in de weg sta voor het mooie bruidsfeest met de klokken en het orgel in de kerk, de bruid in het wit en Thomas als een kalf tussen jullie. Omdat ik het niet laat gebeuren hoe hij leeggezogen wordt, langzaam afgemaakt, hoe hij leegbloeden zal tussen jullie gelukkige, voldane gezichten. [*Zachter, maar even scherp*] Je ziet, Mama, ik vraag je niet van mij te houden, het kan niet tussen ons, maar ik vraag je dit niet te laten gebeuren... alsjeblieft... want er is iets gaande, je voelt het ook, Mama, zo dikhuidig en zo blind ben je niet.

DE MOEDER Ga naar je kamer. Ga slapen.

HILDA Ik wil het niet meer aanhoren, tante. O, de dingen die zij naar mijn hoofd durft slingeren. Nooit in mijn leven ben ik zo beledigd geworden. Ik wil hier weg, tante, ik wil naar huis, naar mijn moeder, ik zal haar alles vertellen, o, dat had ik nooit gedacht...

DE MOEDER [*hard tot Andrea*] Naar je kamer, jij!

ANDREA [*gaat weg, schreeuwt in de deuropening*] Ga naar je moeder, toe, daar hoor je thuis. Twee wrakken samen. En vraag de melkboer je te trouwen of een of andere bediende, die niet meer wil werken. Vlug, loop daar achter, terwijl je nog kan. [*Zij loopt driftig de trappen op en verdwijnt in het kamertje boven*] *De moeder sluit de deur van de woonkamer af.*

HILDA O tante, tante.

DE MOEDER Wees niet zenuwachtig, kind, het zal niet meer gebeuren, ik beloof het je, het is de laatste keer dat er in dit huis iets verkeerds tegen jou gezegd wordt, ik beloof het je.

HILDA O, ik had het nooit gedacht. Ik had mij zoveel lieve dingen over jullie voorgesteld. Dit had ik nooit durven denken, dat ik de schuld van tweedracht hier in huis zou zijn, dat hij, Thomas, mij zou vluchten alsof ik schurftig was, dat men mij zou betichten van al deze vreselijke dingen. Ik wil weg, tante, zo gauw mogelijk.

DE MOEDER Wacht even, kind, wacht even. [*Zij gaat zitten op de sofa*] Luister, Hilda. Ik kan het je niet langer verzwijgen. Ik heb je voorgelogen. Dit is geen gelukkig huisgezin hier.

HILDA Neen.

DE MOEDER Ik had hier al lang willen weggaan, een kleiner huisje huren ergens op het platteland. Met een tuin, of een grasperk vóór, waar ik in kon zitten 's avonds. Maar het gaat niet. Wij leven hier voor niets. Henri mag het huis bewonen tot zijn dood van de Muziekvereniging. Op het platteland is de werklozensteun voor mij ook veel minder. Wij moeten hier blijven, als bedelaars wonen in een stad die ons als vooraanstaande burgers heeft gekend. Maar toch, wij zouden gelukkig kunnen zijn indien wij ons schikten in ons lot, tevreden waren met hetgeen wij bezitten. Maar het gaat niet en echt waar, ik weet niet waarom. Ik vraag het mij soms af. Waarom zijn wij niet gelukkig?—Omdat de ongelukken in ons zitten, denk ik, Hilda, omdat wij ongelukken meedragen. Zoals andere mensen bruin of zwart of blond haar hebben, dragen wij ongelukken met ons mee, denk ik soms.

HILDA Maar neen, tante.

DE MOEDER Je bent jong, kind, je weet er niets van.

HILDA Maar hoe kwam het ineens? Jullie waren gelukkig vroeger.

DE MOEDER Vroeger was het niet anders. Alleen zagen wij het niet zo duidelijk. Maar het was steeds zo.

HILDA Ah.

DE MOEDER Nu zitten wij hier opgesloten en zien geen uitkomst. Geen van ons gaat de deur uit, behalve Thomas dan, die af en toe als een wild hert wegrent. Geen van ons spreekt met iemand op straat. Wij worden uitgelachen, bespot.

HILDA Dat is niet waar, tante. Ik ken verscheidene mensen in de stad die nog een zeer grote achting voor jullie hebben. En ik ben zeker dat jullie nog heel wat onbekende vrienden hebben.

DE MOEDER [*lacht schamper*] Onbekende, dat is het. Wij hadden vrienden vroeger, de eerste jaren van ons huwelijk. De vroegere vrienden van Henri, waar zijn zij gebleven? En mijn vriendinnen van de kostschool? Niemand was zo graag gezien als

71

ik, toen ik jong was, wild en vrolijk. 'Papavertje' noemde men mij. Omdat ik altijd in rode jurken liep. Wie kijkt er nu nog naar Papavertje om, denk je? Verdwenen zijn zij, onze bekenden, een voor een, verlegen, beschaamd, zenuwachtig.

Met niemand kan ik een woord wisselen over de dingen die je alleen onder vrouwen kan bespreken, met niemand. Ik zit hier maar te waken als een politiehond over twee mannen, die geen mannen zijn en over mijn jachtige dochter en zo gaat mijn leven voorbij, ah, Hilda...

Ondertussen heeft Andrea het licht in het kamertje boven uitgedaan en komt de trap af. Zij krijgt de deur van de huiskamer niet open. Zij rukt aan de deurknop.

ANDREA Doe open.

DE MOEDER Blijf daar, je hebt hier niets verloren.

ANDREA [*harder*] Doe open, Mama.

DE MOEDER [*ook harder*] Je hebt hier niets te maken. Maak dat je wegkomt.

ANDREA [*slaat met beide vuisten op het deurpaneel*] Doe open. Doe open. Doe open.

De man op de verdieping boven begint opnieuw tegen het plafond te tikken. De moeder ontsluit de deur en Andrea komt binnen, verwilderd. Zij is ineens verlegen, gaat zitten.

ANDREA [*alsof zij zich excuseert*] Ik kan niet slapen.

DE MOEDER Ga terug. Hoe durf je nog je gezicht te vertonen hier? Of bied onmiddellijk je excuses aan, aan je nicht en aan mij.

ANDREA Ik zal hier op Thomas wachten.

DE MOEDER Waarom? Hilda en ik moeten nog met elkaar spreken. Ga weg.

ANDREA Ik hou het niet uit, alleen, daar. Ik blijf daar niet alleen. Ik zal hier wachten, jullie kunnen gaan slapen.

DE MOEDER Wie zegt je dat Thomas naar huis komt vanavond?

ANDREA Het was een tram zeven. De laatste of de voorlaatste. Hij is waarschijnlijk tot aan de terminus meegereden. Dan komt hij terug.

DE MOEDER Denk je dat? Dan ken je je Thomas nog niet.

HILDA Ik ben uitgeput, tante. Het liefst zou ik nu naar bed willen.

DE MOEDER Dit is nog het beste dat ons te doen staat. Laat jij maar alle zorgen aan mij over en slaap lekker uit...

HILDA Slapen zal ik wel niet, tante, ik zal geen oog dichtdoen, ik zal dit alles overdenken en overdenken...

DE MOEDER Dan heb ik pilletjes voor je ergens. Wacht even. [*Scharrelt in een lade, brengt een doosje naar voor*] Hier. Voor de zenuwen. 'Kalmeert de zenuwen, verschaft een aangename slaap.'

HILDA [*tot Andrea*] Wacht je hier op Thomas?

ANDREA Ja.

HILDA Hoe weet je of hij terugkomt vanavond?

ANDREA Ik weet het.

DE MOEDER Hier, je neemt er een in, hoogstens een en een halve. Je zal slapen als een roosje. [*Zachter*] Morgen praten wij dit alles nog eens over. Alles komt altijd terecht.

De moeder en de nicht gaan naar Andrea's kamer. De moeder schuift de gordijnen open, trekt de lakens iets af, terwijl de nicht een glas water haalt. De nicht kruipt met haar peignoir in bed. De moeder buigt zich over haar en geeft haar het water met het pilletje. Dekt haar beter toe.

DE MOEDER Wij zijn goede vriendinnetjes geworden, nietwaar? Dit is heel wat. Slik nu.

De nicht drinkt.

HILDA Het smaakt naar anijs.

DE MOEDER Ja.

Hilda reikt haar het glas aan, wentelt zich in het bed, zoekt de gemakkelijke positie. Kinderlijk ziet zij er ineens uit. De moeder streelt haar over het haar.

HILDA Mag ik je iets vragen, tante?

DE MOEDER Ja.

HILDA Wil je mij goedenacht kussen? [*De moeder kust haar op de wang*] Ik voel mij al heel wat beter nu. Meer gerustgesteld.

DE MOEDER Slaap nu, kind. Goedenacht.

HILDA Goedenacht, tante.

DE MOEDER [*in de woonkamer*] Andrea, je hebt je gedragen als een varken.

Andrea zwijgt, draait rond de tafel.

Je wil dit huwelijk boycotten. Je weet dat Hilda en Thomas uitstekend met mekaar zouden kunnen opschieten en dat hun huwelijk zeker een succes zou worden.

73

ANDREA Er is niemand in de buurt die je kan horen, dus speel dit spelletje niet met mij. Thomas en zijn nicht hebben helemaal niets met mekaar te maken. Zij zijn twee vreemden voor elkaar. Alles in deze combine komt er op neer...

DE MOEDER ...het geld van tante Myriam in de wacht te slepen? Is het dat wat je wil zeggen? Dan ben je verkeerd. En kortzichtig. Een kortzichtig klein stuk grut dat niets van de wereld afweet, dat in elke welgemeende poging van een ander mens om zich op te werken...

ANDREA Op te werken?

DE MOEDER Precies wat ik zeg. Ons, jou zowel als ons allen uit dit slijmerig nietsnuttenleven halen, een basis vormen voor een evenwichtig bestaan. Dit bedoel ik. En ik verbied je om dit anders te interpreteren, hoor je? Of kan je je niet voorstellen dat er mensen zijn die naar het goede trachten en niet zoals jij, zich zelfzuchtig alleen bekommeren om zichzelf en hun perverse genoegens?

ANDREA Hoe durf je...

DE MOEDER Ik weet wat ik zeg en je weet wat ik bedoel. Toen Jan Vandendriesse je kwam afhalen voor de bioscoop verleden week en toen die andere, Mullier, twee maanden geleden je Pa is komen spreken en je wilde huwen, heb je hen laten lopen. Waarom? Waarom ga je nooit met de een of andere vriend uit? Waarom snauw je de mannen op straat af, als een bloedhond? Ik weet waarom. En het is onnatuurlijk. Onnatuurlijk noem ik de manier waarop je met Thomas omgaat. En ik zie het verder groeien elke dag, elke dag.

ANDREA Hou je mond.

DE MOEDER Je bent er zelf bang voor, ik ken je, je durft er niet over spreken. Dit mag het licht niet zien.

ANDREA Zwijg.

DE MOEDER Het beste is dat je dit huis verlaat. Dat heb ik vanavond besloten en dat zal ik morgen met je vader bespreken. Je kan een vakantie nemen. Eindelijk kan je weg, zoals je zo graag wilde. Maar alleen. Ik zal het geld samenrapen, bedelen als het moet of stelen, maar je gaat weg. Ik weet nog niet waarheen, maar je gaat. Minstens voor een maand of drie.

ANDREA [schreeuwt] Tot alles bekonkeld is.

74

DE MOEDER Ja, als je het wil weten, tot het huwelijk achter de rug is en Thomas veilig onder dak.

ANDREA [*stil*] Je bent laag, Mama.

DE MOEDER Natuurlijk. [*Zij gaat bij de tafel zitten*] Natuurlijk ben ik laag. Hoe kan het anders in jouw ogen? [*Zacht en verbeten*] Ik wil niet dat dit gebeurt in mijn huis, prent het goed in je hoofd. Er is iets tussen jou en Thomas dat geen naam heeft, zo duister is het, zo onnatuurlijk, zo vreselijk. En je loopt er met je beide ogen wijdopen in, terwijl je het afschuwelijke ervan beseft, dat is de zonde, dat is het ergste, dat je er niets tegen doet.

ANDREA Er is niets tussen Thomas en mij.

DE MOEDER Lieg niet.

ANDREA Wat moet ik dan doen?

DE MOEDER Je gaat weg nu, en dit zal het einde zijn.

ANDREA En later dan?

DE MOEDER Als je hem terugziet, zal hij veranderd zijn, daar twijfel ik niet aan, Hilda zal een goede invloed op hem uitoefenen. Jij ook, bevrijd van de dikke, muffe, onzuivere lucht hier, zal tot andere gedachten komen. Jullie zullen dit beiden gauw vergeten.

ANDREA Ja, zo zou het zijn.

DE MOEDER Je zal inzien dan, waarvoor ik jullie behoed heb, waar jullie blind zouden ingelopen zijn, in dit moeras, in dit giftig...

ANDREA Genoeg nu.

DE MOEDER [*met een zekere gêne*] Ik ga slapen. [*Zij schuift de pilletjes in de lade*]

ANDREA Ik wacht hier.

DE MOEDER Ik heb het ook moeilijk, Andrea. Soms denk ik dat het mijn krachten te boven gaat. Dat ik het niet langer uithouden kan.

Andrea wendt haar gezicht af.

Het is voor zijn bestwil. Ik hou van hem, ik zou alles voor hem doen. En dit is wat er nu gedaan moet worden. Het snijdt als een mes door heel zacht, heel teder vlees. Geloof niet dat ik het met een blij hart doe. Maar het moet. Het is geen valstrik zoals jij geloofde, maar een noodoplossing.

75

ANDREA Het snijdt, ja...

DE MOEDER Je Pa en ik, wij leven niet zo heel lang meer, weet je dat? Wij zijn versleten voor onze tijd.

ANDREA Ga slapen nu.

DE MOEDER [*dringend*] Het is de enige oplossing.

ANDREA Misschien.

DE MOEDER Wil jij dan verder leven zoals nu?

ANDREA Neen. [*Aarzelend*] Het liefst zou ik... Neen. Niets. Ik wacht hier.

DE MOEDER Zeg hem niet dat je weggaat. Dat zal ik doen. Maak mij meteen wakker als hij er is. Haar niet [*Zij schudt met haar hoofd in de richting van Andrea's kamer*] maar mij. Meteen. [*Zij staat in de deuropening, kijkt lang naar Andrea, die aan de tafel zit*] Wat was het dat je het liefst zou willen?

ANDREA Niets, zeg ik je. Een idiotie [*probeert het licht te zeggen*] zoals alles wat ik wil.

DE MOEDER Goedenacht. [*Zij gaat de slaapkamer der ouders in*]

ANDREA [*legt haar hoofd op haar armen, kijkt met open ogen voor zich uit. Na een tijdje zegt zij klagend*] Tommie. Tommie.

Doek

Vierde bedrijf

*Andrea zit in dezelfde houding als in vorig tafereel, maar is nu in
slaap gevallen. Het regent. Het is zes uur in de morgen, door het raam
valt een koud daglicht. De bel gaat heel even, drie keer vlug en een keer
lang. Andrea schrikt wakker en loopt naar de deur. Komt terug met
Thomas, die drijfnat is. Hij is moe.*

ANDREA O je bent helemaal nat. Heb je de ganse tijd in de
regen rondgelopen?

THOMAS Neen, ik heb op een bank gezeten.

ANDREA Hier [*zij doet haar kamerjas uit*] doe dit aan. Neen, trek
eerst je pull-over uit. [*Hij zit op de sofa, zij trekt zijn schoenen uit
en schuift hem haar pantoffels aan de voeten*]

THOMAS [*huivert*] Ik zat daar en er was niemand in het park behalve de eenden. Langzaam werd het klaar. Nu zitten de
eerste vogels er al. Ik dacht: kon de regen door mijn hoofd
dringen, door mijn schedel en mijn hoofd met al die donkere,
dreigende gedachten leegwassen, zoals de regen een steen
mooi schoon kan wassen, dacht ik. Oh, Andrea.

ANDREA Wat is er met Hilda gebeurd?

THOMAS Ik keek maar naar het water waar de druppels in vielen
en kringetjes maakten. De eenden zaten er en sliepen, de regen
dringt helemaal niet tot hen door, zij zitten goed beschermd
in hun veren. En een kleine eend dreef af. Alleen dreef het
eendje over de vijver terwijl het sliep. Het regende. Ik dacht:
kon de regen mij helemaal wegspoelen. Soms wilde ik dat ik
niet bestond, Andrea.

ANDREA Wat is er dan toch gebeurd met Hilda en jou?

THOMAS Ik ben zo bang geweest. Nu niet meer. Nu gaat het
over.

ANDREA Wat deed zij dan?

THOMAS Eerst zei zij: 'Thomas, je moet niet schrikken.' Waarom zei zij dat? Had zij het niet gezegd, mij niet zo van tevoren
al aan het schrikken gebracht door dit te zeggen, ik was misschien niet weggelopen. Maar toen ik haar zag, en zij zich uit-
kleedde...

ANDREA Helemaal?

THOMAS Ja. Eerst zegt zij dat en dan ineens trekt zij haar jurk uit en haar blouse en ik dacht dat er een onderjurk en een bustehouder onder zou zitten, zoals bij jou en Mama, maar zij had er niets onder. En haar zo te zien, zo naakt, zo plots, was zo vreemd dat ik bijna geen adem meer kon halen, Andrea, ik schrok, maar zij kwam op mij toe, zo, met haar handen vóór zich gestrekt als wilde zij mij vatten, en ik werd doodsbang. Ik weet niet waarom, ik begon te zweten en wilde de kamer uitgaan maar zij liet mij niet los. Zij liet mij niet los. Hield mij bij mijn mouw vast en vroeg: 'Hou je van mij, Thomas?' en zij was rood en opgewonden en blies in mijn gezicht...

ANDREA En wat deed jij?

THOMAS Niets, ik kreeg het steeds benauwder, ik dacht dat zij mij met haar nagels zou krabben, zo kwam zij op mij af... en toen... schreeuwde ik.

Stilte.

ANDREA Ben je toen in het park gaan zitten?

THOMAS Ik ben naar Mijnheer Alban geweest. Maar hij was niet wakker en de bediende zei dat hij niet wakker mocht gemaakt worden. Wegens zijn leeftijd zeker, Andrea?

ANDREA Maar waarom naar Mijnheer Alban?

THOMAS Hij weet raad, dacht ik, hij is oud, hij heeft de wereld afgereisd, hij zal mij aanhoren en als een goede, oude vader raad geven, hij zal mij hier uit helpen... Maar hij was niet wakker. Toen ben ik bij de vijver gaan zitten. En net toen ik dacht dat ik zo'n vijver zou willen later in mijn huis, zag ik haar, Hilda. Zij zwom in de vijver tussen de eenden, naakt, en zij stak ineens haar kop naar boven als een kikvors en spuwde naar mij. Toen keek ik van haar weg, maar zij zat naast mij op de bank, zonder kleren aan, en zij las de krant, toen zij mij naar haar zag kijken, gooide zij de krant in het water en wilde mij grijpen. Ik liep weg zo vlug ik kon. Tot bij de kermis. En daar op een paardemolen die stil stond zat zij weer en gierde van het lachen, zij lachte mij uit omdat ik bang was voor haar. Het regende steeds harder en toen... zag ik haar in een dakgoot, boven op de glanzende daken liep zij en wuifde naar me. Zij riep: 'Heb je dan geen regenscherm, prins Thomas?' en meteen gooide zij mij tien, twintig regenschermen toe, die openplooiden en als kleine valschermen naar beneden vielen... [*Hij haalt diep adem*]

ANDREA Zag je mij niet in het park?

THOMAS Neen. Ben je mij achternagelopen? Heb je mij gezocht?

ANDREA Neen. Maar je zag mij vroeger overal in de stad, weet je niet meer? Je zag mij eens in de Veldstraat als een leeuwentemster, herinner je je niet?

THOMAS Nu zag ik je nergens. Alleen maar haar steeds, dik en wit en oud, die mij achtervolgde en mij uitlachte.

ANDREA Zo zal het ook zijn als je met haar getrouwd bent.

THOMAS O neen. Dit zal niet meer gebeuren. Ik zal het haar zeggen, die dikke vrouw. Nu ben ik er over heen, maar ik wil niet dat dit nog een keer voorvalt. Anders trouw ik haar niet. Want als ik met haar getrouwd ben, heeft zij te luisteren naar wat ik zeg, nietwaar Andrea?

ANDREA Ja.

THOMAS En zij zál luisteren.

ANDREA Spreek stiller. Zij moeten jou niet horen.

THOMAS Waarom niet?

ANDREA Luister. Ik ben blij dat je met Nicht Hilda trouwt.

THOMAS Ik niet.

ANDREA Jawel, je wil het alleen niet toegeven waar ik bij ben, omdat je weet dat ik het niet leuk vind. Maar je zou het enig vinden om te trouwen, hier vandaan te kunnen gaan, weg van mama en van mij.

THOMAS Wie? Ik?

ANDREA Dat heb je toch aan Hilda verteld?

THOMAS Eh... ja... maar dat was om haar gerust te stellen. Ik meen het niet, hoor, je weet hoe ik liegen kan, soms, hoe ik dingen kan vertellen die ik helemaal niet meen.

ANDREA Je weet zelf niet wat je meent.

THOMAS Jawel. Ik wil niet van jou weg, Andrea, nooit.

ANDREA [*bitter*] Heb je dat aan Hilda ook wijsgemaakt? Dat je haar nooit meer zou verlaten?

THOMAS Misschien. Ik weet het niet meer. Heeft zij het gezegd?

ANDREA Ja, en nog heel wat meer.

THOMAS Maar dat is een list, dit zijn allemaal leugens, het is een net dat ik haar span. Ik laat haar zachtjes begaan, ik laat haar de grofste leugen, de domste dingen geloven tot zij helemaal in mijn net gewikkeld zit en dan... sla ik toe. Dat is tactiek.

ANDREA Je slaat niet toe, Thomas. Je bent een kleine, laffe jongen, een bang kind dat nooit zal durven toeslaan.

THOMAS Waarom zeg je mij dat nu? Dat heb je mij nooit gezegd.

ANDREA Neen.

THOMAS Waarom spreek je nu ineens zo hard, zo gemeen tegen mij? Niet zoals vroeger...

ANDREA Omdat het niet meer als vroeger is, Thomas, toen wij samen leefden, jij en ik, als twee kinderen. Je hebt het nog niet gemerkt, jij, maar morgen of overmorgen of volgende week, als je met haar getrouwd zal zijn... [*Zij wacht*]

THOMAS Wat is er?

ANDREA Want je zal getrouwd zijn met haar, nietwaar?

THOMAS Ja.

ANDREA Dan... zal je inzien, ineens, je zal het voelen op een morgen als je naar haar kijkt... en als je dan aan jezelf en aan mij en aan de voorbije dagen denkt dat je niet meer bij de kinderen hoort, dat je aan de andere kant bent geraakt waar de anderen, de groten, de volwassenen zijn, die het leven leiden zoals het moet. In de regelen. Los en geolied in de regelen. Dan zal je het merken, Thomas, en het zal niet lang meer duren want je hebt al betaald om in hun rijk binnen te komen. Je hebt je bevlekt, bevuild, al weet je het nu nog niet, door mee te zingen in hun koor, door je te laten gebruiken, door de nicht te laten geloven dat je van haar hield...

THOMAS Ik hou alleen van jou.

ANDREA Dat meen je niet.

THOMAS Jawel.

ANDREA [*gaat op hem toe, streelt zijn naakte schouder onder de kamerjas*] Het geeft niet, Thomas, of je het meent of niet. Het kan mij nu niet meer schelen. Ik dacht nog even dat het anders kon, daarnet, voor je binnenkwam. Ik dacht je nog voor te stellen iets anders te beginnen. Maar als ik je nu zie, hulpeloos, nat, bang, tussen twee vuren...

THOMAS Wat zeg je toch, Andrea? Ik begrijp je niet.

ANDREA [*klemt zich aan hem vast*] Het geeft niet. Het zijn fabeltjes. Weet je nog hoe wij fabeltjes vertelden vroeger in bed, toen wij heel klein waren?

THOMAS En hoe Pa wakker werd en in het kamertje kwam en als een woedende man op de kussens op het voeteneinde sloeg, en wij gilden alsof het heel erg pijn deed.

ANDREA Wel, zo'n fabeltje is het nu ook. Alleen gillen wij nu niet meer. Neen. En die huwelijksreis in Engeland? Welke list is dat?

THOMAS O ja, dat was een verrassing voor jou. Heeft zij het dan verklapt? Weet je, en ditmaal is het geen verhaaltje in de lucht, hoor, ditmaal is het doodernstig: Wij gaan met zijn drieën naar Engeland.

ANDREA Hilda zei mij dat jullie samen gingen.

THOMAS Ja, maar ik heb het al voor mekaar gebokst. Jij komt ons stiekem, heel heimelijk achterna en ineens in Londen in de Dierentuin, hop, daar ben je en je staat voor onze neus en zij, zij zegt heel kwaad: 'Hoe komt Andrea hier? Hoe...'

ANDREA [*wild*] Zwijg. Zwijg over dat Engeland. Ik wil er niet meer over horen. Gedaan. Gedaan.

THOMAS Maar jij wilde er naar toe... ik niet.

ANDREA O neen? [*Zij huilt nu*]

THOMAS Huil niet. Toe, huil niet.

ANDREA Ik dacht dat het tussen ons beiden en hen allen, Pa en Ma, de lamme tante, de lachende mensen op straat ging. Dat je bij mij stond. Maar het is niet zo. Ik ben alleen, je laat mij in de steek. Waarom toch? Waarom laat jij je inpalmen als een kind?

THOMAS Ik weet het niet.

ANDREA [*zachter, milder, zij ziet het in*] Omdat je een kind bent. Omdat je die auto wil, die Lancia met de lederen kussens, omdat je in een nieuw Amerikaans pak wil trouwen op het stadhuis en de oude mijnheer Alban wil inviteren. Je wil alles liever dan verder te leven zoals nu. Je wil het onmogelijke. Steeds meer en meer. Vandaag telt niet voor je. Morgen wil je en overmorgen. Omdat je een kind bent. Ik verwijt het je niet. Ik heb het niet eerder gemerkt omdat ik met je meespeelde, het niet wist. Het geeft niet meer nu. Ik hou van je.

81

Stilte

THOMAS Wat ga je doen, als wij weg zijn op huwelijksreis?

ANDREA Wanneer mag ik jullie achternakomen?

THOMAS Dat weet ik nog niet. Dat heb ik nog niet uitgerekend. Mama zei: veertien dagen er na.

ANDREA Dus Mama is ook op de hoogte dat ik achterna kom?

THOMAS Zij heeft mij beloofd dat je achterna mocht komen.

ANDREA En jij geloofde haar opnieuw? O, zij liegt zo slecht, zo grof en toch loop je er in. Blind als een kalf loop je in hun leugens.

THOMAS Ik zal heel treurig zijn zonder jou daar in Engeland. Het regent er altijd, zegt Mama. Als ik er aan denk dat ik daar alleen naar toe moet, daar in die regen zonder jou, weet ik niet of ik je kan achterlaten...

ANDREA Mijn hart bonst weer, Thomas.

THOMAS Zal je mij schrijven?

ANDREA Ik gloei als je bij mij komt. Je ogen zijn knikkertjes.

THOMAS De jouwe zijn twee warme, bruine lichtjes. Ik kan er mezelf in zien. Nu niet, het is te donker, maar ik weet dat ik in jouw ogen zit.

ANDREA Je zit in mijn ogen, maar je wil er uit.

THOMAS Neen, ik wil het niet.

ANDREA Jawel, jawel. Maar je moet het mij niet zeggen. Zeg dat je bij mij blijft, dat Engeland kan ontploffen, zeg het heel gauw...

THOMAS Engeland kan ontploffen. Ik bombardeer het helemaal, tot het zinkt als een grote dikke kaas, vol met de gaten van mijn mitrailleusekogels.

Zij lachen naar mekaar.

ANDREA Ik hou van je omdat je zacht bent. Omdat je geen man bent, zoals die anderen met hun spieren en hun bulten op hun lichaam en met hun dikke, hatelijke koppen die mij bedreigen.

THOMAS Zo. [*Hij doet een woeste man na*]

ANDREA [*wrijft de rimpels uit zijn gezicht*] Zo ben je weer Thomas. Je lijkt op mij. Je bent geen andere. Nu ga je weg, verdwijnt wel gauw tussen alle anderen. Je geeft je over. En voor jou is het zoals Mama zegt, het beste. Alleen... alleen doet het erg pijn.

THOMAS Zeg, ik belde bij Mijnheer Alban aan. God, wat is het mooi daarbinnen. Als ik zijn chauffeur word, ga ik er wonen. Allemaal tapijten en schemerlichtjes. Boeken en schilderijen met gouden lijsten. En twee piano's stonden er. Als ik niet zo overstuur geweest was, had ik er nooit in gedurfd. De bediende wilde mij eerst niet binnenlaten, maar ik duwde hem opzij en liep meteen de kamer in. Ik ben Mario de Monaco, zei ik, tenore robusto, ga je meester halen. Maar hij wilde niet. Hij geloofde mij niet. Of wel?

ANDREA Natuurlijk geloofde hij je.

De vader komt uit de slaapkamer der ouders. Hij slaapt nog half. Zodra zij hem ziet gaat Andrea zo onopvallend mogelijk naar de kast en neemt er het doosje pillen van de moeder. Stopt het in de zak van haar pyjama.

DE VADER Ah, daar ben je. Verloren zoon.

De moeder komt ook binnen. Zij is wakker en spiedt Andrea en Thomas af.

DE VADER Waar ben je naar toe geweest, Thomas?

DE MOEDER Thomas, je vader vraagt je iets.

THOMAS Naar Mijnheer Alban.

DE VADER [*wakker nu*] Wacht? Zeg mij niet dat je midden in de nacht die oude man bent gaan lastig vallen.

THOMAS Hij kon mij niet ontvangen. Hij moest blijven slapen.

DE VADER Wat? Ben je daar echt geweest?

THOMAS Ja en ik heb zelfs de secretaris, Mijnheer Lauwers gezien.

DE VADER Wat deed hij daar? Vannacht? Ligt de oude op sterven?

THOMAS Neen. Maar weet je wat Lauwers zei, Pa? 'Zo,' zei hij, 'ben jij de zoon van de grote Pattini?'

DE VADER [*ongelovig*] Neen. Zei hij dat?

THOMAS Ja zeker. De grote Pattini, dat zij hij. En ik heel trots zijn natuurlijk. 'Wel, jongeman,' zei hij, 'doe je vader, die grote kunstenaar, mijn hartelijkste groeten.'

DE VADER Dat vond jij prettig, hè, dat zij je vader zo hoogschatten?

THOMAS Natuurlijk, Pa.

DE MOEDER Is die nonsens nu gedaan? Ik heb er mijn buik van

vol, van dit schijnheilige, leugenachtige gedoe tussen jullie. En jij Pattini, bent nog de ergste aanstoker. Luister hier: Pattini, ga zitten, je maakt mij zenuwachtig. Van nu af zijn de grapjes gedaan. Knoop het in jullie oren. De lanterfanterij, de mooie verhalen van jou, Andrea, de leugens en het rondspringen van jou, Thomas, zijn voorbij. Ik heb het jullie al honderd keer gezegd, maar ditmaal is het ernstig. Definitief. Jullie hebben alle twee—Thomas, zwijg—de enige kans op een behoorlijk leven in dit huis in gevaar gebracht. Zo erg dat het moeilijk zal zijn voor ons, Pa en mij, om er nog iets behoorlijks van terecht te brengen en jullie er nog uit te redden. Om te beginnen [*Tegen Andrea*] ga jij maar naar Tante Lucia. Vandaag nog. Op de middag. De lucht van de Kempen zal je goed doen en Tante zal alles in het werk stellen om het je zo gemakkelijk mogelijk te maken daar.

THOMAS En ik ga mee.

DE MOEDER Jij, begin niet opnieuw, jij blijft hier.

THOMAS Neen.

DE MOEDER Thomas Pattijn...

THOMAS Ik heet Pattini.

DE MOEDER Je heet Thomas Pattijn, net als je vader, en je vader heet Henri, of beter Rik Pattijn.

DE VADER Is het absoluut nodig dat wij het weer daarover hebben?

DE MOEDER Ja. Omdat het opnieuw een staaltje is van de leugens, het verbloemen van de waarheid, het bloempjes spelden rond een vulgaire gewone naam als Pattijn...

DE VADER Ja.

DE MOEDER Dus, Andrea, ik heb het besproken met je vader en hij is akkoord met mij, jij gaat...

ANDREA [*gelaten*] Ik weet het al, naar de Kempen. De Kempen of Engeland, om het even waar, als het maar hier vandaan is.

DE MOEDER Na drie weken kom je terug. Ik beloof het je.

ANDREA Beloof jij maar. Je bent een even grote leugenaarster als wij allemaal, Mama. Maar ik ga al. Zo ver als je wil, zo lang als je wil.

DE MOEDER [*kijkt haar onderzoekend aan*] Ik ben blij dat je je voor een keer redelijk toont.

ANDREA Het is niet redelijk. Ik ben alleen maar moe, doodmoe van je bekonkelingen, van je laagheid.

DE MOEDER [*houdt zich in*] Goed dan. Ik ga tante Margaretha telefoneren. Je kan een trein nemen op de middag.

DE VADER Zijn er treinen naar Antwerpen op de middag?

DE MOEDER Om het uur.

Stilte.

ANDREA Ik ga mij klaarmaken dan... Help je mij even, Thomas?

DE MOEDER Dat doe ik wel, straks.

ANDREA Je bent bang dat Hilda wakker wordt en ons opnieuw samen vindt. Dat Hilda opnieuw een huilbui krijgt en dreigt naar huis te gaan en alles aan mama te vertellen. Vrees niet. Het zal niet lang duren, heel even.

DE MOEDER Maar waarom moet jij je nu al klaarmaken?

ANDREA Ik heb niets anders meer... te doen... hier... [*Zij kijkt haar vader aan*] Zal je mij missen?

DE VADER Natuurlijk kindje, je bent hier de zon in huis.

ANDREA Maar zal je mij missen? Neen, ik denk het niet. In het begin misschien, maar daarna zal je weer proberen je concerto te schrijven, zoals je al tien jaar probeert. Tot veel anders ben je niet meer in staat, lieve paps. Je probeert ook niets anders. Maar... op een zekere dag... ik weet het zeker... zal je je concerto afmaken, Pa...

DE VADER Denk je dat echt, kind?

ANDREA [*glimlacht droevig*] Ik weet het. [*Tot de moeder*] En jij, zal je mij missen?

DE MOEDER Natuurlijk, Andrea... maar het is de enige oplossing... dat je vertrekt.

ANDREA Je hebt gelijk, Mama, ik zei enkele harde dingen tegen je, zij zijn allemaal waar, één voor één, maar vergeef mij toch maar dat ik ze zei. [*Kijkt haar lang aan*] Je moest je haar meer opzij kammen, Mama, het staat je jonger. Je bent mooi, Mama, voor je leeftijd. Ik had het nog niet zo gezien. [*Andrea loopt de huiskamer uit. Naar het kamertje boven*]
De overigen kijken verwonderd naar mekaar.

DE MOEDER Wat heeft zij?

DE VADER Zij denkt dat ik mijn concerto afmaak. Zij heeft er nooit een woord over gerept, en nu zegt zij dat ineens.

De moeder gaat met haar hand over haar haar, schikt het.

THOMAS Mag ik nu gaan?

DE MOEDER Ja, help haar met pakken. Maar niet te lang.

Thomas loopt naar het kamertje. Andrea staat vlak voor hem.

ANDREA Ik ga nu, Tommie.

THOMAS Ja, maar voor een week.

ANDREA Misschien langer. Misschien veel langer.

THOMAS Waarom?

ANDREA Je kan nooit weten. Stel je voor dat er iets met mij gebeurt, dat ik onder een tram geraak?

THOMAS Er rijden geen trams in de Kempen, het is een woestijn, vol zand en helm en heide. Met heuvels. Kleine heuvels.

ANDREA Het moet er eentonig zijn.

THOMAS Ik had graag meegewild naar de Kempen.

ANDREA Dat weet ik, Tommie.

THOMAS Je gelooft mij niet.

ANDREA Luister wat je moet doen. Als je in Londen bent in de Dierentuin moet je een van die grijze aapjes een hand geven, hem even heel lief in de oogjes kijken en zeggen: Dag, Andrea, dag, lieve Andrea.

THOMAS Ik zal hem een kusje geven.

ANDREA Neen. Dat mag niet.

THOMAS Ik zal jou een postkaart sturen met een van die aapjes er op. Een gekleurde. Elke dag zal ik je er een sturen, elke dag een ander dier. Dan heb je de hele dierentuin van Londen bij je in de Kempen.

ANDREA Zal je aan mij denken?

THOMAS Elke dag.

ANDREA Zal je mij niet vergeten met de tijd? Hoe ik er uit zie, hoe mijn stem klinkt, wat ik je vertelde?...

THOMAS Neen. En jij mij niet?

ANDREA Ik zal je meenemen in mijn ogen.

THOMAS Je hebt kwade ogen, zegt Mama, omdat je een kwaad hart hebt. Maar dat is niet waar.

ANDREA Jawel, ik heb een kwaad hart.

THOMAS Je bent een pantertje met scherpe tandjes en een woedend hart. Je springt op iedereen, je bijt iedereen aan stukken.

ANDREA Ik? Ik ben een geslagen moe pantertje nu. Niet getemd, maar het zit achter tralies. Straks beweegt het niet meer. Straks sterft het en niemand heeft het aangeraakt behalve jij. Jij alleen, Thomas, hebt mij gekust. Mijn hand vastgehouden in het donker. Ik wilde dat ik vanavond weer je hand kon vasthouden.

THOMAS Weet je wat? Wij kunnen een uur bepalen 's avonds, laten we zeggen om middernacht en dan spreek jij tegen mij waar je ook bent en ik zal het horen in Londen. Ik zal ook tegen jou spreken en jij in de Kempen zal mij horen. Alsof wij een telefoon zonder draden tussen ons verbonden hadden.

ANDREA Je zal je vrouw bij je hebben in Londen, zij zal luisteren.

THOMAS Ik zal heel zacht spreken, met mijn hoofd diep in de kussens.

ANDREA Wat zal je zeggen?

THOMAS Dat hoor je in de Kempen pas.

ANDREA Vanavond al?

THOMAS Om middernacht.

ANDREA Eh... zeg het mij nu...

THOMAS Neen. Je moet meespelen. Vanavond pas.

ANDREA Ik speel niet meer mee, Tommie. Ik heb geen tijd meer. Je hebt gehoord wat Mama zei: 'het gaat niet meer, die spelletjes.' Ik kan het niet meer ook... Zeg het mij nu... Ik wil het zo graag horen nog... Tommie, zodat ik iets meedraag van jou als ik wegga... waar ik aan denken kan... fluister het in mijn oor zoals je het in de kussens zou gezegd hebben vanavond...

In de huiskamer beneden kijken de ouders op, want er is een geklik aan de voordeur.

DE MOEDER Wat was dat? De brievenbus?

DE VADER Hoe kan dat nu? Een brief voor ons?

DE MOEDER [*gaat kijken en komt terug met een brief*] Voor Thomas [*Zij scheurt de brief open, leest*] Hij moet zich aanbieden.

DE VADER Voor de militaire dienst?

DE MOEDER Neen, naar de vereniging.

DE VADER [*neemt de brief uit haar handen, leest, roept*] Thomas! Thomas!

ANDREA [*in het kamertje*] Antwoord niet. Ik ga nu weg, Tom.

Ik ben bang, bang, zo bang ben ik nooit geweest, maar het moet. Ik wil het niet langer meer aanzien hoe je vervormt zienderogen. Hoe ik je straks niet meer zou herkennen. Ik had bij je willen wonen in een huis midden in de weiden, tussen struiken, waar niemand ons had kunnen vinden. Wij hadden er samen op onze buik in het gras gelegen, naar de wind geluisterd, de vogels, naar ons paard Branding, dat hinnikt in de weide. Ah, Tommie. Nu zie ik je niet meer. En waarom niet? Omdat ik alleen ben nu ineens, want je bent niet meer bij mij. En alleen wil ik niet meer doorgaan, terwijl ik weten zou dat jij ergens in Engeland, ergens op de wereld, langzaam een vreemde Thomas wordt, een onbekende man voor mij. Jij, mijn aapje, mijn aapje, dat op mij lijkt. Ik zal niets zeggen. Niet schreeuwen. Beloof mij dat je niets zegt over ons samen. Wat zij je ook vragen, zeg niets, zeg alleen: Andrea was mijn zusje, mijn vriendinnetje.

DE MOEDER [*beneden*] Thomas!

ANDREA Hou je stil. Laat mij je bekijken nog. Zeg mij vlug iets.

THOMAS Ik weet niet wat. Je doet zo raar. Je bent ziek, koortsig, wat heb je? Ik kan niets bedenken om te zeggen als je mij zo aankijkt. [*Hij legt zijn handen op haar voorhoofd*] Je gloeit.

Zij neemt krampachtig zijn hand vast en wrijft er mee over haar gezicht.

DE MOEDER [*beneden*] Thomas, er is een brief van mijnheer Alban.

THOMAS [*wordt wild*] Oh!

ANDREA [*houdt hem vast*] Wacht even. [*Zoent hem vlug op de wang*] Ga nog niet weg. Nu nog niet. Laat mij niet alleen.

THOMAS [*rukt zich los*] Ik kom zo terug. Zo meteen. [*Rent de trappen af*]

DE VADER Groot nieuws, jongen. Luister. Ga zitten. [*Hij leest plechtig onhandig voor*] Mijnheer. Met het oog op de aanstaande benoeming van een nieuwe chauffeur, waarvoor u uwe kandidatuur stelde, verzoeken wij u maandag 10 maart, aanwezig te zijn, in het bezit van uw identiteitspapieren, op de zetel van onze Vereniging, Lakenstraat 82.

THOMAS [*kijkt ongelovig naar de brief, leest alles binnensmonds, schreeuwt*] Ja? Hoera! [*Hij schreeuwt en danst*] Ik ben chauffeur,

Mama! [*Hij loopt naar de trap*] Andrea! Andrea! Ik ben chauffeur! Chauffeur van Mijnheer Alban!

ANDREA [*komt in de deuropening staan*] Ik ben blij voor je, Thomas. *Hij loopt de huiskamer in.*

Ik ben blij hoor, Tommie. [*Zij keert nu terug in het kamertje. Zij kamt haar haar, schminkt zich voor de spiegel*] *In de huiskamer trekt Thomas zijn jas aan.*

DE MOEDER En waar denk je dat je nu heen gaat?

THOMAS Naar mijnheer Alban natuurlijk.

DE MOEDER Ben je weer razend geworden?

THOMAS Moet ik hem niet bedanken misschien?

DE MOEDER Je gaat niet.

THOMAS Hij is al lang wakker nu. Omstreeks negen uur, zei Lauwers.

DE MOEDER Bedanken voor wat? Je hebt het baantje niet eens vast, je moet je alleen maar laten zien, je laten onderzoeken of je bekwaam genoeg bent. Er zullen tientallen jongelui zijn, daar, maandag.

THOMAS Dan moet ik er naar toe om hem voor te bereiden. Zodat hij mij goed kent maandag, en mij meteen aanwijst: hier is hij. Thomas Pattini, dat is de man die ik nodig heb, de beste chauffeur van de stad.

DE VADER Je kan hem nu niet weer lastig vallen.

THOMAS Ik moet er naar toe. Ik heb gezegd dat ik terug zou komen om negen uur. Hij wacht op mij. En moet ik niet weten hoeveel ik verdien? Hoe ik moet rijden? Welk pak ik moet dragen?

DE MOEDER Maar, Thomas, dat hoeft toch al lang niet meer dit baantje. Wij hebben toch iets anders voor je.

THOMAS [*loopt weg*] Ik *moet* hem zien.

DE VADER [*schreeuwt hem achterna*] Telefoneer hem eerst!

Boven is Andrea klaar met zich op te maken, zij heeft een jurk aangedaan. Zij neemt het doosje pilletjes te voorschijn, leest het etiket, doet alle pilletjes in een glas water. Zij glimlacht in de spiegel. Drinkt het glas leeg. Gaat op haar bed liggen.

DE VADER Hij zal wel gauw terug zijn. De jongen weet niet wat gedaan van geluk.

De moeder maalt koffie.

Het lijkt alsof er na een lange tijd van ongeluk en ellende, een beter leven in zicht is, Madeleine. Ik ben bang dat ik mij vergis maar ik geloof dat alles wel gaat liggen met de wind. Dat alles kalm wordt voor ons.

DE MOEDER Thomas moet nog heel wat aangeleerd worden. Het is niet zo gemakkelijk.

DE VADER Het valt mee dat Andrea inziet dat Thomas om iets te bereiken in deze wereld aan haar invloed moet onttrokken worden.

DE MOEDER Wel, Hilda krijgt haar zin.

DE VADER Ik hoop dat hij gelukkig wordt met haar.

DE MOEDER [houdt op met malen] Maar wat is dit toch?

Nu is er een zacht gekerm te horen. Er is iets mis gelopen met Andrea, de pilletjes hebben niet de verwachte uitwerking. Zij kronkelt van de pijn, springt op, houdt haar buik vast.

ANDREA Thomas... ik zeg niets... ik zal niet schreeuwen... Tommie!

In de huiskamer.

DE VADER Andrea die in zich zelf praat. Dat heeft zij nooit gedaan.

DE MOEDER Is Hilda bij haar? [Gaat in de deuropening staan]

Zij luisteren, alle twee. Boven in het kamertje staat Andrea rechtop, zij zweet, zij moet braken, haar mond gaat open en dicht als een vis op het droge, er ontsnappen haar halve woordjes, en dan ineens gilt zij, maar haar gil breekt af: Tom..., vergaat in droge snikken, zij valt op haar knieën, houdt haar buik vast.

DE MOEDER Zij is ziek, of... [Ineens loopt zij de trap op, de vader blijft staan]

DE VADER Wat is het?

De moeder in het kamertje knielt bij Andrea, gilt.

DE MOEDER Andrea! Andrea! [Zij kijkt om zich heen] Zij heeft de pilletjes ingenomen. Allemaal. Oh! Oh! Melk! Ga de melk halen, vlug, zij moet het uitbraken.

DE VADER Waar is de melk?

DE MOEDER In de kast. Vlug! [Zij kermt zachtjes naast Andrea, die roerloos ligt]

De vader zoekt in de kast, loopt rond, zoekt overal, in de slaapkamer. Vindt niets.

DE VADER [*schreeuwt*] Er is geen melk!

DE MOEDER Ga er dan halen.

DE VADER Waar?

DE MOEDER Bij de melkboer. Andrea, antwoord, doe je ogen open.

DE VADER Ik... heb geen geld.

DE MOEDER Vlug.

Hij staat in de deuropening, versuft.

Zij is dood. Mijn kleine, lieve Andrea. Zij is dood. Waarom? Waarom toch?

De vader komt boven.

Doe je ogen open, lieveling, toe nu, doe je oogjes open. Sterf niet. Sterf niet.

DE VADER Zij is dood.

DE MOEDER [*begint te huilen, te gillen. Alle remmen zijn doorge-broken nu, zij trekt aan Andrea's hand, steekt haar vingers in haar mond*] Sterf niet, alsjeblieft sterf niet, liefje.

De vader staat er verdwaasd bij. Hilda komt uit Andrea's kamer. Staart naar boven. Slaapdronken.

HILDA Wat is er? Is er iets gebeurd?

De moeder droogt haar tranen af, komt naar beneden. Ouder geworden en gebroken. Zij neemt Hilda bij de arm, neemt haar mede in de huis-kamer.

Boven probeert de vader Andrea op het bed te leggen, maar het gaat niet, zij zit met haar bovenlijf tegen het bed geleund, hij houdt haar hand vast, streelt haar haar.

HILDA Je huilt, tante.

DE MOEDER [*probeert te glimlachen, veegt haar tranen weg*] Ja, maar het gaat zo meteen over...

HILDA Wat is er toch? Iets met Thomas?

DE MOEDER Neen... Thomas is veilig... hij is een boodschap gaan doen, maar... Andrea is weggegaan.

HILDA Is zij dan niet daar boven?

DE MOEDER Daarboven? Neen... zij is weggegaan...voorgoed... zij heeft het huis verlaten... en laat ons hier alleen achter zonder een woord. Daarom huilde ik even... het is vreemd, vreemd pijnlijk als een kind je verlaat alsof je haar iets misdaan hebt, verongelijkt, verbitterd, vol weerzin tegenover je gedragin-

gen... zij is vertrokken zonder iets te zeggen, zonder te verwittigen...

HILDA Maar je wilde het toch, tante.

DE MOEDER Ik wilde het niet.

HILDA Maar zeker, je hebt aangedrongen dat zij ons met rust
zou laten, tante, ik heb het zelf gehoord.

DE MOEDER Maar zo niet. [*Huilt weer*] Zó niet, dat heb ik niet
gewild. Wat moet ik nu doen? Wat moet ik doen?

HILDA Ik weet het niet.

DE MOEDER Kleed je aan, Hilda, en vertrek met Thomas naar
je huis, stel hem heel vriendelijk voor aan je moeder, maar ga
er meteen mee weg. Zodra hij aankomt. Zo gauw mogelijk.
Nu direct. Laat er geen tijd over gaan. Neem het geluk met
beide handen vast, zo gauw mogelijk, klem het vast, laat niets
door de vouwen van je handen glijden, het is als water, lopend
water... Hoe moet ik hier over heen komen... ah...

HILDA Waar is zij dan naar toe?

DE MOEDER Naar... Engeland... denk ik.

HILDA Hoe geraakt zij daar?

DE MOEDER Zij is handig, zij was handig en vlug, mijn dochter.
En mooi en lief. Een beetje wild maar lief, lief. En zij heeft zich
mooi gemaakt, geschminkt, haar jurk met de blauwe ceinture
aangedaan, haar zwarte, lage schoentjes... Zonder iets te zeggen. Met haar handjes, haar mond dicht, gesloten voor ons...

HILDA Maar wat moet ik tegen mijn moeder zeggen?

DE MOEDER [*scherp*] Wat je wil.

HILDA Ah. [*Een stilte*] Maar zal zij het begrijpen?

DE MOEDER Maar natuurlijk. Zij is een moeder toch. Zij houdt
van haar kind toch. [*Zij huilt zonder het te merken*]

HILDA Zal ik je wat koffie maken, tante? [*Zij neemt de koffiemolen
en gaat er mee weg*]

*De moeder blijft alleen achter, staat op en wil naar de trap toe, maar de
bel gaat, drie keer kort en een keer lang. Thomas komt binnen met Hilda.*

DE MOEDER Oh, Thomas.

THOMAS Hij was er, hij zat in zijn bed, ik weet het maar hij
wilde mij niet zien. En de bediende heeft mij grof beledigd,
Mama. 'Denk je dat het hier een duivenhok is, Pattini,' zei hij.
En ik keek hem vuil aan, en zei: Mijnheer de kamerknecht, jij

bent hier speciaal om ons te dienen, Mijnheer Alban en mij,
dus hou je stil. Daar keek hij van op, Mama! Hij zei: 'Wij zullen
u onmiddellijk berichten, wanneer Mijnheer de Voorzitter u
kan ontvangen.' O, ik ben zo blij, Mama, zo blij. [*Hij omhelst
haar*] Jij bent niet blij, hè, je vindt het helemaal niets buiten-
gewoons, jij. [*Hij gaat naar de trap toe*] Andrea.

DE MOEDER Zij... is er niet.

THOMAS Jawel, zij is boven. [*Hij wil de deur uitgaan, maar de
moeder staat op en verspert hem de weg*]

DE MOEDER Ga niet, zij is er niet.

THOMAS Neen?

DE MOEDER Zij... is op het onverwachts weggegaan.

THOMAS Nu? Terwijl ik er niet was? Ik ben maar drie minuten
weg geweest. En ik ben haar niet tegengekomen op straat.
Hoe kan het?

DE MOEDER Zij heeft de andere weg genomen, die naar het
station.

THOMAS Naar het station.

HILDA Zij is naar Engeland.

DE MOEDER Met al haar kleren en twee koffers.

THOMAS Terwijl ik even de deur uit was? Als een dievegge. Om
mij niet te moeten zien? Neen. Het is niet waar, hè, Mama,
zeg gauw dat het niet waar is, dat het een grapje is van jullie
om mij uit te lachen. Toe.

DE MOEDER Jawel, het is waar. Zij is weg.

THOMAS [*schreeuwt*] Andrea, [*In de deuropening, half op de trap*]
Andrea. Ben je daar? Zij antwoordt niet. Zij is er niet. Ik moet
haar zien. Jullie zijn het die haar weggejaagd hebben, jullie
tweeën, dikke, nijdige vrouwen. Zij zou achternagekomen
zijn, je had het mij beloofd, Mama. Waarom gaat zij nu alleen?
Hoe laat gaat die trein naar Engeland? Zeg, hoe laat gaat hij?

DE MOEDER Zo meteen. Blijf hier. Je kan haar toch niet meer
inhalen.

THOMAS Jawel.

DE MOEDER Zij... is er niet...

HILDA Zij zit al lang op de trein, Thomas.

THOMAS Andrea. [*Hij loopt weg. De voordeur klapt geweldig dicht*]

DE MOEDER Daar gaat hij.

HILDA Kan hij haar nog inhalen?

DE MOEDER Neen.

HILDA Maar misschien is zij te laat gekomen voor die trein?

DE MOEDER Neen.

HILDA De koffie. [*Zij loopt weg en komt terug met de koffie. Schenkt in. Drinkt. De moeder niet*] Als wij getrouwd zijn, Thomas en ik, mag hij lang in bed blijven liggen 's morgens en ik zal hem koffie en koekjes op bed brengen. Maar zal hij dat willen... Ik geloof het niet. Springt hij niet meteen uit zijn bed, als hij wakker is, tante? Ja, hè? Hij is zo onrustig. Hij verdwijnt elk ogenblik, loopt over en weer als een aapje in een kooi.

Maar ik denk dat dit verbeteren zal als hij ouder wordt. Hij zal het afleren, denk ik.

Zeg, tante, denk je dat hij haar nog inhaalt op de trein?

De moeder zwijgt, staart voor zich uit.

HILDA Tante, misschien... springt hij ook op de trein?

De moeder antwoordt niet.

HILDA Tante, tante, ben je ziek? Misschien is hij met haar mee?

DE MOEDER Neen. Hij loopt nu als een razende. Hij denkt er niet aan een tram te nemen. Hij loopt vlugger dan de tram denkt hij, en dat is zo. Hij komt hijgend en bezweet aan in het station, hij rent alle perrons af, de tunnels in en uit. Want hij durft niet aan de stationsbedienden vragen waar de trein naar Engeland is. Hij is bang voor mannen met officierspetten op. Nergens vindt hij die trein, want er is geen trein naar Engeland, je gaat er met de boot heen, in Oostende. Hij holt maar en zijn hart bonst. Hij schreeuwt en alle mensen kijken naar hem om en zeggen: daar heb je de gekke Pattijn. Hij tiert: Andrea, Andrea, over het station. Maar zij is er niet. Zij is nergens meer, zij bestaat niet meer, mijn mooie, kleine wilde dochter. Dan is hij moe en gaat op een bank zitten naast mensen die de krant lezen en hij vraagt hun: Hebben jullie Andrea niet gezien. En de mensen antwoorden niet. Kijken hem kwaad of onverschillig aan. Hij sjokt traag het station uit, Thomas, en langs het park loopt hij en als altijd roept hij naar de eenden die er drijven en vergeet misschien heel even dat hij bestaat. Hij zegt lieve namen tegen de eenden, hij heeft hun allemaal

94

een naam gegeven en hij herkent ze, de ene uit de andere. De bronzen tijger, die onder het mos zit, ziet hij dan. Hij heet Prins Mustaph. Allemaal prinsen zijn het voor hem. En dan, als hij honger krijgt of zijn verhaaltjes en zijn leugens aan iemand wil vertellen denkt hij aan ons, zijn ouders of aan jou, zijn aanstaande vrouw.

Dan komt hij heel langzaam hier heen.

HILDA Je bent moe, tante. Zou je niet beter weer in bed gaan?

DE MOEDER Neen. Ik wacht hier wel. Met jou samen. Ik wacht tot hij met jou het huis uit is, dat hij veilig met jou mee is.

HILDA [begrijpt het niet] Ja, tante.

DE MOEDER Vraag aan je moeder of hij een paar weken bij jullie mag logeren. Vraag het haar heel vriendelijk. Zeg haar dat wij ons vernederen, dat wij op onze knieën liggen nu, en dat wij geen uitweg meer zien.

HILDA Dat zeg ik niet, tante.

DE MOEDER Jawel. Zeg het maar aan Myriam. Dat wij gevallen zijn, laag gevallen.

Stilte.

HILDA Zou hij met haar mee zijn?

DE MOEDER Maar neen.

HILDA Of zou hij ergens anders naar toe zijn?

DE MOEDER Waar zou hij naar toe kunnen? Waar kan hij beter zijn en hij weet het, de jongen, dan bij zijn ouders en bij jou, [*zij probeert innemend te lachen, zij vervalt weer in haar vroegere rol*] zijn bruid binnenkort.

HILDA Zijn bruid.

DE MOEDER Het is een overweldigend, een geweldig gevoel naar huis te kunnen komen in de morgen, in de witte morgen met de eerste zon, als je bruid op je wacht. Dat zei Henri mij vroeger.

HILDA Een bruid in de morgen.

DE MOEDER En neem Thomas mee. Vlug. Vlug. Laat ons alleen achter hier, Henri en mij. Zorg dat hij gelukkig wordt. Wij konden het niet. Wij konden het niet. [*Haar stem is gebroken*] Wij waren te klein. Te arm. Te laf. Te klein. [*Stilte*] Zorg voor hem. Blijf bij hem. Laat hem geen ogenblik alleen.

Op de verdieping hoger begint de pianist de morgen. Slaat eerst een

95

paar akkoorden aan, enkele gamma's, zoekt dan aarzelend zijn week liedje, speelt het.

HILDA Daar heb je hem ook weer. Het is een treurig liedje, maar ik houd er wel van.

Stilte.

DE MOEDER Wij horen het elke dag.

Doek

(1953)

(M)oratorium

Personen

EERSTE VROUW
TWEEDE VROUW
DERDE VROUW
DIE BIJ DE ROTS
DE HURKENDE
TWEE BEULEN

Een ruimte uit een enorme rots gehakt. Achtergrond, zijkanten zijn van blauwe rotssteen. Tussen het publiek en de personages hangt een niet al te dicht gehaakt net, waarvan de mazen van staaldraad zijn.
Vijf vrouwen zitten, liggen, staan achter dat net. Het zijn mannelijke acteurs die in een onwaarschijnlijke falsetto-stem spreken, zij dragen gladde vrouwenmaskers, donkergroene haren van nylon, identieke baljurken die hier en daar aan rafels hangen. Hun gebaren zijn ofwel overdreven vrouwelijk (zoals onhandige travesti's doen) of overdreven nobel (zoals een onhandig Grieks koor). Een van de vrouwen zit afzonderlijk op een verhoging in de rotsvloer. Zij kijkt tegen de rots waar misschien wel een spleet in de wand is. Drie andere vrouwen bewegen zenuwachtig, kronkelen, hebben plotse koortsrillingen, jammeren, zeuren. De vierde zit onbeweeglijk, met haar hoofd tussen de knieën. Stilte.

EERSTE VROUW Niet daarbuiten, maar hier, heel nabij is de man;
Geen klankspel van syrinx geleidt hem
Als een weidende herder in 't veld,
Maar stotend de voet, in nood
Nu hij jammert in vèr-klinkend geschrei.
De vrouwen richten zich op, luisteren.

TWEEDE VROUW Ik hoor niets. Jij?

DERDE VROUW Geen hond.

EERSTE Nu hij jammert in vèr-klinkend geschrei.

DERDE Geen teckel, geen hazewind, geen hond te horen!

EERSTE Nu hij jammert...

TWEEDE Hou op!

DIE BIJ DE ROTS Er is tocht. En mijn rimmel loopt in mijn ogen. Er is niets te zien.

EERSTE Nu hij...

TWEEDE Of hoor ik katten?

EERSTE Katten des nachts worden de wildste dieren. O, hoe snellen zij naar de paring. Maar hoe voorzichtig, hoe lastig en traag kronkelen zij als het ogenblik nadert.

TWEEDE En hier wordt het zo gauw nacht.

DERDE Nog sloeg het geen middernacht op de dorpstoren. De klok moet stuk zijn.

TWEEDE Altijd hetzelfde. Nergens kan je op vertrouwen tegenwoordig.

EERSTE Hij had het anders wel kunnen herstellen. O, zijn han-

99

dige, dikke vingertjes, zie, liefjes, hoe gauw heeft hij de radertjes niet los gemaakt, de veer met één druk van zijn wijsvinger niet bedwongen, hij blaast erover met zijn gouden adem, tiktaktiktak gaat het klokje en hij glimlacht zegevierend.

TWEEDE Maar hij is verdwenen. Waar is hij eigenlijk?

EERSTE Onze heilige. Onze sterke.

TWEEDE De gouden stier.

DERDE Onze schitterende haan. Kuukeluukuu.

EERSTE Hoe dun, hoe schamel klinkt zijn roep als een vrouw hem nadoet. Onze stembanden, onze keel, onze longen zijn anders, zwakker.

EERSTE Onze heilige minnaar.

TWEEDE Des nachts worden de spinnen, wanneer de roep weerklinkt, scharrelende kreeften. Zij wandelen naar de liefde.

DERDE Achteruit wandelen zij, maar het lijkt, ik zweer het je, vooruit!

TWEEDE Het wordt nacht.

EERSTE En waar wandelen wij heen? Achteruit en bevend?

DERDE Geen marktplaats meer, geen huishouden meer, geen taartjeswinkels, geen kinderbadjes, geen zuurkool, geen haarnet voor het slapen...

EERSTE Hij is verdwenen, onze heilige, sterke, grote, lastige, nare, lieve kinkel van een man en niemand weet waarheen.

DERDE En als zij het wisten, zouden zij het niet hardop durven zeggen.

EERSTE Dat dacht je maar.

TWEEDE Jong zijn wij oud. En met de wellust treedt in onze schachten het bederf binnen. Huid schilfert af. Onze takken die daarnet nog plooiden alsof er olie in hun stengels zat, breken af.

DERDE Kreeften achteruit.

TWEEDE De mijnschacht brandt. De pijl is dodelijk, maar dodelijker als hij zolang op zich laat wachten.

EERSTE De windpijp die het verderf blaast.

TWEEDE Sneller dan de jager van de tijd, schiet de jager van de man.

DERDE Katten die schreeuwen.

EERSTE Onderworpen, mak en mager zijn wij geworden.

DERDE Wij werken op de zenuwen! Dit is geen leven.

TWEEDE Wie werkt op de zenuwen? Jij bent het toch wel zeker!

EERSTE Maar zij, zoals wij, heeft er reden toe. Melk wordt ons vlees. Wij zijn leeg.

TWEEDE Dor. Steen en been.

DERDE En gauw, liefjes, zo dood als pieren.

EERSTE, TWEEDE, DIE BIJ DE ROTS Nee! Nee!

DERDE En niet stervend in de zon, niet als in spiegels die aan scherven slaan, o neen, maar kreperend als hout dat al zijn vezels loslaat, uitrafelend. En dan komt er schimmel. Zachtjes rotten zij.

EERSTE, TWEEDE, DIE BIJ DE ROTS Nee. Dat willen wij niet.

DERDE Lekker wel! Zij zitten te sterven. Met de knieën opgetrokken, tot tegen de kin, en de kop daarop, leeg als een houten vrucht. En alle moederlijke ringen binnenin, verschrompelend tot een touw. Lekker wel!

De eerste en de tweede vrouw willen haar aanvallen, ook die bij de rots wendt zich naar haar toe.

Natuurlijk niet, mijn schatjes. Ik meen het niet. Wij sterven niet. Wij wachten, worden ouder zienderogen maar wij sterven toch nooit. Wij bevruchten de aarde.

EERSTE Ah, zo wil ik het horen!

Stilte.

TWEEDE Hij is er niet.

DERDE Hij haalde mij leeg, ik zweer het je. Ik zei het laatst nog, wij hadden pas gegeten, en ik zei het aan Misscha en Lena en Kiekje en Reinilde, ik zei: weet je wat? Als hij mij naderde, soms zo maar, in het midden van de dag, dan voelde ik me als het ware, nou, hoe zou ik het uithakkelen, eh, nu ja, wel, leegvloeien alsof hij zijn mond op mijn mond zette en mij leeghaalde en hij ráákte mij niet eens aan, ik zweer het je.

EERSTE Hij voedde ons ook. Want paring is voeding.

Wij werden blij, rond, appels.

TWEEDE En gezond.

EERSTE Van lamgeslagen, dansten wij. Van onbeweeglijk, bewogen wij.

TWEEDE Des nachts worden de mollen die dapper graven in het woud, soms schorpioenen. De wellust maakt hen giftig.

DERDE Zenuwpatiënten. Anders niet. Ik zei het laatst nog...

EERSTE Maar nu is het seizoen der liefde voorbij.

TWEEDE En toch zijn wij nog happig.

DERDE Ja. En hoe moet dat dan? Je geeft, nu ja, je wil geven, honderd procent het hele godvergeten goedje dat je hebt, cadeau, overgeven voor noppes, pak me, hier, wil je het dan niet, pak me mee, ingepakt en al, en dan nemen ze je, goed, hoe lang duurt het en dan ineens, zonder uitleg of boe of ba, hup, daar ga je weer alleen, alleen als een teckel of een haze-wind, verdwaald in het bos, en niet een die antwoordt, en kef maar, blaf maar, sukkel, geen een die zijn bek opendoet, en jij...

EERSTE Gevangen in ons vel.

TWEEDE En ons vel is een eerste rotslaag, de wereld een tweede en niemand hamert meer op ons.

Want hij is gevangen.

Stilte.

EERSTE [*geweldig*] Lach niet!

TWEEDE [*mat*] Niemand lacht.

DERDE Stel je voor!

DIE BIJ DE ROTS [*zucht*] Ah!

Onmiddellijk daarna is achter de rotswand een geweldig gelach hoor-baar. Het is een vervormd geluid, van het soort dat mensen eigenlijk niet kunnen horen. Infrasonisch? Maar de vrouwen horen het wel. Wij ook. Zij krimpen ineen. Stilte.

EERSTE En hij? Ik hoor hèm niet.

TWEEDE Ik wel. Hij klaagt.

DERDE Ik word hier dol van. Horen, niet horen! [*Roept*] Hij klaagt niet, hij gilt om hulp!

TWEEDE Wat zie je?

DE HURKENDE Zie je hem?

EERSTE, TWEEDE, DERDE Zie je iets? Waarom horen wij hem niet meer? Is hij al uitgekleed?

DIE BIJ DE ROTS Die rimmel prikt... [*Wrijft haar ogen schoon*]

DERDE Wil je mijn leesbril?

DIE BIJ DE ROTS Zij hebben de bank schoongeschrobd met warm water.

DERDE Die bank, wat kan ons die bank schelen!

TWEEDE Toe nu, liefje.

DIE BIJ DE ROTS Zij houden hem vast.

TWEEDE Natuurlijk doen ze dat. Dat willen wij niet horen, kreng.

DERDE Ik heb het altijd gezegd. Zij doet het met opzet, zij wil ons...

DIE BIJ DE ROTS Stil, jullie, wijven! Dat ik kan zien. Aaahh! Zij duwen hem naar beneden, zijn nek plooit, hij zoekt naar steun voor zijn handen.

De tweede en de derde vrouw doen dit bij de eerste.

EERSTE Duw harder.

Stilte.

DERDE En nu?

Stilte.

TWEEDE [*duwt de eerste die recht wil neer*] Hij moet onbeweeglijk liggen, anders...

EERSTE Ik weet het wel. Stil en voorzichtig moet hij liggen. Hij moet letten op wat er met hem gaande is.

DERDE Verroert hij helemaal niet? Heeft hij zijn lichaam dan zo in bedwang? Verraden zijn knieën hem dan niet?

DIE BIJ DE ROTS Hoe koel is hij. Hoe sterk, hoe wit. Hij [*zij gilt*] ...hij kijkt naar mij.

EERSTE, TWEEDE, DERDE Naar ons! Hij kijkt regelrecht. Naar ons kijkt hij!

Stilte.

DIE BIJ DE ROTS [*in een trage, gescandeerde verhaaltoon*] Een van hen houdt zijn lang haar met de donkergroene glanzen vast, hij rukt aan het haar zodat het gezicht van de man achterovergetrokken wordt en de rug plooit.

Achter de rotsmuur: het vervormd gelach.

Nu is hij strakgespannen, de man. Een andere slijpt een mes tegen de muur van de rots.

Eerste wordt losgelaten door de twee andere vrouwen.

EERSTE Zijn haar wordt afgeknipt.

DERDE Zij maken er kussens van. Zachter dan kapok, lichter dan wol. Zo teer. Het kussen is als sneeuw.

De eerste, tweede en derde naderen die bij de rots.

DE HURKENDE En zijn handen?

EERSTE Zij liggen rustig. Waar zij zijn armen vasthouden spant de huid en blinkt.

DE HURKENDE Is hij verdoofd?

DERDE Domme kip! [*Lacht scherp*] Hoe zouden zij hem verdoven? Zijn vlees moet wakker blijven, het bloed moet bewegen en hij moet er bij zijn, de hele tijd, hij moet zien, voelen, wéten wat er met hem aan het gebeuren is.

EERSTE Een slag in de nek hebben zij hem gegeven, daar waar de schedel eindigt in de hals, dat is voldoende.

Door het vervormd gelach heen is nu een ander vervormd geluid hoorbaar maar ditmaal menselijker: het gekerm van een man.

EERSTE, TWEEDE, DERDE Is het gebeurd? Nu al? Is hij kapot! Zo gauw? Wat zie je? Zeg het ons toch!

EERSTE Onze stengel! Onze stam!

DIE BIJ DE ROTS [*trage verhaaltoon*] Alsof hij speelde, nam er een zijn hoofd beet en alsof hij speelde en er zijn vingers in duwde als om te spelen, drukte hij de ogen uit. De twee ogen samen.

DERDE Zij willen het hoofd zonder de ogen.

TWEEDE Ogen willen zij niet. Zij vinden ogen iets vies, iets wat niet bij de mens hoort, de mens alleen maar in verwarring brengt.

DE HURKENDE En nu? Hou toch niet op!

DIE BIJ DE ROTS Zij spelen kaart. Geloof ik. Zij praten. Verder, op de achtergrond wordt er een vlag gehesen. Of het moest zijn hemd zijn. En ik kan ook de tempel zien. En de boten.

DE HURKENDE Krijg de kanker! Wat gebeurt er met hèm!

DIE BIJ DE ROTS Voor de tempel hangt een groot, waaiend gordijn. En er steekt een onweer op. Zou men zeggen. Het wordt donker. En hij, die in de klemmen gevangen zit, hij tracht er zich uit te wringen, zijn buik schokt op en neer, zijn borst springt op tegen de vingers die hem neerdrukken, razend is hij...

DE TWEEDE En blind.

DERDE Is het niet net alsof hij... Beweegt hij niet net als... **als** in de liefde?

EERSTE Sneller.

TWEEDE Harder. Veel geweldiger moet het zijn.

DE HURKENDE Dát wil ik niet horen! Bloedt hij nog?

DIE BIJ DE ROTS Hij houdt op met schokken. Hij beeft nog wat na, een blad aan een tak als de wind er langs gaat. Hij roept.

TWEEDE [*ongeduldig*] Maar wij horen hem niet!

DERDE Natuurlijk niet. Hij heeft geen tong meer.

DIE BIJ DE ROTS De aderen in zijn nek zwellen. Hij wil rechtop komen.

DERDE Zij houden van de tong. Het vlees is als fluweel, omwald, een paddestoel, een lekker blaadje vlees.

TWEEDE Ook op de neus zijn zij gesteld. De nieren. Het hart.

DIE BIJ DE ROTS [*roept*] Zij snijden! Maar het mes snijdt niet!

DERDE Zij doen het met opzet, zeg ik. Met een bot mes. Het mag niet.

EERSTE Waar snijdt het mes?

DIE BIJ DEROTS Over zijn strot.

EERSTE, TWEEDE, DERDE En hij? Wat doet hij? Springt hij op?

Een scherpe, vervormde stem zegt, met een zekere echovorming, iets als: 'Schnuu-Hantoo, Swi-swi.'

EERSTE Hij beweert dat het de zenuwen zijn.

TWEEDE Wát zeg je? Wat zegt hij precies?

EERSTE Iets over zenuwen, pezen, spieren, geledingen, weet ik het!

DERDE Is dit een vertaling? Is dit wat je geleerd hebt op de Vertaalschool? Het is toch niet zo moeilijk. Waarom moet alles zo ingewikkeld? Vertel ons klaar en duidelijk wat je te zeggen hebt.

EERSTE Spieren, zenuwen, pezen van de hals.

DERDE Ha! De spieren van zijn hals zijn te sterk, het mes schampt er op af!

EERSTE Ja. Zoiets.

TWEEDE Hij is een god.

DIE BIJ DE ROTS Hij slaat met zijn armen, alsof het vleugels waren.

DERDE [*stil*] Ik hoor hem sterven.

EERSTE Hij sterft niet.

TWEEDE EN DERDE Jawel, jawel.

DIE BIJ DE ROTS Hij kijkt naar zijn voeten en... Ah!

105

Een verscheurend gekerm achter de rots die eindigt in een lage reutel.

DE HURKENDE Is hij nu nog niet dood? Maak hem kapot! Dat het uit en voorbij is! Voorgoed!

DIE BIJ DE ROTS [*trage verhaaltoon*] Als verwonderd kijkt hij naar zijn eigen lijf en hij heeft geen ogen. Hij trekt zijn hoofd op en zijn hals is doorgesneden. Verrukt lacht hij en zijn lippen zijn er niet. En zij, zij snijden, kerven. [*Zij komt weg van de rots, tot bij de andere vrouwen*] Het is voorbij.

EERSTE, TWEEDE, DERDE Weet je het zeker? Zeg het niet als het niet waar is! Heb je het wel goed gezien?

DE HURKENDE Eindelijk.

DIE BIJ DE ROTS ZAT Nu wordt hij gescheurd.

TWEEDE Dan gevild.

EERSTE Voorzichtig wordt hij van alle lagen van zijn vlees ontdaan. Traag, bijna lieflijk.

DERDE Want anders scheurt het vet van zijn lijf. En dat mag niet.

TWEEDE Zij maken nu de holte open waar zijn hart in hangt. Een zwaai met het mes. Het is gemakkelijk als je het geleerd hebt. Zij leren het van elkaar. Vader op zoon.

DERDE Maar stel je voor, liefje, dat... nu ja, ik zeg maar wat, dat zij het hart daar vinden en het is gewoon het hart, met niets er om heen, niets dan een verdroogd, smal hartje. Want een vriendin van mij, die zei het mij laatst nog: Liefje, zei zij, als je veel verdriet maakt, dan smelt de vetlaag rond je hart.

DIE BIJ DE ROTS ZAT Hij wordt weggesleept. Als een stier na het gevecht. Bij zijn voeten sleuren zij hem weg. Er is niets meer over.

EERSTE Niets meer van wie eens onze dolle hengst was.

TWEEDE Wij zijn gebroken vleugels.

EERSTE Niemand ooit, nergens ooit, in geen enkel huis, raakt ons nog aan.

DERDE Hoe moet dat dan?

EERSTE Weduwen zijn wij voorgoed.

DIE BIJ DE ROTS ZAT Zijn handen en voeten worden de kinderen toegegooid. Zij spelen ermee. Zij trekken aan de loshangende pezen, de handen bewegen.

DERDE En met de beenderen bikkelen zij, de vieze kinderen,

bleek en jachtig als de avond valt over het bos en hun moeders hen roepen. Alice. A-li-ce.

EERSTE Ons lijf wordt warmer.

TWEEDE Geen water spoelt ons ooit schoon.

EERSTE Geen adem over ons gezicht meer.

DERDE Het is een pokkenspel, dit hier, het lijkt nergens naar. En wat erger is, het is niet wáár! Het is niet echt! Dit gebeurt niet! In deze wereld niet!

EERSTE Zijn blik, die donker was overdag en helder des nachts, is uitgelicht. Spoorloos blijven wij achter.

DE HURKENDE Zeuren. Janken. Kermen. Ellende. Pokkenspel. Wanneer houdt dit ooit op! Hebben jullie niets anders te doen?

EERSTE Jij, jij hebt geen recht van spreken.

DERDE Wij zijn hier aanwezig om te janken. Dat is ons beroep. De zon gaat op en wij klagen, de zon gaat onder, wij zeuren. Het is eenvoudig.

EERSTE [doelend op de hurkende] Zij weet niet wat het is.

TWEEDE Heeft zij dan geen man gekend?

DERDE Het is een vreemdenjong. Een wilde. Waar zij vandaan komt, daar sluit men de vrouwen niet eens op, daar doodt men de man niet eens na de paring.

TWEEDE Zegt zij dat, die viezerd?

EERSTE Zeg jij dat?

DERDE Kan je niet meer spreken? Heb je de man gekend of niet? Zij is een vreemdenjong. Een maagd.

EERSTE, TWEEDE, DERDE, DIE BIJ DE ROTS ZAT [beginnen te snuiven, rond te loeren] Ah, ah, ah.

DE HURKENDE [wild] Wat is dit nu? Die rook? Het ruikt hier naar...

EERSTE De verbranding.

DERDE Zijn huid wordt lichtjes geschroeid. Het vlees wordt losser, zachter.

EERSTE, TWEEDE, DERDE, DIE BIJ DE ROTS ZAT Aie, aie, aie, aie.

EERSTE Bitter is de rook. Onze oogkassen, onze traanvliezen, onze neusgaten worden overweldigd. De walmen vallen ons gezicht aan, tranen vloeien. De bitterste geur, die van de verbrande bloem, slaat ons tegen en wij, wij kunnen alleen huilen, veilig in onze schelp, om hem die ons achtergelaten heeft. De rook verdooft ons. Hij is voorgoed ontsnapt.

TWEEDE Wij zijn alleen.

Stilte.

DE HURKENDE Nemen zij dan nooit de vrouwen?

DERDE [*lacht*] Die is goed! Ik lach me ziek met jou! Waar kom jij vandaan? Waar ben jij op school geweest, zeg, vergeet-mij-nietje?—Waarom, zeg jij het mij eens, waarom zouden zij vrouwen nemen? Het wijfachtige, barensgerede, steeds ontbottende? Hè? De vrouw is dik en zoet van smaak, haar vlees is moe, haar hart is droog en te klein, haar ingewanden zijn giftig. Wat goed aan haar is, bederft meteen.

DE HURKENDE Ah!

DERDE Dat mens komt uit de polders, dat kan niet anders.

DE HURKENDE Ik werd opgenomen langs de weg bij de stroom. Net als jullie.

Stilte.

EERSTE Het is nacht nu. Tamme vrouwen, jullie worden weldra de wildste dieren.

TWEEDE Geen kreeft slaat zo snel zijn haken uit.

EERSTE Geen egel scharrelt zo razend.

TWEEDE De maan komt op. Wekt het bloed, de vruchten.

Zij stoppen plots, allemaal. Zij luisteren. Een geluid, vervormd ook, alsof reusachtige deuren opengaan, geknars van scharnieren.

DERDE Ik heb honger, nu ja, ik heb wel trek, en toch, nu ik ze hoor naderen, vergaat mijn honger.

EERSTE Het is hun uur niet.

TWEEDE Ik héb géén honger!

EERSTE Jawel.

DE HURKENDE Komen zij met vreten?

De vrouwen kijken mekaar aan.

EERSTE [*aarzelend*] Het is hun uur nog niet. Zij komen pas veel later. Als de maan het witst staat, dan pas gooien zij ons het voeder toe.

TWEEDE Kundig, licht, bijna onverschillig doen zij dat. Ook wanneer er een man onder ons zit. Want terwijl wij ons op het voeder werpen, neemt een van hen de man bij zijn strot en...

DE HURKENDE Gaat dat zo?

EERSTE Ja.

DIE BIJ DE ROTS ZAT Het wordt donkerder en donkerder. Zo dik is de lucht nu buiten, dat geen enkel dier verroert in het woud.

Het geluid van de reusachtige scharnieren nadert.

EERSTE, TWEEDE, DERDE, DIE BIJ DE ROTS ZAT Ah! Ah! Ah!

Zij kruipen dicht bij elkaar, naarmate het lawaai harder klinkt. Dan, onmiddellijk, verspreiden zij zich, rennen naar alle hoeken, gooien zich tegen het net van staaldraad, wanneer twee Beulen binnenkomen. Het zijn mannen van drie meter hoog, zij dragen zwart-en-zilveren uniformen met hoge helmen met veren. Zij lopen ongemakkelijk, robotachtig op koturnen. Zij onderzoeken (vanachter hun zilveren masker) de vrouwen, één voor één, en gaan dan naar de hurkende. Van achter de rotswand hoort men twee stemmen, vervormd, hetzelfde zeggen van daarnet. 'Schnuu-Hantoo...'

DE HURKENDE [*gilt*] Ik heb niets gedaan. Ik liep op de weg bij de stroom, net als zij allemaal. Ik heb hier niets mee te maken. Ik ben hier geboren. Ik heb bewijzen. Een paspoort.

De twee Beulen scheuren de jurk van de hurkende. En dan trekken zij de nylonharen af. Een man met kortgeknipte haren, met bloot bovenlijf is nu zichtbaar. 'Schnuu-Hantoo', roepen achter de rotswand twee stemmen.

DE HURKENDE Ik zal het nooit meer doen. Ik beloof het. Ik heb niets gedaan.

De vrouwen, lijkt het, zullen de Beulen aanvallen; zij beginnen te grommen en omcirkelen de Beulen. Maar zij worden verrast door een regen van hompen brood. Zij storten zich op de hompen, vechten ervoor, beginnen te eten, terwijl de Beulen een touw rond de hals van de gehurkte leggen en hem meetrekken. Beulen af met de gehurkte. De vrouwen eten, verblind door het brood; zij kauwen. 'Schnuu-Hantoo' wordt thans door een massa kelen aangeheven buiten. De vrouwen hebben dan het brood opgegeten. Zitten uitgeput in een kring. Zij staren in het ledige. Voldaan.

DERDE Dat was geen oud brood. Dat moet gezegd worden. Als het anders was, zou ik het ook zeggen. Maar dit waren verse...

TWEEDE De korsten waren knapperig. Mmmmhmm.

DERDE Ik geloof zelfs dat ik in een van die broodjes een krentje proefde, zo heel dichtbij, tussen mijn tanden en mijn tong, maar dat weet ik niet zeker, natuurlijk. Maar ja, als je vlug eet, dan heb je zo van die gedachten...

TWEEDE Als er kinderen waren, zou je dit brood niet eens hoeven voor te kauwen, zo zacht was het...

DERDE Mmmhmmh.

TWEEDE Ik heb het heel vlug opgegeten. Te vlug eigenlijk.

EERSTE Die wilde die wij daar bij ons hadden, die heeft lekker niet één stukje brood gekregen.

DERDE Maar die wildejongen eten ook geen brood, zei iemand mij laatst nog, dat vreet alleen maar rauwe groenten. Maar zeg, als je het eens goed bedenkt, was dat wel een wilde? Vonden jullie dat zij op een wilde leek?

TWEEDE Nee, dat vond ik ook niet.

DIE BIJ DE ROTS ZAT Hij had geen borsten.

DERDE Dat heb ik ook gezien! Ja, nu je het zegt!

DIE BIJ DE ROTS ZAT Hij had ook korte haren.

DERDE Precies. Maar, zeg, als hij korte haren had en een bovenlijf dat, dat, dat, dat, dat, dan... is het toch geen, o, neen, liefjes, zeg het mij gauw, dat was toch geen man!

DIE BIJ DE ROTS ZAT Hij kwam van de overkant van de stroom.

EERSTE Het was een man!

DIE BIJ DE ROTS ZAT Een man van de andere oever. Zij zijn zacht in de liefde, bewegen bijna niet.

DERDE Zij lezen er een krant bij, roken sigaren ondertussen. Zo één was het, ik weet het nu ook zeker.

EERSTE En nu is hij weggehaald.

TWEEDE [*valt languit op de grond, roept wanhopig*] Ah, neen!

DIE BIJ DE ROTS ZAT [*gaat snel naar de verhoging in de rots terug, kijkt*] Hij wordt aan de muur vastgebonden bij zijn polsen.

DERDE Maar zij moeten hem toch een nacht buiten in het tralie-park laten. Nee? Om zijn vel te laten bedaren. Zodat hij mak is morgen en ongevaarlijk. Nee?

DIE BIJ DE ROTS Zij gooien warm water over hem.

TWEEDE [*rolt over en weer op de grond*] Ah! Ah!

EERSTE Zo donker is het nog nooit geweest.

TWEEDE De brand slaat uit de aarde.

EERSTE Wanneer het voeder in ons verteert, zijn wij onze leden, onze gloeiende tronk niet meer meester, en roepen wij de hitte aan.

TWEEDE Ik gloei, ik zwel.

DERDE Maar waarom hebben wij hem niet verborgen? Met al die ruimte hier! Tussen onze kleren desnoods! Wij wisten het niet, nee, maar wij hadden het kunnen weten. Wij hadden hem met warm water kunnen wassen, zijn voeten oliën, zalven.

EERSTE Ik had zijn voeten gekust, gedroogd met mijn haar.

TWEEDE Zijn wenkbrauwen gelikt.

DERDE Zijn wonden verpleegd.

EERSTE, TWEEDE, DERDE Aie, aie, aie.

DIE BIJ DE ROTS Zij schrobben de bank met warm water en zeep. Een van hen duwt zijn nek naar beneden, hij plooit helemaal door.

Achter de rotswand weerklinkt het vervormd gelach weer. Stilte.

DERDE Dit kan niet. Dit is gewoon geen leven meer. Ik word hier hoorndol van.

Stilte. De vrouwen beloeren elkaar.

EERSTE [*wantrouwig tot de derde*] Wie ben jij?

DERDE En jij? Als ik vragen mag, juffrouw?

EERSTE Ik ken je niet zolang.

TWEEDE En ik jou ook niet. En daarbij, ik heb jou nog nooit zonder kleren gezien, of zonder je haar. Ben jij ook niet langs de weg opgenomen, bij de stroom? Samen met ons?

DERDE En jij? Jouw stem, klinkt ook niet als van een vrouw.

EERSTE En zij die daar naar buiten kijkt, of doet alsof? Waarom houdt zij zich zover van ons af?

DERDE Ben jij een vrouw? Je hebt haar op je armen?

TWEEDE Het is dons. Maar jij...

De vrouwen cirkelen om mekaar heen, onder gegil en gejouw rennen zij rond elkaar, trachten elkaar te betasten, aan elkaars haar te rukken. Die bij de rots verlaat haar post om mee te doen. Het ziet er naar uit dat het één kluwen zal worden. Dan is buiten het gekerm, onvervormd, van een man te horen die gemarteld wordt. De vrouwen houden even op, aarzelen.

(1953)

In een haven

BURLESKE IN ÉÉN ZEER KORT BEDRIJF

Personen

ANGELE
MIMI
JOHANNES
COLONEL

Bij de reling van een Kanaalboot die in de haven ligt, staan Angele en Mimi, twee oude vrouwen in felkleurige, bebloemde jurken. Zij zijn overdadig geschminkt, dragen rose boa's en enorme witte hoeden. Achter hen ligt onbeweeglijk in een chaise-longue Johannes, een oude man met een zonnebril op.

ANGELE Mimi, hoe lang zal die vertraging nog duren?

MIMI Wees niet zenuwachtig, liefje, wees vooral niet zenuwachtig.

ANGELE Ah, Mimi, als ik er aan denk hoe erg het gesteld is met Johannes daar, weet ik niet wat ik met mijn zenuwen moet beginnen.

JOHANNES [*moe*] Ze gerust laten, Mama.

ANGELE Ja, jongen, je hebt gelijk. De mond der kinderen spreekt waarheid, nietwaar Mimi.

MIMI En wat is waarheid?

ANGELE Dat zei Pilatrus, Mimi, dat moet je niet nazeggen.

JOHANNES Pilatus. Tus. Zoals Tuschinski.

ANGELE [*kijkt en neemt Mimi's hand vast*] O, het lak van je nagels springt af. Is het dan geen 'Shine'?

MIMI Natuurlijk niet, Angele, wat kan jij toch uit de tijd zijn. 'Shine', dat was vier jaar geleden in vogue. Dit is 'Perfetta'. Maar perfect is het allerminst.

ANGELE Niets op deze wereld is perfect, liefje. Zelfs wij niet.

JOHANNES Mama, ik sterf.

ANGELE Ik weet het, liefje, ik weet het. Wat kan ik er aan doen?

MIMI Het stond in de sterren, Johannes. 'Het stond in de sterren geschreven', zei mijn dierbare Albert altijd.

ANGELE En hoe vlug is hij niet van ons weggegaan?

MIMI En van terugkeren geen sprake.

ANGELE Soms wel, schijnt het. Was er niet eens die, god hoe heet hij ook weer, Zalarus.

MIMI Ja, maar dat was te begrijpen. Clericaal tot en met. Albert was, zoals ik nog overigens, een perfecte liberaal. Maar zeg eens, Angele, zijn dit de varkensleren pumps niet die bij Smieleus in de vitrine stonden verleden week en waarvan je de punten hebt uitgesneden.

ANGELE Natuurlijk niet, Mimi. Smieleus is toch té vulgair.

MIMI [*bukt*] Jawel liefje, ik zag het meteen. Precies dezelfde hak.

115

ANGELE Het is niet waar, zeg ik je.

MIMI Wel waar.

ANGELE Niet waar.

MIMI Wel waar, ik heb het meteen gezien. Sliep. Sliep. O, dat zal ik even aan Madame Soubise vertellen.

ANGELE Niet waar, zeg ik je. [*In haar woede trekt zij haar schoenen uit en gooit ze in het water. Zij trappelt op haar blote voeten*]

MIMI Sliep, sliep.

Angele loopt op haar toe, zij rennen van het dek. Een Colonel van het Landleger komt voorbij, kijkt de onbeweeglijk liggende Johannes minachtend aan.

COLONEL Wel, groet men zijn Oversten dan niet meer?

JOHANNES [*zit moeilijk rechtop, groet militair*]

COLONEL [*groet terug*] Hmm. [*Gaat gevleid weer weg*]

MIMI [*die nu met Angele opkomt, als twee beste vriendinnetjes*] ...En weet je wat Mona van Dierendonck mij vertelde gisteravond, o, ik vond het zo verschrikkelijk dat zij dit over jou durfde te zeggen en Madame Soubise was er bij, ja, in een roze plissé, alsof dat nog gaat met haar oude vel, en rimmel had zij ook op, raad eens welke kleur, liefje, donkergroen. Kind, het verlengt de ogen, zegt zij, maar de mooiste ogen, Angele, wat men ook zeggen moge, vind ik nog altijd de *natuurlijke* zoals de mijne, o weet je wat d'Annunzio mij heeft geschreven na het banket, dat ik 'de ogen had van een kat en oogleden als twee rozebladeren,' zo origineel, zo pikant is hij soms die Gabriele, ik *moet* hem absoluut, absoluut een ansichtkaart sturen, hij zal het mij nooit vergeven, want een man met... je weet wel, Angele, die ziekte, is als een razende tijger zegt men, maar de mensen zeggen zoveel...

ANGELE Ja, op de meest ongelegen ogenblikken.

MIMI Wat bedoel je daarmee, Angele?

ANGELE Dat, terwijl mijn enige zoon hier bij mij te sterven ligt ik niet mijn aandacht wijden kan aan de eigenliefde van Mimi de Smaele van Volcke ter Beerninghem en aan haar vertedering over wat haar ogen waren in 1810.

MIMI In 1810. In 1810. Mevrouw De Waas van Diependale, dat vergeef ik u nooit.

ANGELE Doe niet zo driftig, liefje, het staat je niet.

MIMI [*onmiddellijk gekalmeerd*] Dat is waar. [*Giftig*] Het staat inderdaad beter aan moeders van zoons van drie en zestig jaar.

ANGELE Zestig.

JOHANNES Een en zestig en vier maanden.

MIMI Want de moederlijke bezorgheid maakt je gezicht zo vertederend, Angele, onder al die rimpels dat men echt medelijden met je krijgt.

Stilte.

ANGELE O, die vertraging werkt mij zó op de zenuwen.

MIMI Zullen wij ooit nog Engeland bereiken?

ANGELE Wie weet.

MIMI Johannes zeker niet.

ANGELE [*kijkt naar haar zoon*] Denk je van niet? [*Ziet naast hem de colonel aankomen*] O... de Colonel!

MIMI [*komt naast haar staan*] Ja Colonel, Colonel.

De colonel komt nader, geeft handkusjes, slaat met de hielen.

ANGELE Wij hadden het net over u, Colonel.

MIMI Ja, Angele bekende mij haar petit penchant voor u, Colonel, hihihi.

COLONEL Hum. Hum.

ANGELE En hoe is uw laatste reis naar Brazzaville verlopen, Colonel?

MIMI Geen negerinnetje meegenomen in de bagage, Colonel? Om uw rug te wassen 's zaterdags? Hihihihi.

COLONEL Hum.

ANGELE [*blozend*] O, Colonel, dat kunt gij toch niet menen.

COLONEL Hum.

MIMI O wat een deugnietje. Hihihi.

JOHANNES [*somber*] Ja, wat een deugnietje.

ANGELE Ik hoorde dat er tweehonderd en acht doden waren bij de laatste opstand, Colonel.

MIMI En twee blanken gekwetst, nietwaar?

ANGELE Een soldaat en een bakker.

MIMI De soldaat had zijn teen gebroken, nietwaar? En de bakker, wat had die bakker ook weer, Angele? eh...

ANGELE Roodvonk.

MIMI Ja, roodvonk. Is dat niet vreselijk? O, dat leven in de tropen!

COLONEL Onze plicht.

MIMI Ja, dat zeg ik ook altijd.

ANGELE Ja.

COLONEL In 1893 zei Generaal Musman tegen mij: Milderings, gij wordt nog Brigadegeneraal zo waar als ik hier zit.

MIMI Zei hij dat? O.

COLONEL Hier sta ik nu. Zeven granaatsplinters in de rechterknie. Het Kruis van Malta. De Orde van de Zweedse Reiger. Negentien medailles waaronder die van Garibaldi. Zeven en zestig jaar. Een en vijftig jaren dienst. [Klapt met de hielen en buigt]

MIMI O, is hij geen schatje, Angele?

ANGELE Een engel. Een echt militair schatje.

COLONEL [wringt zich in bochten, wordt rood]

MIMI Een lieverd is hij, een lieve lieverd. Ik wilde dat ik hem bij mij thuis had.

JOHANNES Ik sterf, Mama.

ANGELE Je hebt het al gezegd, Johannes. Je hebt het al gezegd. Zeur niet zo wanneer Mama het druk heeft.

MIMI Hoe vind je onze vriendin Angele er uit zien, Colonel? Zou men het haar ooit toegeven dat zij een zoon heeft van twee en zestig jaar?

ANGELE En ziet Mimi er niet schattig uit met haar nieuw gebit? Ik zei het haar in 1902 al, toen zij dat mond- en klauwzeer had—je weet wel liefje, toen je het kreeg van Bibi—, Mimi, zei ik haar, het kan echt niet meer, je moet je een serie nieuwe tanden kopen.

MIMI Colonel, mag ik u een geheimpje verklappen. Angele is verliefd op u. Want zij is zo jaloers op mij, geen huis mee te houden. Het is gewoon een tijgerin.

COLONEL [schrikt, kijkt woest en haalt een enorme dienstrevolver te voorschijn die hij op Angele richt]

ANGELE Vuren op mij, Colonel? O, Colonel. [Zij lacht koket]

MIMI Ja, Colonel, zij kon toch uw moeder zijn!

COLONEL [tranen in de ogen, valt voor Angele's voeten, kust haar handen en kijkt er naar, murmelt] Vergeef mij.

ANGELE [speels] Kijk je naar mijn vingertjes. Colonel?

MIMI Het is zo jammer dat zij zulke korte vingers heeft, echt jammer vind ik dat.

JOHANNES Geen wurgershanden, maar handen voor een dolk. Ik heb ze ook.

ANGELE [*sussend*] Ja lieverdje. We weten het al.

JOHANNES En op de piano geen Cesar Franck, maar Schmoll. Eerste Boek.

ANGELE Ja, lieverdje [*ongeduldig*] ja.

JOHANNES Of 'Het Gebed van een Maagd'.

ANGELE [*schreeuwt*] Hou op, vervelenderd!

MIMI [*druk, bedrijvig. Knielt ook voor Angele en neemt de colonel bij de arm*] Zij speelt zo goed piano, Colonel. Weet u wat de piano-leraar zei van haar en dat zei hij in de grote zaal van het Pensionnaat. Gij kent het Pensionnaat van Sint Nicolaas toch wel, dat grote gebouw met het grijze torentje dat alle schilders in het Begijnhof op het doek brengen, soms zo echt dat je er gewoon op kan zien hoe laat het is, maar dat schijnt de ware kunst niet meer te zijn, de laatste tijd, ik las het verleden jaar nog in 'Het Vlaamse Volk', dat dagblad nam mijn dierbare Albert altijd, maar nu neem ik het alleen nog 's zondags wanneer er een moppenbladzijde in staat, o verleden zondag heb ik toch zo moeten lachen, Colonel, maar zo gelachen heb ik...

ANGELE [*die ondertussen met de colonel fluisterde*] Morgenavond na het bal misschien, Colonel.

JOHANNES Mama, doe het niet.

Colonel springt recht en richt zijn revolver op Johannes, maar Angele legt haar hand op zijn arm. Zij kijken mekaar aan.

MIMI [*rechtkruipend*] Angele, je hoort wat je zoon je in doodsstrijd vraagt. Doe het niet.

ANGELE [*speels de colonel toelachend*] Hoe kan ik de leeuw van Afrika weerstaan?

COLONEL Discipline, gehoorzaamheid, tucht.

MIMI Maar Angele, je kleine jongen, het bloed van je bloed...

ANGELE [*gaat op Johannes toe*] Wat is er jongen? Gaat er iets niet? Zeg het aan Mama. Wil je een oranjeappeltje? Een banaantje? Een stukje chocolade?

JOHANNES Chocolade.

ANGELE Meteen, liefje. Ach, [*kijkt hem vertederd aan*] terwijl ik het nog voor je kan doen...

JOHANNES Met nootjes.

ANGELE Meteen, lieverdje.

COLONEL [*jaloers*] Hum.

ANGELE Jij, kleintje van mij, dat ik wel gauw niet meer zal hebben. [*Zij kust Johannes op het voorhoofd*]

COLONEL [*driftig*] Discipline.

Daar gaat de sirene van de boot.

MIMI [*opgewonden*] Wij vertrekken.

COLONEL [*kijkt zijn horloge na*] Haha

MIMI Hoerah, wij vertrekken.

ANGELE Als Johannes maar niet zeeziek wordt.

JOHANNES Met amandelnootjes.

MIMI Misschien doet de zeelucht hem wel goed.

ANGELE [*met een zakdoek aan haar ogen*] Voor zo korte tijd.

JOHANNES Zo gauw zal het komen, zo gauw. Haal ik Engeland nog, Mama?

ANGELE Jongen, nu niet lastig zijn, je bent er al eens geweest.

COLONEL O, als hij de mijne was! Ik zou hem wel temmen. Te paard zette ik hem in de voorste loopgraven. Als voorbeeld. 'Milderings,' zei Generaal Musman in 1893, 'gij wordt bij God nog Brigadegeneraal, zo waar...' Oh. [*Hij wankelt, want de boot heeft bewogen*]

De scheepssirene gaat. De twee vrouwen geven een gilletje, houden de reling vast. De colonel is gevallen.

MIMI Hoerah, wij vertrekken.

De boot is stil nu.

ANGELE Zullen wij er ooit geraken?

COLONEL Discipline moet er zijn.

MIMI [*fluisterend aan Angele's oor*] Weet je wat Madame Soubise mij zei over de Colonel verleden week? Dat...

JOHANNES Wij geraken er nooit, Mama, Nooit.

De boot schommelt heel zachtjes. Hij is vertrokken.

Doek

(1954)

Het lied van de moordenaar

ROMANCE IN TWEE DELEN

Personen

MOERMAN
LISE VAN WERVEKE
BARON VAN WERVEKE
CRABBE
PREEK
SCHAVOT
BINDER
TILDA
RODE PIET
EEN CIPIER
HOECK
WILLEMS

Het stuk speelt in West-Vlaanderen rond 1795.

Eerste deel

EERSTE TAFEREEL

*In een cel ligt Moerman, een sterke man rond de veertig, die het rood,
ver uitgesneden hemd der terdoodveroordeelden draagt. Hij is éénarmig.
Hij voelt aan de muren.*

MOERMAN Hier lig ik met mijn lamme voeten. Hier lig ik
alleen. Weinig kan mij helpen. Ik wacht. Dit is de achttiende
dag.
Zoveel uren, zoveel veranderingen van het licht en geen stem
die ik kan horen, geen woord dat mij kan helpen. Ik wacht.
Het hing mijn keel uit op den duur, in de eerste dagen. Het
liefst had ik gewild dat zij mij meteen naar het mes hadden
gebracht en graag had ik dit dikke hoofd op de blok gelegd.
Nu niet meer. Ik rek de uren. Ik tel de uren. Ik wacht.
Ha. De man hiernaast, de krommenaas, de bottelikkende
hinkepoot, hij denkt mij te vermoeien, hij hoopt dat zijn angst
naar mij zal overwaaien. Hij zit in de hoek, tussen vier hoeken
zoals ik, een rat als ik; alleen heeft hij een sleutelbos om de nek
en weet hij niet beter. Het mes is wreed, hij is bang voor het
mes, de apekloot. Ik niet. Ik ben niet bang. Ik ben niet bang.
De achttiende dag. Het stinkt hier. Het meest naar de vroegere bewoners.
Mensen stinken in huizen.
Het Brembos was ook een gevangenis, ja, zoals elk huis, elk
vel, elk hoofd, maar de wind voer doorheen de takken en het
mos beefde, het Brembos leefde wanneer wij er woonden.
Mijn veilig woud, mijn wijd bebladerd huis dat naar hars rook.
Soms, vlak tegen het natte gras begroef ik mijn gezicht als
tegen de haren van een vrouw en de aarde bewoog als sloeg
haar hart tegen mijn lippen. En Preek kwam langs en zei: 'Zo
liggen de priesters neer voor zij gewijd worden.' Ah, Preek,
waar ben je? Waar ben je, verdomme!
Hij is nog niet gevangen, neen, hij is te slim, de oude Preek,
een handige sluiper, een gevaarlijke pater. Ik wilde dat ze hem
nooit vingen. Preek!

Hij had een varken geslacht, die dag, die ongeluksdag in de
zomer. Het was stikheet, de raven vielen uit de lucht, en de
verbrande haren van het varken stonken, walmen sloegen op
in de hitte, en...

TWEEDE TAFEREEL

*De cel wordt donker en onmiddellijk gaat het licht op in het midden van
de scène, waar, onder een zeer helder blauwe zomerlucht, zich het
woud spreidt en waar zich de hut van Moerman's bende bevindt.*
In de hut, in grauwe lompen gehuld, Binder en Schavot.
*Binder is een kromme, kleine man met een litteken op de wang en een
venijnige stem.*
*Schavot is een logge, zwijgzame reus. Af en toe speelt hij afwezig
met een koord. Zij kijken beiden op wanneer Preek binnenkomt en zijn
bebloede handen aan zijn broek afveegt. Preek is lang en getaand, met
iets priesterlijks in zijn manier van doen.*

PREEK Ik houd er niet van. En hij weet het, nietwaar Schavot,
dat ik niet van slachten houd? Toch vraagt hij het me. Bezie
mijn poten.

BINDER Ik had je in de gaten. Je hebt een kruisteken op de kop
van het varken gemaakt vóór je begon. Je dacht dat niemand
het kon zien.

PREEK Het is een gewoonte. Een oude gewoonte.

BINDER Ik merkte het aan je oude rimpelkop hoe gelukkig je
was. Je dacht: Het is beter varkens te doden dan boeren.
Haha! alsof het een verschil maakt!

PREEK Voor mij wel.

BINDER Alsof je anders zou kunnen als de kapitein je zijn
lierenaar in de hand drukt en er eentje aanwijst, zoals hij mij
boer Ronsse heeft aangewezen verleden week. 'Preek,' zou de
kapitein zeggen, 'Boer Ronsse heeft genoeg gegeten, genoeg
gewerkt, genoeg conscrits aangegeven. Kijk, Preek, boer
Ronsse wordt bleek. Hij denkt aan zijn eeuwige ziel, die zal
branden. Laat hem niet wachten, Preek.'—Ah, wat zou je
staan gapen met de lierenaar in je hand!

PREEK Moerman zou mij zoiets niet vragen. Hij kent mij al
jaren.

BINDER Gapen zou je, Preek, en dan toesteken zoals ik.

PREEK Niet waar.

PINDER Je hebt gelijk. Inderdaad, de kapitein zou het je niet vragen. Waarom? Omdat hij liever vakmensen heeft zoals wij, hé, Schavot?

Binder en Schavot lachen. Tilda, een dertigjarige vrouw, eveneens in lompen, met overvloedig zwart haar en bruuske bewegingen, komt uit de deuropening.

TILDA Mooie stielmannen die renden als bezetenen bij de overval op de Witte Hoeve! Konijnenstropers, kiekendieven, dat zijn jullie. Gelukkig dat Moerman voor jullie zorgt.

PREEK Gelukkig.

TILDA [*zit bij Preek*] De ontmoeting van vanavond heeft een luchtje, vader.

PREEK Een kwade lucht. Iedereen moet zijn plaats kennen, innemen, doen wat hem opgelegd wordt te doen. Dit zal nu niet gebeuren. Er is verwarring. Baron van Werveke heeft hier in het Brembos niets te zoeken.

BINDER Wij zouden de baron zijn broek kunnen uittrekken, het goud uit zijn zakken verdelen.

TILDA En denk je dat Hoeck je zou laten begaan, onnozel kind!

PREEK Hoeck, ziedaar een zondaar! Die ontsnapt niet aan het oordeel, wees daar zeker van. Hij zal branden.

BINDER Niet meer dan jij.

PREEK Dat is waar. Maar ik weet het. Ik ben er op voorbereid.

BINDER Mooie troost!

TILDA Moerman is laat.

BINDER Hoe goed heeft die Hoeck het niet! Paardeknecht was hij, ja ja! En in een paar jaar tijd kon de baron van Werveke geen stap meer doen zonder Hoeck op zijn nek. Een hond is hij van beroep, onze vriend Hoeck. Waakzaam en trouw. Het schijnt dat zijn trouw het meest de barones geldt!

TILDA Niemand ziet haar ooit.

PREEK Zij komt nooit buiten. Een onbevlekte ziel, zegt men.

BINDER Waarom zou de baron haar anders opsluiten? Hihi.

TILDA Moerman is laat.

BINDER Hoeck spréékt zelfs anders dan vroeger. 'Binder,' zo spreekt hij nu, 'ga Moerman halen, zeg dat mijn meester hem wil spreken.' Alsof hij de woorden met een handschoen overgaf, met een tang voor de drempel neerlei hier. De blaaskaak.

TILDA Wat zou de baron van Moerman willen?

PREEK Laat Moerman zijn gang gaan. Hij weet het best. Vraag er niet naar.

TILDA Ik ben ongerust.

PREEK Ik ook. [*Stilte*] Er zijn weinig vreemden uit het Brembos teruggekomen.

BINDER Misschien keert de baron ook niet terug naar zijn mooi, zijn rijk kasteel.

PREEK Misschien niet.

BINDER Misschien wil hij met ons een klopjacht inrichten op de priesters. De Republiek betaalt schoon geld voor dit wild.

PREEK De priesters dwalen rond.

BINDER Ook het gespuis der edelen. Bange hazen die 's nachts langs de weg lopen. Soms blinken hun ogen in de struiken. Zij houden hun adem in als ik voorbijkom.

PREEK Misschien keren zij wel terug naar hun kastelen op een keer.

BINDER Zij zijn te dom, te hongerig, zij zien niet langer dan hun neus, en dan hun maag. Zij besnuffelen het groene graan, de vervroren veldmuizen, de neergevallen kraaien.

PREEK De priesters eten gras en wortelen.

TILDA Ik hoor hem.

Een uilenkreet weerklinkt 'Oehoe'. Schavot antwoordt 'Oehoe' en Moerman komt binnen gevolgd door Crabbe. Moerman heeft zijn twee armen nu. Crabbe is een magere, lenige jongen, rond de twintig. Zij dragen beiden kapotte uniformen van het Franse leger.

TILDA Moerman, het werd al donker.

MOERMAN Breng mij wat wijn, Tilda. [*Hij gaat zitten, uiterst links, Crabbe zit bij hem*] En hou je bek en zit naast mij.

BINDER Crabbe ziet bleek. Hij mijdt de zon voor zijn mooie gladde huid, maar vandaag slaat hij witter uit dan gewoonlijk. Zeg het, jongen, wat heb je? Je ogen staan wild.

PREEK Je zoekt een nieuwe kerf in je wang, Binder.

BINDER Oh, neen, dat zal niet meer gebeuren. Ik laat mij niet meer in het donker verrassen door deze knaap! Hij zou Binder klaar vinden ditmaal en met een vlugger mes.

PREEK Hij is jong.

BINDER Mijn voeten!

PREEK Vergeef hem.

BINDER Nooit.

PREEK Overigens, een kerf min of meer, het verandert de mens niet.

BINDER Mij wel. En dit lijntje langs mijn wang is wat mij het meeste hindert.

TILDA Omdat de vrouwen het zien, Binder?

BINDER Hun misprijzende mond, hun medelijdende stemmen raken mij meer dan ooit te voren sedert mijn wang vaneen gereten werd door dit kind. Vrouwen zien het hinkende lichaam niet meer dat ik meesleur maar staren naar het merk van Crabbe. Zij weten niet hoe bang en verraderlijk het kind was, maar zij vinden er jeugd in, een onbezonnenheid die ook hun lijf zou kunnen beroeren.

TILDA Maar Crabbe zou de vrouwen toch zachter slaan, nietwaar blonde?

CRABBE Doe haar zwijgen, Pieter.

TILDA Merk voor merk, ik verkies het teken op de schouder van Schavot.

SCHAVOT De beul van Rijsel duwt hard met het ijzer. Hij hield niet op en mijn vel brandde voortdurend. Hij wilde mij horen schreeuwen.

BINDER Anders is er voor hem geen plezier aan. Noch voor de boeren.

SCHAVOT Er was geen plezier die dag in Rijsel.

Zij lachen.

BINDER Want je bent bewusteloos gevallen.

SCHAVOT Zij prikten mij met naalden en goten water over mij en rookwolken sloegen uit mijn balg. 'De duivel,' riepen de wijven en vlogen uiteen.

PREEK De duivel springt op heel onvoorzien in ons. Misschien nam hij wel je plaats aan de schandpaal terwijl je bewusteloos lag.

SCHAVOT Dan hebben ze flink in de duivel zijn kont geprikt met hun naalden.

Zij lachen.

127

MOERMAN Preek, was je handen.

BINDER Oh, Moerman, wat dacht je? Het is varkensbloed!

MOERMAN Was je handen, Preek.

BINDER Want Baron van Werveke zou je wel voor een beenhouwer nemen!

MOERMAN Je muil, Binder.

PREEK Komt de baron ongestoord uit het woud terug, Moerman?

MOERMAN Misschien.

PREEK En Hoeck?

MOERMAN Misschien.

PREEK Ik weet dat ik zwijgen moet. Allen moeten wij zwijgen. Maar, Moerman, luister, is het wel wijs de vreemdeling in het woud binnen te laten. Moet hij ons zien? Zijn wij niet sterker en slaan wij niet geweldiger toe als de ring rond ons woud geheim blijft en hen schrik aanjaagt door de vele ringen geheimnis?

MOERMAN Hij zal jullie niet zien. [*Hij gaat weg*]
Tilda volgt hem.

PREEK [*tot Moerman nog*] Maar hij kan onze hut terugvinden, het pad?

BINDER Aan de gendarmen uittekenen.

CRABBE Hij komt toch niet tot hier, domme pater!

PREEK Hij nadert te dicht.

CRABBE Moerman mist niet. Hij smeert jullie vet en lui en jullie klagen van angst, alsof hij één van jullie was.

PREEK Voorzichtigheid. Op voorzichtige tenen, Crabbe, loopt de ervaring.

CRABBE Moerman kan niets deren.

BINDER En zolang wij bij hem zijn, ons ook niet, Preek.

PREEK Ik hoop het.

CRABBE Ik weet het.

SCHAVOT Ik weet het ook. Hij redt altijd ons vel.

DERDE TAFEREEL

In de hut wordt het donker en naast de hut verschijnt het overige gedeelte van de scène in het licht. Het is het woud, een kilometer verder.

Een hut staat vlakbij een reusachtige boom, de Moedereik. Tilda en
Moerman zitter er.

TILDA De krekels hebben bange stemmen. Hoor je ze, Pieter?
Soms denk ik dat je ze niet kan horen, de krekels. Ook mijn
stem niet, of de stem van Binder of Schavot, zo gesloten, zo
versteend zit je soms. Ook voor mij gesloten. Waarom? Om
het kind dat niet komt?

MOERMAN Neen.

TILDA Weet je het zeker dat het daarom niet is?

MOERMAN Ja.

TILDA Je luistert maar je hoort ons niet. En toch zijn wij van jou,
wij hangen aan je vast. Vertrouw je ons dan niet?

MOERMAN Ik vertrouw niemand, liefje.

TILDA Daarom ben je sterk. En nijdig. Daarom kan je niet gekwetst worden. Het maakt mij treurig. Pieter, ik raak je niet.
Ook 's nachts niet als wij samen zijn.

MOERMAN Je kirde vannacht, een hete duif.

TILDA Maar 's morgens ben ik weer bang.

MOERMAN Ik ben bij je.

TILDA Dat helpt niet. Luister. Vlakbij. Hier. Een krekel. Net de
stem van de oude vrouw van Koekelare.

MOERMAN Zij is dood. Zij rot al onder de bladeren.

TILDA Toen Binder haar keel toekneep, piepte zij, als een veld-
muis; toen, ietsje later, sjirpte zij, een krekel. Hoor je haar,
Pieter?

MOERMAN Zovelen hebben gepiept tussen Binders handen.
Tien, twaalf? Of gehikt toen Schavot zijn koord dichttrok.
Twintig? En hoevelen zijn er niet onder het valmes gebleven,
en hoeveel hebben de Fransen er niet neergeschoten bij Oude-
naerde en hoeveel Fransen werden niet weggemaaid door de
brigands? Waar eindigt het? De krekel hoor je, maar de gil-
lende, hikkende, spuwende doden samen, die hoor je niet zo
duidelijk, hun ratel verdringt zich in het hoofd. De nacht rijdt
er binnen en verstrooit het geratel. Je keel klopt. Je hart zit hoog.

TILDA Misschien komt het kind niet door de vele doden. Hoeveel waren er, doden, bij jou?

MOERMAN Ik weet het niet. Welke? Die van de Oostenrijkse
of van de Franse oorlog? Of die ik doodde bij de brigands?

TILDA Die van het Brembos wil ik weten.

MOERMAN Die waartoe ik niet gedwongen werd.

TILDA Die waarvoor je gestraft zal worden.

MOERMAN Ah, denk je dat ze zullen tellen, de rechters van Brugge, en afwegen en onderscheiden? 'Hier veertien Franse soldaten bij Hasselt, daar twee boeren bij Kortemark, daar de bakker van Houthulst en de twee gendarmen bij Tielt.'

TILDA Niet alleen de rechters zouden tellen, Pieter.

MOERMAN Jij, paterskind! Op de maat van de rechters van Brugge of op de maat van die hierboven, het is mij om het even. Voor allen wil ik wel gestraft worden. Alles wat in het Brembos haastig is begraven geworden, op mijn rekening of op die van de bende of op die van de conscrits en de edelen. Waarom niet? Het belaadt mijn hart, het verontrust mijn zinnen niet. Kop af is kop af. Branden is branden. Hier op aarde of ergens anders.

TILDA Je bent hoogmoedig, Pieter. Ik ook, ik plooi mij ongemakkelijk, maar er zitten gauw barsten in mijn trots. Soms zie ik de anderen rondom mij en ik denk: ben ik dan werkelijk mooier, sterker? Of zachter, of wreder? Waarom ben ik wilder dan Preek, mijn vader, harder dan de straatzanger Binder, mannelijker dan Crabbe? Is dit mijn verdienste? Ik ken alleen mijn straf: een lege buik.

MOERMAN Kwel je niet. Je verdient geen straf.

TILDA Ik help jullie. Ik houd van jou, en dat is kwaad.

MOERMAN Ga dan weg. Word een arme Klarisse.

TILDA Je bent een steen. En zoals de kogels der gendarmen op je afketsen of je ontwijken, zo kan ik jou niet raken.

MOERMAN De hete duif koert al overdag nu.

TILDA Je houdt niet van mij.

MOERMAN Niemand houdt mij bezig, niemand hoort mij toe en zo is het goed.

TILDA Hoge bomen vangen veel wind.

Crabbe komt te voorschijn.

MOERMAN Hoe heimelijk, Crabbe, loop je over de takken. Niemand kan je horen naderen.

TILDA Zijn stap is kwaad zoals zijn naam.

MOERMAN Tilda, ga naar de hut en wacht daar.

TILDA Wees voorzichtig. Rijke mensen zijn gevaarlijk.

De uilenkreet weerklinkt. Crabbe antwoordt.

CRABBE Hun paarden zijn voorbij de Moedereik.

MOERMAN Wacht hier achter de struiken. Zit neer, zo beweeg je minder.

CRABBE [*achter een boom*] Ze zijn maar met zijn tweeën.

MOERMAN Hoeck is een lepe kerel.

CRABBE Mijn pistool is gericht.

Hoeck en Baron van Werveke komen in zicht. Van Werveke is een hoogrood mannetje in rijkostuum. Hij doet zeer geaffecteerd, maar er schuilt kracht achter zijn ogenschijnlijk protserig uiterlijk. Hoeck is de knecht.

HOECK Dag Moerman. Dit is mijn meester. Ik hoop dat wat hij u te zeggen heeft u dienen kan en omgekeerd.

BARON Ik wilde u niet naar Groenhout laten komen om elk gevaar te vermijden en u geen last te berokkenen. Kom hier. [*Hij wacht, treedt dan zelf nader*] Wees niet wantrouwig. Wat ik u voorstel komt u zeer ten goede. Mij ook natuurlijk. Anders was ik niet hier. Wat ik voorstel... Hoeck, zeg het hem.

HOECK De assignaten van de postkoets, drie weken geleden...

BARON Die gij in uw bezit hebt...

HOECK Ook de juwelen van de dame in de postkoets, die gij haar ontrukt hebt...

BARON Op een bizonder onvriendelijke manier. Zij had een toeval, toen zij op Groenhout aankwam.

HOECK Mijn meester wil weten of gij die al van de hand gedaan hebt.

MOERMAN Waarom?

HOECK Omdat mijn meester er een betere prijs voor geven zou. Hij heeft een nieuwe onderneming op touw gezet, die onder andere ook waarden, assignaten, juwelen, verhandelt. Op de meest voordelige manier.

MOERMAN Het gevaar waarvoor hij mij wil behoeden indien ik naar Groenhout zou komen is niet te vergelijken met het gevaar dat hij nu loopt, hier in de ring van mijn bos. Voor enkele assignaten rijdt de baron niet door dit woud.

HOECK De baron stelt u voor van nu af aan alle assignaten, alle juwelen, alle buit die u hinderlijk wordt op te kopen.

MOERMAN Ik heb een bankier in Brugge daarvoor.

BARON Niet meer.

HOECK De notaris is eergisteren aangehouden.

BARON Door mijn toedoen, helaas. Ik had nog iets langer kunnen wachten, Moerman, vooraleer u dit bezoek te brengen, ik had kunnen wachten tot uw hutten overvol zaten van dingen als broches, ringen, assignaten, dingen die in deze tijd van honger en ellende moeilijk te verzetten zijn, hihi, moeilijker dan de pokken, in ieder geval, ik had kunnen wachten tot... tot gij er geen weg mee wist, want zoveel notarissen van vertrouwen zijn er niet in Brugge, ik had kunnen wachten tot zelfs een overval met de gendarmerie in het Brembos gewettigd was... Maar het ware kortzichtig geweest. Uw rijk kan nog een tijdje duren. Ik kan u gebruiken. Heel gauw zelfs. Hoeck!

HOECK Zaterdag vertrekt citoyen Nourrissier vanuit Tielt naar Brugge, begeleid door drie soldaten, want hij vervoert gelden naar een Parijse Bank. Te Brugge evenwel neemt hij gewoon de postkoets. De verplaatsing is de moeite waard. Met tien mannen zou het niet moeilijk vallen dit goud huiswaarts te brengen.

MOERMAN En uw deel?

BARON De helft. Ook voor de rest.

MOERMAN Welke rest?

BARON Ik heb meerdere zaken in zicht.

MOERMAN En wie zegt dat ik op uw voorstel inga?

BARON Ik, als ik zo vrij mag zijn.

Moerman, ik wil u helpen. Afgezonderd in uw moeras hier, zonder bescherming, moet gij uw slagen te moeilijk, te armtierig berekenen. En wie treft gij? Het buitenvolk dat geen nagel heeft om zijn gat te krabben, en af en toe een apotheker. Getweeën kunnen wij West-Vlaanderen verdelen. Gij zijt een helder hoofd. Gij slaat hard toe. Het land vreest uw volk, maar met mijn hulp bereikt gij uitgestrekter landerijen, de Joden, de rijken. Zonder vergissing. Elke stoot treft, met mij in uw rug.

HOECK Het Brembos zou uitgebreid worden.

BARON Hoeveel betaalt gij nu de schout, de gendarmerie?

MOERMAN Ik heb het niet nodig.

HOECK Zij beven bij elke roep van de uil.

MOERMAN Hoeveel betaalt gij ze dan wel?

BARON Meer dan ze waard zijn.

MOERMAN En hoeveel betaalt gij de Franse republiek?

BARON Daar raakt ge mijn zwak hart. Ik betaal ze dagen van mijn leven. Uren elke dag en geld. Zorgen en geld. Feesten en geld. Officieren die moeten bevoorraad worden met voedsel dat niet te krijgen is! Commissarissen die vrouwen uit het land willen en geld. Dit alles opdat mijn naam elk ogenblik één ogenblik uit hun waakzame hersenen zou blijven. Opdat mijn diensten hun razernij zouden overspoelen. Oh, Moerman, ik benijd u, vrij en vrank in het woud.

MOERMAN Wat weerhoudt u uw vrienden gezelschap te houden, de edelen, die niet meer naar Engeland kunnen en die ik soms ontmoet in mijn struikgewas? Zij bedelen en vluchten met het brood dat ik hen toegooi.

BARON Wat hebt gij besloten?

MOERMAN Op tijd en stond zal Hoeck de boodschap brengen.

BARON Hoeveel mannen hebt gij?

MOERMAN Niemand in het Brembos die mij niet toebehoort. Niemand die niet luistert naar mijn naam, die niet danst als ik fluit. Zowel de houthakkers als de leurders die brood van zaagmeel en zand vreten, als gij die aan de rand van het Brembos leeft in Groenhout, het huis dat gij veilig waant, omdat gij elke dag uw stalknechten drilt en gewapend naar hun nest stuurt. Maar zijt gij wel zeker 's avonds als gij rechtop in uw slaapkleed in uw bed zit en dan aan het venster komt en staart dat ik niet met mijn leger rond uw erf sta? Met mijn metselaars, kleermakers, wevers en het leger van hongerige leeggangers met hun zwartgemaakt puistengezicht. Dat uw stalknechten niet plots onze roep beantwoorden, terwijl uw pachters hun zeisen al wetten op de muren van Groenhout. Wat zegt gij? Ik hoor u niet. En is Hoeck, hier naast u, niet mijn knecht, net als die van u?

Vette potten, Hoeck!

HOECK Bij de boeren.

MOERMAN En 'vette potten bij de boeren' kan heel gauw 'vette potten bij Groenhout' worden. Ha. Maar ik kende u, baron. Ik wist dat uw vossige natuur niet koppig zou zijn de dag dat ik

133

u een verbond zou voorstellen. Nu is die dag er. Gij krijgt een vierde.

BARON Ik verwachtte niet meer.

MOERMAN Wie is er nog meer in het verbond? Heren in Brugge? In Gent?

BARON Niemand meer.

MOERMAN Ik geloof u niet.

BARON Smets in de Kempen en Meester Lenain uit Gent.

MOERMAN Dan stel ik mijn mannen op zaterdag. Let scherp op uw bewegingen, baron, want scherper nog heb ik u in het oog.

BARON Eén ding. Ik wil u noch iemand van uw bende in de omgeving van Groenhout zien. Ik kom wel hierheen als het nodig is. En Hoeck rijdt over en weer.

MOERMAN Uw huis kan mij niet schelen. Gij ook niet. Hoeck, hier, brengt meer dan genoeg van uw stallucht over.

BARON Moerman, ik groet u.

MOERMAN Hou uw spel in de gaten, baron. Uw lange, lange zondag hangt er van af.

CRABBE [komt te voorschijn] De baron heeft een mooie schimmel.

MOERMAN Zijn handpalm zweet en zijn oogwit is geel. Hij is ziek. Van het vele eten. Het geeft gal in de mond, te veel vet te eten. Kom.

VIERDE TAFEREEL

MOERMAN [in de cel] De citoyen Nourrissier, ja, hij ging er aan. En veertien dagen later een handelaar in laken. De baron bleef in zijn hok en wachtte er op zijn geld. Wij brachten zijn deel. En de spin in de hoek van het kasteel Groenhout spon haar net over West-Vlaanderen en wij waren zijn draden. Wij hingen zijn tegenstrevers in de eiken van het Brembos. Acht waren er die herfst. Zij bleven hangen. Dan, na een tijd, vielen ze. En wij aten kippen die de baron ons leverde, en waar haalde hij ze? De boeren hebben allang geen kippen meer. En hij had het aan de lever van te veel eieren te eten. En toen op een dag in oktober, toen de hitte gevallen was en het woud in het geel stond, stuurde de baron Hoeck met de melding dat wij de

gevluchte conscrits in de bossen zouden opjagen en leveren
voor vijftien gulden per hoofd. De commissaris eiste het.

Ik zei neen.

Hij dreigde, hij fleemde, maar het bleef zo. De bende hoorde
er van. En wilde de vijftien gulden per hoofd.

Neen, zei ik.

VIJFDE TAFEREEL

Bij de hut.

MOERMAN [*komt te voorschijn*] Neen.

BINDER Vijftien kronen per hoofd, het is schoon geld. En
makkelijk verdiend.

TILDA Het is gauw gedaan. Een wandelaar, een hongerlijder
wordt vijftien kronen en hij kan in leven blijven.

PREEK Hij wordt soldaat, gevoed, gedrild, gekleed. Zij lachen
onder om het even welke vlag, die jongens.

MOERMAN Geen enkele conscrit komt door mijn handen in
die der Republiek.

PREEK Wil je alleen de boerenoorlog herbeginnen? De conscrits
worden lastig. De legercommissarissen zullen zich gaan bemoeien met het Brembos, als dit duurt en ze 't aantal conscrits
in dit bos ruiken.

TILDA Er wordt te véél gemoord de laatste weken, Pieter.

BINDER Schavot slaat ook niet graag zijn koord meer uit.

TILDA Waar wij ons wenden in deze tijd gaat een rijkaard er aan.
Zonder schreeuw of zucht. En zijn lijk levert ons voeder en
geld. Wat gebeurt er? Er nadert een kwade mare, een wraak,
een boete, als dit blijft duren.

PREEK Hoe dikker het ongedierte der conscrits in het Brembos
loopt, des te moeilijker wordt ons werk. Zij verzamelen zich
soms, straks hebben wij geen vat meer op hen.

BINDER Laten wij geld verdienen.

PREEK En die vlooien uit ons haar halen.

SCHAVOT Ik wil naar de zee.

BINDER Hij wil naar de duinen gaan wonen, wanneer hij zijn
deel ontvangen heeft.

PREEK Pieter, wij hebben dit landvolk toch allang opgegeven.

135

Wij kunnen dit landvolk dat de priesters dol hebben gemaakt met een rustig hart vernietigen. Je moet hun vlag vergeten, zoals ik het kruis vergeet.

MOERMAN Ga jij dan van jouw kant op de priesters jagen.

PREEK Ik ben gewijd geweest.

TILDA Het woud wordt ons te groot.

BINDER Het deel van Schavot moet al hoog zijn. Genoeg voor een hut en wat land in de duinen.

MOERMAN Arme schoelies, hazen, neussnuiters, beveriken, bang voor de jacht, verkrampt rond het geld, natuurlijk wordt het woud groter en groter. Zien jullie dan niet hoe het zich voor jullie openrekt! Zo'n domein! Als je roept galmt het! Jij, Binder, die naar de markten gaat, hoor je dan het gemurmel niet van de kooplieden in hun te wijde kleren van touw waarin hun magere hespen zich spannen van angst? En jij spreekt over het genoegzaam vergaren! Preek, jij, die de priesters wilt sparen omdat je gevlucht bent uit hun troep, wachten niet eerder dan de uitgemergelde conscrits op onze roep: de thuis-wachters, de boeren bij de vette potten, die hunkeren om van hun gele vinken, hun jeukende kronen verlost te worden. In alle hoeven van Vlaanderen zitten de boeren en luisteren tot duizelen toe naar onze uilenroep. En vragen, smeken: Moer-man, kom en heft de blauwe steen in de keuken op waaronder de dukaten wachten. Dat wij kunnen jammeren en eindelijk rustig slapen. En opnieuw gaan sparen. Is het land niet over-rijp?

Hoe banger ze worden, hoe meer het geruis van het vergoten bloed hun door de hersens rijdt, des te makker, te weker ont-sluit zich hun beschermende vlerk rond hun goud. Want dat goud willen jullie toch?

Schijters, als zij wisten hoe laveloos, hoe verzadigd al jullie gedachten zijn!

PREEK Je spreekt over goud, Moerman, en het verblindt het moorden van de laatste weken.

TILDA Wij weten niet wat over je heen is gewaaid.

PREEK Maar een kwade wind was het zeker.

TILDA Je slaat de vreemdelingen die de baron je aanwijst, alsof het om een persoonlijke vete ging.

SCHAVOT Een kwade wind.

BINDER Je kan niet blijven doden. Waarom niet eerder vangen, als met de lus van Schavots koord—vangen, leveren en ontvangen. Vijftien kronen per kop.

TILDA Het woud wordt te groot. De vermoorde rijkaards liggen te dicht bij elkaar.

MOERMAN Ik voel mij goed. Ik spring op als een jonge soldaat voor zijn lief. Niet te bevredigen. Voortdurend wakker.

De rijke, gevulde, welgedane gezichten worden wit, zij kotsen, en dan plots steekt hun tong uit en wordt blauw en het gezicht creveert.

Ik kan er niet dicht genoeg bij, de adertjes van hun ogen wil ik zien breken, en hun adem is gelijk aan de mijne, maar mijn adem jaagt verder. De hunne niet meer. Mijn evennaaste is er niet meer. Ik blijf alleen.

TILDA Het kan niet duren.

BINDER Ik was meer op mijn gemak in de vroegere dagen, toen ik de maat nam van het raam van een boerderij, er door gleed 's nachts en pas een keel dichtkneep als zij riep.

MOERMAN Wat kan 't je schelen waarom de keel die je dichtknijpt roept?

BINDER Ik doe het voor het geld.

MOERMAN Heb je dan geld nodig?

BINDER Ik kan er altijd gebruiken. Van dat lichtvoetig, licht te vangen geld dat de baron ons biedt. Vijftien gulden per hoofd. Het stapelt zich vlug op.

TILDA En het doet niemand kwaad.

BINDER Het leger doet de jongemannen goed.

MOERMAN Genoeg.

PREEK En hoe zal de baron antwoorden als je weigert? Hij zal je dwingen. En zonder de baron zouden de raven der gendarmerie dichter rond onze woning kunnen zwermen.

MOERMAN En dan? Zijn wij niet meer bestand tegen dit gevogelte?

PREEK Tart de voorzienigheid niet tot het uiterste, Moerman.

MOERMAN De voorzienigheid? Welke taal is dit? Zing je de vespers in dit woud? Luister pater, je vespers zijn over. Een andere hangt aan het kruis en jij hangt bij mij, jullie allemaal,

137

mijn zoveelste ledematen. [*Lachend*] In de naam van Moerman, zijn zoon en zijn heilige geest. [*Wordt plots kwaad*] En kniel verdomme als ik het wil.

PREEK Wat heb je, Pieter?

TILDA Kniel, vader.

MOERMAN Schavot, je koord. [*Hij slaat het koord rond Preeks nek*] Daar. Een Gentenaar, een stropdrager voor Keizer Karel. Zie hem zitten. Kyrie eleison! Preek heeft geknield. Preek is onderdanig. En stom als een snoek. Sta op, oude zak! Binder, zing het lied van Moerman.

BINDER 'De vrouwen zoeken naar een man, naar een man, naar een man, die zo warm als Moerman vrijen kan, vrijen kan.'

MOERMAN Oh, mijn hoofd barst bij zoveel treurnis. Bij dat lamlendig, treurig schaap daar, dat blaat: 'Het woud is te groot.' Ben ik dan te klein?

Geef mij te drinken. En maak een kind bij een ander, Tilda, dan ben je stil en vredig bij die kerkmuis van je vader.

Omringd van muizen ben ik. Nu ons uur aanbreekt, het lange uur, het zondagsuur dat ons rijk maakt en machtig, krimpen zij ineen als kinderlulletjes.

Schavot wil naar de duinen. De kromme zanger daar is alleen nog goed om oude wijven te vogelen en de pater heeft reumatiek. Er moet iets gebeuren. En gauw.

Wie houdt de bende in handen straks als de loslopers, de leurders op eigen hand gaan werken op zoek naar voeder? En zij zullen het doen als zij merken hoe bang deze kern is, hoe schadelijk omringd Moerman is!

CRABBE Ik ben er, Moerman.

MOERMAN Bleke jongen, vol van gratie, de Heer is met u! [*Hij slaat zijn arm rond Crabbe*]

PREEK Vergeef mij, Pieter, ik word oud.

MOERMAN Slaapwel. Ik krijg hier de watergal van. [*Hij gaat weg*].

Crabbe zoekt zijn jas om hem achterna te gaan.

BINDER [*doet Crabbe na*] 'Ik ben er, Moerman.' Hoor de kinderstem die sopt in de melk.

TILDA Hij wordt zo vlug een man.

BINDER Ja. Een gevaarlijk man. Want, let op, hij gebruikt zijn

138

blote handen nu als het nodig is. Hij heeft mijn manier afge-
keken en geleerd. Zijn lierenaar verroest in de huls.

CRABBE Heb je mij dan aan het werk gezien? Het kan niet.

BINDER Neen. Je bent de kat die ongezien haar muizen kraakt
zoals zij paart. Maar je houdt je handen in het licht van de
haard. Je vraagt je vingers naar de reden van hun jeuk.

CRABBE Pas op voor die vingers rond je nek. [*Hij gaat Moerman
achterna*]

BINDER Ach, Crabbe, lieve Crabbelijn mijn.

ZESDE TAFEREEL

MOERMAN [*in de cel*] Ik liep door het woud. Was het een ster,
een everzwijn, de gorgel van een fontein die mij leidde? Ik
weet het niet, onverwacht bereikte ik het kasteel Groenhout,
ah, als een mot rond de kaars.

ZEVENDE TAFEREEL

*De scène is nu de achterzijde van het kasteel Groenhout. Een balkon.
Men hoort muziek. Er is feest op Groenhout.*
*Moerman wacht in de schaduw van het kasteel als Hoeck aangelopen
komt op het balkon.*

HOECK Moerman! Gelukkig dat de stalknecht mij meteen gevonden heeft. Hoelang ben je hier al?

MOERMAN Kalmte, Hoeck. Ik kom even langs. Een eerlijke
koopman in laken en kant. En mijn oor hoort muziek. Is het
niet natuurlijk dat ik nader en mij in de bescherming stel van
het kasteel in deze gevaarlijke omgeving, in deze gevaarlijke
tijden?

HOECK De baron zal woedend zijn.

MOERMAN Haal hem.

HOECK Kan je mij de boodschap niet overgeven?

MOERMAN Haal hem.

HOECK Er is een bal.

MOERMAN Je bent zenuwachtig.

HOECK Als een der genodigden je ziet!

MOERMAN Zie ik er onbetrouwbaar uit?

HOECK Ik heb niets gezegd, Kapitein.

MOERMAN Is er soms iets verdachts aan mijn gezicht? Deze wrat langs mijn neus misschien? Of past mijn houding niet in dit gracieus decor?

HOECK Jawel, Kapitein.

Hoeck gaat naar een bediende die daar rondloopt, fluistert hem iets in het oor. De bediende verdwijnt.

MOERMAN [*kijkt door de ramen*] Hoeck, er zijn meer bedienden op Groenhout dan je mij opgegeven hebt. Ik zie een heleboel vreemde gezichten.

HOECK Ik heb ze in de hand, Kapitein.

MOERMAN Soms, Hoeck, denk ik dat je te ver gaat zoeken wat je nuttig kan zijn. Vertrouw de baron niet, jongen. Vooral niet als hij je meer en meer betaalt in de maand.

HOECK Maar...

MOERMAN Ik voorzie veel, Hoeck, ik moet wel.

Hoeck, je nek is niet taaier dan die van een ander.

HOECK Je veronderstelt...

MOERMAN Je bent een paardeknecht geweest. De zweep die je je paarden gaf, kan over je kont neerkomen.

De baron verschijnt op het balkon.

BARON Moerman. Je bent gek. [*Hij meent aan Hoeck's bange houding te zien dat Moerman om rekenschap komt vragen, misschien het kasteel komt plunderen*] Ben je gekomen?

MOERMAN [*handen in de zakken*] Zoals je ziet.

BARON Ik verwachtte je, vroeg of laat. Maar nu niet. [*Tot Hoeck*] Geen enkele bediende heeft het alarm gegeven.

MOERMAN Zij behoren mij allen toe en hij daar, die voor hen verantwoordelijk is, behoort mij ook toe. Ik heb het je verteld, baron. Het zijn schapen van één kudden en de wolf regeert ze.

BARON Het kan niet, Moerman. Nu niet. Hoeveel wil je om mijn genodigden met rust te laten? Noem de som. Je kan hier nu niet binnenvallen. Generaal Michaux is hier, en de gouverneur. Je zou het hele Franse leger op je nek krijgen! Je bent stapelgek geworden!

MOERMAN Je kan niet verroeren, baron. Het hele woud is buitengekomen om een einde te stellen aan je lange, lange vakantie. Elke boom verbergt een man, een geladen pistool.

In de takken zitten zij, als valken, en tussen je genodigden dansen veertien citoyens die uit de moerassen van het Brembos komen en zo meteen, als ik roep, hun pistolen zullen richten.

BARON Noem je som.

MOERMAN Hoeveel heb je in huis?

BARON Tienduizend voor jou en tienduizend voor je mannen.
Moerman lacht hysterisch.

HOECK Hij is alleen.

MOERMAN Moederziel alleen.

BARON Gek. Mijn hart! [*Hij kijkt alsof hij bewusteloos zal vallen*]

MOERMAN Hoeck, verzorg hem. Wat moet hij hebben? Vlugzout? Keuls water?

BARON Je tart de goden.

MOERMAN Of de godinnen, baron? Die van de rede, de naakte of de geblinddoekte, of die met de slangen in het haar?
Op dat ogenblik verschijnt op het balkon Lise van Werveke, de vrouw van de baron, een mooie, zeer jonge vrouw in een wit avondkleed.

LISE Guillaume.
Moerman springt weg in de struiken.

BARON Keer gauw terug, liefste. De septemberavonden... Het is mistig...

LISE Haal mij dan mijn rose mantel.

BARON Nu?

LISE Nu.

Baron af. Lise treedt van het balkon, rechts van Hoeck. Moerman treedt uit de schaduw. In deze scène blijft iedereen dan stilstaan. Men ziet in de even vaag verlichte cel Moerman die geknield op zijn brits zit, een schim in een rood hemd met één arm.

MOERMAN Het mes zal vallen. Op een morgen vroeg. In het witte licht. Binnenkort.

LISE [*neemt Hoeck bij de arm*] Wat weerhield je buiten? Het drachtig wijf van de notaris liep je achterna en kwam verhit terug. Wat wilde zij?

HOECK [*onwennig*] Mevrouw.

MOERMAN En het mes zal vallen in mijn nek. Barones...
Licht in de cel gaat uit. Met dezelfde intonatie herhaalt de Moerman in de Kasteelscène: Barones...

141

LISE Wat is er? Wie bent u? Ik heb u niet eerder gezien op Groenhout.

MOERMAN Barones.

LISE Waar komt u vandaan?

MOERMAN Ik ben zo pas aangekomen.

LISE Niet langs de entrée.

MOERMAN Veel mensen bij elkaar schrikken mij af. Vooral als zij samen lachen, samen grimassen maken of staan te huppelen. Zij lijken op elkaar.

LISE Ik vroeg u wie u was.

MOERMAN Een vreemdeling. Een reiziger.

LISE Hoeck.

MOERMAN Hoeck, verdwijn en hou de baron bezig.

Hoeck af.

LISE U bent Moerman.

Moerman buigt.

Ik dacht, dat u mager waart en ouder, ik weet niet waarom. Misschien omdat men u listig noemt en kwaad en ik steeds bij het horen van uw naam een oude vos in mijn gedachten had, die ik vroeger hield. Een versleten, peizende vos met kuren. Vaak liet ik hem in het kippenhok los. Soms jaagde hij de kippen op, soms niet. Naar zijn luim. Maar eerder dan op een vos, lijkt gij op een hond.

MOERMAN Gij zijt mooi.

LISE Dank u. Het klinkt niet ongemeend.

MOERMAN Gij zijt mooi. Hij sluit u op, zo gaat de mare. Hij heeft gelijk en gelijk heeft hij nog meer vanavond u uit het traliehok te laten voor mijn ogen. Neen. Ga niet terug. Wacht. Uw stap naar de deur was te traag.

LISE Gij hebt goede ogen. Gij zoudt een oppassende kamerknecht zijn.

MOERMAN Ik zou u dienen.

LISE Ik zou u niet aannemen!

MOERMAN Vanavond zou, ik wist het, iets mij overkomen, want over het Brembos streek een vlucht kraaien neer in een dubbele V-vorm.

LISE O, gij kunt letters lezen! Schrijven ook misschien?

MOERMAN Genoeg nu.

LISE Ik ben niet bang voor landlopers.

MOERMAN Gij leeft als een non. Het doet u ongewend, onbezonnen spreken.

LISE Ik leef niet als een non.

MOERMAN Het land beklaagt u. Het volk heeft medelijden met de gevangene blanke kwartel.

LISE Als men u zal vangen, zal het volk dansen.

MOERMAN Men vangt mij niet. Het kan niet.

LISE Gij zult hangen.

MOERMAN [*nadert, neemt haar pols*] Ik wil morgen aan de galg na een nacht in uw bed.

LISE Waar hebt gij deze vriendelijke wendingen geleerd? In het Brembos bij de houtrapers en hun heksen?

MOERMAN Ik was bijna een officier in het Franse leger.

LISE De landloper is trots dat hij soldaat mocht spelen!

MOERMAN Ik wás een soldaat.

LISE Gij hebt een grote tong, maar zij is niet rad genoeg voor mij, mijn kiekedief. Is dit Moerman? De onkwetsbare? De steenharde? Die met de bokkepoten, waarvoor de gendarmerie en van Werveke zich verschansen? Doe uw laarzen eens uit, laat uw poten zien! Gekloofd? Bevacht en met een hoef?
In de struiken ziet men Crabbe die wacht.

MOERMAN Je lacht te hoog. De non lacht uit angst.

LISE Luister, Moerman: ga weg. Het deugt hier niet voor u.

MOERMAN Dit is waar. Waarom zou ik hier blijven! Bij deze verwaaide leeggangers! Zij lachen en dansen, zij kraken van luiaardij en ijdelheid en wrok. En gij, ajuin in een rok, de barones die men de non noemt, gij lijkt op hen. Neen, alleen de juwelen blinken hier echt. [*Hij komt dichter en heft de hand naar haar oorringen*]

LISE Waag het niet.
Hij rukt plots de oorringen af.

LISE Mijn oren. Het doet pijn. [*Als verwonderd*] Ik bloed.

MOERMAN [*in de richting van de struiken*] Kom, Crabbe, naar onze nest. Voor dit wijf begint te piepen.

LISE Hangen zult gij!

MOERMAN Dan zal ik nog mijn tong naar u uitsteken. Haha!
[*Af*]

HOECK [*op het balkon met op zijn arm de rode mantel*] Ik hoorde u roepen.

LISE Neen. [*Zij bedekt haar oren*]

HOECK Is hij weggegaan?

LISE Al lang.

HOECK Ik hoorde u roepen.

LISE Neen. Iemand anders waarschijnlijk. Of een vogel.

ACHTSTE TAFEREEL

In de cel. Door het luik van de deur ziet men een gretig, rood gezicht, de Cipier.

CIPIER Moerman. Hé, Moerman! Riep je mij?

MOERMAN Neen.

CIPIER Het is bij twee uur. Er is beweging op de Grote Markt.

MOERMAN [*schrikt*] Beweging?

CIPIER Een kermis waarschijnlijk. Ik dacht dat je het gerucht gehoord had en mij riep.

MOERMAN Ik heb niets gehoord.

CIPIER Je hoort alleen je zonden, die ronken als bijen in je buik. Je kan er niet van slapen. Hoe kan het anders? Zeg, Moerman, hoeveel moorden heb je gedaan? De meeste zijn nog niet ontdekt, zeggen de Rechters. Hoeveel waren er, Moerman?

MOERMAN Vele. Het spijt mij niet.

CIPIER Maar zonder dat je het wil, spijt het je ziel. Zij roept langs je slapende mond.

MOERMAN Ik slaap al dagen niet.

CIPIER De wroeging laat niet af. Je vreet je eigen op. Zo hoort het. De slachtoffers bidden om wraak. En de wraak zal vervuld worden tot het einde. Eerst gaat je kop er af. Dan zal je branden.

MOERMAN Branden, zeg je? [*Hij wendt zich af*] Van die dag af brandde ik. Van toen ik naar huis liep als een razende en ik tussen mijn handpalm en mijn blote borst haar oorringen drukte, die sporen lieten in mijn huid.

CIPIER Hoeveel moorden zijn er niet ontdekt, Moerman?

MOERMAN Ik zag haar. En van die dag af was ik verloren. Zij beefde in mij en waar ik trad ging haar schaduw mee. Zij

lachte mij uit die dinsdag op Groenhout, maar zij was ontredderd, zij kon haar ogen niet bedwingen.

CIPIER Nu, wij zullen het wel weten te vinden. Denk niet dat
je ongepluimd naar het mes zal wandelen. Een paar haken in
je billen met de karwats en tateren zal je, babbelen als had je
te veel jenever binnen.

MOERMAN Ik heb alles gezegd aan de rechters.

CIPIER Niet waar. Je verbergt nog veel. Vertel mij. Waren er
vrouwen bij? En vooraleer je ze doodde, de vrouwen, wat deed
je er mee? Lieg niet. Zwijg niet. Toe, zeg het mij. Je nam ze, de
vrouwen. Zij vroegen er om. Wat de vrouwen aan de rechters
hebben verteld is niet waar. Zij wensten hun mannen dood en
jij doodde de mannen en dankbaar leverden zij zich over. Daarna wurgde je ze opdat zij niet zouden spreken. Was het zo,
Moerman? Toe, zeg het mij.

MOERMAN Van die dag was ik verloren en Crabbe en Tilda,
zij die mij liefhadden, wisten het al gauw.

CIPIER Je at kindervlees. Ontken het niet. Er waren getuigen.
Zij hebben gezien hoe jullie in het Brembos feesten hielden en
Preek Van Spanoghe de mis deed op de buik van een naakte
vrouw!

MOERMAN Preek! Hij was naar de markt van Roeselare, samen
met Schavot. Zij verkochten er linten en kralen en zochten
de dikste, de rijkste boeren. En wat had Hoeck mij gezegd?
'De barones komt aan de Moedereik.' Neen. Neen. Ik moet zijn
woorden vinden, zijn laf glimlachje van iemand die aan het
verliezen is en dat verlies niet verdragen kan. Wat zei hij?
'Aan de Moedereik komt zij, Moerman, vannamiddag laat en
wacht daar op je.' Neen, het zinnetje was zo lang niet. 'Aan de
Moedereik...'

NEGENDE TAFEREEL

In de hut.

TILDA Hij wrijft zich met zijn rug tegen een berk alsof hij jeuk
had. Dan zit hij neer en eet zijn vingernagels op en zegt dingen. Onhoorbaar loopt hij door de struiken en zoekt, men weet
niet wat. Weet jij het, Crabbe?

CRABBE Neen.

TILDA Mijn ogen branden, als ik hem zo zie.

CRABBE Hij heeft je niet nodig.

TILDA Hij ziet ons niet meer. Hij loopt ons voorbij alsof wij er niet zijn.

BINDER De eerste citoyen op de markt die een bril draagt is hem kwijt.

CRABBE Hij ziet goed genoeg.

TILDA Dinsdagnacht is het begonnen. Waar zijn jullie geweest, Crabbe?

CRABBE Op wandel, zeg ik je al voor de tiende keer.

BINDER Crabbe houdt van de natuur. Moerman ook. Zij wandelen.

CRABBE Je weet het, Tilda, waar hij vandaan kwam. Maar je doet alsof je het niet weet. Je durft het niet hardop uit te spreken. Je wil het uit een andere mond horen eerst.

BINDER Crabbe kent de vrouwenziel zo goed.

TILDA Hij gromt. Vliegt op bij het minste woord. Hij verdraagt ons niet meer.

BINDER En nadert je bed niet meer, mijn liefje.

TILDA Neen.

BINDER En het kan lang duren. De nachten in de herfst worden langer.

CRABBE Azijnpisser.

TILDA En... wat is het laatste nieuws van... Groenhout?

BINDER Niets, liefje, helemaal niets.

CRABBE Zes brigands zijn bij Vanderhaegen te Hoogleden binnengebroken en hebben zijn geld meegenomen.

BINDER Vanderhaegen heeft geen hemd aan zijn gat. En als Moerman die op Vanderhaegen al lang te vlassen zat, nog iets van de goudvinken wil huiswaarts krijgen, zal hij ze bij de brigands moeten halen.

TILDA Hij zal ze niet halen.

CRABBE Hij wil de brigands geen kwaad doen.

BINDER Zij zullen hém kwaad doen. Zij groeien als konijnen.

TILDA [*na een stilte*] Hoelang zijn jullie op Groenhout gebleven?

CRABBE Wie?

TILDA Moerman en jij! Draai niet rond de pot, Crabbe. Hij

146

heeft de vrouw van Van Werveke ontmoet, hij heeft het mij zelf gezegd.

BINDER Moerman begint te babbelen.

TILDA Heeft hij haar ontmoet, Crabbe? Zoniet, wie was het dan? Wie, dat hij sedert die nacht in de aarde grift alsof hij de letters van een naam tekende, dat hij in een kring rond de bomen loopt en plots glimlacht terwijl hij naar niets kijkt en zijn ogen iets herkennen, iemand die er niet is. Het is een vrouw. En welke vrouw is mooier, welke vrouw zou Moerman blinder kunnen verblinden dan de barones, als zij zo mooi is als men zegt? Is zij mooi, Crabbe?

CRABBE Zij heeft een vals gezicht, scherp en bleek als een zieke kat en haar stem is als die van Binder.

BINDER Als zij zo'n mooie stem heeft, kunnen wij samen op de markt gaan zingen:
'De moordenaar die wandelt zacht, wandelt zacht,
Hij is een wolf in schapenvacht, schapenvacht.'

MOERMAN [*komt binnen tijdens het lied en geeft Binder een klap*] Al twintig keer heb ik je gezegd dat ik dit liedje niet wil horen.

BINDER En soms vraag je het mij!

MOERMAN Nu niet meer!

BINDER Neen, je bent bekeerd, je kan van nu af aan een pij gaan dragen, samen met Preek. Dan zullen wij de metten zingen!

MOERMAN Stiller, Binder, stil en traag.

BINDER Sla mijn dan nooit meer. Nooit meer.

MOERMAN Te drinken.

Tilda reikt hem de fles. Hij drinkt en geeft ze aan Binder, die drinkt.

CRABBE En ik?

MOERMAN Hier. [*Geeft de fles over. Crabbe veegt eerst de hals af met zijn mouw. Moerman gaat in een hoek zitten, verbeten, eenzelvig*]

BINDER [*na een stilte*] Wij gaan vroeg slapen deze dagen.

TILDA Het is herfst.

BINDER In de herfst plachten wij kaart te spelen. Ik verloor altijd, maar wij schreeuwden en waren gelukkig. Wij dachten alleen aan de verdwaalde wandelaars in het Brembos, aan de boer die van de markt kwam. Niet aan postkoetsen, aan inbraken van gemeentehuizen. En Preek vertelde verhalen. Zelfs Schavot kwam uit zijn schulp. Zijn zeeschelp.

O, weet je nog hoe Preek over zijn grootvader vertelde die Ahasverus was geweest! Hoe hij bij de pastoors binnenkwam en een aalmoes vroeg voor de wandelende jood op de baan. Wat lachten wij! En hoe de oude verbrand werd te Veurne toen zij er niet meer in geloofden!

TILDA Misschien wás zijn grootvader wel Ahasverus. Hij zei het tot op het laatst, hij riep het nog op de brandstapel.

BINDER De jood verandert van ziel na de dood van de mens waarin hij huisde.

TILDA Waarom zeg je dat?

Binder schudt, nu ernstig en bang, naar Moerman die in zijn hoek met de oorringen speelt.

TILDA De jood doet geen kwaad aan de mensen. Hij zwerft, bedelt en jaagt verder elke dag.

BINDER Misschien rust hij af en toe uit van het Jood-zijn, en houdt zich gedurende een mensenleven koest. Men kan het dan aan kleinigheden merken.

TILDA Neen. De jood is niet achterbaks. Hij is niet onder ons.

BINDER De mens waarin hij huist moet in ieder geval geweldig sterven.

TILDA Zwijg.

Stilte.

BINDER De lucht in de herfst is vochtig. Wij roesten. Wij doen niets. Preek en Schavot die nu aan het zoeken zijn op de markt te Brugge zullen de vruchten niet mogen rapen. Wij moeten rusten.

TILDA En hij kan niet.

MOERMAN Wie? Wat kan ik niet?

TILDA Je kan niet zwijgen want je spreekt in je slaap. Je kan niet roepen want een klem houdt je lippen dicht. Je zou willen wat onmogelijk is.

MOERMAN Wat is onmogelijk?

TILDA De vrouw van de baron.

MOERMAN [*grimmig voor zich uit*] Ik wil haar.

TILDA Je hebt mij! Ik ben je vrouw.

BINDER Niet voor de kerk, mijn liefje. Moerman houdt zich aan de wetten. Wat hem betreft, hij is een vrijgezel die in zonde leeft.

TILDA Ik heb geen andere man gekend, al die jaren, het zullen er zeven zijn binnenkort. Ik heb voor hem gezorgd. Ik houd van hem. Waarom houdt hij niet van mij?

MOERMAN Ik wil de barones.

TILDA Omdat zij rijk is, mooi gekleed en spreken kan in de wendingen die de mannen warm maken.

MOERMAN Je kent haar niet.

TILDA Is zij mooi?

MOERMAN Zij had een balkleed aan, een witte wolk waaronder haar lichaam, trilde een onbeschaamd bruidskleed. En toen haar hand mijn schouder nam en mijn nek raakte...

CRABBE Dat deed zij niet.

MOERMAN Je muil, snotneus.

CRABBE Je liegt!

MOERMAN Toen ik haar bij de oren greep, een kwade kat, beefde zij onder mijn vingers. Zij schreeuwde van pijn, maar verwonderd alsof zij nooit eerder pijn had gevoeld.

TILDA Zo was ik jaren geleden, toen mijn vader bij je kwam.

MOERMAN Neen. [*Staat op en gaat naar haar toe*] Je was zacht, Tilda, en lief en schuw. Een vrouw.

TILDA Hoe kon ik anders zijn?

BINDER Zijn ogen gaan open. Hij maakt onderscheid tussen de vrouwen. Hij loert naar de vrouwen nu! Eh, Moerman, wat gebeurt er?

MOERMAN Je babbel slaat te hoog, Binder! Wat hebben jullie toch? Gaap niet zo, Crabbe!

CRABBE Je loog daareven.

BINDER Hij droomde. Hij droomt nu, in klaarlichte dag.

MOERMAN Zij is niet mooier dan jij, Tilda, wees niet ongerust. Integendeel. Zij is wit en droog van huid, haar handpalm is vochtig alsof zij koude koorts heeft en ik geloof dat zij kwaadaardig en vals is.

Jij bent helder. Jij zou mij niet verraden. Zij wel. Ik vertrouw haar niet. Als ik aan haar denk zijn mijn gedachten kil en stroef, ik heb niets met haar te maken, denk ik dan, ik ken haar niet. Maar dan zijn de sprongen in mijn bloed ineens zo plots, en ik ben hulpeloos voor dit geweld. Wat is het, lieve Tilda? Jij kent jezelf, je moet de werking van deze vrouw ook

149

kennen. Hoe kunnen die enkele, schrale gebaren, die paar kreetjes van verwonderde pijn de man zo treffen?

TILDA Ik ken haar niet.

MOERMAN Lieve Tilda.

BINDER Hij draait in alle richtingen, hij slaat gaten in de lucht. Zie je dat, Crabbe?

CRABBE Hij moet het weten.

TILDA Waar ga je naartoe?

MOERMAN Naar de moedereik. [*Tegen Crabbe, die opstond*] Jij blijft hier.

CRABBE Waarom?

MOERMAN Omdat ik het je zeg.

CRABBE Ik zal je geweer dragen.

MOERMAN Nu niet.

TILDA Ik wacht, Pieter.

BINDER Het voorspelt niet veel goeds.

TILDA Zelfs Crabbe hindert hem.

BINDER Dat hij maar oppasse. De beet van het varken is besmettelijk.

CRABBE Hij is veranderd.

BINDER Hulpeloos, zei hij. Een vreemd woord voor Moerman. Zelfs al meent hij het niet. [*Zingt*]
'Moerman, ja, die wandelt zacht, wandelt zacht,
naar de vrouw in wolvenvacht, wolvenvacht.'

TIENDE TAFEREEL

In de hut bij de Moereik, Hoeck en Lise in rijkostuum.

HOECK Kan ik dan niets voor u doen?

LISE Neen.

HOECK Het wordt koud. Wilt gij nog een deken?

LISE Je kan naar huis gaan nu.

HOECK En wat aan de baron vertellen? Hij zal het mij vragen

LISE Zeg dat ik verdwaald ben. Dat ik de kinderen der houthakkers eten en snoep geef. Of neen, hij zou dat niet begrijpen, neen, zeg hem dat ik adem haal. Dat ik af en toe frisse lucht nodig heb, een lucht die niet naar kaarsen of naar wierook ruikt.

HOECK Deze lucht is niet beter.

LISE Dit is groene lucht, zelfs al is de herfst in het goud en het geel. Dit is weidelucht.

HOECK Tot *hij* komt. Hij stinkt.

LISE Hij draagt de lucht van de konijnen die hij stroopt.

HOECK En van de doden. Van de mensen die hij keelde.

LISE Dit zijn de konijnen waarover ik het had. Oh, Hoeck is ongelukkig, in de war. Hij weet niet wat hem overkomt. Ik zag je vannacht, Hoeck, zoals gisternacht en de nacht tevoren bij de stallen, met je schoenen in de hand, klaar om naar mijn venster op te klimmen. Je fronste je voorhoofd, Hoeck, je zag er dom uit, kwaad en begerig terzelfder tijd, het is geen mooi gezicht. Je wachtte tot het licht in mijn kamer aanging. En het ging niet aan. Het gaat niet meer aan.

HOECK Gij moogt mij voor de aap houden. Ik vind het niet erg.

LISE Het licht gaat niet meer aan, begrijp je.

HOECK Madame, wat wilt gij van Moerman?

LISE Alles.

HOECK Madame...

LISE Leid de paarden naar het water en wacht daar.

HOECK Goed.

Lise is alleen. Zij staat op, loopt rond. Zij is bang om alleen te zijn. Het woud ritselt.

LISE Hoeck, kom terug, Hoeck.

MOERMAN Kan ik u helpen?

LISE Zou het niet de eerste keer zijn dat gij iemand helpt?

MOERMAN Waarom zou ik een ander helpen?

LISE Als ik u vroeg mij te helpen, bijvoorbeeld?

MOERMAN Ik zou het doen.

LISE Ik ben ongelukkig getrouwd.

MOERMAN [*wendt zich af*] Ik weet het.

LISE Ik heb de baron getrouwd om zijn geld.

MOERMAN Dat weet heel West-Vlaanderen.

LISE Ja?

MOERMAN Waar is de trouwe schapershond?

LISE Bij het water, met de paarden.

MOERMAN Gij zijt alleen.

LISE Ik ben niet bang.

151

MOERMAN Van uw soort zijn er hier veel geweest, in het Brem-bos. Dames uit Brugge, geblanket en omwolkt van parfums, waaraan zij nieuwe namen geven. Er was er een van Tielt, zij had een parfum, dat Jupiter heette, een afkooksel van zuring en laurier, althans zo snoof mijn neus het op. Zij zijn allen ongelukkig getrouwd. En ver ontkleed, hier. [*Hij wijst op haar borst*] Zij verwachten grove woorden, ruwe daden. Ik wil wel. Ik fluit naar mijn vrienden en lever haar over. Hinkend keren zij naar Brugge terug. Of niet.

LISE Gij weet dat ik niet van dit soort ben.

MOERMAN Hoe kan ik dat weten?

LISE Uw handen bedriegen u. Wat hebt gij daar? Een tarwe-halm. Hij is verpletterd en gij hebt er niet één korrel van ge-geten.

MOERMAN Het geeft stenen in de nieren.

LISE En als ik een der vrouwen uit Brugge was, zoudt gij naar uw vrienden fluiten?

MOERMAN Later.

LISE Ik ben niet van Brugge, maar wel ongelukkig getrouwd. Mijn man zit alleen in zijn kamers en luistert naar zijn bloed dat niet meer gonst, maar zachtjes rot.

MOERMAN Wat komt gij doen? Alleen in het Brembos?

LISE U iets vragen. En u iets geven.

MOERMAN Ik geef alleen maar wat ik geven wil.

LISE Ik kom je duizend kronen aanbieden.

MOERMAN Het is veel geld.

LISE Meer dan gij ooit hebt samengezien.

MOERMAN Aan zulk een bod herkent men gauw het gevraagde. De vogel wil zijn kooi uit. Daarvoor moet de vogelaar sterven.

LISE En?

MOERMAN Duizend kronen, zegt gij?

LISE Hij is oud. Hij redt alleen nog dagelijks zijn vel door val-strikken, kuiperijen, lafheden, oprispingen. Zij maken hem oud en moe. Volgende week, of volgende maand valt de gunst der Republiek en wordt hij weggevoerd als de anderen. Want vluchten zal hij niet. Hij lijdt aan de lever en aan de maag, dan kan men zo vlug niet lopen.

MOERMAN Lijdt hij niet aan het hart?

LISE Hij heeft er geen.

MOERMAN En gij?

LISE Ik ook niet. Ik ben mijn hart ontwend.

MOERMAN De liefde maakt de vrouwen voller, zachter, breder.
Zij krijgen koeogen en zij stamelen. Gij niet.

LISE Wie zegt u dat ik de liefde ken?

Stilte.

MOERMAN Waarom wacht gij niet tot de commissarissen hem
weghalen?

LISE Ik vraag u hem te doden.

MOERMAN Ik heb hem nog nodig.

LISE Gij vertrouwt mij niet.

MOERMAN Natuurlijk niet.

LISE Hij kan u niet langer dienen, weet dat wel.

MOERMAN Is hij slecht voor u?

LISE Niet slecht. Niet goed. Hij bestaat alleen als een struikel-
steen waarover ik niet wil vallen. Ik heb genoeg van hem. Gij
moet mij helpen.

MOERMAN Waarom ik?

LISE Gij zijt de enige die ik het durf vragen.

MOERMAN De landloper, de huurmoordenaar?

LISE Dat bedoel ik niet.

Stilte.

MOERMAN Waarom dan wel?

LISE Ik ken u het best, Moerman, ik durf het u te vragen.

MOERMAN En Hoeck?

LISE Die verroert niet zonder uw toelating.

MOERMAN Ik houd niet van Hoeck.

LISE Ik ook niet.

MOERMAN Toch komt hij in uw bed.

LISE Nu niet meer.

MOERMAN Sedert wanneer niet meer?

LISE Sedert vier dagen. Sedert het feest. Sedert gij mijn oorringen hebt afgetrokken. Sedert gij mij hebt gekwetst.

MOERMAN Stil. [*Hij trekt haar achteruit. Neemt haar arm*]
*Crabbe komt op, hij heeft gelopen, hij hijgt. Moerman treedt te voor-
schijn en neemt hem vast.*

MOERMAN Wat heb ik je bevolen?

153

CRABBE Je hebt mij nodig.

MOERMAN Wat moet ik met jou achter mijn kloten steeds?

CRABBE Preek is aangekomen. En Schavot. De brigands hebben te Tielt de vrijheidsboom omvergehakt en schoten gelost naar het gemeentehuis.

MOERMAN Crabbe, ga terug.

CRABBE Je hebt me nodig, Moerman, wat heb ik je misdaan? Ik doe alles wat je zegt en je stoot mij af alsof ik schurft had. Ik heb geen schurft, Moerman. Ik was mij. Kijk! [*Hij wrijft over zijn gezicht en zijn armen*] Wat heb ik gedaan dat je Binder eerder te drinken geeft aan de jeneverfles dan aan mij? Dat ik niet meemag om je geweer te dragen? Dat je mij vergeet.

MOERMAN Ga terug, Crabbe. Neem mijn paard, ik loop wel naar huis.

LISE Laat hem naar Hoeck gaan, bij het water.

MOERMAN Ga naar Hoeck. Je vindt hem bij het water.

CRABBE Je praat haar na. [*Terwijl hij wegloopt roept hij*] Papegaai! *Moerman kijkt hem nadenkend na.*

LISE Hij houdt van u.

MOERMAN Deze manier van liefde is hinderlijk.

LISE Is er een manier, die niet hindert?

MOERMAN Neen.

Stilte.

LISE De brigands worden driest.

MOERMAN Zij zullen het land herwinnen.

LISE Dan is uw rijk uit.

MOERMAN Ja.

LISE Zoudt gij vluchten?

MOERMAN Waarschijnlijk wel.

LISE Met uw vrienden, uw vrouw?

MOERMAN Ik heb geen vrouw.

LISE Hoeck zegt van wel. Hij noemt haar Bruine Tilda. Is zij uit het Zuiden soms?

MOERMAN Neen, zij komt uit Knesselare.

LISE Blijft zij in uw hut als gij weggaat? Waar is uw hut? Mag ik er binnen?

MOERMAN Neen. Het is een kazernekamer, een tent, een marktplaats voor mijn volk.

154

Stilte.

LISE Gij zijt tevreden dan. Voorlopig kan u niets gebeuren, de brigands worden misschien uitgeroeid. Dan zijt gij veilig. Gij staat vast in uw laarzen. De meester van het woud. En aan de rand van het woud roepen de moeders hun kinderen 's avonds en dreigen met uw naam. De weerwolf. Doe de deuren dicht, kinderen, anders komt Moerman binnen.

MOERMAN Het maakt mij niet blij.

LISE Hoe klein is het woud toch, Moerman, voor wie het éénmaal doorkruist heeft en het kent. Bomen, paden, struiken, het is een kleine dorpsplaats.

MOERMAN Ik leef er.

LISE Omdat gij het wilt. [*Stilte*] Duizend kronen heb ik u geboden. Gij kunt u nestelen voor een lange winterslaap.

MOERMAN Wie denkt gij dat ik ben? Eén van de bloedloze klerken, één van de luigevreten officieren die u gezelschap houden op Groenhout, en die dansen naar de maat van uw kleine vinger? Winterslaap, zegt zij. Ahaha.

LISE Goed dan. Dan zwijgen wij er over. Ik heb mij vergist.

MOERMAN Ik heb een kameraad. Hij houdt van vlug geld. Voor vijftig kronen zou ik hem naar Groenhout kunnen sturen. Zonder geluid zou hij in jullie kamer binnentreden met aan zijn pols gebonden een dun, scherp touw. Hij slaat het lusje over het slapend hoofd van de baron, en 's morgens vindt gij, barones, een blauwgezwollen, onmenselijk ding in uw bed.

LISE Ik ken dit soort vlugge helpers.

MOERMAN Wel?

LISE Ik wil *uw* merk rond zijn hals. [*Stilte*] Nu onmiddellijk tweehonderd kronen. En dan de rest.

MOERMAN Groenhout is een groot kasteel. De kamers zijn wijd en rijkversierd. En bergen meer dan duizend kronen. Want Groenhout wordt een rijk domein wanneer de eigenaar er niet meer is, en niet meer spiedt, en er zijn loops wijf niet meer gevangen houdt.

LISE Nu vijfhonderd kronen. Daarna duizend.

MOERMAN Mijn merk wordt duur.

LISE Ik kan niet meer leven. Hij is de lucht die mij verstikt, de kwal die zich op mijn lippen heeft gedrukt.

155

MOERMAN [*nadert haar*] Zij zijn gevormd als de lippen van een wonde.

LISE Zij zijn vuil zolang hij leeft.

MOERMAN Hoe stil is het hier.

LISE Hoort gij niets? Het sap in de bomen doet hun bast kraken.

MOERMAN Een fazant.

LISE Maak mij vrij, Moerman.

MOERMAN Hier zijn uw oorringen.

LISE Zij zijn warm.

MOERMAN [*streelt haar haar*] Uw oren zijn geschonden.

LISE Ik wil niet, dat zij nog genezen. Ik streelde ze vannacht.

MOERMAN Uw pols slaat.

LISE Ik heb koorts.

Hij legt haar neer op de grond.

LISE Dood hem, Moerman. Dood hem.

Doek

Tweede deel

In de cel.

MOERMAN Zij kwam terug. De dag erna. En de dag erna. En ik doodde Van Werveke niet. Twee weken, neen, drie weken lang kwam zij en duurde ons hevig spel. Wij kraaiden victorie. Dat woord kent gij niet, cipier. Gij zit en tast aan uw slappe buik die zich tevreden met soepwater en gort mag vullen. Toen streek zonder overgang de winter neer. Deze winter. Hij duurt lang.

TWEEDE TAFEREEL

In de hut van het Brembos. Winter. De lucht is wit. Een vuur waar-
rond Schavot, Tilda, Binder. Zij dragen pelsen en meer vodden.

TILDA Zal ik je de kaarten leggen?

SCHAVOT Je hebt het al vier keer gedaan sedert gisteren. Het verandert niet. Ik weet wat mij wacht.

BINDER Geluk in de liefde, dat zeker. En je kan je geluk niet eens beproeven. Kom, Schavot, wij glijden weg naar Tielt, wrijf je haren in met boter en doe je jas aan. Wij gaan naar de Vier Billekens.

SCHAVOT Wij mogen niet.

TILDA Hij heeft het jullie goed gezegd.

BINDER En hij dan?

SCHAVOT Hij houdt alle dagen feest.

BINDER En wij worden paters als Preek. Preek heeft er de leef-tijd voor. Wij niet.

TILDA Hoe oud ben jij eigenlijk, Schavot?

SCHAVOT Ik weet het niet. Men heeft het mij nooit gezegd.

TILDA Misschien ben je jong.

SCHAVOT Dat denk ik niet.

BINDER Wij zouden het aan zijn tanden kunnen zien. Doe je mond open.

Schavot doet het. Binder kijkt er in.

Hij heeft haast geen tanden meer.—Ik zie niets.

TILDA Waar zou hij zijn?

BINDER Bij zijn lief.

TILDA Ja. Maar in welk huis, bij welk vuur?

BINDER Hij houdt van warme voeten.

Stilte.

Zeg, als hij eens wegbleef? Als hij in zichzelf zei: Genoeg met de bende, genoeg met de zeurkous Preek, de jankende Tilda, genoeg met de wintervoeten in het bos, ik rij te paard met het lief achterop naar Brabant. Want het begint hier aangebrand te ruiken. Naar Brabant, waar het leven rustig is en geen brigands naderen en waar de boeren rijk zijn.

TILDA Hij zou het geld meenemen.

BINDER Dat is waar.

TILDA Want zonder geld kan hij niet leven. Nietwaar, Binder?

BINDER Misschien heeft hij genoeg op zak.

TILDA Denk je?

BINDER En als hij geen geld genoeg heeft, kan hij er wel voor zorgen.

TILDA Binder!

SCHAVOT Ik moet rond de veertig zijn, denk ik.

Stilte.

TILDA Wachten. Steeds maar wachten op hem.

BINDER De winter is stil en groeit steeds maar dicht als het bos rond ons. Onze adem slaat terug in ons gezicht. Wij zitten in een klok.

TILDA Wachten. En als hij komt is hij kwaad en zit in een hoek.

SCHAVOT Soms zit hij stilletjes te lachen en wrijft over zijn ribben.

BINDER Het zal duren wat het duurt. En gauw slijten.

TILDA Een nieuwe vrouw maakt nieuwe wetten. Hij is ver-anderd, zoals ik nooit had durven denken. [*Zij staat op en drinkt*] Mijn vel verslapt rond mijn botten. Ik hoest de hele dag.

SCHAVOT Je eet ook niet. Je bent wit geworden. Je zweet bij de minste beweging. Zo is mijn moeder gestorven, zegt men. Ik hoorde het bij de boeren waarbij ik werkte toen ik klein was. Je moeder is uitgeteerd, zeiden zij. Je groeit op voor het schavot, zeiden zij. Niets anders zeiden zij.

158

BINDER En hadden gelijk.

SCHAVOT Ja.

BINDER En je doet je best om je schavot te verdienen, hé, loebas. [*Slaat Schavot lachend op de schouder*]

SCHAVOT De laatste weken niet.

BINDER Deze winter is een slecht seizoen.

TILDA Het zal niet blijven duren, zeg je.

BINDER Het zal duren, wij zullen blijven roesten zolang hij vrijt.

Preek stommelt binnen. Hij is dronken. En ontdaan. Hij zit neer en drinkt aan de fles.

TILDA Wat is er, vader? De brigands?

PREEK Het moest komen. De vinger moest op de wonde gelegd worden en de wonde moest opengereten worden.

TILDA Iets met Moerman?

BINDER Hij is wit als een raap.

TILDA Is Crabbe teruggekomen?

PREEK [*nadat hij hen aangekeken heeft*] Steekt de duivel een kaars aan. [*Hij drinkt*] Moerman is gekwetst.

SCHAVOT Het kan niet.

TILDA Waar? Hoe?

SCHAVOT Het kan niet.

BINDER Pas op, Preek, met je woorden. Het zijn gevaarlijke schietgebeden.

TILDA Wat heeft hij dan? Wie deed het?

PREEK Ik heb het zelf gezien.

BINDER Vertel geen leugens.

PREEK Hij is gekwetst aan de rechterarm. Ik moest hem zien bij Rode Jeanne en ik ging hem tegemoet, en ik vond hem aan het Wederwater terwijl hij zijn arm afwaste.

SCHAVOT Bloedde hij dan?

TILDA Ik ga erheen.

PREEK En ik vroeg hem: Wat heb je, Moerman? En hij zei: Bij het houthakken is de bijl losgeraakt en losgesprongen en het mes is in mijn arm gedrongen. Zeg niets aan de mannen, zei hij.

SCHAVOT Hij bloedde.

TILDA En toen?

159

PREEK Ik heb mijn hemd gescheurd en erom heen gewikkeld.
[*Toont de slip van zijn hemd*]

SCHAVOT Ik neem mijn biezen.

TILDA Waarom moest hij hout hakken? Hij doet het nooit.

PREEK En hij is toen naar de hut van de Moedereik gegaan. Hij
verbood mij hem te volgen. Toen ben ik maar alleen naar Rode
Jeanne gegaan. Het was lang geleden.

BINDER De barones zal hem verder verbinden.

SCHAVOT Was het rood bloed? Mengde het zich met het water?

PREEK Rood bloed, zoals het onze allemaal.

BINDER Heb je het gezien? Met je eigen ogen gezien?
Preek knikt en drinkt.

SCHAVOT Ik geloof het niet.

BINDER Hij is dronken.

PREEK Er waren zelfs twee kerven. Diepe, twee naast elkaar.

TILDA Hij zal sterven binnenkort.

PREEK De straf breekt aan.

SCHAVOT Wij moeten vluchten.
Stilte.

BINDER Misschien is het een kort ongeluk, een wolk die moet
overwaaien. Misschien herstelt hij vlug.

SCHAVOT Het is niet mogelijk.

TILDA Door die vrouw is het gebeurd. Wat zei hij, vader? Zei
hij niet: 'Het is haar schuld, zij heeft mij gekwetst?'

BINDER Dan moet zij er wel zacht voor boeten, nu. Oh, zoete
paring met een gespleten arm.

SCHAVOT Hij is als wij. Een zak rond een gebeente. Als men de
zak te geweldig raakt, barst hij en uit de scheuren gutst het
water en het bloed.

TILDA Zwijg daarover.

SCHAVOT Wat moet er nu gebeuren?

BINDER Ik vertrouw het niet, Preek, wat denk jij ervan, jij die
je streken bij de pastoors hebt geleerd? Je zwijgt. Zie je de
hand van God?

TILDA Hij is gekwetst. Hoe is het mogelijk dat zijn hand haar
zekerheid verliest en in zijn eigen huid dringt?

PREEK [*drinkt, hij is zeer dronken*] De lichamen wrijven zich in
verhitting. En worden dan koel. De hitte van het kwaad echter

160

laat niet af. Het kwaad kan niet uitsterven dan door zijn verzadiging. Wij zijn nog aan de hitte bezig.

BINDER [*rillend*] Ik merk er niet veel van.

PREEK De mensen die elkaar bespringen en in het schaarse licht van hun hokken kinderen verwekken sterven in het kwaad en hun misbaksels sterven na hun verhitting ook iets later in het kwaad; de wassende vloed van het kwaad groeit en bloeit. Tot de buil spat. Dan komt er koelte. [*Hij drinkt*]

TILDA Vader.

PREEK De kinderen zullen de schors van de bomen eten.

BINDER Daarom maken wij geen kinderen, hihi.

TILDA Daarom niet.

BINDER Je hebt er toch geen.

TILDA Ik... ben niet getrouwd.

PREEK En de vrouwen zullen hun haren uittrekken en hun borsten zullen van verdriet verslappen tot oudemannenborsten. De man die ten oorlog trekt of thuis zijn moorden begaat zal geschandvlekt ondergaan. En later, later na de verzadiging komt de koelte.

BINDER Je vader doet zijn naam eer aan als hij drinkt. Hij preekt zo goed als vroeger.

PREEK Ja, ik preek. Omdat *ik* alleen de wereld kan zien na de hitte. Zo glad en zo glanzend zullen haar bewoners zijn als nu haar krolse, dodelijke drijvers donker zijn van hart en ziel.

BINDER Krols zijn wij zeker. Hihi! [*Hij stokt, zegt stil*] Ik lach tegen mijn zin. Ik ben ziek.

PREEK Maar de vlam is nog niet op haar hoogte. Bloed en gal moeten nog vloeien.

SCHAVOT Ik durf Moerman niet aankijken als hij komt.

TILDA Hij komt niet meer terug.

BINDER Als zij dit horen zullen de gendarmen komen. De kraaien zullen het uitbrengen. Het hele woud zal het weten binnenkort, dat hij gekwetst is.

TILDA En Crabbe, zijn schaduw, is er niet. Crabbe doolt rond in het woud en wil niet meer huiswaarts keren.

SCHAVOT Het is koud. Geef mij de fles, Tilda.

In de hut bij de Moedereik. Moerman wacht. Lise komt binnen, zij wil hem omarmen, hij laat haar niet dichterbij komen.

LISE Moerman, wat is er gebeurd?

MOERMAN Soms denk ik dat ik de hele dag zal wachten, dat de avond vallen zal en de nacht, en dat je niet komt.

LISE Je hebt het koud, mijn lieveling. Maar... [*Zij schuift haar hand onder zijn jas*] Hier is het warm, waar je hart klopt. Van vanmorgen al, toen ik de onbeweeglijke lucht zag en het land even hard en stil, als ijs, dacht ik: Midden in het ijs staat de Moedereik en wacht Moerman op mij. Hij is warm.
Stilte.

MOERMAN Waar is Hoeck?

LISE Hij staat buiten.

MOERMAN Hij zal vervriezen.

LISE Goed voor hem. [*Stilte*] Het ruikt hier naar beesten. [*Stilte*] Ik heb de hele nacht niet geslapen.

MOERMAN Het is twee dagen geleden dat je hier was.

LISE Daarom kon ik niet slapen. [*Stilte*] Er is bloed op de vloer.

MOERMAN Ik heb een konijn gestroopt.
Stilte.

LISE Ik ben blij dat je er bent.

MOERMAN Lieve Lise.

LISE Elke dag dat ik Van Werveke zie, aan tafel of als hij dam speelt in het salon zie ik hem rillen, een oude rat die wacht tot zijn hart voorgoed begeeft en ik ben blij, ik ben hem dankbaar. Hij heeft mij naar jou toegejaagd.

MOERMAN Denk niet aan hem.

LISE Hoeck, die loert en snuift als ik voorbij kom, hij heeft geen hoop meer. Die begint, eindelijk, te weten dat mijn kamerdeur gesloten blijft, al krabt hij nog zo woedend aan de planken. Aha. Jij alleen bestaat nog, Moerman, zo boordevol ben ik van jou. Anne, mijn kamermeisje doe ik schrikken. Ik baadde mij vanmorgen. 'Anne,' zei ik. 'Voor wie baad ik mij, Anne?' 'Voor Moerman, Mevrouw! O, Mevrouw, het is verschrikkelijk wat u doet, ik zal er van dromen!' Droom lekker, zei ik, en kruip maar diep onder de lakens. Aha!

MOERMAN Lach niet.

LISE Maar Van Werveke zei vanmorgen: 'Wat heeft Moerman? Wij horen niets meer van hem. Betert hij zijn leven soms?' Alsof ik het weten kon! Haha. Kan ik het weten? Waarom houdt Moerman zich koest als een priester in zijn woud. Waarom?

MOERMAN [*bevoelt ongemerkt zijn arm*] Ik weet het niet.

LISE Waarom zou je wel in de winter rondrijden, buiten? Laat Van Werveke onder zijn grauwe pruik maar stoven en beramen voor een tijd. Wij zijn samen. Je hebt alles wat je wilt. Dat ben ik. Of wil je iets anders? Meer geld? Bruine Tilda misschien?

MOERMAN Het is de stilstand die mij verontrust. Hoe de tijd die vroeger vlugge, gejaagde dagen vormde waarin ik leefde, stilstaat nu. Als de verharde velden buiten. Als de winter. Hoe ik mij ophoud in een stilstaand water. Ja, dat ben jij, een stilstaand water. En ik? Ik besta, maar de wereld is roerloos, leeggelopen, gestold. Ik zoek mijn nijd op te jagen, maar mijn nijd is er niet. Ik verroer. Ik roep naar de kraaien maar zij vliegen niet op. Ik spreek tot mijn volk en zij kijken mij niet aan. Wat is er? Weet jij het? Ik vreet mijn vingernagels op, ik vind het niet. Tot gisteren kraaide ik victorie en mijn leven, dat was jij. En nu... Nu niet meer. Wat wil ik van jou? Dit heimelijk spel dit gewroet dat de zonde bij je oproept—zeg niet dat het niet waar is—je komt hierheen om wraak te nemen op je oude geldzak thuis. Misschien zie je hém we[1], als ik je neerleg op de bladeren?

LISE En als ik hem zag, wat dan? Verandert het iets?

MOERMAN [*pauze*] Neen.

LISE Wat is er, lieve Moerman? Ik denk niet meer aan hem. Hij is dood voor mij. Eerst wel. De eerste keer, weet je, ik dacht de hele tijd, Van Werveke staat achter een boom. Zijn hart gaat te snel, het kraakt. Nu niet meer. Ik ben aan mijn spel gevangen. Ik kan niet meer terug.

MOERMAN Ik kan ook niet meer terug.

LISE Heb je spijt?

MOERMAN Kom hier. Wat is er in dit aangezicht dat mij kwelt en mij doet kwijlen als een oud wijf en liefdeziek maakt als een kater in september. Redenen zijn er. Welke? Omdat je een barones bent, onaantastbaar, en omdat hoogmoed in mij welt als je onder mij ligt, onder de zoon van Manten de bezembinder. Omdat je jong bent. Omdat je verdorven streken in de liefde kent als een hoer van Tielt. Omdat...

LISE Omdat wij samen zijn. Je kan het niet verdragen.

Stilte.

MOERMAN Ik wil het woud verlaten.

LISE Met mij?

MOERMAN Ja.

LISE Je kan het niet.

Stilte.

MOERMAN Neen. Ik moet bij hen blijven. Zonder mij lopen zij verloren in de armen der gendarmerie. Zelfs met Preek aan kop. Hij heeft veel van zijn pluimen verloren.

LISE Was hij ooit anders dan?

MOERMAN Hij was priester bij de brigands. Toen zij uitgemoord werden te Hasselt heeft hij zijn kap over de haag gegooid. Na de slachting verliet hij zijn God en ik de brigands.

LISE Te Hasselt?

Stilte. Moerman houdt nu krampachtig zijn arm vast. Hij staart afwezig.

MOERMAN Wij trokken op, bezetten veertien straten en sprongen toen in het open veld waar de Fransen met hun kleine kanonnen wachtten. Nadat wij van onze aarde gegeten hadden, en haar door gespoeld hadden met jenever, vielen wij aan. Wij schreeuwden en schoten en Jan de Loo van Evergem stond vlak bij mij op een ogenblik, hij raakte mijn schouder. Wij schoten en liepen toen vooruit in het gehuil en de rook. Ik wilde verder toen ik die vlag zag die Jan de Loo droeg. Hij riep, zoals alle anderen: 'Voor outer en heerd,' riepen zij, een misgezang. De vlag was wit en geel en flapte. En ineens, onderaan zag ik een grauwe, bruine vlek en ik staarde naar die vlek. Ik wist dat ik de vlek op het vaandel was. Ene die vocht zonder kruis. Die doodde zonder kruis. De zang der anderen werd te hoog, te scherp voor mijn oren, die begaven. Een band van vuur met twee duimen van steen vatte mijn ogen en verblindde ze. Ik viel. Jan de Loo keek om: 'Kapitein, wat moeten wij doen!' riep hij. 'Kapitein!' riep hij. Maar ik bleef vallen. Bleef liggen. Tegen de aarde, waarvan ik gegeten had. Zij liepen verder in het gebliksem, in de regen van kogels. Er bleven er weinig over. Zeer weinig. Ik kroop op mijn knieën tussen de doden en de kermenden naar de schaduw in de straten.

LISE Je beeft.

MOERMAN Het is lang geleden.

LISE Stil. En kwam je toen terug naar Vlaanderen?

MOERMAN Honger en ziekte dreven ons naar huis. En de schaamte werd een steen van kwaad in mijn borst. En meer honger en cholera en de rijke boeren die ons uithongerden maakten onze bende. De brigands ben ik vergeten, voorgoed.

LISE Misschien herwinnen zij het land?

MOERMAN Zij zingen, ahaha, en troepen samen rond een vod dat flappert!

LISE Zij komen buiten op klaarlichte dag nu.

MOERMAN Zij zoeken hun dood. Met hun witte vlag. Het hemd van Onze Lieve Vrouw, zeiden zij. [*Stilte*] Ik kan niet naar de hut terug vanavond.

LISE Waarom niet?

MOERMAN Blijf bij mij vannacht.

LISE Wat heb je toch?

MOERMAN Ik ben moe. Je bent sterk. Ik heb je nodig.

LISE Je bent ziek. Ga liggen.

MOERMAN Ik heb je alles verteld. Niemand heeft dit verhaal ooit gehoord. Ik wist zelfs niet dat ik het verhaal ooit luidop zou kunnen zeggen. Je maakt mijn tong los.

LISE Ik houd niet van je stem nu.

MOERMAN Kom bij mij.

LISE Wat is er? Bloed! Het is jouw bloed. Het is jouw bloed! [*Zij loopt naar buiten*] Hoeck. Hoeck. Help mij.

VIERDE TAFEREEL

De hut.

TILDA [*tot Lise van Werveke*] Uw kleed wordt vuil. Wilt gij hier zitten?

LISE Neen.

165

TILDA Er is niets te horen.

SCHAVOT Hij heeft meer dan driekwart fles brandewijn binnen.

TILDA [*zenuwachtig lachend*] Dan zou je ook je arm laten naaien, hé!

SCHAVOT Ik kan brandewijn drinken zoveel ik wil. Ik kan betalen.

TILDA [*tot Lise*] Wordt gij niet op Groenhout verwacht? Wacht men niet met het avondeten? Het wordt laat en de wegen zijn glad van de avondijzel. Vergeef mij dat ik het vraag. Gij zit hier niet in de weg. Alleen is alles hier vuil en arm. Hebt gij het niet koud?

Lise schudt het hoofd.

TILDA Als er geweten wordt wat er gebeurd is. Moerman die lam en gekwetst is.

SCHAVOT Wij weten het.

PREEK Iedereen is kwetsbaar. Wie het vergeet moet er voor boeten.

TILDA De kinderen der boeren zullen met stenen naar hem gooien als naar een jood. [*Tot Lise*] Wilt gij iets drinken?

LISE Laat mij met rust.

TILDA [*staat op, draait over en weer*] Zijn moeder doopte hem in het ijswater toen hij geboren was, zegt men.

SCHAVOT Nu is zijn tijd voorbij.

Binder komt binnen, Moerman bij de arm houdend. Moerman zit neer.

BINDER Twee strepen heeft hij op zijn arm als een sergeant. Een dubbele rij van het sterkste garen.

Moerman vermijdt Lise aan te kijken.

BINDER Gelukkig dat mijn moeder mij breien en naaien heeft geleerd toen ik klein was. Ah, zij dacht, de jongen zal nooit bij de boeren kunnen helpen, geen soldaat kunnen worden of niets. Dan kent hij nog iets tenminste. En je ziet!

LISE Ik ga nu.

MOERMAN Wacht. Wij moeten nog verder spreken.

LISE Het is niet nodig. Wij hebben alles gezegd.

MOERMAN Lise.

LISE Blijf bij het vuur en loop vooral niet buiten. Het koudvuur zet gauw zijn tanden 's winters. En verander morgen het verband. Hoeck, mijn paard.

166

MOERMAN Ik rijd met je mee.

LISE Ik rij te vlug voor jou.

MOERMAN [*tot Hoeck aan de deur*] Blijf hier, Hoeck.

HOECK Zij is mijn meesteres.

MOERMAN Ik ben de baas hier. Je vergeet het!

HOECK Drie brigands werden neergeschoten bij Groenhout toen zij trachtten binnen te breken. Zij hangen aan het hek. De baron vraagt wat gij doen zult tegen dit onkruid.

MOERMAN Niets. Hij weet het.

HOECK Hij vraagt het nog eens.

MOERMAN Trek je ganzenhoofd wat in, mijn kleine kamerknecht. Denk niet dat de aderlating die ik mijzelf gegeven heb mijn krachten heeft geraakt. Als ik nu rust neem en voorbereid en nadenk is het om beter toe te slaan, waterhoofd. Zeg aan je meester, dat hij zelf komt. Misschien wil ik hem wel spreken. En meld hem dat zijn vrouw hier blijft. Misschien wekt dit wat vuur in zijn vermolmde botten.

LISE Ik blijf hier niet.

TILDA Waarom haar weerhouden? Het wordt laat. En ook, zij is een ander huis gewend.

PREEK Laat haar gaan, Moerman. En daag de baron niet uit. Nu niet. Met je wonde.

MOERMAN Ik houd het mes als nooit tevoren.

HOECK Maar te dicht bij het handvat en de punt is ongeslepen. Kijk! [*Als hij kijkt, schopt Hoeck op de gewonde arm. Het mes valt. Hoeck grijpt zijn pistool*]

MOERMAN Doe dat weg van mijn gezicht. Nader niet. Preek! Schavot!

HOECK Te veel hooi op de vork doet de hooier achterovervallen. Mijn wijsvinger jeukt. Ware het niet om haar, ik liet een van je ogen springen om wat je haar hebt aangedaan. [*Pauze*] De baron deed het mij vragen, Moerman, maar hij gaf zijn eigen antwoord. Het móét het jouwe zijn. Wanneer de hoofden der brigands door het woud komen op weg naar Groenhout, geef jij noch één van je mannen een kik. Zij komen besprekingen voeren. Hahaha. Veel zullen zij niet meer bespreken.

MOERMAN Preek.

PREEK Laat ze teruggaan.

167

SCHAVOT Hij heeft een pistool.

MOERMAN Ik sla je dood.

HOECK Nu zou het moeilijk kunnen.

LISE Haal mijn paard, Hoeck.

HOECK Graag zou ik de eindstroof van dit liedje zingen. Maar ik luister naar haar en naar haar medelijden. Overigens, je loopt niet ver meer. Na de eerste kwetsuur komen de volgende, als vliegen naar je puisten.

MOERMAN Lise.

LISE Spreek niet. Zeg niets.

PREEK Je bent ziek. Jezelf niet meer.

MOERMAN Iemand betovert mij! Tilda! Steek jij nagels in een wassen beeld! Of Preek, lees je een zwarte mis en eet je mij in hostie op? Knabbel je op mij? Binder, zing je liederen die mijn adem korten, die mijn longen doen verbranden? De bietenkar van Leuridan viel omver op de steenweg, vlak naast mij. Ik schoot naar een raaf en de kogel keerde naar zijn loop terug! Waarom?

TILDA Haar vraag je niets!

LISE Hij ijlt.

MOERMAN Neen!

LISE Vanmorgen, toen ik sliep, zag ik een ijsveld. Je stond er midden in, even wit, even glazig hard. Ik dacht, hij is van ijs.

BINDER En hij gaat gauw dooien, hihi!

SCHAVOT Hij is om zeep.

MOERMAN Wat een geratel aan mijn oren! Mijn wonde is genezen binnen twee dagen. Ik heb ze toch zelf aangebracht, vergeet dat niet. Met mijn eigen mes! In een verstrooid ogenblik! Ik ben niet ànders geworden. Niet zwakker! Schavot! Zullen wij worstelen? Hoeck heeft mij verrast op een ongelukkig ogenblik.

BINDER Zulke ogenblikken waren er niet, vroeger.

MOERMAN Zal ik vanavond in Houthulst burgemeester Schoonjans uit zijn bed halen en aan het nachthuis der gendarmerie binden? Wedden?

SCHAVOT Je wedde nooit vroeger.

HOECK Mevrouw.

MOERMAN Ga niet. Ik bid je. Kom morgen naar de Moedereik.

Je luistert niet. Wat heb ik je gedaan? Hoe kan ik je weerhouden?

LISE Je vraagt. Ik zie je staan. Moeilijk kan ik je herkennen, geloven dat wij ooit samen waren. Toen je neerlag in de hut, die
plots stonk naar je bloed, is het gebeurd. Je lag bewusteloos,
een ding in mijn schoot, je bloedde. En ik kende je niet. Wie
ben je? Een baardig kind dat naar zijn moeder riep. Ik kan dit
niet meer verdragen. Ik wil geen kind. Vaarwel. [*Af*]

MOERMAN Ik kom naar Groenhout. Zeg het Werveke. Zeg hem
dat wij samen de brigands zullen vangen. Hoor je mij? Hoeck,
verwittig de baron. Wij jagen de brigands op. Wij kooien ze!

TILDA Moerman, je weet niet wat je zegt.

MOERMAN Ga niet weg, nu niet.

TILDA Zij is mooi.

SCHAVOT Geen vrouw voor mij. Te wild en te koud terzelfder
tijd.

BINDER Met dat ijs! [*Zingt*]
  'Moerman beminde een vrouw van ijs
  Zij dooiden samen in het paradijs, paradijs!'

TILDA Zij verft haar haren, haar gezicht.

MOERMAN Mijn hoofd loopt leeg, een donkere vogel slaat zijn
vlerken uit, vlak boven mijn ogen. Dood, zegt hij, hij krast, de
vogel. Dood! [*Hij vlucht naar binnen*]

BINDER [*tot Tilda*] Het is moeilijk om je zo te kwetsen met je
linkerarm. Vier sneden zijn er. Men snijdt zichzelf geen vier
keer in de arm. En nooit zo recht van snee.

TILDA Hij moet genezen en vlug.

PREEK Het aars van een kat tegen zijn aars houden. Het ge-
neest de koorts en het leert deemoed.

SCHAVOT [*doet zijn touw af*] Neem mijn koord, Tilda en hang het
voorzichtig rond zijn hals. Het is een goed koord. Tegen de
wanhoop en tegen de ziektes van de liefde.

VIJFDE TAFEREEL

In de cel.
CIPIER Slaap je?
MOERMAN Ja.

CIPIER Het wordt klaarder.

MOERMAN Ik zie het.

CIPIER Je zal het niet dikwijls meer klaar zien worden.

MOERMAN Het is maar goed.

CIPIER Ik kan niet slapen. Al jaren niet. Te veel lawaai hier. Te veel mensen in deze hokken.

ZESDE TAFEREEL

Men ziet voor een gobelin Van Werveke staan. Lise zit in een hoge zetel en staart voor zich. Een secretaris schrijft.

BARON [*dicteert*] Aan de Commissaris van het Directoire Exécutif.

Citoyen, Commissaris. Volgens een laatste rapport waaraan gij geloof kunt hechten kan ik u mededelen, neen, bevestigen, dat de Brigands niet van hun plannen willen afzien. In het woud, genoemd het Brembos, bij het gehucht Molenberg, een uitgestrekt woud met moeilijk begaanbare wegen en dichtbegroeid, hebben zij zich thans teruggetrokken. Hun aantal mag op tweehonderd geschat worden. Zij wagen zich thans aan overvallen en moorden op klaarlichte dag. De openbare functionarissen behoren tot de eerste slachtoffers van deze georganiseerde bende. Het is dus van algemeen publiek belang, citoyen commissaris, dat onmiddellijk een remedie voor dit kwaad wordt gevonden. Bezorgd om het heil en de rust van de bevolking vraag ik u de generalen belast met de uitvoering der openbare macht, onverwijld op de hoogte te willen stellen.

Uit een bron die ik met klem kan waarborgen ben ik de schuilplaats van de brigandleider te weten gekomen. [*Tot Hoeck, die binnengekomen is*] Ah, Hoeck, gij gaat vanavond nog naar Brugge en treft er Generaal Mortier in 't Kantonnement. Gij zegt hem het volgende: Baron Van Werveke acht het ogenblik gekomen voor de actie waarvan sprake. De brigands worden op tweehonderd geschat. Troepen werden aangevraagd bij het Directoire Exécutif en de verschillende gendarmeries. En zeg hem, dat Moerman werd verlaten door zijn makkers. Dat zal hem amuseren. Reik mij de spiegel. Mijn oogwit is vuil. Moet

170

weer bloedzuigers zetten. [*Geweldig*] Ik zal hem kraken als een wandluis. Zo, tussen twee nagels! [*Tot Lise*] Je bent moe, mijn liefste. Of is het het schijnsel van de lamp. [*Kijkt in de spiegel*] Inderdaad. Bij mij ook. Er zijn wallen onder mijn ogen.—Ik word ouder. [*Staart Lise aan*]

LISE Wat zie je nog meer?

BARON Ik zoek naar de sporen, mijn liefste, die de nacht liet in je aangezicht en ik vind een floers over je blik, nieuwe lijnen langs je mond als na een lange wake, of na verdriet. Ja, dat is het: verdriet. Waarom? Ik weet het niet. Hoe zou ik het kunnen weten? Denk je aan Moerman? Die gendarmen, generaal Mortier en het Franse leger moet weerstaan? Hij gaat eraan. Ik doe mijn plicht.

ZEVENDE TAFEREEL

In de hut. Er staat een bedelaar, Rode Piet, hij hijgt.

RODE PIET En Hoeck is meteen weggereden. Op de gevlekte volbloed. En Ritten de stalknecht heeft mij meteen hierheen gezonden. Ik heb gelopen.

SCHAVOT Verdomme, verdomme.

TILDA [*reikt hem brandewijn aan*] Hier, Rode Piet.

RODE PIET Dat is alles.

MOERMAN Dat is alles.

BINDER Ik heb jullie verwittigd van het begin af aan! Vanaf de dag dat de baron hierheen kwam met zijn wolfijzers!

TILDA Zij heeft haar man opgehitst tegen Moerman! Zij heeft Moerman gehad, nu wil ze hem kwijt.

PREEK Wij moeten weg. Als de bliksem.

MOERMAN En die van de Verloren Hoek?

RODE PIET Zij weten het al. Zij verspreiden zich. Verschot heeft de houthakkers naar Kortrijk gestuurd.

MOERMAN En de Blauwers zijn gaan lopen zoals gewoonlijk. Ik wist het.

RODE PIET Ik moet terug.

MOERMAN Goed, keer terug.

RODE PIET Wat ga je doen?

MOERMAN Hier blijven. In het woud blijven.

BINDER Ik luister niet meer naar die kerel! Hij heeft een slag van de molen. Hij raaskalt!

PREEK Wees redelijk, Moerman.

BINDER Denk je dat je hier ooit uitgeraakt? Het mes wacht ons allemaal! Onze kop gaat er af. Als het jou niet kan schelen, mij wel. Ik houd van mijn kop, al staat hij nog zo scheef!

MOERMAN Wij blijven allemaal in het woud.

RODE PIET Er is geen ontkomen aan, kapitein. De gendarmen van elk arrondissement. Zij hebben nieuwe geweren.

TILDA Wij moeten vlug zijn. De weg naar Kortrijk blijft niet lang meer open.

PREEK Daar zullen ze hun eerste versperring zetten. En op ons wachten.

MOERMAN Het Brembos is dicht. Elke boom verbergt een man. Zij zullen niet achter elke boom gaan zoeken.

BINDER En hun bloedhonden dan?

PREEK Ook de boeren zullen moeten vluchten als generaal Mortier komt. Mortier de brander noemt men hem.

BINDER Brigand of geen brigand, iedereen gaat eraan!

RODE PIET Van ons volk zijn er niet veel meer. Steeds minder. De mare gaat: er is iets met jou gebeurd.

MOERMAN Zie je iets aan mij?

RODE PIET [aarzelend] Neen.

MOERMAN Wat zie je dan? Zeg het!

RODE PIET Niets.

TILDA Er is niets.

BINDER Acht gendarmeries! Zij zullen het hele Brembos in brand steken!

MOERMAN De grond is te vochtig.

RODE PIET Ik moet gaan. Zij zouden argwaan krijgen op Groenhout.

MOERMAN Ga dan.

Rode Piet af.

MOERMAN Hij wil liever in de handen van de baron vallen. Ah, zij zullen het wel uit hem slaan waar wij zijn.

PREEK Indien de weg naar Kortrijk versperd is kunnen wij nog naar Oudenaarde.

TILDA Hoe is je arm?

MOERMAN Hard. Het bloed klontert. Ik zou wel kunnen rijden.

TILDA Dan is het goed.

MOERMAN Het is niet goed. Ik ga niet uit het bos. Ik ken generaal Mortier, hij weet van de oorlog alleen wat in gelederen gebeurt. Hij kent het moeras noch het bos. Hij zal uit het kamp van Varsenare komen, de gendarmen vanuit Tielt en Torhout. Ons blijft nog de hele uithoek naar Veurne over. Wij kunnen naar Vinkem rijden waar Baekelandt schuilt. Hij kan ons onderbrengen. Het is niet de eerste keer dat wij verhuizen, hè?

Niemand lacht.

Ik heb genoeg geaarzeld. Ik zie het duidelijk nu. Wij moeten hier blijven. Ons verstrooien over het woud.

TILDA Ik blijf bij je.

BINDER Komt dan! Ik ruik de gendarmen al.

PREEK Binnenkort, als je voorzichtig bent, ben je genezen, Moerman.

MOERMAN Wij houden ons op in Vinkem. En blijven er een tijdje.

BINDER Er zullen ons daar ook wel vette potten wachten.

PREEK Zij zullen ons naar Vinkem volgen. Tot ver over Veurne als het moet. Wij moeten Zuidwaarts.

MOERMAN Neen. De wouden houden op naar het Zuiden. Het vlakke veld verraadt mensen die vluchten. Er is geen koren. En ik vertrouw de Kortrijkzanen niet. Zij spreken vlug en lachen veel, het zijn handelaars.

SCHAVOT Wij kunnen misschien naar Engeland. Mijn neef heeft een vissersboot.

TILDA Ik durf niet op water. Ik moet vaste grond hebben onder mijn voet.

MOERMAN Wij verlaten het woud niet. Barbe, mijn grootmoeder, hield mijn hoofd tussen haar knieën toen ik zó hoog was. Verlaat het woud niet, zei zij. Je sterft niet, zei ze, niets kan je overkomen, zolang je in het woud blijft. En als er gevaar is, zei zij en haar zwartberookte handen klemden mij vast en duwden op mijn schouders als om het gevaar te laten voelen, als er gevaar is, zeg dan:
'Ever, uil en vos

173

Bescherm mij in het bos.
Kraai, en muis en eekhoorn rood
Verjaag algauw de kwade dood.'

PREEK Maar je bent naar de heide geweest in Antwerpen, en in Frankrijk!

MOERMAN Nooit tevoren klemden haar zwarte handen mij als nu. Ik heb mijn kracht verloren, ik moet nu des te slimmer zijn.

BINDER Moeten wij ons nu op kinderrijmen vertrouwen! Ik geloof je niet! Je verzint het rijm! Ik heb het nooit eerder gehoord en ik ken alle rijmen van deze streek!

Hoehoe-kreet buiten.

TILDA Crabbe! Het is Crabbe's roep.

CRABBE [*komt binnen. Hij is dodelijk vermoeid. Hij houdt zich vast aan de wand en kijkt hen onderzoekend aan*] Je bent er nog?

MOERMAN Kom hier. Hij is doodop. Hier. [*Geeft hem brood*]

CRABBE [*eet*] Ik heb niets dan wortelen gegeten. Ik durfde niet meer komen. [*Loopt op Moerman toe*] Jij hebt mij er toe gedwongen. Wat had ik je misdaan? [*Hij raakt de arm*] Zal hij genezen? Zeg mij.

MOERMAN Je zal het bekopen.

CRABBE Ik haatte je! Vergeef mij! [*Kust de arm*] Ik hoorde de Blauwers op de weg, zij zeiden dat je dood zou gaan.

MOERMAN Domme Crabbe.

CRABBE Het woud is leeg. De houthakkers zijn er ook niet meer. Iedereen vlucht. Alleen de brigands blijven over. Zij zullen vechten. Ik ben je komen helpen.

MOERMAN Je kan blijven. Ik kan je gebruiken.

BINDER Nu, ik niet. Op de vlucht is zelfs een man zijn schaduw al te veel.

CRABBE Vertrouw je mij nog?

MOERMAN Neen, maar je kan mij dienstig zijn.

CRABBE [*neemt de arm*] Mosterdpleisters en gekookte varens moet je er op doen.

MOERMAN Laat mij met rust.

Buiten het Oe-hoe-geroep.

MOERMAN Volgde jou iemand?

CRABBE Neen.

TILDA Misschien Rode Piet die terugkeert.

MOERMAN Neen, hij is het niet. [*Hij loopt naar de deur*]
Lise van Werveke komt binnen.

Ik verwachtte je niet meer.

LISE Ik kon je niet laten gaan, zonder je te zien.

MOERMAN Ik wist dat je zou komen.

LISE Er wordt iets verschrikkelijks voorbereid.

MOERMAN Ik weet het. Ik wacht er op.

LISE Je weet het niet. Alle gendarmeries zijn samengevoegd en
Mertens, de hoofdman van Tielt die alle wegen van het Brembos kent en al je volk, en die je vriend was, rijdt aan kop met
generaal Mortier en zal het spoor wijzen naar hier, recht naar
jou.

MOERMAN Ik maakte mij gereed.

LISE Ik wilde je nog zien.

MOERMAN Je bent mooi. Als nooit tevoren. Je geur slaat naar
mij over. [*Plots tot de bende*] Leeggangers, staat op, bereidt u
voor. Preek en Binder gaan naar de Sint Jansweiden en vinden
er Mestdagh en de herder. Zij moeten mee naar Vinkem. Tilda,
jij haalt de kogels en de pistolen van onder de houtmijt. Schavot, jij haalt bij Beverloo nog twee paarden, de bruine Engelse
en de schimmel. Betaal ze.

BINDER Hij is genezen.

CRABBE En ik?

MOERMAN Jij gaat naar de Verloren Hoek en luistert wat er
gebeurt. Hoeveel mannen ze opgeroepen hebben, en hoe gewapend.

TILDA Zij lokt Moerman naar de armen van het leger.

PREEK Kom mee, Binder.

Zij vertrekken traag. Als zij allen weg zijn, stilte.

LISE Waarheen vluchten jullie?

MOERMAN Wij trekken terug. Naar Vinkem. Bij Baekelandt.

LISE Het is niet ver genoeg.

MOERMAN Jawel.

LISE Ik heb gelogen. Ik hou van je. Ik ben ziek van je. Mijn
Moerman. Ik heb gelogen toen ik wegreed gisteren. Gelogen
toen ik zei dat ik je niet meer kende.

MOERMAN Je bent hier.

LISE In mijn kamer zag ik je en je trad door de gesloten deur.

Je zei: 'Wat heb ik je gedaan?' en ik zag je zoals een vrouw haar man ziet. Je hebt mij niets gedaan, alleen mij mooi gemaakt en blij. Je wonde is het die mij in de war heeft gebracht. Als iets grauws iets vies, een vleermuis op je lijf. Je stem beefde als die van een oude, zieke man die zijn laatste adem lost, ik kon het niet verdragen, ik vluchtte. Nu weet ik het, mijn liefste, je bent een man, een man. Geen schim die in de kamers der boeren opduikt, geen weerwolf voor kinderen. En die man is mijn liefde. Kus mij nog. Ik mag je nog niet loslaten. Je bent er nog.

MOERMAN Ja.

LISE Nu nog.

Men ziet Tilda in de schaduw van de hut. Zij kijkt.

MOERMAN Wij blijven samen.

LISE Neen. Mijn lieve Moerman, hoe warm ben je.

MOERMAN Je kan niet meer terug. je hebt het zelf gezegd.

LISE Je zal recht in hun armen lopen, die gespreid zijn en snijden als scharen. Dit lijf wordt doorboord. Je moet dood!

MOERMAN Zeg dit woord niet.

LISE Ik ben van melk, ik kan het niet weerhouden.

MOERMAN Dat woord is al te wild en al te dikwijls gezegd. Sedert de laatste weken wordt het alleen naar mij gericht. Niet zoals eerder naar de priesters of naar de boeren met hun goud, maar naar mij. Alsof ik Dood zou heten. Moerman heeft een nieuwe naam. Dood heet hij. Ook voor jou, ik hoor het, het hangt in je stem. Je moet met mij mee! Naar Vinkem, het ligt nog in het woud. Daar wacht ons een huis, een vuur, wij zullen er wonen.

LISE Het is niet ver genoeg. Ook Frankrijk is niet ver genoeg. Hij zal vooraan rijden en snuffelen als de bloedhonden naar de lucht die je meedraagt. Hij zal niet eerder rusten voor je neerligt met de honden rond je en boven je, nu hij weet dat wij samen waren. En de honden zullen rond je staan, je zal neer liggen en doorschoten zijn. Ik weet het, ik lieg niet meer. Kijk niet naar mij.

MOERMAN Huil niet.

LISE Ik wil niet bij je zijn als de omsingeling gebeurt. Ik wil het niet zien!

MOERMAN Zij krijgen mij nooit!

LISE Jawel. Je weet het zelf. Het breekt uit, koortszweet, hier. [*Raakt zijn voorhoofd, zijn slapen*]

MOERMAN Ik zweet niet! Ik heb geen koorts! Het woud zal mij niet overleveren.

LISE Je bent bang.

MOERMAN Ja.

Stilte.

LISE Ik ook. Al weet ik dat ik terugkeer naar mijn kooi, naar het koud huis waarvan de deuren slaan en waarrond de ketting-honden huilen. Al weet ik dat ik er zal zitten bij het vuur dat brandt en niet verwarmt. Ik ben bang.

MOERMAN Mijn angst sliep. En jij hebt haar weer gewekt, uit mij geperst met je scherpe vingers.

LISE Heb ik dat gedaan? Ik wilde het niet.

Stilte.

MOERMAN Wil je oud worden bij het vuur dat brandt en niet verwarmt?

LISE Ik ben te klein, ik wil je dood niet aanzien, ik wil je nog wat bij mij bewaren zoals je bent, zoals je vertrekt. Je meedragen naar mijn kamer.

MOERMAN Je kent mijn streken nog niet. Ik kan mij verschui-len, weer opduiken, een bedelaar, onherkenbaar, met de chole-ra op het gezicht, een Frans soldaat, een handelaar...

LISE Je kan het niet meer. Wat was dat?

MOERMAN Een wezel. [*Stilte*] Ik kan niets meer. Ik ben niets meer. Groenhout wacht op je. Laat de schooier maar lopen, die je ontmand hebt en verblind, hij loopt recht naar de messen die naar zijn strot gepunt zijn.

Men ziet Moerman in de cel heel even, hij roept: Neen!
Neen.

Moerman springt naar Lise van Werveke en steekt haar met zijn mes. Zij valt.

LISE Ah, Moerman. Het doet pijn. [*Hij stoot haar weer*] Waarom? Waarom?

MOERMAN [*uitzinnig, stoot verder, onhandig met zijn linkerhand, staart dan*] Kijk niet naar mij. [*Hij draait haar hoofd om*] Je bent dood, hoor je. Dood als een konijn. Een wezel, zei je? Hahaha!

177

Lise. [*Hij wist zijn handen af aan zijn kleren*] Heb je nog pijn?
Antwoord mij. [*Staat klaar om nog te steken, maar zij verroert niet*]
TILDA [*treedt binnen, starend*] Het is goed. [*Zij houdt zijn gewonde
arm vast*]

ACHTSTE TAFEREEL

*In de hut. Het donkert. Moerman zit onbeweeglijk. Binder doet alsof
hij bezig is, beloert hem.*

MOERMAN Een egelstelling hadden wij kunnen opbouwen.
Het was niet moeilijk geweest. Een cirkel met punten naar alle
kanten. Veel gendarmen zouden zich aan de punten bezeerd
hebben. De Blauwers links en de houtkappers langs het oosten
en wij in het hart.

BINDER De Blauwers zijn weggelopen.—De kaarsen zijn uitge-
gaan hiernaast.

MOERMAN Steek nieuwe aan.

Binder gaat ernaast, komt terug.

BINDER Haar ogen zijn niet helemaal dicht. Alsof zij nog kijkt.

MOERMAN Heb je haar aangeraakt?

BINDER Neen.

Stilte.

MOERMAN Ga buiten. Neen, blijf maar hier. Rakel het vuur op.
—Het hout is nat.

BINDER Toch ben ik de eerste niet geweest die aan het hollen
sloeg terwijl het nog kon. Ik ben verwonderd over mijn zenuwen. De touwtjes die mij samenhouden. Zij houden zich
goed, de touwtjes, zij luisteren naar Binder. [*Stilte*] Dat Crabbe
in je arm gesneden heeft, wist ik meteen. Hij is de schuld van
alles en je laat hem begaan als vroeger. Waar wacht je op? Dat
hij je keel oversnijdt in een van zijn zotte toeren, de schaatsen-
danser?

Tilda komt binnen met Preek.

TILDA Crabbe's hand wondde hem, ja, maar zij was het die het
ongeluk bracht met haar geverfd Onzelievevrouwegezicht.

PREEK [*aarzelend*] Moerman...

BINDER Er ligt iets op zijn lever, hij slaat groen uit, onze pater.

PREEK De brigands blijven in het woud, zij hebben een raadsman nodig vóór het geweld dat komt. Wat moet ik doen, Moerman? Antwoord. Ik ga er heen. De slechte priesters zijn er even nodig als de goede op dit ogenblik.

MOERMAN Het is natuurlijk dat je gaat.

TILDA Maar niet dat ik met hem meega!

MOERMAN Jij? Jawel.

TILDA Als het eerder was geweest, ik was hier bij het vuur genageld gebleven bij de man die nog Moerman heette en ons hoofd was. Ons hoofd! Wij waren je ledematen, zei je, herinner je je nog?—Nu is dat hoofd dol geworden, en dan log en suf, een waterhoofd!

PREEK De zonde is te groot.

TILDA Mijn hart brak toen hij mij verliet, de man die Moerman was.

PREEK De zonde roept om de wraak als een welp om zijn moer.

MOERMAN Het is natuurlijk dat je gaat, Tilda. Ik begin al naar de dood te stinken.

BINDER En een vrouwenneus is fijn.

TILDA Vrouwenvlees is laf. Het verdraagt de scherpste pijnen in de buik, maar het verraadt de man bij de eerste hapering, de eerste aarzeling. Ik kan niet bij je blijven.

MOERMAN Je zei: Het is goed. Ik heb het gehoord.

TILDA Goed voor jou. Niet meer voor mij.
Stilte.

PREEK Ik heb met de moord op de barones niets te maken.

TILDA Ik wel. Ik ben er blij om.

PREEK Je weet niet wat je zegt. Neem het ongeluk niet mee, Tilda. [*Stilte*] Er moest een einde komen aan het geweld in het woud. En nu is het einde, de laatste slachting, in zicht en ik, ik vlucht ervoor. Ik ben te oud, te gehecht aan mijn oud leven om verantwoordelijk te zijn. Voor iets dat ik niet gedaan heb! Ah, ik wenste de ondergang, de brand, het kerven in het ontuchtig kwaad, maar deze beestachtige aanslag doet mijn ogen openspringen Moerman. Zelfs al was er geen kans op leven bij de brigands ik zou van je weggaan. Ik ben geen moordenaar! Ik heb je geholpen als de anderen, dat zal ik bekennen als ze mij vangen. Maar jij alleen onder ons bent de moordenaar. Want je wilde onze schuld toch op jouw schouders dragen.

179

Wel, draag haar dan!

BINDER Preek, voor een winterhaas die vlucht, heeft mooie woorden over. Straks raadt hij je nog een beevaart aan.

MOERMAN Het is zijn stiel.

TILDA Ik ga, Moerman, en laat je bij je vrouw. Bij het lief waarvan je luidop droomde. Zij is je vrouw nu. [*Een bitter lachje*]

PREEK Vergeef mij, Pieter.

TILDA Ik zal je niet meer zien.

MOERMAN Neen.

TILDA O, Moerman! Ik blijf leeg van binnen; alsof je mij leeggeblazen hebt van binnen. Doet je arm nog pijn?

MOERMAN Hij brandt.

TILDA Hield je van mij? Een beetje? Vroeger, voor zij kwam.

MOERMAN Wat eerder was wil ik vergeten.

TILDA Misschien helpt het je.

MOERMAN Niemand kan mij helpen.

TILDA Ik ga.

PREEK [*doet met zijn duim een kruisteken op Moermans voorhoofd*] God zegene je.

BINDER Loop snel, oude zak, tot je geen adem meer hebt.

MOERMAN [*tot Preek*] Ga je naar de brigands?

PREEK Neen. Naar Staden bij mijn broer.

MOERMAN Ik wist het.

Preek en Tilda af. Stilte.

BINDER Dat Schavot niet meer te vinden is, zo plots, het is zijn doen niet. Hij zal geen woorden gevonden hebben. Nu, het zal hem geen geluk brengen, want hij heeft zijn gehangene-koord vergeten.

MOERMAN [*raakt het koord rond zijn hals*] Neen, achtergelaten.

BINDER Ah. [*Stilte*] Zal ik naar onze klemmen gaan kijken? Misschien vind ik nog een haas.

MOERMAN Ja... Binder, ga weg met de haas. Je bent vlug en klein, je glijdt door alle hagen. Kom niet terug.

BINDER Mijn mond verwatert al. Ik kom hem hier klaarmaken, met laurier en bier.

MOERMAN Koppige Binder.

BINDER Hou je arm dicht bij de warmte. [*Onderzoekt*] Het vlees is blauw en gezwollen.

MOERMAN Het is het koudvuur.

Buiten Oehoe-geroep.

BINDER Crabbe roept.

CRABBE [*buiten*] Zij zijn al bij de houtkappers en steken de huizen in brand.

Moerman staat op en gaat naar de kamer ernaast.

CRABBE De rook hangt boven de Verloren Hoek. Zij steken alles in brand. Iedereen wordt aangehouden of vermoord. Waar is hij?

BINDER Hiernaast.

Crabbe wil binnen, maar Binder houdt hem tegen.

CRABBE Wat wil hij nog van haar?

BINDER Crabbe...

CRABBE Ja?...

BINDER Je bent te jong om moedig te zijn. Alle jongens zijn moedig, het betekent niets. Hij... zou het begrijpen, als...

CRABBE Ik blijf bij hem.

BINDER [*plots*] Crabbe! Wat doen wij hier?

NEGENDE TAFEREEL

In de cel.

MOERMAN [*schrikt*] Wat was dat? Een glas, dat stukslaat tegen stenen? Modder in mijn hoofd. De modder droogt op. De achttiende dag. Bijna de negentiende. De rechters van Brugge hebben geen haast. Hé daar!

CIPIER Ik ben wakker.

MOERMAN Heb je niets gehoord?

CIPIER Neen. Dacht je aan de timmerman? Aan de staketsels van het schavot? Bedaar. Je kan het van hier niet horen. Heb je honger? Ik heb nog wat over in mijn bak. Vis. Het was vrijdag gisteren. Je gelooft toch in de christenwet? Alhoewel men vlees mag eten 's vrijdags, wist je dat? Het vlees van een vogel, de duiker. Omdat hij zich met vissen voedt, en hij, gelijk de vis, niet heet, maar koudbloedig is.

MOERMAN Het wordt steeds lichter.

CIPIER Wat ik niet begrijp is, dat je met je geld de rode heren van Brugge niet hebt omgekocht. Als je geld genoeg biedt zijn zij er niet tegen bestand. En je had genoeg. Men graaft al veertien dagen met soldaten en al bij de Moedereik. De Fransen vergeten de administratie en stoten hun spaden in de modder. Maar totnogtoe hebben ze alleen maar wormen en kikkers gevonden. Waar is het geld? En je hebt nooit contributie betaald aan de Republiek! Haha! Ook iets dat Rechter Gallant nog wel te weten zal komen. Ah, hij is een doordrijver, Gallant, en wel ter sprake. Rechtvaardig, daar niet van, maar goudvinken lust hij wel. Hij zal je kraken. Neen, Gallant, hij is rechtvaardig, daar niet van, maar bloeddorstig als een tijger en slim als een kapelaan, als een die studies heeft gedaan. [*Neemt rechtersstem aan*] Beklaagde, ga zitten. Hoe is uw naam?

MOERMAN Pieter-Anthonie Moerman.

CIPIER Geboren waar en wanneer?

MOERMAN Te Geluwe in zeventienhonderd zestig.

CIPIER Moerman, gij zijt beschuldigd van doodslag, diefstal, weerstand en desertie. In naam van...

MOERMAN Ik ben schuldig.

CIPIER Laat mij verder spreken.

MOERMAN Ik heb gedood de citoyenne Van Werveke, Elise, door zes steken van mijn lierenaar, in het Brembos aan de oostzijde, en haar aldaar begraven.

TIENDE TAFEREEL

In de hut. De nacht. Af en toe schoten.

BINDER Moerman! Zij moeten aan de Sint Lievenshoek zijn nu.

MOERMAN [*komt in de deuropening*] Toen ik haar opnam ontblootte zij haar tanden. Haar vel was hard als leder.

BINDER Crabbe komt niet terug. Hij is al meer dan een uur weg dit keer.

MOERMAN Hun zolen zullen over haar niet treden, ik heb stenen over haar gelegd in de vorm van een kruis. Zonder kist vergaat zij eerder. Verstrooit vlugger.

Een houtkapper loopt langs.

BINDER [*roept*] Willems!

WILLEMS Moerman! Ben je hier nog? Je hebt de vallende ziekte zegt men! Is het besmettelijk?

BINDER Hoever zijn ze nog?

WILLEMS Zij hebben Vlaminck gevat en met de karwats ge-slagen tot geen stukje vel meer wit was. Toen aan een paard gebonden. Twintig wijven rijden mee en zwaaien met sabels in de struiken. Als je kop in de struiken zit valt hij er af.

BINDER De jouwe zit nog vast.

WILLEMS Moerman, Mortier de Brander rijdt aan kop, snel als de weerlicht en Crabbe...

MOERMAN Heb je Crabbe gezien? Waar? Spreek toch, man, vlug.

WILLEMS Crabbe wilde niet mee. 'Loop maar door, Willems,' zei hij en hij zat in een es tussen twee wankele takken. De eerste patrouilles reden onder hem door.

MOERMAN Het kalf!

WILLEMS De brigands schieten terug, maar zij hebben geen ammunitie genoeg. En waarheen ik loop, ik weet het niet meer.

BINDER In ieder geval ver van ons. Hier, te drinken.

WILLEMS Is hij er met zijn mond aan geweest?

BINDER Ja, ik ook.

WILLEMS Hou je sterk, Moerman. Steek je goed weg. Wrijf je in met kamfer, het houdt de honden op afstand. Dag, Binder. [*Af*]

BINDER Wat heeft Crabbe weer in 't schild?

MOERMAN Hij denkt de Fransen te kunnen afleiden, door een spoor te maken, het melkkalf! Kom hier. Bind mijn arm vast. Hierboven.

BINDER Met het koord van de gehangene?

MOERMAN Waar kan het anders nog voor dienen?

BINDER Superstitie, ketterij, wanhoop en haat van God, zou Preek zeggen. Zou hij al ver zijn? Doet het pijn?

MOERMAN Ik voel mijn vingers niet meer. Ik kan ze niet meer bewegen. En mijn schouder... Dit geruis? Mijn oren zitten vol water.

BINDER Het is het leger.

Stilte. Zij luisteren naar het geroezemoes.

MOERMAN Het woud is naakt. De stammen zijn dun en ver-spreid, als sulferstokken. Zij hebben het goed seizoen gekozen voor de jacht.

183

BINDER [*springt op*] Daar! Hij heeft ons gezien, een blauwe leger-jas had hij aan, een jongeman met een snor! [*Hij vliegt naar buiten en schiet tweemaal*]

MOERMAN Houd op. Je lokt ze hierheen.

BINDER Hij was niet alleen. Zij zijn weggereden. Zij hadden vellen mutsen en vellen kragen op hun jassen. Vreemdelingen.

MOERMAN De honden zullen de versgegraven aarde vinden.

BINDER Zij zullen te zeer bezig zijn met ons.

Stilte. Dan hoort men een stem die klaagt buiten.

BINDER Hoor!

STEM [*buiten*] Binder.

BINDER De vreemdelingen hebben vrouwenlisten. [*Hij sluit de deur*] Ik ga niet buiten.

STEM [*zeer zwak*] Binder, Binder.

MOERMAN Het is Crabbe, ik weet het zeker.

BINDER Misschien houden zij hem vast en openen zij het vuur zodra ik in het maanlicht kom.

MOERMAN Misschien is het Willems.

Binder af.

MOERMAN Mortier zal ons uitroken en de scherpschutters op-stellen. Hoe koud is de wereld buiten. Het bos staat wagen-wijd open. [*Hij kijkt even buiten*]

Binder sleept moeizaam Crabbe binnen, die dodelijk gewond is.

CRABBE Genoeg, ik ben ver genoeg.

BINDER Zij hebben naar de romp gemikt. Een kogel in de maag en een in de darmen.

CRABBE Raak mij niet aan.—Ik heb dorst.

BINDER Hij mag niet drinken.

MOERMAN Geef hem.

CRABBE In lichtelaaie. Zij waren snel. Niet sneller dan ik, maar zij doken overal tegelijk op. Zij spreken frans. Er is nog een uitweg, langs de houtmijt.

MOERMAN Geef hem meer.

CRABBE Neen. Ik wil bij je zijn, tot op het laatst. In de klaarte. Je kan mij nu niet wegjagen. Zij zijn heel dichtbij. Leg je hand op mijn voorhoofd. Je hand is koud.

MOERMAN Help mij, Binder.

CRABBE Verroer mij niet. Anders verschuift het lood. Mijn bloed

loopt leeg. Een zwarte rivier, Moerman, loopt door het dak. Of
is er geen maan meer? De beesten van de nacht.

MOERMAN Crabbe.

CRABBE Laat de kogels er in. Zodra zij er uit komen ben ik
dood. Ik denk na. Ik ben blij. De dagen toen je mij niet verjoeg.
Ik zie je nog. En ik maak geen gerucht, ik ben de krabbe, zij
gaat achteruit. Moerman. Ik kan het... niet meer aan. Houd
mij. Houd mij vast. Oehoe. [*Sterft*]

MOERMAN Langs de houtmijt, Binder.

BINDER Ik durf niet meer.

MOERMAN Weg, krommepoot! [*Wild*] Ik heb het hem genoeg
gezegd, tien keer, honderd keer, Crabbe, blijf van mijn lijf, uit
mijn weg! En hij luisterde niet. Wie mij nadert, nadert de
vleugels van de dood. Eén voor Eén. Allemaal! Ik leef alleen in
bloed en slijm en modder. Kijk, Binder, net een slapend kind.
Loop weg. Snel, mijn sluwe Binder.

Binder af.

Stil ben je, mijn Crabbe. De struiken zijn nu stil daarbuiten.
Waar moet ik naartoe? Waar? Binder, kom terug! [*Reciteert*]
'Ever, uil en vos, bescherm... Kraai en eekhoorn rood...'
Toortsen daar! Zij naderen te dicht. Ben ik het die zij zoeken?
Ik ben het niet! Een ander die gevlucht is lang geleden zoeken
zij, een die zijn naam heeft gewrongen in mijn strot.
Ik ben Moerman niet meer. Hij zit verscholen in het woud bij
de brigands. Hij is laf en handig, hij loopt snel. [*Hij gaat naar
de deur met een witte doek*] Schiet niet, wacht! Ik geef mij over,
hier! Ik ben Moerman niet!

ELFDE TAFEREEL

*In de cel. Moerman in een hoek gehurkt, springt op en roept in dezelfde
intonatie.*

MOERMAN Ik ben Moerman niet.

CIPIER Neen? Wie ben je dan?

MOERMAN [*ingekeerd*] Niemand meer. Een lijk dat ontbindt.
Het tandvlees rot, de tanden vallen, er blijft geen stem meer
over.

CIPIER En Moerman dan?

185

MOERMAN Hij is de schuldige. De boeren zijn de schuldigen, die uithongeren en een aardappel verkopen voor een gulden. De administratie is schuldig die zich volvreet en de hielen likt, zijn eigen hielen likt. En de armen zijn schuldig, die schooien en deernis oproepen en van hun deernis geen wapen maken en de brigands zijn schuldig die vechten met een vlag die flapt in hun hersenen en hen blindslaat.

CIPIER Mooie uitvluchten. In ieder geval is het Moerman die op het staketsel zal staan met zijn haar geknipt en zijn billen samengeknepen.

MOERMAN [*wendt zich af*] Ik had een hond. Toen had ik een vrouw. Toen twee vrouwen, en één ervan werd een hond die vluchtte. De andere, haar dood werd mijn dood.

Wortels groeien ergens. Plots van uit een onvermoed, onbekend zaad.

Waar strooide zij haar graan dat opsprong tot een wolvenijzer? Wanneer?

Zij geloofde in mij en de hengst van kwaad die ik was werd mak, een hond.

Op een dag geloofde zij niet meer in mij—en de hond beet toe. Het mes dat valt binnenkort, hier tussen hoofd en nek, het valt terecht.

En het donker gewelf, de bal van zwarte mist waarin de ziel dan treedt, ik ken de gevaren er niet van, al ducht ik ze, maar ik wil niets anders meer. De stilte misschien wacht daar. Waarin geen woord gewicht of kleur of licht meer heeft. Waarin je niet meer beweegt.

Doek

(1956)

Suiker

Personen

KILO

MAX

OUDSTE MINNE

JONGSTE MINNE

JAGER

MALOU

BOBIK

TWEE POLEN

Eén van de barakken bij de suikerfabriek te Verrières in Noord-Frank-
rijk, waarin de buitenlandse arbeiders ondergebracht zijn. Dit is de
kamer der Vlamingen, die uitgeeft op een gang links. Er staan een
tiental bedden waarvan er vier op elkaar gestapeld zijn. Eén der bedden
dient als kleerkast. Uiterst rechts staan de bedden van de twee Minnes.
Daarnaast staat het bed van Max, daarnaast dat van Kilo. Uiterst
links dan, iets apart, staat het bed van Jager. Naast een kolenkacheltje.
In de fond staan er drie kasten van het withouten legermodel. Een daar-
van wordt door de twee Minnes gebruikt, een andere door Kilo en Max,
en Jager heeft de derde kast voor eigen gebruik. Verder een waterbak
en een vogelpik aan de muur. Het is zeven uur 's avonds. De twee
Minnes zitten op hun bed, twee identieke, oeroude, kale mannen. Een
tweeling. Men noemt de Oudste zo, omdat hij een kwartier eerder werd
geboren. Hij heeft zijn werkpak aan, een blauwe overall met gummi-
laarzen. De Jongste zit in lange onderbroek en grijs wollen onderhemd.
Jager, een vijftigjarige man die zich zeer afzijdig houdt, poetst zijn
schoenen terwijl hij fluit.

JONGSTE MINNE Minne.

OUDSTE MINNE [*knort*]

JONGSTE MINNE Vraag het hem nog eens.

OUDSTE MINNE Hij wil niet. Hij is moe. [*Kijkt naar Jager*] Maar
niet te moe is hij om zijn schoenen te poetsen. Waarom hij zijn
schoenen poetsen moet? Ah, vraag het mij niet. Vraag het
hem. [*Pauze*] Zodra hij daar in het moeras aankomt morgen-
ochtend, zijn zijn schoenen toch weer doornat en geel van de
modder. En hij mag herbeginnen met poetsen.

JAGER [*zonder op te kijken*] Het houdt het leer soepel, dan gaat het
langer mee.

OUDSTE MINNE En geen laarzen willen aandoen zoals wij allemaal, hè, neen hoor, daar is Jager te goed voor.

JAGER Ik krijg er hete voeten van.

OUDSTE MINNE Hij doet het om zich bezig te houden. Dat is
het. En ik kan hem geen ongelijk geven. Want rust roest.
Maar als *wij* ons willen bezighouden en samen een partijtje
klaverjassen, dan kan het niet zijn.

JONGSTE MINNE Toe Jager.

JAGER Voor hoeveel?

OUDSTE MINNE Een frank het punt.

Jager haalt schouders op.

Voor hoeveel zouden wij moeten spelen misschien? Voor vij frank het punt misschien? Groeit het geld ons op de rug misschien? [*Pauze*] Ik zeg het, wij gaan met geen duizend frank terug naar Evergem en wij hebben het hele godse seizoen gebeuld als paarden in de mijn. Mijn rug is van rubber, geplooid en gewrongen en gekraakt! Ah, dit seizoen zal ik onthouden, mijne heren! Eerst de mooie janklaassens die een staking begonnen de eerste week al, wij hadden met moeite een suikerbiet in de karren gegooid of daar staken zij al hun armen in de lucht. Stop! riepen zij, wij verdienen niet genoeg...

JAGER Dat is de goeie volgorde niet, Minne. Eerst komen de Franse janklaassens die ons in Vlaanderen tweeëntwintig frank beloofd hadden en eten voor niets, en die, toen wij hier aankwamen, er ons maar éénentwintig gaven en ons het eten lieten betalen. Dáármee moet je beginnen!

OUDSTE MINNE En hoeveel heb je nu per uur? Ah! En moet je nu je eten niet betalen? Ah! En ik mag werken voor zeven man, sedert zij naar huis gevlucht zijn met zijn allen, de mooie troep, en ons hier achterlaten aan éénentwintig frank per uur. Wij waren met vijfendertig en wij zijn met vijven. Reken maar uit. Ik werk voor zeven man, mijnheer Jager. En dan reken ik die [*met knikje naar Jongste Minne*] er nog bij.

JAGER Je *moest* niet blijven.

OUDSTE MINNE Neen. Maar wat moesten wij thuis doen?

JONGSTE MINNE Wat moesten wij thuis doen, ja, zeg het?

OUDSTE MINNE [*tegen Jongste Minne*] Wij waren er in ieder geval beter dan hier. Met die koolsoep elke middag, ik krijg er buikloop van, de hele winter straks. Trek maar geen bek, Minne. Je hebt ook buikloop.

JONGSTE MINNE Ik heb het altijd. Vanaf mijn vijftigste al.

OUDSTE MINNE Bij mij komt het van die koolsoep. Het verzwakt de mens.

Pauze.

JONGSTE MINNE Nog negen dagen.

OUDSTE MINNE Doe wat kolen op.

Jongste Minne doet het.

En de dweil tegen de deur.

Jongste Minne doet de dweil tegen de deur.

En dan met die Polen in één ploeg, het is mij nog nooit over-komen en ik doe al veertig jaar het seizoen! Zij stinken, zeg ik je, en geen woord komt uit die gasten of het is bedrog en ge-lach en onverstaanbare zever. Ah, wij die anders samenwerk-ten, onder elkaar, Vlamingen onderen. Met de lange Zwarten. En Oster. En met Pier de Stier, die de smerigste verhalen kan vertellen zonder dat hij een spier vertrekt in zijn kop. Ah, wat konden wij lachen. Nu is het afgelopen met de suiker, zeg ik. Het leven in de suiker bestaat niet meer. Ik kom hier niet meer weer.

JAGER Dat zeg je elk jaar.

OUDSTE MINNE Dit keer is het raak. Die Polen wil ik niet meer zien. Want wat zeggen zij, Jager, weet jij het, als zij vlak in je gezicht staan te smoezen? Zij spelen met je voeten en je weet niet eens waarom of hoe of wat!

JAGER Maar als wij samen bezig zijn in het Vlaams weten zij het toch ook niet!

OUDSTE MINNE Dat is hetzelfde niet! Wij komen al jaren elk jaar naar de suiker. Wij horen hier thuis, wij zijn hier baas. Zij niet. De Duitsers hebben hen hier achtergelaten, als het vuil in een vuilbak.

Pauze.

JONGSTE MINNE Geef mij wat, Minne.

OUDSTE MINNE Nu al weer?

Jongste knikt. Oudste Minne opent met de sleutel het kastje, geeft hem zijn fles. Jongste Minne schudt het flesje heftig en drinkt. Oudste Minne wacht, steekt zijn hand uit naar het flesje, maar Jongste Minne schudt het hoofd terwijl hij zijn mond spoelt. Oudste Minne gaat weer zitten. Kijkt naar Jongste Minne.

Je hebt al meer dan de helft op. Nog twee uur en dan gaan wij slapen. Zorg maar dat je toekomt. Ik kan alles eten, zelfs kool gedurende een week. Er is niets, dat ik niet eet. Kijk, er zijn mensen die niet tegen kool kunnen, of tegen darmen of var-kenspoten omdat het te vet is, wel ik niet, ik eet en drink alles—ik moet wel—maar dit, Minne, wat jij daar voor jezelf

191

brouwt, neen, voor geen honderd frank krijg je dat door mijn keelgat.

JONGSTE MINNE Ik drink het al heel lang, het is een goed recept. Ik heb het van Fernand den Dooven gekregen, God hebbe zijn ziel.

OUDSTE MINNE En een geluk dat ik er voor zorg, dat je niet meer dan je fles per dag drinkt, en een geluk dat ik beloofd heb aan ons moeder om op je te letten of, Jager is getuige, je ligt binnen het jaar met je poten in de lucht.

JONGSTE MINNE Dat zou ik nog moeten zien.

OUDSTE MINNE Zijn wij niet gemakkelijk, Jager en ik, met ons drankje. Puur alcool, de puurste, geen vuiltje aan, wat suiker, wat water en hoplà. [*Maakt het gebaar van drinken. Pauze. Hij kijkt met verwondering naar zijn broer*] Dat je er koffie in doet, dat zou nog kunnen, maar je overdrijft, Minne! Koffiedik, laurier, kruidnagel en stukjes biet! En dan warm water! Het is niet normaal, Minne. Soms, Minne, weet ik echt niet of jij wel ècht mijn broer bent, als ik je daar zo aan je fles zie lurken.

JONGSTE MINNE Het is een goed recept.

OUDSTE MINNE En, Jager, je zou zeggen: hij drinkt er niet zoveel van, het komt goedkoper uit. Neen, mijnheer, Minne drinkt er zijn liter van net zoals wij van onze jenever. [*Hij neemt de fles af van zijn broer, kijkt hoeveel er nog is en bergt de fles in het kastje. Pauze*] Mijn rug is van rubber. Nu al drie dagen doen wij de dagploeg, vergeet het niet. [*Tot Jager*] Daar heb jij geen last van. Kilo en Max ook niet. Die hebben de goeie baantjes als altijd. Ik wou dat ik ook Frans kon, zoals die Max. En God weet dat ik het had kunnen leren in al die jaren. Ik zou ook in de kookkamer kunnen gestaan hebben, wees daar zeker van. Een beetje aan de hete kant, dat wel en veel griep in de winter, maar wat een lui, zacht leventje. Maar zelfs in de kookkamer wil onze vriend Max niet eens, dat is nog te lastig. Neen, hij werkt in het sproeihok. Waar je niets doet de hele nacht lang, dan slapen, een sigaretje rollen, babbelen met Kilo, en als hij wil er vrouwvolk naar boven halen.

JAGER Maar dat doet Max niet.

OUDSTE MINNE Neen. Dat heeft hij niet nodig, hij heeft zijn vrouwvolk in het dorp.

JAGER En toch zou ik met Max niet willen ruilen.

Jongste Minne begint zijn nachthemd aan te doen.

OUDSTE MINNE Omdat het niet kan! Hi! hi! hi. Hij zou ook
met jou niet willen ruilen, daar verwed ik mijn kop voor. Zelfs
ik zou niet met jou willen ruilen, Jager. De hele godse dag
daar, zoals jij, daar in dat moeras zonder een mens kilometers
in het rond, naar die buizen die vuil water spuwen staan loeren. Nooit een woord met iemand, nooit een lachertje, alleen
maar naar die plas viezigheid met padden en kraaien en modder die uit de buizen gutst. Het is niet lastig, akkoord, maar
geef mij maar de kookkamer. Zelfs met de Fransen die op je
vingers staan te kijken alsof het hun eigen werkuren, hun eigen
suiker is. Sais-Pas bijvoorbeeld, die maakt zich zo druk om die
suiker, o, je zou denken dat hij aandelen heeft in de fabriek.

JONGSTE MINNE [*die nu in bed stapt, en er rechtop gaat zitten*] Ik
houd het meest van Verviers.

OUDSTE MINNE Daar zeg je een verstandig woord, Minne. Ik
ook. Hard werk en droog en heet, maar je werkt onder eigen
volk. Iedereen verstaat je, iedereen gaat samen op café. En
daarbij: in het metaal, het is toch deftiger werk dan in die
suikerrottigheid hier. Seizoenwerker in het metaal, het klinkt
beter. Alhoewel, wat ze je daar in Verviers te vreten geven,
neen, daar heb ik mijn maagzweer opgedaan, vier jaar geleden.
Alles in vet gebakken! Neen, ik eet alles maar mijn vlees en
aardappelen in vet gebakken, neen, dat krijg je niet door mijn
keelgat.

JAGER Dan moet je doen zoals Max. In de stad gaan eten. Be-
stellen wat je wil.

OUDSTE MINNE Ah, maar om te doen zoals Max, moet je *alles*
doen zoals Max. En zeg wat je wil over deze Minne, zeg
dat hij een dronkelap is, dat hij nauw bij zijn centen is, goed,
maar nooit zal je kunnen zeggen dat hij rot is van binnen,
zoals Max. Al kon ik mijn kop in jonge plooien trekken en
mijn linkeroog zou weer goed zien en ik had al het vrouwvolk
zoals hij en al zijn geld in mijn zakken, neen, wat er in het
binnenste van die kerel omgaat, dat zou ik voor geen honderd
frank willen zien. Een mesthoop. Gal en rottigheid. En zenuwen.

JONGSTE MINNE Hij vreet zijn eigen op.

OUDSTE MINNE En almaardoor aan het beramen, aan het verzinnen, aan het jagen en loeren. Waarom? Weet hij het zelf?
En over en weer lopen met mieren in zijn broek, de zenuwlijder!

JAGER Je bent zelf al niet beter.

OUDSTE MINNE [*in paniek*] Jager! Jager! Ben ik een zenuwlijder?

JAGER Ja.

OUDSTE MINNE [*woedend*] Kan het anders! Met mijn leven hier
en thuis met die vent [*steekt zijn kin uit naar Jongste Minne*] achter
mij aan! Een schaduw overdag, een wind des nachts, aldoor
maar bij mij. Ik heb er mijn nierziekte van opgedaan, van toen
ons moeder gestorven is, het is dertig jaar geleden en ze zei:
Michel, zei ze, zorg voor hem, het is je broer.

JONGSTE MINNE Nog negen dagen, jongens.

OUDSTE MINNE Zorg voor hem, gemakkelijk gezegd. Maar
[*hij maakt kruisteken*] zij lag op haar doodsbed. [*Pauze*] Het zou
me niet verwonderen als ik een maagzakking had.

JONGSTE MINNE Een maagzak, iedereen heeft dat.

OUDSTE MINNE Een maagzakking, Minne. Ik voel het, er is
hier iets niet in orde.

JAGER Wees blij dat je zoveel kwalen hebt. Het is iedereen niet
gegeven. Sommigen gaan zonder dat zij ooit ziek zijn geweest
de put in. En altijd voor hun tijd.

JONGSTE MINNE Arme Dree.

OUDSTE MINNE Dat mag je zeggen, Minne, arme Dree. Vier-
envijftig, gezond en bijna zo sterk als Kilo en in één keer, hop,
weg.

JONGSTE MINNE Hij dronk.

JAGER Niet meer dan jij.

OUDSTE MINNE Maar hij was zoveel jonger, dan gaat het naar
het hoofd. En hij dronk terwijl hij werkte, Dree, dat maakt een
groot verschil. [*Tot Jongste*] Drink nooit terwijl je werkt, Minne.
Hij had het gemakkelijkste baantje, Dree. Niets anders dan
aan de spuit te staan en de bieten naar de wasserij te spuiten.
[*Pauze*] Ja, maar als je met je zatte hoofd tussen de bieten in het
kanaal gaat rollen, ah, dan kom je in de wasserij terecht, tussen
de tanden van de spoelbak, mijne heren.

JONGSTE MINNE Hij was veel te jong.

OUDSTE MINNE Het is een kalm seizoen geworden. Twee doden. Dree en de Duitser die onder de wagon geraakt is. Een goed seizoen. Ah, twintig jaar geleden, als vliegen... Kijk eens, Minne, zijn zij dat?

Jongste Minne kijkt door het raampje.

JONGSTE MINNE Ik zie niets.

Kilo komt hijgend binnengelopen. Hij valt op zijn bed neer, nadat hij een witte zak suiker onder zijn hoofdkussen heeft gestopt. Een dikke jongen, rond de vijfendertig.

OUDSTE MINNE Daar zit minstens twintig kilo in.

KILO Vijfentwintig.

JONGSTE MINNE Hij zweet.

KILO O, ik lach mij ziek met die Sais-Pas. Hij had het zo veilig weggeborgen, zijn zakje suiker onder zijn rugzak met zijn flessen wijn en hij had er zelfs nog een deken over gespreid. 'Hou de wasserij in het oog,' zei hij en hij tippelde weg, heel vlug in het donker. Ik hem achterna. Want ik heb Bobik in de wasserij gelaten. Sais-Pas, hij tippelde voorzichtig en hij keek om elke drie stappen, maar het was te donker en hij zag geen hond en toen...

JONGSTE MINNE Toen, Kilo...

KILO Toen, bij het muurtje van de keuken bij de vuilbakken hurkt hij neer en kantelt er zijn zak suiker in en begint te rennen, terug naar de wasserij. Daar is hij nu, in de wasserij, hahaha, en zijn suiker... [*Hij slaat met zijn achterhoofd tegen het hoofdkussen*] Dat zal hem leren opletten, ook de laatste dagen van het seizoen.

OUDSTE MINNE En als hij jou niet meer ziet in de wasserij?

KILO Max is er.

OUDSTE MINNE De engelbewaarder. [*Pauze*] Het zijn altijd dezelfden die het geluk hebben in de wereld.

KILO God, ik zou zijn hoofd willen zien als hij straks in de vuilbak scharrelt en krabt en zoekt. Oei, oei, oei. Purper zal het zijn, dat hoofd en zwellen zal het, oeioeioei. [*Wrijft het achterhoofd nu tegen de zak suiker, die hij bovengehaald heeft*] Je zou denken: het is fijn zand in een zak, maar het loopt veel lichter tussen de vingers, als goud, poedergoud.

OUDSTE MINNE Heb je ooit gezien? Poedergoud?

KILO Neen.

OUDSTE MINNE Praat er dan niet over.

KILO Je hebt gelijk, Minne. [*Hij drinkt uit een blikken pul*]

OUDSTE MINNE Dat spreekt over goud en wij gaan met geen duizend frank terug naar huis, zeg ik, met wat wij voor het eten moeten betalen.

KILO [*lachend*] Je moet maar sparen.

OUDSTE MINNE Doe ik iets anders dan sparen en schrapen? Met deze Minne hier, die vreet voor zes! Ik rook zelfs niet meer, en jullie, jullie gooien de Engelse sigaretten weg na vijf trekken, jij en Max. Jullie peuken rook ik!

KILO Je moet maar slimmer zijn en ook suiker te pakken krijgen!

OUDSTE MINNE Hoe dan? Ik ken geen woord Frans en de Fransen van de kookkamer jagen mij elke dag weg.

KILO Dan moet je maar Frans leren. Max heeft het wel moeten leren. En Duits ook. Zelfs met de Polen kan hij praten. En het is niet voldoende van Frans te verstaan, je moet ook kunnen redeneren, babbelen met de bedienden van het bureau!

JONGSTE MINNE Viens, jolie, baiser. Vingt francs. Minette.

JAGER Dat is van lang voor de oorlog, Minne.

JONGSTE MINNE [*plots nijdig en trots*] Maar wij doken het nest in, lang voor de oorlog! [*Hij kraait*] Une fine! Encore!

KILO [*tegen oudste Minne*] Pisnijdig ben je omdat wij geld hebben, omdat wij het verteren kunnen. En wie geld heeft, heeft vrouwen!

OUDSTE MINNE Staan er dan geen vrouwen op mij te wachten, misschien, de zaterdag voor het hek? Elke zaterdag?

KILO Die oude wijven uit het dorp, in hun zwarte rokken met hun zwarte sjaals dicht rond hun hoofd geknoopt, opdat je hun gezicht niet zou zien, dat zijn toch geen vrouwen, Minne.

OUDSTE MINNE Wacht tot je mijn leeftijd zal hebben, wij zullen dan nog eens spreken.

JAGER Hoeveel vrouwen heeft je goeie geld je dan al opgebracht, dit seizoen, Kilo?

KILO Geen een. En ik begin er niet aan ook. Ik heb andere dingen te doen dan mijn weekloon aan die zwarte wijven te hangen zoals jullie! Of aan stadswijven zoals Max!

OUDSTE MINNE Want, mijnheer kan wachten, hij trouwt in de lente.

KILO Precies.

OUDSTE MINNE Denk je dan dat je Jenny thuis zoveel verschilt van de wijven hier aan het hek, de zaterdag?

JAGER Doe je mond maar dicht, Minne, het tocht hier.

KILO Laat hem vertellen, Jager, het is gal, het is nijd die overloopt, anders niet. [*Schudt het hoofd tegen de suiker*] Het is geld waar ik tegen lig en het is zacht in mijn nek. Wat zou ik kopen met dit wit zakje hier tegen mijn nek? Raad eens?

JONGSTE MINNE Een hoed, Kilo.

KILO Neen.

JONGSTE MINNE Een horloge.

KILO Een tapbiljart. En niet een van die wobbelige, kromgeregende biljarten van de openbare verkopingen. Neen, een gloednieuw, recht uit de winkels in Gent. Dan mag je er de eerste vijf partijen voor niets op spelen, straks, in mijn café, Minne. En jij ook, Minne. Dan mogen jullie zeggen: Wij spelen op het biljart van Sais-Pas, de domste meestergast uit de suikerfabriek van Verrières. Want het behoort hem toe, dat biljart. Misschien komt Sais-Pas wel eens naar Evergem en speelt hij, zonder het te weten, op zijn eigen eigendom. Hahaha.

OUDSTE MINNE O, wanneer ga jij eens grote-mensentaal uitslaan!

KILO Een uithangbord zal er zijn met een enorme zak suiker op geschilderd. Daarin met grote letters: Bij Kilo. Er zal veel volk komen.

OUDSTE MINNE Ja, voor je Jenny.

KILO Zij zal goed staan achter de toonbank, dat is waar. En ik, ik doe de hele zomer geen slag. Dacht je dat ik nog bij de boeren werken ga, de oogst ga binnenhalen? Alleen het suikerseizoen nog en twee maanden het metaal in Verviers. De rest van het jaar zit ik op mijn kont in de tuin en drink ik bier van mijn eigen betaald vat in de kelder.

MAX [*een magere, lange jongeman, rond de vijfendertig staat in de deuropening*] En als ik niet in de buurt was, kon je je hele café na een jaar opvouwen.

KILO Waar is je suiker van vanavond? Heb je er geen gehaald?

MAX De Polen dragen er zorg voor.

OUDSTE MINNE [*flemerig*] Ah, Max zullen ze nooit betrappen met gestolen suiker onder de arm!

MAX Neen, Minne. Jou hebben ze te grazen als je ooit maar een halve kilo in je broekzak stopt om je spiritus aan te lengen, zoals verleden week, maar daar ben je ook een domme, oude Minne voor.

OUDSTE MINNE Wij kunnen niet allemaal slim zijn. Het zou eentonig zijn in de wereld. Neen, [*geheimzinnig*] maar wij kunnen wel onze oude oortjes spitsen en aandachtig luisteren naar wat er zo allemaal verteld wordt in de wereld. En dan horen wij dat er een meisje uit de stad is teruggekeerd gistermorgen. Ja, een zwartharig mager meisje uit Arras. En iedereen dacht, zij is in Arras, zij is daar goed, maar gistermorgen is zij teruggekeerd naar hier, naar Verrières. Ja.

MAX Hoe weet je dat?

OUDSTE MINNE Van horen zeggen. En... van zien. 'Dag, meisje,' zei ik en ik deed mijn pet af, maar zij zag mij niet, wie ziet er Minne, en zij is er niet op verdikt in dat lange jaar. Hetzelfde haringkutje is het gebleven als verleden jaar.

JONGSTE MINNE Wie is het dan?

OUDSTE MINNE Dat weet Max het best.

JONGSTE MINNE En mij zeg je niets daarvan. Mij vertel je nooit wat. Ik ben je broer toch.

OUDSTE MINNE Zij kwam uit de bakkerij en zij at chocolade. En ik ben er naar toe gegaan en ik heb gezegd: 'Dag, Malou, ben je op wandel? Of zoek je iemand? Zoek je Max misschien?' En zij lachte haar tandjes bloot. 'Max,' zei zij, 'die kan naar de hel lopen.'

JONGSTE MINNE Dat is ver.

MAX Dat heeft zij niet gezegd.

OUDSTE MINNE Naar de hel, zei zij.

KILO Wie is dat dan?

MAX Malou, de andere dochter van Flamin. Zij is kamermeisje in Arras.

OUDSTE MINNE Niet meer.

Max kijkt vragend

Je dacht dat je alles wist van de fabriek, alles over ons en over verrières. Mis. Je bent te nat achter je oren nog, mijn leperd, je moet nog leren van die oude, domme Minne. Ik weet alles over deze mooie vogel.

KILO Is zij een wilde vogel zoals haar zusje Lily?

MAX Neen.

OUDSTE MINNE Zij is veel jonger.

Pauze.

MAX Wat weet je nog meer?

OUDSTE MINNE [*drinkt langzaam van zijn pul*] Hèhè, dat verwarmt de mens. [*Kijkt lang naar Max*] 'Dat hij naar de hel loopt,' zei zij en toen met haar mond vol chocola zei zij: 'Maak je weg, Minne.' En ik ging weg en toen begon ze in het Frans te praten, en wie zie ik langs het trottoir? Meneer Lambert, die daar in zijn auto zit met de deur open en op haar wacht. En toen stapte zij in de auto en zij reden vlak langs mij heen.

MAX Meneer Lambert, de secretaris? Heb je hem goed gezien? De groene auto met het grijze dak? Heb je goed gekeken?

OUDSTE MINNE Met mijn rechteroog.

Pauze.

MAX Maak je klaar, Kilo, wij gaan de suiker wegbrengen.

OUDSTE MINNE Zij heeft het verder gebracht dan haar zusje Lily. Want Meneer Lambert heeft Malou uit Arras weggehaald en zij woont nu bij hem in zijn huis, hij heeft gewacht tot zijn moeder gestorven is. Hij ligt aan haar voeten, de oude Lambert, en zij aan de zijne in zijn moeders huis nu. En Flamin is trots, zoals het een vader betaamt.

JONGSTE MINNE En mij zeg je daar niets van, Minne, je eigen broer.

Buiten een luide, Franse stem: 'Ah, merde alors, je le tuerai, le cochon qui m'a fait ça!' andere stemmen, Poolse, protesteren. De Franse stem roept heel hard: 'Je le crèverai,' en een deur slaat dicht, de stem gaat verder maar onverstaanbaar. De Polen praten er dwars doorheen.

KILO [*grinnikend*] Wat zeggen ze, Max?

MAX Hij zegt dat hij een Pool gezien heeft, die zijn zak suiker meegenomen heeft. Een met rood haar, zegt hij.

Kilo lacht.

OUDSTE MINNE [*tot Max, terwijl het geluid in de barak ernaast verzwakt*] Moet ik je vervangen vannacht?

MAX Neen. Wij beginnen om half twaalf.

OUDSTE MINNE Ik kan toch niet slapen. Ik kan net zo goed in het sproeihok werken. Voor tweehonderd frank doe ik je hele nacht.

MAX Neen.

OUDSTE MINNE Goed, ik zal je nog eens iets vertellen. Stank voor dank!

Kilo wast zich met twee vingertoppen in een wit teiltje, kamt zijn haar. Kilo, als je in het dorp wil blijven, doe ik jou nacht voor honderdvijftig frank.

MAX Hij moet werken, net als ik.

OUDSTE MINNE Hij mag toch een verzetje hebben, de jongen, hij heeft zich het hele seizoen koest gehouden als een misdienaar.

MAX En zo zal het blijven. Het is niet te vroeg dat hij zijn manieren leert houden. En jullie gaan hem niet meer zijn wilde streken doen uithalen van vroeger. Niet waar ik bij ben. En jij vooral niet, Minne, met je oog als een dooie knikker. Schiet op, Kilo.

KILO Slaap wel, jongens.

Zij gaan weg, Kilo heeft de suiker onder zijn regenmantel van wasdoek verstopt.

OUDSTE MINNE Kan ik het helpen dat mijn oog kapot is? Ik mag geen gebenedijd woordje plaatsen of die Max vliegt op tegen mij. Wat misdoe ik hem? Ik bewijs hem een dienst met hem te vertellen over Malou en hij blaft mij af. Maar heb je gezien, Jager, hoe hij opkeek toen ik het vertelde. Groen sloeg hij uit. Hé, Jager, zag je dat hij groen was?

JAGER Ja.

Pauze.

JONGSTE MINNE Minne, vraag het hem nog een keer.

JAGER [*staat op, haalt kaarten uit zijn regenmantel, gaat op bed van de Jongste Minne zitten*] Voor vijf frank het punt.

OUDSTE MINNE Drie frank.

JAGER [*schudt de kaarten*] Vijf frank.

Oudste zucht.

OUDSTE MINNE Je kan merken dat het seizoen bijna gedaan is aan Max. Het is elk jaar hetzelfde. Als hij naar huis moet,

wordt hij hels. Waarom, dat weet niemand. Ah, ik was hem
de baas daarnet, jullie hebben het zelf gezien. Luisteren deed
ie, met zijn oren wagenwijd open. Waar of niet?

JAGER [*die gedeeld heeft*] Spelen wij kaart of niet?

OUDSTE MINNE Hoeveel zouden zij krijgen voor hun suiker
van Flamin? Hoeveel staat de suiker nu de kilo, Jager?

Jager bestudeert zijn kaarten, de Jongste Minne ook.

Zij verkopen er al het hele seizoen door, bijna elke avond, en
niet één van de twee noch Flamin die het mij wil zeggen. 'Kom
zelf eerst met suiker om te verkopen,' zegt Flamin.

JAGER Minne, [*tot Jongste*] jij moet spreken.

JONGSTE Met mijn kaart... zeg ik honderd.

OUDSTE MINNE Ik pas.

JAGER Honderdvijftig.

OUDSTE MINNE Jager heeft weer eens gegeven, ik heb niets,
niets in mijn hand.

TWEEDE TAFEREEL

*Het sproeihok. Een hok boven het eindpunt van de spoorlijn die de bieten-
wagens in de fabriek voert. Er liggen stapels platgedrukt hooi op de
grond en in de hoeken. De muur tegenover ons is van planken die grove
reten hebben, ook opgestopt met hooi. Een opening is er, langswaar men
met een ladder naar binnen kan komen. Op de balken die het dak onder-
steunen staan krijtmerken: de dagen van het seizoen. Een cokes-vuur.
Lawaai van denderende spoorwagens buiten. Lachend komt Kilo binnen,
gevolgd door Malou, een zwartharig meisje en Max. Zij giechelen,
duwen mekaar in de ribben.*

MALOU [*laat zich neervallen in het hooi, rug tegen de wand*] Mijn
hoofd draait als een kermismolen. Op en neer gaan de paardjes,
ho, hop, zij draaien rond het orgel.

Buiten de stem van Sais-Pas: 'Alors, Max, tu viens oui ou merde?'

MAX [*roept naar buiten*] Oui.

KILO Hij is razend omdat wij een halfuur te laat zijn en hij op ons
moest wachten om afgelost te worden.

MAX Ja, maar er is een goeie reden waarom wij te laat zijn, Kilo.
Wij moesten toch eerst zijn bloedeigen suiker verkopen vanavond.

Zij lachen.

MALOU Alles draait. En ik heb maar drie glazen Pernod gedronken. Ik zie jullie draaien. Mijn ogen zijn van glas als die
van de paardjes in de molen. Ho, hop.

MAX Je bent het ontwend, daar in Arras, al die tijd.

MALOU Ik heb niets gedronken al die tijd. Ik mocht niet van de
dokter. Geen druppel, zei hij. En Lambert, hij schenkt mij
soms wat cider in, maar ik sip er maar eventjes van, ik durf
niet. En het is voldoende dat jullie aan zijn bel komen hangen,
dat ik wegloop als een dievegge in de nacht en ga drinken.
Oh, lala, wat ben ik weer begonnen.

MAX Je was niet wakker te krijgen. Je placht anders niet zo gauw
te gaan slapen.

MALOU Ik ben ziek geweest, ik moet vroeg naar bed van de
dokter. God, wat hebben jullie staan bellen en roepen, de hele
straat moet het gehoord hebben. Wat hadden jullie gedaan als
Lambert een emmer water uit het raam had gegooid?

KILO Wij wisten dat hij er niet was.

MAX En dat hij maar morgenmiddag thuiskomt met de directeur.

MALOU Het hok. [*Zij kijkt rond*] Het is weinig veranderd. Hier
zit ik weer.

MAX Ik had nooit gedacht dat je hier nog zou terugkomen,
Malou.

MALOU Je dacht: zij is veilig in Arras, goed en wel uit de voeten, zij blijft daar de rest van haar leven, hè, dat dacht je, rotzak?

MAX Precies.

MALOU Nu, je ziet, ik ben terug, rotzak.

De stem van Sais-Pas buiten: '*Max, nom de Dieu, de Dieu.*'

MAX Ik ga wel eerst. De Polen slapen bij de treinwagens alsof
zij in hun barak zitten, de leeggangers.

MALOU Dat zal hem leren, Lambert, mij alleen thuis te laten de
tweede dag dat ik terug in Verrières ben, alleen in die koude
keuken daar met het behangpapier vol papegaaien. Haha. Hij
denkt dat ik in het nestje zit nu en aan hem denk. Haha. Waarom lach ik? Hij is een brave man. Maar ik ben het beu te
wachten tot iemand thuiskomt, hoor je me, Max, ik ben het

beu te wachten op iemand. Ik moet mensen zien, horen spreken 's avonds, om het even wie. Desnoods wil ik jullie zever wel aanhoren. Om het even welk wezen op twee poten wil ik wel aanhoren vanavond, zij draaien allemaal op de molen, diradiradira. [*Zij grijpt Max bij de broekspijp*] Kom hier, rotzak, ik trek je mee naar de dieperik.

MAX Laat mij los, ik moet weg. Ik moet de Polen gaan helpen.

MALOU Ach, die arme, bange, zwakke Polen moeten geholpen worden door sterke Max. Weet je, Kilo, Max helpt altijd iedereen.

MAX Als ik er zin in heb. En als ik kan.

MALOU En je kan zoveel. Je bent onverslijtbaar. Zijn hartje is onverslijtbaar, Kilo. Hij was zot van mij verleden jaar, weet je dat Kilo. Stekezot. En het zal altijd, altijd duren. Nooit zal hij mij verlaten. Kilo, eeuwig en altijd zal hij bij mij blijven. Amour toujours, hè, rotzak?

MAX Je kan niet goed meer tegen drinken.

KILO Het is hier misschien te warm voor haar. Die cokes stinken. [*Hij doet de lap voor de deuropening wat weg*]

MALOU Vroeger kon ik er wel tegen. Ik dronk zoveel als Flamin, als Max, als iedereen. En als het niet meer naar binnen kon, dan spuwde ik, nietwaar, Max, over al je kleren. Want als je niet meer kan, als je maag weigert, als je draaiende kop weigert, dan moet je spuwen, hè Max?

KILO Ik ben nooit dronken.

MALOU Dat is goed, Kilo. Twee goede punten. Het goede voorbeeld van Max volgen, nooit dronken worden! Kalm zijn, koel in alle omstandigheden, ook de rotste. Een beetje drinken, voor de warmte, voor de gezelligheid, een half pulletje per avond misschien, goed, maar nooit meer. Want waarom zou je drinken? Is er iets te vieren misschien, iets feestelijks te beleven? Vandaag wel. Ja. Want Malou is teruggekomen in de fabriek, zij zit hier in het sproeihok als tevoren, alsof zij nooit weggegaan is, nooit ziek is geweest, alsof er niets gebeurd is, alsof zij nooit gezworen heeft geen voet meer in Verrières te zetten. Dat moet toch gevierd worden, neen? Neen. Zij kijken, met de glazen ogen van de paardjes in de molen. Wij zien Malou zitten, zeggen de ogen, daar zit zij. Dag Malou. Dag paardjes. Morgen gaan zij terug naar huis en vergeten dit alles gauw, hè jongens, Malou en alles, en heel Verrières. En de paardjes draaien verder, ho, hop, daderida... Oh, waarom ben ik meegekomen?

Buiten, dichterbij, op de ladder al, roept Sais-Pas: 'Eh, bon Dieu, Max, enculé, tu te fous de ma gueule?'

MAX Lig stil. Dan gaat het over.

Max klimt de ladder af, wij horen Sais-Pas zeggen dat het niet te vroeg is.

MALOU Stil. Goed. Ik lig al stil. Ik lig al maanden stil.

Pauze.

KILO [*gaat naar de balk en tekent een streep bij*] Ik mag niet vergeten aan te tekenen. Nog acht dagen.

MALOU Ik dacht niet dat jullie ooit nog naar Verrières terug zouden komen, jullie bende van Evergem. Gewoonlijk gaan jullie toch om de drie jaar naar een andere suikerfabriek?

KILO Gewoonlijk.

MALOU Verleden jaar was je er niet bij. Anders had ik je wel gezien, hi, je bent vet genoeg. Is het daarom dat ze jou Kilo heten?

KILO Ja.

MALOU Ik weeg er achtenvijftig. Dat zou je ook niet zeggen, hè? En ik heb ook een lapnaam, net als jij. In België heette ik Madeleine, dat is mijn echte naam, maar zodra wij hier kwamen wonen, moest ik mijn naam veranderen van mijn vader. Malou dat klinkt Frans, zei hij, daar houden de Fransen van. Maar Lily mocht haar naam houden.

KILO En hij blijft Flamin heten.

MALOU Neen, dat kan hij niet meer veranderen, daarvoor is hij al te bekend hier.

KILO Als slecht geld.

Zij lachen.

MALOU Hoelang kom jij al naar de suiker?

KILO Dat is mijn negende jaar.

MALOU Wat kom je hier doen?

KILO [*onwennig lachend*] Werken.

MALOU Je kan toch ook in België werken.

KILO Misschien.

204

MALOU Misschien. Maar je blijft hier terugkomen, naar dit verloren gat in de wereld met niets dan bieten en bietenloof te zien, als een wei die al jaren her afgegraasd is, met een fabriekje dat blaast als een oud wijf dag en nacht. In een keer stopt en dan weer verder blaast. Tsoektsjoek.
Pauze. De fabriekssirene gaat, korte, vlugge stootjes.

KILO En ineens schreeuwt het oud wijf [*zij lachen samen*] om eten! [*Kilo lacht heel hard*]
Pauze.

MALOU En na de suiker gaan jullie naar het metaal, in de Walen.

KILO Of wij blijven thuis. En wij stempelen.

MALOU En waar jullie ook gaan, is het drinken en vechten en smeerlapperij.

KILO Wij werken hard. Daarna gaan wij uit. Wat moeten wij anders doen? Er is niets anders te doen. Vroeger, toen ik zo jong was als jij, toen dacht ik ook: er is iets anders, ergens, weet ik waar of wat, iets zal uit de lucht komen vallen, voor mijn voeten... je bent te jong...

MALOU Ik te jong? Vraag het eens aan Max, je vriend.

KILO Wat moet ik hem vragen?

MALOU Vergeet het.

KILO Je kent hem al lang, hè?

MALOU Hij is een vreemde voor mij. Net als jij. Allemaal vreemden, de een na de ander. Dag Meneer. Dag Malou. Au revoir Meneer. Au revoir Malou.

KILO Ik ken hem al heel lang. Van voor de oorlog. En van in de oorlog let hij op mij. Ja. Ik heb mij het hele jaar goed gedragen. Niet zoals andere jaren. Want ik ga trouwen als ik terugkom, nu, in Evergem.
Zij hoort hem niet.
Ja. In de lente. Met zijn nicht, Jenny heet ze, zij heeft een winkel in garen en dingen, maar die gaat ze opgeven, wij gaan een café openen. Slaap je? [*Pauze*] Je bent ziek geweest, zei je. Lang?

MALOU Lang genoeg.

KILO Wat had je dan?

MALOU Dat gaat jou geen bal aan.

KILO Deze mist, dit vochtig weer is gevaarlijk, als je ziek bent geweest.

MALOU Wat kan jou dat schelen?

KILO Ik zeg het maar.

MALOU Lambert zegt het ook. 'Poesje,' zegt hij, 'mist, dat is gevaarlijk.' En dan slikt hij een pilletje, en geeft er mij ook een. Vitaminen. Hij moest eens weten dat ik het huis uitgeslopen ben, zo maar, omdat twee seizoenwerkers aan de bel kwamen hangen.

KILO Hij zou je het huis uittrappen.

MALOU Neen, dat niet. Maar hij zou nukken, voor een dag of drie. De liefde, zegt hij, poesje, dat is voor elkaar en voor je eigen zorgen.

KILO Daar is iets van.

MALOU Ik doe hem aan zijn dochter denken. Zij is in Canada.

KILO Met een Canadees?

MALOU Ja... Weet je dat... Want hij kende de dokter die mij verzorgd heeft, in Arras, weet je dat hij de eerste keer hij op bezoek kwam, hij een grote tuil bloemen mee had. Ja. Alsof hij mij nooit eerder had gezien in de fabriek, met Flamin of met de anderen. Ja, bloemen, net alsof hij bij een dame op bezoek kwam.

KILO Hij is een dure man.

MALOU Zijn huis heeft bij het miljoen gekost. Gedurende de oorlog.

KILO En hij zegt 'Poesje' tegen je?

MALOU Altijd.

KILO Maar in het Frans natuurlijk.

MALOU Ja. Minou, zegt hij.

KILO [*lachend, onzeker*] In de plaats van Malou.

MALOU Ja.

KILO Dat zei hij misschien tegen zijn dochter ook.

MALOU Het kan best.

KILO En wat zegt Flamin daarvan? Van je verkering met meneer Lambert.

MALOU Hij wrijft in zijn handen, zoals altijd. Nu, het is ook het beste dat hem kan overkomen, nadat hij zich al die jaren krampachtig heeft ingewroet hier in Verrières en Frans heeft gekletst tot zijn mond er scheef van stond.

KILO Je lijkt ook een beetje op een poes.

MALOU Dat zeggen ze. Veel heeft het mij niet geholpen. Er was er een die noemde mij wel zijn vleermuisje. Ik zweer het je, een Duitser die hier werkte. Wat je al niet moet horen. Omdat ik met mijn kop naar beneden hing, zei hij dat.

KILO Hing je met je kop naar beneden?

MALOU Wat doet men al niet?

KILO Je bent dronken. [*Pauze*] Nu wij hier alleen zijn, spreek je zacht. De hele avond toen Max er bij was, zei je bitsige gemene dingen, heel schel, alsof je wilde dat het hele café het zou horen. [*Staat op, dichter bij de cokeskachel, loopt over en weer*]

MALOU Zij zullen het merken, hier in Verrières dat Malou terug is, en beleefd zullen ze zijn, en mij groeten, nu ik in Lamberts huis woon.

Pauze.

KILO Je bent zo jong, je loopt niet als een meisje dat ik ken, zo licht en voorzichtig, alsof je bang bent dat je ribbenkast breken zal.

MALOU Hoe lopen ze dan, de meisjes die jij kent? Zo? [*Zij gaat heupwiegend*]

KILO [*lachend*] Neen. [*Aarzelend*] Gaat Meneer Lambert dikwijls weg 's avonds?

MALOU [*grimmig teruglachend*] Dat zou je wel willen. Neen, mannetje, je vriend Max en jij hebben voor het laatst aan die deur gebeld vanavond.

KILO Malou...

MALOU [*zenuwachtig ineens*] Waar is Max?

KILO Hij doet de ronde van de ganse koer, hij moet nu aan de stapelplaatsen zijn.

MALOU Geef mij iets te drinken. Ik heb het koud. [*Zij gaat nu bij het cokesvuur zitten*]

De stem van Max buiten, die bevelen geeft in half Pools, half Frans.

MALOU Daar is hij. Haal hem.

KILO [*kijkt door het gat in de deur van lappen*] Hij loopt bij de spuit, hij scheldt de Polen uit. [*Hij komt terug, geeft haar zijn pul, zij drinkt*] Zij beven als hij maar zijn mond opendoet.

MALOU Ik ben niet bang voor hem.

KILO Waarom zou je?

MALOU Ik was het wel... verleden jaar.

KILO [*gooit zijn regenjas over haar schouders*] Hier. Heb je het minder koud nu? Het komt omdat je ziek geweest bent. [*Hij wil naast haar zitten*]

MALOU Neen, ga daar zitten. Je stinkt naar de bieten.

KILO [*zit in het hooi*] Ik ben nooit bang geweest voor Max. Ik doe wel wat hij zegt, omdat ik weet dat hij gelijk heeft. Daarom laat ik hem de baas over mij spelen, als hem dat gelukkig maakt. Hè? [*Hij loopt rond haar, maar zij kijkt niet naar hem*] Heeft hij je ooit verteld hoe ik voor het eerst met hem optrok naar de suiker en hoe bang ik was in de trein. Neen? En van die keer dat wij samen Pernod dronken in Charres? Er waren toen nog Italianen in de suiker. Wij gingen samen naar een café in het dorp. En wij dronken Pernod. En toen de juffrouw mij water gaf om mijn Pernod aan te lengen, lachte ik haar uit, zot die ik was, want ik was toen nog veel jonger, en niet zo dik, of wel? Misschien wel. 'Water,' riep ik, 'dat is goed voor de kikkers' en wij dronken Pernod puur, tien, twaalf glazen en ik vond het niet eens lekker, die smaak van ijzer en anijs, en alle Italianen en de Vlamingen en de Fransen stonden naar ons te gapen en zonder dat wij het merkten, begonnen zij onze Pernod te betalen. Zij knipoogden naar de juffrouw en maakten tekens achter onze rug en betaalden en steeds stonden er nieuwe groene glazen voor onze neus, die bijna overliepen van de Pernod, de Pernod spoot uit onze oren, maar wij dronken haar op. En toen zag ik Max trager drinken en hij begon dingen te zeggen die nergens naar leken, over dat hij sergeant had willen zijn, maar dat zijn moeder een luitenant was en, dat weet ik nog heel goed [*hij wacht, het meisje reageert niet, traag, bijna tegen zijn zin, vertelt hij verder*] en ik dacht: 'Ik ben de baas nu van ons tweeën.' En ik lachte hem uit om zijn zotte parlee. Van binnen, weet je wel. Zonder dat hij het in de gaten had, natuurlijk. Maar hij werd wit als papier en plots, heel zachtjes, alsof zij een tapijt onder zijn voeten wegtrokken, zakte hij door zijn knieën en lag hij languit op de vloer in het zaagsel. En het hele café gieren en schreeuwen van de lol. En ik, ik wilde nog meer de baas zijn over hem, dat alle Vlamingen het konden zien, ik boog mij voorover en ik nam hem bij zijn kraag en ik legde hem op mijn rug. 'Ik draag hem wel naar zijn Mama,' zei ik, en het hele café klapte in de handen. Maar toen ik één klein stapje wilde naar voor, naar de deur doen, toen zakte ik door mijn benen, ja, datzelfde tapijtje trokken ze weg, jongen, en daar lag ik, jongen, naast hem in het zaagsel en ik wist van de wereld niet meer. Je luistert niet.

MALOU Jawel.

KILO Toen dacht ik dat ik hem meester kon, snap je?

MALOU Ja.

Pauze.

KILO En meneer Lambert komt morgenmiddag terug.

MALOU Ja.

KILO Ja. Jajaja. [*Pauze*] Ik weet het wel, vergis je niet, dat ik niet tegen meisjes kan praten. En dat ik dik en smerig ben.

MALOU Je bent toch dik en smerig.

KILO Ja. En ik stink naar de bieten.

MALOU Van een uur ver. Jullie allemaal hier.

KILO Jij ook.

MALOU Ik niet. Ruik maar. Kom hier. [*Hij ruikt aan haar haar*] Parfum uit Arras, die heeft Lambert voor mij gekocht. Het is dezelfde parfum als die van Martine Carol.

KILO Hoe kan je dat weten? [*Hij ruikt dichterbij*]

MALOU Het stond op het pakje gedrukt en Lambert heeft het mij voorgelezen.

De sirene gaat weer. Max roept buiten: 'Kilo het is aan jou.'

KILO Ik moet je terugzien. Morgen. Niet hier, waar Max bij is.

MALOU [*duwt hem weg*] Ga weg. Kom niet aan mij met je dikke poten.

KILO Ik moet mijn suiker morgenavond verkopen aan Flamin. Ben je er dan ook? Om acht uur. Je kan je vader toch komen bezoeken. Voor een uurtje.

MALOU Waarom zou ik naar mijn vader gaan? Om wat te doen? *Kilo haalt zijn schouders op.*

MALOU Je zegt niets. Zeg het dan. Doe je mond open en zeg het dan toch wat je wil.

KILO Ik kan iets voor je meebrengen.

MALOU Ik heb alles wat ik wil. Lambert geeft mij alles.

KILO Kom dan niet naar Flamin.

MALOU Natuurlijk niet.

Pauze.

KILO Ik zal je mijn hele maandloon geven.

MALOU Wanneer?

KILO Morgenavond. [*Heel zacht*] Om acht uur.

MAX [*komt binnen, warmt zich bij het cokesvuur*] De wasserij krijgt niet genoeg bieten en de twee eerste wagens moeten losgemaakt worden. Doe jij ze los en laat de Polen uitscheppen. Doe dan de ronde.

KILO Goed. [*Tot Malou*] Blijf je hier dan?

MALOU Ik zit hier lekker warm.

MAX [*tot Malou*] Geef hem zijn regenmantel terug. Er is mist en die wagens stromen over. Hij zou kletsnat worden.

Malou staat op en geeft Kilo zijn regenmantel.

MALOU Hier.

Zij staren naar mekaar—Kilo klimt de ladder af. Malou loopt over en weer, zit dan weer in het hooi. Max gaat zitten op een emmer.

MAX Je bent magerder geworden. Het staat je goed.

MALOU Jij bent niet veranderd. [*Pauze*] Alleen durfde je niet naar mij toe te komen, mij niet terugzien, daarom heb je die jongen meegenomen.

MAX Ben je blij terug te zijn?

MALOU Je hebt mij niet één keer geschreven. Aan niemand in Verrières heb je ook maar een kaartje geschreven. En ik zond je een brief om de twee dagen, de eerste tijd. In die dagen dacht ik: als ik hem zie, moest hij nu voor mij staan, ik sla een spade in zijn nek. Maar er is tijd overgegaan, veel tijd. Het helpt.

MAX Ben je blij dat je terug bent in de fabriek, nu het donker is? Alles is hetzelfde gebleven. Jij. Ik. Het stapelplaatsje achter de kalkoven. Het raampje daar, dat licht geeft over het hooi.

MALOU Ik ben het vergeten.

MAX Draai je niet om. Kijk naar mij.

MALOU En wat ik er van onthouden heb is niet mooi.

MAX Zo gauw vergeet je niet, Malou. In één jaartje. Een jaartje. Een jaartje laat toch sporen na.

MALOU [*hard*] Geen enkel spoor.

MAX Ik heb anders gehoord. Ik heb gehoord dat je na ons vertrek mijn naam hebt geschreven met krijt op de deur van de kookkamer, en in het hok van de nachtwachter. En op de muur van de kalkoven heb je er je eigen naam bijgeschreven. Ik heb gehoord dat je elke dag mijn laarzen droeg, die ik bij Flamin had laten staan, zodat ze je in het dorp uitlachten, want mijn laarzen kwamen je tot hier. [*Hij raakt haar dij*]

MALOU Ik was mezelf niet meer. Maar het is over. Over.

MAX Ik hoorde dat je niet één nacht alleen bent geweest, de hele winter, nadat wij vertrokken. Dat je langs de weg lag. Dat Flamin je blauw heeft geslagen, zoveel katers miauwden er 's avonds bij zijn tuinhek. Dat je met je zusje Lily kon wedijveren en die verdient goed geld met haar vel, seizoen of geen seizoen. En dat het zo doorgegaan is, tot Flamin je naar Arras heeft gevoerd.

MALOU Je zou niet met de anderen van Evergem meegaan, je zou mij dezelfde avond van hun vertrek je kleren en je dingen komen brengen en hier blijven, de hele winter. Je zei het, een uur voor je de trein nam, net als de anderen van Evergem.

Twee Polen, herkenbaar aan hun militaire, vieze pakken komen binnen. Een ervan, Bobik, mummelt wat. Zij lachen naar Malou, stoten elkaar met de elleboog aan. Gaan in het hooi zitten, praten in het Pools, drinken.

MAX Kohané, zeggen zij, het betekent mooi. Je bent mooi, zeggen zij.

BOBIK Oui, tu es kohané, Malou.

Malou glimlacht hem toe. Zij staat op, schikt haar sjaal.

MAX Ga nog niet weg.

MALOU Ik moet terug nu. [*Zij is plots zeer onrustig*] Het is hier te benauwd, Max. Bobik daar en jij hier weer en ik, en het sproeihok en de fabriek die jakkert en blaast, alsof er niets is gebeurd. Alsof wij in een dag van verleden jaar leven en er nog niets in mijn hoofd hangt en ik nog niet weet dat... [*Zij stokt*]

MAX Ik ga met je mee.

MALOU [*lacht bitter en hard*] Reken er niet op.

MAX Wat vaart er in je?

MALOU Ik ben ziek. Ik heb koorts.

MAX Koorts gaat over.

MALOU Ik wil je niet meer rond mij hebben, niet meer bij mij.

MAX Waarom ben je dan meteen meegekomen, toen ik aan de bel trok en je riep?

MALOU Het was dom genoeg. Ik zag je en ik dacht: hoe stil,

hoe roerloos heb ik geleefd de laatste maanden, als een die niet leeft. En ik was vergeten hoe je bent, Max. Zie je, zover was je al uit mijn geheugen geraakt dat ik dacht: ik ga eten, lachen met hem, alsof er niets gebeurd is, alsof ik hem voor het eerst zie, als een vreemde. Maar nu... weet ik het weer... ik ben veranderd, in dit lange jaar, en in de dagen dat ik ziek was in Arras.

BOBIK J'ai apporté, Malou. [*Hij toont een jeneverkruik*]

MALOU Non, Bobik. [*Tot Max*] Laat mij gerust, Max, ik vraag het je. Binnen acht dagen gaan jullie terug naar Evergem. Kom niet meer bellen.

MAX Als je het zo wil.

Malou stapt van de ladder.

BOBIK Qu'est-que c'est? Avec Malou? Faché?

MAX Rien.

De sirene gaat.

DERDE TAFEREEL

In het sproeihok. Kilo en Jongste Minne. Minne is wat dronken.

KILO Als je vierhonderd frank kan uitleggen voor een fles wijn, dan ben je geen uitschot meer, Minne, dan ben je iemand. Niet in de ogen van je broer natuurlijk, integendeel, die zou je alleen maar een lul vinden, als je vierhonderd frank uitlegt voor een vrouw, hij zou er een hele dag over kankeren. Neen, maar een meisje als zij weet dat als je vierhonderd frank voor een fles wijn uitlegt, die zij mag leegdrinken, dat...

JONGSTE MINNE Wat weet zij dan?

KILO Dat je iemand bent. Niet de eerste de beste die men op straat tegenkomt, maar iemand die haar genegen is. Geen uitschot zoals jullie allemaal. [*Neemt fles*] Chateau Rouge. Zie je. Het staat er op. Enorme wijn, die Chateau Rouge.

JONGSTE MINNE Ik heb er nooit van gehoord.

KILO Omdat je een boer bent, een bierdrinker. Zij woont al vijf jaar in Frankrijk, vergeet dat niet. Dat verandert iemand veel, helemaal. Zij is op de hoogte van wijn en Pernod en dure dranken en zo. Zeg, ligt die chocolade niet te dicht bij het vuur?

Jongste Minne reikt er naar.

Blijf er af met je vuile bietenpoten! [*Tast aan de chocolade*] Ja, hij is heel zacht geworden. Verdomme, verdomme! Kon je daar niet aan denken!

Jongste Minne steekt armen in de lucht.

Je hebt gelijk, het zijn jouw zaken niet. [*Hij legt chocolade op een balk*] Zo ziet ze hem meteen liggen, dan is de verrassing er af. [*Zoekt rond, stopt de chocolade ergens tussen het hooi. Zit neer, lacht*] Max denkt dat hij ogen in zijn nek heeft. Alziende Max! En het is de vierde keer dat ik haar zie zonder dat hij er iets van afweet.

JONGSTE MINNE Ogen in zijn nek? Neen, een verrekijker moet hij hebben in zijn nek.

KILO Wat? [*Begrijpt*] O ja, omdat hij in Compiègne bij zijn waarzegster zit nu. [*Lacht*] Zou hij ons zien nu, in haar glazen bol daar bij zijn vrouw met de tulband op in Compiègne? [*Staat op*] Max, Max! In Compiègne! Zie je mij, lul? [*Hij steekt zijn tong uit*]

JONGSTE MINNE Pas op, Kilo, hij heeft je gezien!

KILO [*lacht, Jongste Minne ook*] Neen, hoor. Hij heeft het veel te druk met de kaarten te bekijken die zij hem legt. Ah, het is zijn rotte plek. Door hel en averij gelooft hij aan de kaarten.

JONGSTE MINNE Hij heeft veel rotte plekken.

KILO Wie niet, Minne? Jij niet?

JONGSTE MINNE Ik heb niets anders dan rotte plekken, Kilo. [*Hij betast zichzelf, nu pas zien wij, horen wij aan zijn tranerige stem dat hij dronken is*]

KILO Maar Max heeft er toch nog het minst van ons allen.

JONGSTE MINNE [*heftig*] Goed, goed, goed. Van ijzer is hij, ijzer, ijzersterk is hij. Ik zeg niets meer. [*Hij drinkt*]

KILO Jij zal de nacht niet halen met je fles.

JONGSTE MINNE [*bekijkt de fles*] Neen, Kilo. Hoe moet het dan? *Pauze.*

KILO Het moet al bij één uur zijn. Zeg, Minne, zou zij bang zijn om te komen, naar die zwarte, ronkende fabriek, alleen in de nacht, zo alleen tussen die gele lichten die ons doodskoppen maakt.

JONGSTE MINNE [*roept uit*] Ik heb geen doodskop!

KILO Jawel, Minne. Voel maar. [*Hij tast aan zijn gebeente onder het gezicht*]

JONGSTE MINNE Praat niet over die dingen, Kilo, vanavond niet. [*Pauze*] En morgen ook niet. [*Drinkt*]

KILO Drink niet zoveel, Minne.

JONGSTE MINNE Ik drink zoveel.

Pauze.

KILO Zij is bang. Waarvoor? Ja, dat vraag ik mij ook af. Waarvoor ben je bang, vroeg ik. Voor alles, zegt zij. Snap jij dat? De laatste twee dagen is het begonnen. Ah, in het begin, ik had gedacht, daar komt er eentje, die laat zich niet vangen, een snelle, kwaje vogel. Maar het is veranderd, Minne. Zij laat zich vangen. Niet helemaal natuurlijk, daarvoor ken ik haar te kort, maar dat komt. Wedden? Ik heb er geen verstand van, akkoord, maar ik voel haar naderen, naderen naar mijn dikke armen! [*Hij danst over en weer plots*]

JONGSTE MINNE Zat ben je!

KILO Ja, zat en zot. [*Pauze*] Zij is bang. En zodanig, dat ik er bang van word. Het is iets dat ik niet eerder heb gekend, Minne.

Pauze.

JONGSTE MINNE Op een zomeravond in Passendaele heb ik eens een vrouw gezien, op het voetbalplein. Zij lag te slapen.

KILO Soms als ik haar iets zeg, duurt het heel lang voor ze antwoordt. Soms zegt zij helemaal niets. Of zegt iets anders dat iets anders betekent. Hoe daaruit wijs geraken?

JONGSTE MINNE Zij sliep en verroerde niet. En het hele voetbalplein gonsde van de muggen.

KILO Max zou daar klaar in zien. Hij kent dat rare ras van vrouwen op zijn duimpje, ik niet. En zij weten dat, geloof je me, Minne, zij zien het aan hem, zij ruiken dat hij alles over ze weet en zij draaien rond hem. Nooit rond mij. Als Max en ik op straat lopen samen, dan kijken zij naar hem. Recht in zijn ogen. Als ik tegen ze spreek, glijden zij weg naar hem. Nu ja, hij is veel mooier. Hij lijkt op een Italiaan. Misschien is het dat. Maar dit teefje is niet zo, Minne. *Ik* ben er wel voor haar. Alleen met haar en Max, die bestaat nu niet. Wie is hij? Connais pas, Minne, en het is zot, ik ben bang omdat zij bang is en omdat er iets gebeuren zal, straks, het zit in mijn botten, ik voel het. Straks. Als het maar niet is zoals vroeger. Dat ze mij pesten of dat ze mij bedriegen, en dat ik een ongeluk doe.

214

Een vlam is het dan, Minne, een scheur in mijn kop lijkt het wel, en dan... [*Hij omklemt de balk naast hem. Lacht dan*] Jij zegt niets, je zegt bij jezelf: Kilo is zat.

JONGSTE MINNE Je bent de enige die tegen mij spreekt, Kilo. De anderen lachen.

KILO Maar je broer, die ratelt toch de hele tijd tegen je! Die houdt niet op!

JONGSTE MINNE Dat is geen ander. Hij is hetzelfde als ik. Wat is een tweeling anders? Een ei met twee dooiers. Twee dezelfde. Kilo. Niemand kijkt naar mij. Ik zit in de barak elke avond. En zij zien mij niet, ik ben het zeker. Zij kijken naar mijn kale kop, of naar mijn neus met de zweren of naar mijn buik die te slap is en zij staren daarnaar en zij lachen, maar niemand ziet mij. [*Hij veegt zijn neus af met zijn mouw, snuift*]

KILO Het zal veranderen, binnenkort, in mijn café in Evergem. Elke avond mag je komen, Minne. Ik hou zelfs een plaatsje over bij het raam, zodat je de hele dorpsplaats zien kan, en iedereen die voorbijkomt. En of je een glas bier bestelt of niet, daar mag je blijven zitten.

JONGSTE MINNE Er staat een huis te huur in Passendaele. Daar zou ik willen wonen. Het staat vlakbij het voetbalplein.

KILO Jij blijft in Evergem wonen bij je broer. En elke avond kom je in mijn café. Afgelopen.

JONGSTE MINNE Max zal het niet willen.

KILO Max? O, die wacht nog een verrassing, Minne. Wacht maar. Tot het seizoen voorbij is.

JONGSTE MINNE Het seizoen is voorbij.

KILO Nog niet. Nog lang niet, er kan nog van alles gebeuren.

JONGSTE MINNE Wat zou er gebeuren? Het wordt winter, dat is alles.

KILO Luister goed. Denk je dat ik met die Jenny trouw?

Minne kijkt verschrikt op.

Je denkt, wat steekt die nu in zijn waterhoofd. Wat voor een vraag is dat? Hij raaskalt, denk je. Luister. Ik trouw niet met die Jenny. Zij is te oud, te dik, te dicht bij mijn jaren. Het kan niet goed gaan als een man en een vrouw samen oud worden, op dezelfde manier door de dagen, met dezelfde rimpels, hetzelfde lijf.

JONGSTE MINNE [*meteen in verdediging*] Ik ben niet getrouwd.

KILO En waarom zou ik ook trouwen, hè?

JONGSTE MINNE Maar dan heb je ook geen café straks?

KILO Verdomd. Het is waar ook.

JONGSTE MINNE [*triomfantelijk*] Zie je.

KILO Ik trouw niet met die Jenny.

JONGSTE MINNE Dat zeg je.

    Buiten hard gefluister, gefluit. 'Kilo, Kilo!' de stem van Malou.

KILO [*zenuwachtig*] Ja? Zij is het, zij is er.

JONGSTE MINNE Neen. Zij is het niet. Het is haar moeder, Blanche, ik herken haar stem.

KILO [*bij de deuropening*] Kom gauw boven.

MALOU [*komt op de ladder, in het hok*] Het is veranderd hier.

JONGSTE MINNE [*wijst naar Kilo*] Hij heeft de vloer geveegd.

KILO Minne dacht dat je niet komen zou, dat je niet zou durven, zo laat rondlopen in de fabriek.

MALOU [*speels*] Minne kent mij niet.

JONGSTE MINNE Ik heb je dikwijls gezien hier in de fabriek. Toen je nog een klein meisje was, zo hoog, met je haar in een kuif en lange witte kousen, tot net boven de knie. Je zeurde om een sigaret en toen ik je er een gaf en je vroeg om mij een kusje te geven, holde je hard weg.

MALOU Ik was al zeventien, toen wij hier in Verrières aankwamen.

JONGSTE MINNE Je kwam terug, toen je zag dat ik verdriet had en je schopte hard tegen mijn enkel. En weer liep je weg. O, je was een kleine heks.

MALOU [*na een blik met Kilo te hebben gewisseld*] Ja zeker.

JONGSTE MINNE Ik had toen nog haar, het krulde van onder mijn pet. Op een avond, een andere avond dat ik langs de Oise te vissen zat, trok je er aan, uit alle macht. [*Pauze*] Kilo, [*luid fluisterend*] vertel het haar van de wijn.

KILO Van wat?

JONGSTE MINNE Van de wijn die je gekocht hebt.

KILO Straks.

JONGSTE MINNE [*koppig*] Neen, nu.

MALOU Heb je wijn gekocht?

    De sirene gaat twee, drie, vier keer, heel snelle stoten.

JONGSTE MINNE [*springt op*] Het kanaal is weer verstopt. Die
Polen gooien er planken en kasseistenen in, zeg ik je. Om mij
te pesten! [*In paniek loopt hij naar de deur, daalt van de trap, steekt
dan nog even zijn kop boven*] Die wijn kost vijfhonderd frank!
Malou lacht met Kilo.

KILO Hij had willen proeven.

Pauze.

MALOU Daar ben ik weer. Jij knipt met je vingers en ik kom
al aangehold.

KILO Je had beloofd.

MALOU Nu, en dan? [*Onwennig loopt zij naar de deuropening*] Hij
rent zo vlug dat hij door zijn knieën zakt en zijn buik vast-
houdt. Die sirene werkt op die oude mannen. Zij denken aan
de oorlog en aan bommen elke keer.

KILO Hij is achtenzeventig jaar.

MALOU En hij drinkt te veel zoals jullie allemaal hier. [*Zij zit
naast Kilo neer in het hooi*] Weet je wat er gebeurt als je te veel
drinkt? De levende cellen van je hersenen gaan dood en
groeien niet meer terug. Wat er dan overblijft in je hoofd is
rottigheid, een vieze groene spons. Het gebeurt bij jou ook.
[*Zij houdt zijn hoofd vast*] En als die spons dan tegen de schedel
aandrukt en wrijft, dan komt er nonsens uit je mond. [*Gaat
langs zijn lippen met haar vinger*] Zever, verwarde zinnetjes.

KILO Je weet het zo goed.

MALOU De dokter in Arras heeft het mij verteld.

Pauze.

KILO Heb je gedacht aan wat ik je vroeg? Neen. Het is neen.
Zwijg, Malou. Ik heb niets gevraagd. Vergeet het.

MALOU Ik weet nog niet, Kilo.

Pauze.

KILO Ik heb chocolade voor je. Met nootjes.

MALOU Geef gauw.

Kilo kijkt hoe ze het zilverpapier loswikkelt.

KILO Zij kleeft een beetje.

Zij eet.

Kom met mij mee.

MALOU Zie je? Verwarde zinnen, zever, die niets betekent.

KILO De kermis is met kerstdag bij ons.

MALOU [*staat op, zoekt*] Die wijn van vierhonderd frank, waar is hij?

KILO Hier. Ik heb hem laten openmaken. Maar niemand is er aan geweest.

MALOU [*drinkt aan de fles*] Hij is koud in de keel, dan komt hij hier [*duwt op haar maag*] en dan gloei je zachtjes. Verraderlijk zacht loopt hij naar binnen. Amandelen en iets heets, iets roods.

KILO Je leeft te dicht bij de fabriek, Malou, te dicht bij de zatlappen, de beesten hier. Je moet hier weg.

MALOU En daarna? Na het uitstapje van twee weken? Na de kermis?

KILO Daarna kan je terugkomen.

MALOU Dan is het weer als tevoren. Dan is er niets veranderd.

KILO Jawel.

MALOU Wat dan? Wat zou er veranderd zijn? Doe je mond open, antwoord. Zeg het. Na veertien dagen kermis, na veertien dagen te Evergem... samen... wat? Ik weet het, dan kom ik naar hier terug met hangende pootjes naar Verrières en Lambert doet de deur van zijn huis niet meer open en mijn vader laat mij ook niet meer binnen. En ik, ik ga zitten hier in de goot, voor de fabriek, die leeg en doodstil is en ik denk: Hier zit het grootste kalf van heel Frankrijk op zijn gat. Zo is het toch? Je bent rood als een gekookte biet.

KILO Het is het licht van de kachel.

MALOU [*drinkt*] Wat wil je van mij, Kilo?

KILO Dat je bij mij bent. Zoals nu. Dat je blijft.

MALOU Het kan niet. [*Zij eet chocolade*] Op weg naar hier dacht ik dat ik eindelijk de strop zou zien, de list, de hinderlaag, de afspraak tussen jou en hem. En dat hij hier zou staan, Max, vlak voor mijn gezicht, Max met zijn vuil lachje. Mijn hart bonsde tot in mijn buik toen ik de ladder opklom, want ik verwachtte hem hier...

KILO Hij zit bij zijn waarzegster in Compiègne.

MALOU [*onzeker*] Hij gaat er alleen naar toe als er iets niet naar zijn zin gaat.

KILO Hij is er al wel tien keer naar toe geweest dit seizoen. En elke keer zegt zij hem de waarheid, zegt hij.

Kilo lacht, Malou niet.

MALOU Zeg hem nooit, nooit iets over de laatste dagen. Als hij over mij spreekt, begin vlug over iets anders, doe je dat, Kilo? Want hij is leep als niet een, hij haalt de wormen uit je neus zonder dat je er iets aan kan doen, in een oogwenk. Een lettergreep en hij bouwt er een heel verhaal rond en solfert het Lambert op.

KILO [*bitter*] En Lambert mag vooral niets te weten komen, dat is het, nietwaar. Je baas in zijn mooi huis.

MALOU Ik... moet bij Lambert blijven. Het is het enige dat mij nog rest. Er is geen andere uitkomst hier voor mij in Verrières.

KILO Goed. Ik zal niets zeggen. [*Neemt haar hand, likt er aan*] Je hand smaakt naar chocolade. [*Hij trekt haar tegen zich, begint haar te kussen en duwt haar in het hooi*]

MALOU Neen, neen, neen. [*Zij rukt zich los, loopt naar de andere hoek van het hok*]

KILO [*zich afwendend*] Waarom ben je dan gekomen vanavond?

MALOU [*nadert*] Luister. Kijk naar mij. Wat wil je? Dat ik je zeg dat ik zonder jou het ellendig vind, daar in het huis van Lambert? Dat ik in die vier dagen al gewoon ben aan je, dat je niet uit mijn kop te halen bent. Dat ik na die vier domme dagen, alleen in mijn bed, aan jou denk? Dat ik in mijn hoofd-kussen bijt tot het helemaal besmeerd is met lippenstift, zo hard wrijf ik er mijn mond in het kussen en zo hard denk ik dat jij het bent? Moet ik je dit zeggen, als een gans die niet beter weet, die niet beter heeft léren weten? Is het dát wat je wil horen?

KILO Ja.

MALOU Wel, dan moet je niet bij mij zijn. Zoek je een andere in het dorp of nog beter eentje uit Evergem, ga bij zijn nicht, hoe heet ze ook weer?

KILO Jenny.

MALOU En trouw met die gans als je haar zo mooi vindt en wees gelukkig. Kom niet bij mij om dit bedrog, om die leugens, om die confituur.

KILO Zij is niet zo mooi.

MALOU Neen?

KILO Zij is bij de veertig. [*Pauze*] Je gelooft ze zelf, die leugens.

MALOU Dat dacht je!

KILO Ik heb je toch niets misdaan.

MALOU Neen.

Hij komt weer dichter.

Blijf daar.

KILO [*houdt haar vast*] Ik wil ziek zijn, zoals jij. Blaas in mijn gezicht, in mijn mond dat het doordringt tot in mijn karkas hier, dat het hier ziek wordt zoals bij jou.

MALOU Blijf van mijn vel!

KILO [*doet drie, vier stappen weg*] Ik ben log, een suikerwerker op twee poten en met twee poten naar voren die bieten op de karren laden of bieten in de spoorwagens krabben met de riek. Ik stink naar de bieten, ik krijg die bietenlucht niet uit mijn kleren, niet uit mijn haar. En je bent er vies van. Ook van mijn dikke kop die bedelt en kwijlt. Het is natuurlijk, het kan niet anders. Steeds opnieuw. Ik kan er niets aan doen, ik kan het niet tegenhouden, ik merk dat wel, zo vervroren zijn mijn ogen niet. Vrouwen hebben het mij al eerder gezegd. Ga weg, smeerlap, zeggen zij. Jij ook. Maar ik ben toch iemand, Malou, ik ben iemand. De anderen bij jou—wat deden zij? Hoe kwamen zij nader? Welke leugens vertelde hun mond, hoe raakten zij je vel?

MALOU Vraag het hun.

Pauze.

KILO Ik kan betalen. Ik heb geld.

MALOU Lambert heeft veel meer geld. [*Pauze*] En toch kom ik hier, op enkele honderden meters van waar hij in zijn bureau zit, daar [*zij wijst naar de deur*] en hij denkt dat ik lang uitslaap. Hij is gerustgesteld, hij weet mij in het warme bed. Want hij wil voor mij zorgen, zegt hij, als voor zijn dochter. En ik, ik doe zoals altijd, ik hou hem voor de aap. Zoals ik altijd, hoor je, Kilo, alle mannen voor de aap heb gehouden. [*Zij lacht grimmig*]

KILO Mij niet.

MALOU [*komt dicht bij hem*] Neen. Jou niet. Jou laat ik niet naderbijkomen, al vraag je het nog zo lief, nog zo zacht. [*Zij kust hem*] Wij zullen elkaar geen pijn doen, Kilo, hè?

KILO Neen. [*Verwonderd*] Wat heb je, zo ineens?

MALOU Ik weet niet wat gedaan is met mijn vel. Ik wil alles. En niets.

KILO Ik weet wat je wil.

Zij staren naar elkaar.

MALOU Ja. [*Pauze*] Maar het zal niet gebeuren. Ik laat mij niet meer vangen, nooit meer. Ik wou dat je al weg was, en het seizoen al over en vergeten.

Hij draait zich om. Zij trekt hem terug naar zich toe.

Ik ben bang voor wat ik wil, Kilo.

KILO Ja?

MALOU Ik heb beestigheden gedaan, meer dan je denkt, meer dan zelfs de meisjes hier van de suikerstreek gewoon zijn, maar ik deed ze lachend en niets kon mij schelen. Tot verleden jaar. Tot ik mij liet vangen. Luister, sedertdien ben ik bang. Begrijp je dat? Ik kan mij niet meer laten gaan, ik moet mijzelf in toom houden, weten waar ik heenga, waar...

KILO Wat vertel jij daar allemaal?

MALOU Ik heb een vrijer gehad verleden jaar en... [*Zij stokt*]

KILO Maar één?

MALOU Maar één.

KILO [*lacht*] Wie dan?

MALOU [*wacht*] Je kent hem niet.

KILO Waar is hij nu?

MALOU Ik weet het niet.

KILO En voor hem was je niet bang?

MALOU Ik deed alles wat hij zei. Hij knipoogde en ik viel op mijn knieën, en ik kroop op mijn knieën tot mijn vel en mijn kousen kapot waren en ik verroerde niet dan nadat hij mijn haar gestreeld had. En ik bleef liggen wachten, tot...

KILO Hij was mager. En lenig. En mooi. Nietwaar, Malou? [*Pauze*] En hij heeft je in de steek gelaten? Of komt hij terug?

MALOU Neen. Niet meer.

KILO Waar is hij dan?

MALOU Weggegaan.

KILO Verleden jaar?

MALOU Het is lang geleden. De maanden gingen niet voorbij. De dagen bleven hangen aan mij, het duurde uren voor het donker was elke dag en hij was er niet.

KILO En ik ken hem niet? Werkte hij in de fabriek? Wat deed hij?

221

Malou haalt schouders op. Pauze. Spoorwagens buiten denderen tegen mekaar.

KILO [*drinkt*] De kermis in Evergem is niet zo groot als die van Gent of van Deinze, je zal zien. Er zijn maar een paar schietkramen en paardemolens voor de kinderen. Dan nog kramen met oliebollen. Hou je van oliebollen?

Zij antwoordt niet.

En voor drie dagen komt er een circus uit Gent. Met Gastonske en Titi. Titi is die met de lange schoenen, waar Gastonske altijd op trapt. En de cafés zitten boordevol en iedereen loopt op straat met papieren hoeden en iedereen roept vrolijk naar iedereen en je kan dansen in elk café tot een stuk in de morgen. Je luistert niet.

MALOU Die vrijer van mij, hij komt niet meer terug. Want hij is dood.

KILO Ja?

MALOU Hij is in de kalkoven gevallen, op een dag.

KILO Dan is er weinig van hem overgebleven.

Malou kijkt naar hem, begint zachtjes te lachen, barst dan in lachen uit, Kilo dan ook, zij krijgen bijna de slappe lach.

MALOU [*in haar lachbui*] Niets. Niets is er overgebleven!

De lachbui eindigt. Malou drinkt.

KILO Was hij goed voor je?

MALOU Ik kon geen stap doen of hij wilde bij mij zijn, mij nooit loslaten, nooit, zei hij.

KILO En je ziet.

Hysterische lach begint weer maar eindigt bruusk. Spoorwagens buiten.

KILO Het was een Fransman dan?

MALOU Ja. Een jonge Fransman, jouw leeftijd, ja, jouw haar een beetje, maar langer en blonder. Jean-Marie heette hij.

KILO En hij was niet zo dik.

MALOU Neen. Hij was de liefste man op de wereld, geloof je mij? Nooit heeft hij mij kwaad gedaan, geloof je mij?

Kilo knikt.

En in één keer was hij weg. In één dag tijd. Ik wachtte op hem 's avonds op de zolder van de stapelplaats en ik wachtte. Weken, maanden, en geen teken. Niets. En toen hij weg was, was ik mezelf niet meer, een andere Malou werd wakker in mijn vel, en die andere, wel, zij zoop en zij liep erbij voor schut. Ik waste mij niet meer en ik liep in lompen, maar altijd had ik zijn laarzen aan die in Flamins bergkamertje waren blijven staan. En met zijn laarzen aan trappelde ik door Verrières, door de bietenvelden, op de koer hier, tussen de bietentorens, door de straten en hij was weg. Iedereen mocht mij te drinken geven, ik goot het naar binnen, het is het enige dat je doen kan hier, waarom is er anders een distillerie bij de Suikerfabriek en toen gebeurde wat er moest gebeuren, het kon mij niet schelen, dacht ik, maar ik was gevangen... Ik werd ziek...

KILO [*naast haar*] Maar nu ben je genezen.

MALOU Ja. [*Zij drinkt*] Ik mag niet drinken. [*Lacht*]

KILO [*legt zijn handen op haar schouders*] Je moet niet bang zijn.

MALOU [*glimlacht*] Neen.

KILO [*dichtbij, neemt haar hand*] Je hand ruikt naar hooi. Naar chocolade en hooi. En naar wijn, dure wijn.

MALOU [*omklemt hem razend*] Blijf van me af, blijf van me af.

KILO Ik kan betalen, Malou.

MALOU Neen. Neen.

KILO Zoveel je wil. Zeg het.

MALOU Binnen vijf dagen.

KILO Waarom?

MALOU Ik ga met je mee naar Evergem. Ik laat het huis van Lambert achter, ik laat Verrières achter. Ik ga mee met je.
Sirene.
Beweeg niet. Je bent mijn eerste vrijer. Ik laat mij weer vangen. Ik heb niets, niets geleerd.
Zij knielt voor hem. Hij zit naast haar neer.
Ik ben een jong meisje uit het dorp, en jij bent haar eerste vrijer. Je maakt mij warm en ongeduldig, maar wij moeten wachten. Vijf dagen. Tot wij in Evergem zijn. Ik weet niets van vrijen af. Ik ben bang voor jou, een dikke koppige zot van een eerste vrijer, maar jij, eh, jij hebt eh, respect voor mij omdat ik zo jong ben en het de eerste keer is, en je wacht. [*Pauze*] Je wil wachten. Je zegt aan niemand iets daarover in de barak, hè, Kilo?

KILO Neen.
Sirene gaat. Zij eet chocolade, geeft hem wat, hij eet. Stilletjes lacht Kilo.
Je gaat mee.

In de barak. De twee Minnes en Jager.

OUDSTE MINNE Dat zij niet meer naar Lamberts huis is teruggekeerd en bij haar zusje Lily slaapt, wie kan het wat schelen?
Mij niet, Minne niet en jou ook niet, Jager. En dat Kilo haar
likt waar Minne bij is, het is een schande, maar het ligt in de
gewoontes van de jonge mensen tegenwoordig, schijnt het.
Zelfs de katten kruipen in het donker daarvoor, maar die jonge
gasten... ah, in mijn tijd, de veldwachter was er bijgekomen,
zeg ik je, Jager. Maar dat Flamin hier komt tieren en ons voor
rotte vis uitscheldt omdat zijn dochter niet naar Mijnheer
Lamberts huis terug wil, ah, maar dat gaat te ver. Hier kookt
de melk over, Jager! Want wie is hij, Flamin, tenzij iemand die
zijn land in de steek heeft gelaten, en die liever Fransman zou
zijn, hij zegt het zelf. En dat die twee kinderen loslopen als
veulens, waar zouden zij anders geleerd hebben, Malou en
Lily. Toch niet van hun moeder.

JONGSTE MINNE Neen. Blanche was een mooi mens, het wijf
van Flamin. God hebbe hare ziel!

OUDSTE MINNE En zij vroeg niet veel, zeker! Jij kon haar betalen, zeker, in de tijd. Flamin weet wel met welk geld hij hier
een huis in Frankrijk heeft kunnen kopen, met welk geld hij
suiker in zijn kelders kan opstapelen, genoeg om heel Frankrijk
in de siroop te laten drijven! En zo iemand zou hier zijn eigen
volk de les komen lezen! [*Hij doet Flamin na*] 'Want zij trouwt
met de secretaris binnenkort,' alsof hij er fier op ging! O, ik zal
hem niet gauw vergeten, de secretaris Lambert! Wanneer was
het, drie jaar geleden was het, toen wij naar huis wegwilden en
de pree gingen halen op het bureau, wat zien wij staan op het
betaalbriefje: Afgetrokken, tweehonderd frank de man, voor
'kontribuutiong donneur'. 'Wat is dat, meneer Lambert,' vroeg
Tsjan de Ketser die toen chef was: kontribuutiong donneur?
Ik laat het je raden, Jager, jij die aan hun kant staat, jij die geen
werkmens bent! Die kontribuutiong donneur was een bijdrage
voor een taart voor de koningin van Engeland voor haar verjaardag. [*Hij kijkt rond, de anderen kennen het verhaaltje al door en
door*] Want in Engeland hebben ze geen taarten in de winkels.

En in Frankrijk ook niet. Neen, hier in Verrières, bij het uitschot van de suiker kwamen zij de taart halen voor de koningin van Engeland! En heb je uitgerekend, Jager, hoeveel die taart gekost heeft aan tweehonderd frank de man? Heeft zij dan het hele jaar taart gegeten, de koningin van Engeland?

JONGSTE MINNE Het was een grote taart, zeiden zij.

OUDSTE MINNE Mijnheer Lambert, wel, hij zou ze ons laten zien, voor ze vertrok, de taart, met de boot. Heb jij ze gezien, Jager? Neen. Heeft iemand de taart gezien? Neen. Wat wij allemaal gezien hebben is dat Meneer Lambert de dag erna een nieuw pak aan had, een dat hij nog nooit eerder gedragen had, een bruin met witte strepen, herinner je je, Jager? Zonder zich te generen! En Flamin is fier dat zijn dochter met zo'n vals, oud giftig karkas naar de pastoor mag! Maar—mag ik ook eens iets zeggen?—wij hebben het staartje nog niet gehoord van dit liedje. [*Pauze*] Zij likten mekaar waar je bij was, hè, Minne? Antwoord als je broer tegen je spreekt.

JONGSTE MINNE Het scheelde niet veel.

OUDSTE MINNE Voilà! Zij dansten en er was geen muziek. Waar of niet, Minne?

Jongste Minne knikt.

Jager, had je dat ooit gedacht van je vriend Kilo? Jager? Hij heeft nooit geweten wat hij deed, die Kilo. Veel macht in zijn armen, ja, en ik kraak twee agenten op de kermis, en ik sla de ruiten in van de schoolmeester zijn auto, en ik trek het bed van Minne vaneen, midden in de nacht in het putje van de winter als ik dronken ben, ja, zeker, ja, maar in de kop, wat zit er in zijn kop? Wind, wind, een windei is die dikke kop. Geen inzicht, geen vooruitzicht! Dat heeft een vrouw in Evergem die op hem wacht, een café, waarvan de huur al maanden tevoren betaald is door die vrouw, binnen vijf dagen gaan wij naar huis en wat doet die slimme Kilo? Hij jaagt op het jacht van Meneer Lambert! Die Lambert is gevaarlijker dan Kilo ooit weten kan, de domme dikbalg. En mag ik ook eens iets zeggen?—wat dan als Lambert ons in zijn koleire opnieuw een kontribuutiong donneur voorschotelt?

JAGER Als het niet zo mistig was vannacht, was ik in mijn moeras gebleven. Daar zijn er kwakkels genoeg.

OUDSTE MINNE Ik ben een kwakkel? Het is niet waar wat ik zeg?

JONGSTE MINNE Hij betaalt haar toch, die jongen, hij heeft recht op...

OUDSTE MINNE Wat? Gaf hij haar geld? Heb je dat gezien, Minne?

JONGSTE MINNE Hij gaf haar een flesje reukwater, dat drie-honderd tachtig frank heeft gekost.

OUDSTE MINNE O, Minne, je hoofd is een rotte spons! Dit is geen betalen, dit is geen afrekenen, dit is een cadeau. Minne, weet je dan niet, dat het echt is met die twee, muziek, de maan, de tralala, de speelman zit op het dak!

JAGER Precies. [*Pauze*] Malou is veranderd zelfs. Zij heeft iets van het jonge wijf al, die een huis, een kind, een man heeft. Zij kwam langs het moeras vanmiddag, en zij lachte en zwaaide met haar hand. Alsof het mooi weer was. Alsof zij op vakantie was.

OUDSTE MINNE Een huis, een kind, een man? Zij heeft niets, Jager, niets!

JAGER Neen?

OUDSTE MINNE Een lachje naar mekaar, een mond op haar mond, wat kinderwoorden en wat speeksel op haar buik, wat is het? Wat heb je in je handen? Wat draag je mee naar huis?

JAGER Je kan het niet verdragen, hè, Minne.

OUDSTE MINNE Niets hebben ze, niets!

Pauze.

JONGSTE MINNE [*om twist af te weren*] Nog vijf dagen.

OUDSTE MINNE Het spijt hem al dat het seizoen over is. Minne, Minne, ben jij familie van mij? [*Pauze*] En Kilo, die zich stil heeft gehouden dit seizoen als nooit een Vlaming tevoren. Ik rook het, het was te mooi, te rustig, te gemakkelijk allemaal dit jaar! En Kilo die naar geen vrouwen kijkt—je had zelfs kunnen denken dat er iets aan mankeerde als je niet wist dat het een Verstraete was, nu heeft hij twee vrouwen in één keer, in elk land één.

JONGSTE MINNE De Verstraetes trouwen allemaal laat. [*Pauze. Dromerig*] Overal muziek en de maan en de tralala.

OUDSTE MINNE Neen, Minne, hier muziek en thuis muziek,

het kan niet zijn, het is te veel gevraagd. Hij zal moeten kiezen. Dat hij maar naar goeie raad luistert!

JAGER Jouw raad misschien? Wat weet jij ervan, Minne? Zoiets, die muziek, is jou nog nooit overkomen. En je zal het nooit weten.

OUDSTE MINNE Ik ben een kwakkel, ik ben geen wielrenner geweest en ze hebben mij niet uitgekozen voor de Ronde van Frankrijk in de jaren dertig, zoals jij vroeger, en ik ben zelfs geen moeraswachter zoals jij nu, maar één ding weet ik over wat er nu gebeurt. Ik heb geen horens op mijn kop, want ik ben niet getrouwd geweest, maar ik heb nog één goed oog in mijn kop en ik zie dat wat er met die vrijers aan het gebeuren is hier tegen de zeden is, tegen de wet. Waarom, Jager? Omdat de wet zegt dat zij er aan gaan. Waarom? Omdat zij de mensen bedriegen die goedgelovig zijn. Kilo bedriegt de vrouw die op hem wacht in Evergem en die hoer van een Malou bedriegt haar vader die haar een deftig leven wil meegeven op deze aarde en bedriegt Meneer Lambert die haar in zijn eigen moeders huis heeft opgenomen.

JAGER Jij weet niet eens het verschil tussen een hoer en een gewone vrouw!

OUDSTE MINNE [*kakelend*] Haar zusje Lily is een hoer, Blanche, haar moeder, was er een, God zegene hare ziel! Wie is zij dat zij zich kan veroorloven er géén te zijn? [*Stiller*] Hebben wij haar dan niet aan het werk gezien, verleden jaar? [*Pauze*] Luister, Jager, jij neemt mij voor een of ander werkman uit Evergem, geloof ik! Wat doe ik in mijn vrije tijd, Jager? Wat dacht je? Met mijn vingers draaien, zoals jij? En denken: ik was in de Ronde van Frankrijk in de jaren dertig, ik ken de Tourmalet, de Pyreneeën, en toen ik thuiskwam, stond de harmonie aan het station, en iedereen riep: 'Leve de kampioen, leve Jager, onze Jager?' En verbeuzel ik mijn vrije tijd jaren, jaren lang door daar aan te denken en aan niets anders, en door naar een moeras te gapen?

JAGER Het hele dorp stond aan het station, Minne, en jij stond erbij en je riep mee!

JONGSTE MINNE En ik ook. 'Leve Jager, leve onze kampioen!'

OUDSTE MINNE Maar nu roep ik niet meer naar je. Ik laat je

227

zitten daar in je hoek en in je moeras. En ik, ik ga en ik keer waar ik wil, een vrije werkmens die werkt en naar cafés gaat en die weet wat er in de wereld gebeurt! En—ik zal ook eens iets zeggen—al ken ik geen Frans, ik ken het lieve volkje waartoe die Malou behoort! Ik ruik ze van uren ver, Jager, ik ken hun blikjes en de manier waarop zij lopen. En zij is er eentje net als haar moeder en haar zusje. Lily. Lily met de heupen.

Max komt binnen. Hij is in stadskledij. Hij kijkt in het spiegeltje boven zijn bed; steekt zijn tong uit. Laat zich op zijn bed vallen. Trekt zijn schoenen uit.

OUDSTE MINNE Wat ben jij vroeg thuis? Staken ze dan in de cafés in Compiègne?

JAGER Het seizoen gaat naar zijn einde en Max denkt er aan dat hij naar huis moet. Het vergalt elk pintje bier, in Compiègne of waar ook in de omtrek. Hij moet terug naar zijn moeder. Zij wacht al op hem.

MAX [*dreigend zacht*] Heb ik ooit ruzie met je gezocht?

JAGER Ik ga iedereen uit de weg. Ik trek alleen mijn plan.

MAX Nu doe je dat niet.

Jager haalt zijn schouders op. Pauze. Max laat zich achterovervallen. De waarzegster in Compiègne, en ik had nog geen stap in haar kamer gedaan, ik stond nog in de gang, zei: 'Max, ton avenir est compromis.' Je toekomst is op springen. Hoezo, vroeg ik. Ik heb je kaarten gelegd vanmiddag, zei ze, want ik zag een soldaat en die leek zo op jou en ik vroeg hem hoe hij heette en hij zei: Maximilien, en ik ben naar huis gerend en ik heb de kaarten gelegd. Meteen. En Roboam met zijn wagen kwam te voorschijn naast de gehangene.

Jongste Minne, met open mond, knikt. Drinkt vlug een slokje van zijn mengsel.

'Heb jij een blonde vriend?' vroeg ze. 'Die met een zwart meisje gaat dat gij kent, maar lange tijd niet gezien hebt?' vroeg ze. 'Zij bereiden je dood voor,' zei ze. 'En is het niet je dood, dan is het je ondergang.'

JAGER Zij zei verleden week dat je een negenoog zou krijgen.

OUDSTE MINNE Maar die kan hij nog krijgen!

MAX En toen heeft zij mijn bloeddruk genomen en opgetekend. Op het papiertje met mijn bloeddruk heeft zij de gewone

kaarten gelegd. En de rode boer kwam op de aas van schoppen. Ik kon het niet geloven. En nog minder kon ik geloven
wat Bobik mij vanmiddag zei bij de wasserij. Dat Malou in de
fabriek komt des nachts en in het treinhok. Bij Kilo. [*Steeds
dreigende zachte toon*] Jullie wisten ervan, alle drie. En geen van
jullie heeft een kik gegeven. Ik vergeet dit niet.

JAGER Je bent bezorgd om je Kilo, hè?

MAX Ja, als je het wilt weten.

Kilo komt binnen. Gaat bij Max' bed staan.

OUDSTE MINNE Daar is het lam Gods!

KILO Ik stond bij het hek te wachten tot je terugkwam. En je
deed alsof je mij niet zag.

MAX Hoe wist je dan dat ik zo vroeg zou terugkomen?

KILO [*onwennig*] Zo maar.

Zij bespieden elkaar.

Wat zei de waarzegster?

MAX Ik heb het net verteld aan Jager.

KILO Heeft zij Jager dan gezien in haar glazen bol? [*Probeert het
op een grapje te trekken*] En krijgt hij ook een negenoog?

MAX Neen. Zij zag jou.

KILO Mij? [*Kijkt naar de anderen, die staren*]

MAX [*knikt*] Met Malou.

KILO Met Malou? De dochter van Flamin?

MAX Precies, Kilo.

KILO En wat zag zij?

MAX Weet je het dan niet? Weet je niet waar de knobbel zit?

KILO Ik ben vrij te doen...

MAX Wat je niet laten kan. Natuurlijk. En het mij te verzwijgen.
Natuurlijk, waarom niet? Wij hebben toch niets met elkaar te
maken, nietwaar? Ik ken je van zien, van ver, je werkt hier ook
in de suiker. Ik heb je nooit geholpen. Nooit de hand boven
het hoofd gehouden. Je nooit uit de rottigheid gehaald.

KILO Jawel, Max.

MAX Toen je vader gestorven is in tweeënveertig, dat is nu
zeven jaar geleden, en je niet wist waarin of waaruit, heb je
niet je intrek bij mijn moeder en mij genomen, neen? Ik ben
de laatste van de bietenstekers, ik verdien het minst van ons
allemaal hier, ik ben geen voetbalspeler bij Evergem S.F.... ik

kan niet dansen, ik beteken niets voor jou noch voor iemand ter wereld. Denkt zij ook zo over mij, het meisje Malou? Als jullie op elkaar liggen en met het krapuul ligt te lachen dat hier samen in de barakken ligt te stinken, wat zegt zij dan over mij, Malou? Wat, Kilo?

KILO Wij praten niet over jou.

Jongste Minne trekt zijn kleren uit, zit in zijn onderkleren.

MAX Over wie dan wel? Over Minne misschien?

JAGER Ra ra ra?

MAX Waarom lieg je, Kilo? Zoals de anderen. Zoals dezen hier, die niet kunnen verdragen dat ik het meest van de hele fabriek verdien en dat zij naar mijn pijpen moeten dansen?

KILO Ik heb niets misdaan.

MAX Mijn nicht Jenny aan wie je een ansichtkaart stuurde met lieve woordjes, drie dagen geleden nog, heb je haar niets misdaan? Wat doe je daarmee? Met mijn nicht die zes maanden vooruit moet betalen voor je café en die haar ouders verlaat om met je te trouwen.

JAGER Hij zit bijzonder met zijn nicht in, ineens. Goed zo, Max, zo wil ik het horen.

MAX [*blaft*] Geen kik meer van jou.

KILO Maar wat wil je toch? Wat kan jou het nu schelen dat ik Malou zie en met haar wat zit te praten. Er is niets aan de hand. Wat wil je van haar?

MAX Ik heb niets met haar te maken. Ik wil het ook niet. Ver, heel ver wil ik uit haar buurt blijven.

KILO Is zij zo slecht dan ineens, slechter dan de vrouwen uit het dorp? Wij zijn er toch samen heengegaan, jij hebt er mij naar toe gesleurd! Je zei: Zij is een vrolijke vogel als haar zusje Lily. Wij gaan lachen vanavond.

MAX Zij is ziek.

KILO Zij is aan het genezen.

MAX Hou jij je dan met zieke mensen bezig, plots? Als in Evergem het iemand aan zijn longen heeft, ga jij dan in die winkel waren halen of praat je tegen die zieke mens langer dan het moet? Neen, dat doe je niet, niemand van ons doet dat. Maar nu, hier, ineens kruip je er boven op!

KILO Mijn longen kunnen er tegen. Alleen maar sommige mensen krijgen het over, mensen die er aanleg voor hebben of zwakke longen hebben.

OUDSTE MINNE [*kirrend*] Zijn longen liggen in het vet, hihihi.

MAX Wat is het dat je niet van haar weg kunt blijven? Is het omdat zij jonger is dan Jenny en geverfd is als een Franse vrouw? Neen, het is omdat zij praten kan. Jullie praten, je zei het zelf daarnet, de hele nacht lang. En het is niet over mij, noch over Minne. Waarover dan wel? Over haar zusje Lily misschien en het leventje dat zij leidt en hoeveel zij verdient misschien? Daar zal zij meer over weten.

KILO Zij praat over de stad, over de winkels, de cinema's in Arras.

MAX En wat nog meer?

KILO Zij hoort hier niet, Max, hier in Verrières. Zij is niet zoals Lily of de andere vrouwen in het dorp.

OUDSTE MINNE Zij is te goed voor ons.

KILO Ja.

MAX [*lacht*] Je bent een kind, met de balg en de poten van een man van vijfendertig. Hoor! Heb ik je ooit iets ontraden, waarvan je achteraf niet gemerkt hebt dat het voor je bestwil was? Ben ik iemand die je in een gracht wil duwen? [*Hij geeft Kilo een sigaret*]

KILO Neen.

MAX Wat is er dan dat je je ineens stiekem keert tegen mij, waarom? Het was toch niet moeilijk mij te vragen: Max, zorg dat ik Malou of dat ik dit of dat teefje heb vanavond. Waarom achter mijn rug? Dan had ik gezegd: blijf van haar weg, zij is niet voor jou, het magere soort dat uitteert en zich vastklampt aan een man en hem tot op zijn gebeente vreet, en dat niet, nooit loslaat! Ik had je gezegd: neem Lily, de wildebras. Niet die afgelikte boterham met de maanzieke ogen van eentje die niet tellen kan.

OUDSTE MINNE Lily, die kan tellen. Maar al te goed. En ook in Belgische frank als het moet.

KILO Jij kent Malou niet, Max, zij is niet zo, zij is...

MAX Wat is zij?

KILO [*draait rond, zegt plots*] Ik denk dat ik en Malou...

MAX [*scherp*] Wat dan?

231

KILO [*schrikt ervan*] Niets. [*Ongeduldig*] Max, jij bent geen ploegbaas, die mij moet vertellen wat ik doen en laten kan. Wat kan jou nu schelen dat ik wat met Malou rondscharrel?

MAX Eerst was het 'praten'. Nu geef je toe dat het rondscharrelen is.

KILO Misschien.

OUDSTE MINNE Hij weet niet waar zijn kop staat.

JAGER Hij weet het al te goed.

KILO Je vertrouwt haar niet. Je denkt dat zij mij voor de aap houdt als de andere wijven hebben gedaan. Dat zij mij plots alleen zal laten, nadat zij mij uitgehoord heeft, 'uitgevreten' zoals je zegt, en dat zij mij dan plots gaat uitlachen, omdat ik te dik, te goedgelovig ben.

MAX Ze zal je laten vallen, net als de anderen. En zo dom als tevoren zul je daar staan, neen, tien keer dommer nog en alleen, in je hemd.

JAGER Daar zorgt Max wel voor.

MAX Neen, Jager, daar zal ze zelf wel voor zorgen. Zij heeft ogen in haar hoofd en zij houdt haar kopje wel koel als het er op aan komt. Luister, jongen, ik heb Flamin gezien daarnet. Hij is een zakenman, geen idioot. Niet voor niets heeft hij hier zijn handel overgebracht op tien meters van de fabriek. Hij is een lepe, oude man. En wat er met Malou gebeurt, bevalt hem niet. Zei Malou je nog iets bijzonders gisteravond?

KILO Waarom?

MAX [*heftig*] Want zij was toch bij jou gisteravond, hè? En de avond tevoren, hè?

KILO Ja.

MAX [*kalmeert*] Dus, niets bijzonders zei zij. Wel, gistermiddag heeft Flamin zijn haar laten snijden, hij heeft zijn beste pak aangetrokken, en hij heeft de hele avond in de keuken op Malou gewacht. Met een fles Armagnac in zijn schoot, die hij speciaal gekocht heeft, want meneer Lambert drinkt het liefst Armagnac. Hij heeft gewacht de hele avond tot Malou zou opduiken en zij kwam niet, en daar zat hij met zijn dure fles.

KILO Wat had hij dan met die fles?

MAX Samen, vader en dochter, moesten zij gisteravond gaan eten bij Lambert thuis. En tijdens het eten wilde Lambert plechtig als het ware, zoals het zou moeten zijn, de dochter te trouwen vragen.

KILO Wil Lambert met Malou trouwen?

MAX Wist je dat dan niet? Zegt zij dan niets tegen je als jullie zo dikwijls zitten te 'praten'?

KILO Neen.

MAX 'Ik heb het begrepen,' zei Lambert tegen Flamin, 'zij wil niet dat het dorp kwaad over haar denkt, zij wil niet aangezien worden als een bijzit, goed, ik stel één voorwaarde, zij komt meteen naar huis, naar mijn huis dan, zij gedraagt zich goed en wij trouwen in dezelfde week.' Dat zei Lambert!

KILO Zij heeft er mij niets over verteld.

MAX Natuurlijk niet! Zij heeft het in haar mouw, zeg ik je!

KILO En de secretaris wachtte ook de hele avond? Met zijn eten? [*Hij barst in lachen uit*] Het zal hem leren!

MAX Lach niet. Lach niet. Steek dit in je hersenpan! Ik ben getrouwd geweest en nooit zal je mij iets verkeerds horen zeggen van Elisabet, hoe lelijk zij ook gedaan heeft tegen mijn moeder en mij, maar ik heb het geleerd aan mijn eigen vel, jongen, dat vrouwen met onze voeten spelen, waar en wanneer zij ook maar de kans krijgen. En jouw enig verweer, jongetje, is dat jij er het eerst bij bent en dat je met hun voeten speelt. Dit leer je wel binnenkort. Maar zolang je niet meester bent, zoals jij nu, van wat voelt en denkt te voelen, en je je niet in toom kan houden, als een soldaat, zolang heb je nog niets geleerd. Met hun voeten spelen en ze komen je handpalm likken, Kilo!

JAGER Hoe denk je dat hij anders die vrouwen in het dorp in zijn handen houdt, die hem een grote hap van haar verdiende centjes komen brengen?

OUDSTE MINNE Om zijn mooie ogen, hè, Max?

JONGSTE MINNE Hij heeft geen mooie ogen. Hij heeft pis-ogen!

Max springt naar de Jongste Minne toe, die wegloopt en zich achter zijn bed verschuilt. Oudste Minne springt er tussen. De Jongste kruipt onder zijn dekens.

MAX Wat zeg je, kale zot? Lafbek. [*Keert terug naar zijn eigen bed*]

OUDSTE MINNE [*sussend*] Hij heeft wel mooie ogen, Minne, zie je dat dan niet? Zij lijken een beetje op de mijne, toen ik jonger was en ik er twee had. Kijk, Minne.

JONGSTE MINNE [*steekt kop boven*] Zijn haar heeft brillantine, dat zie ik.

MAX [*tot Kilo*] Hou je kop helder. Denk aan je toekomst, aan je café, of geef je daar ook niet meer om? Je wilde nooit iets liever.

KILO Dat is zo.

MAX Luister naar wat ik je zeg. Ik heb dingen in het zicht voor ons beiden. Wij zullen niet eeuwig blijven rondhangen hier in de suiker, en 's winters in het metaal met deze vieze patattenzakken rondom ons. Ik heb plannen mooier dan je denken kan, en vergeet niet, je weet, je weet niet waarin of waaruit, zonder mij.

KILO Wat zoekt Malou dan in mij? Wat kan ze dan achter de mouw hebben? Zij *moet* toch niet doen alsof ze iets om mij geeft. Ik heb geen geld, ik ben lomp...

MAX Ik weet het zelf niet goed wat zij verbergt, maar het kàn niet echt zijn wat zij je wijsmaakt. Het kan niet. Weet je wat het is? Zij wil mij treffen, mij pijn doen. Zij weet dat ik met je te doen heb, dat ik voor je zorg...

OUDSTE MINNE Word wakker, Minne. [*Schudt zijn broer, die ingeslapen was*] Wij zullen het nog allemaal horen.

JONGSTE MINNE [*steekt kop boven*] Huh? Is het tijd? [*Kruipt weer onder de dekens*]

MAX Kom, Kilo. [*Hij trekt zijn botten aan*] Wij gaan in het dorp. Ik trakteer. Die oude kraaien hier zeveren van plezier, als zij ons zien ruzie maken.

Zij gaan weg.

OUDSTE MINNE Deur toe.

Jager schuift de dweil voor de deur. Max en Kilo staan nu op de gang naast de barak der Vlamingen. Kilo houdt halt.

KILO Ik heb geen zin.

MAX Wij zijn vrienden, Kilo. [*Neemt hem bij de schouder*] Mij mag je alles zeggen. Je hebt het altijd gedaan.

KILO Ik moet... haar zien vanavond.

MAX Je moet?

KILO Geloof mij. Wij doen niets. Wij zitten daar. En wij lachen. En het is voldoende. Je zal mij uitlachen, maar ik durf niet anders. Zij is nog zo jong. En alleen. Zoals ik. Zij hangt aan mij vast. Iedereen heeft haar rot behandeld. Mij ook.

MAX Dus jullie kijken elkaar diep in de ogen zoals in de cinema en jij leest in die ogen dat zij jong is en stom als een kieken dat uit het ei gekropen is. En dat slik je gretig.

KILO Zie je. Je spot.

MAX Terwijl je niets van haar afweet, niets van vrouwen kent!

KILO Ik kan niet met vrouwen omgaan, dat is waar. Jij wel, jij kent de woorden die zij willen horen, de gebaren die je moet doen. Ik niet. [*Pauze*] Ik streelde haar knie, een hele tijd en toen trok ik mijn hand terug, ik liet haar los.

MAX [*snauwt*] Waarom?

KILO [*opnieuw geschrokken*] Zo maar.

MAX [*lacht*] Omdat je een Verstraeten bent. De Verstraetens zijn traag.

KILO Misschien.

MAX Nu, bij de vrouwen uit het dorp ben je ook niet zo vlug. Je bent er niet één keer heen geweest dit seizoen. Zeg mij niet dat het de gedachte aan nicht Jenny was die je weerhield.

KILO Ik houd er niet van. Vroeger, toen ik, je weet wel, wild was, toen ging ik mee met jou, met de anderen omdat ik dacht dat het zo moest. Maar ik hield er niet van. Die vrouwen uit het dorp. Ik ken ze beter dan je denkt. Hun vertellingen, hun gekir, hun lachjes. Als hun gekakel stopt, als hun gebaren van Kom-eens-hier-jongetje ophouden, als zij hun rok losknopen, dan trekken zij hun hemd uit, hun onderkleren, kousen, dan het korset, dan is het allemaal als zovele korsten, als zoveel afval van vel dat hen beschermen moet en dan wrijven zij een ander vel, de verf van hun gezicht en van hun nek en dan zie je ze plots met hun gezicht, wit en bloot, met rimpels en met een slechte adem en zij lachen dan naar je, je denkt: dit wezen is een vreemde, ik heb niets met dit wezen te maken, nooit, nooit, al springt en danst zij nog zo wild, al schreeuwt zij nog zo hees, die woorden, altijd dezelfde woorden. Minne en de Fransen kunnen met ze omgaan, zelfs jij kan ze hebben dag na dag, het hindert jou niet. Ik kan er van kotsen. Ik kan er niet tegen. Ik kan niet tegen zo'n vreemde, zo'n wezen zo vlakbij.

MAX [*ongewoon zacht*] Ik ook niet, Kilo.

KILO Maar je gaat er heen, elke nacht bijna. Je verdient er zelfs aan.

MAX Het is het enige dat er mee te doen is, Kilo. Die vreemden, en het zijn allemaal vreemden, die vrouwen, in de grond duwen tot ze knielen. En als zij dan daar gekniel zitten en blèren over liefde en kwijlen over het altijd samenzijn, als zij dan aan mijn nek hangen en hun vinger over mijn lippen wrijven om mij te doen glimlachen, oh, Kilo, dan haat ik ze zo dat ik er van beef. En dan lach ik en steek mijn hand uit. Mijn hand die zich met hun briefjes vult.

KILO En zij raden het niet.

MAX Zij weten nergens van, zij hebben de gelukkige tranen van de liefde in de ogen, zij volgen lijdzaam en doen alles wat je vraagt met blinde ogen. [*Pauze*] Maar ik geef het op binnenkort. Ik kom niet lang meer naar de suiker. Mijn moeder wordt oud, Kilo en wij, wij hebben dingen in het vooruitzicht samen, geloof me.

Pauze. Sirene.

KILO Malou is niet als die vrouwen.

MAX Begin weer niet.

KILO Je kent haar goed, maar niet als ik. Zij is niet als die vrouwen. Malou, als zij glimlacht, weet ik wat zij zeggen zal, ik raad wat er in haar omgaat, wat zij zoekt. Zij is vlakbij, iemand die geen vreemde is, op een armlengte afstand en zij is warm en blij omdat zij bij mij is—bij geen ander, bij mij. En daarom wil ik haar op die armlengte afstand houden, zoals zij mij vraagt. Hoe heet ik ook ben, Max. Ik, die al die jaren rondgesleurd heb en tegen vreemden aanbots met mijn balg en mijn dikke kop, ik kom haar hier tegen, acht dagen voor het seizoen gedaan is, en zij blijft bij mij, op die armlengte houd ik haar nu...

MAX [*schril*] Hou op.

KILO Je gelooft mij niet.

MAX Zij is niet zo. Niet zo'n witte raaf! Waarom zou zij zo zijn? Omdat jij het zo wil. Omdat je denkt: ik nader de leeftijd, ik nader de veertig en die hele tijd heeft niemand, niemand naar mij omgekeken, heeft niemand mij zien staan voor wat ik

werkelijk ben. Niemand raadt wie ik ben. [*Lacht*] En zij zou er
zo maar ineens zijn, die iemand, vlak voor je!

KILO Waarom niet?

MAX En zij dan nog! Ahaha, het zieke schaap!

KILO Waarom niet?

MAX Omdat het niet kan! Omdat het niet mag!
Drie Polen, licht beschonken, komen voorbij, zij slaan Max op de schou-
der en wisselen met hem groeten in het Pools.
Wat heeft zij dan verteld? Wat heeft zij je kunnen wijs maken
dat je niet aan haar durft te komen, alsof zij een kind van
twaalf jaar was?

KILO Zij is geen kind van twaalf.

MAX Neen, Kilo, zeker niet.

KILO [*aarzelend*] Ik weet alles van haar, Max. Ik zal het je ver-
tellen, maar zwijg het altijd, beloof je me?
Max knikt.
Zij is verloofd geweest, een jaar lang, met een jonge Fransman.
Zij zouden trouwen. Zelfs Flamin wilde het. Zij kan die man
nog niet vergeten, zo hielden zij van elkaar en zij leefde er mee
als een getrouwde vrouw, precies zoals Lambert nu zou willen.
En toen, toen is hij op een namiddag in de kalkoven gevallen.

MAX In de kalkoven hier in Verrières?

KILO Ja.

MAX Wanneer dan?

KILO Verleden jaar.

MAX Verleden jaar is er Jean-Marie uit Rasnes in de oven gevallen, en die kon moeilijk haar verloofde geweest zijn.

KILO Kende je hem dan?

MAX Natuurlijk. Ik zag hem hier toch elke dag verleden jaar.
Zei ze jou dat ze met die jongen verloofd was?

KILO Ja, hij heette Jean-Marie. En toen hij dood was, zei zij, is zij
als zot geworden en zij wist niet wat gedaan met haar vel, en
toen heeft zij veel gedronken en zo en is zij ziek gevallen.

MAX Wegens die jongen? [*Begint krampachtig te lachen*]

KILO Geloof je mij weer niet?

MAX [*hysterisch lachend*] Jawel, jawel, jawel.

KILO [*geërgerd*] Niemand zegt wat hij denkt tegen mij, allemaal
houden zij mij voor de aap.

237

MAX [*ernstig nu*] Ik niet, Kilo. Ik nooit, onthoud het. Er zijn twee dingen, waar je voor moet oppassen. Nooit geloven wat ze jou vertellen, en tweedens: nooit voor waarheid nemen wat een vrouw tegen je zegt. Kijk niet zo dom. [*Slaat de hand om hem heen*] Wat is er? Ben je bang voor mij? Ik meen het goed met je, Kilo. Misschien heeft Malou redenen om je zoiets wijs te maken. Vrouwen hebben van die redenen, je weet het nooit met ze. Overigens, het is waar dat Jean-Marie in de kalkoven gevallen is.

KILO Zie je wel.

MAX Vergeet dit alles maar. [*Hij schuift Kilo's sjaal dichter, trekt zijn pet dieper*] Trek je sjaal nog wat toe. Het is kouder geworden. Er is mist.

VIJFDE TAFEREEL

Het sproeihok. Vier uur 's morgens. Malou loopt over en weer. Zij rookt. Kamt haar haar. Bij de kachel zit Bobik met zijn legermantel aan.

MALOU Il ne vient pas. Quelle heure est-il?

BOBIK Quatre heures [*Hij spreekt verder in het Pools, wijst naar het kacheltje*]

MALOU Non.

Bobik reikt haar zijn pul jenever.

Ik mag niet van de dokter. Het is slechts voor de nieren. Ik heb het aan de nieren. Les reins. [*Zij wijst*]

Hij begrijpt niet, zegt iets in het Pools.

Jij begrijpt ook niets. [*Zij lacht hem uit, hij lacht mee*] Lach maar. Comprend pas?

BOBIK Non.

MALOU Goed zo. Beest. Luilak. Zatlap. Beest. Comprend pas? *Hij schudt het hoofd. Zij neuriet, doet een paar dansbewegingen. Stopt plots.*

Ik weet niet wat gedaan met mijn vel. Het jeukt. Het wil niet stil. Het is hier te warm misschien. Quelle heure est-il?

BOBIK Quatre heures.

MALOU De derde ploeg begint om vier uur. Waarom zijn zij hier niet? [*Zij kijkt naar de deuropening. Neuriet. Pauze*] Binnen drie dagen ben ik weg, Bobik, weg uit dit hok en weg uit dit

dorp. Niemand houdt mij nog tegen. Compris? [*Heftig gebaar*]
Foetsie. Moi. Ich. [*Zij zit bij het vuur*] De dampen van die cokes
zijn slecht voor de longen. Ik heb het aan mijn longen ook.
Poumons. [*Wijst op de cokes en op haar longen. Hoest*].
Bobik knikt ernstig.
En waar heb ik nog kwalen? La tête. [*Houdt haar hoofd vast*]
Je suis malade. Partout.
Bobik schudt meewarig het hoofd.
Zo kan ik niet missen als zij mij vragen. Overal ben ik ziek
[*Grimmig lachje*] Het is waar ook. [*Pauze*] En geen ogenblik, weet
je, geen minuut zal ik nog aan Verrières denken. Ik vergeet
jou, Bobik, jullie allemaal, de hele fabriek, het moment zelf dat
ik op de trein stap. Jullie bestaan niet meer. Zoals ik ook verleden jaar vergeten ben. En Arras. En de ziekte. Wat er ook gebeurd is, het bestaat niet meer. Ik ga weg met hem, Bobik, hoor
je me? Hij is mijn minnaar al, al zijn wij nog niet naar bed geweest. Hij zal wachten, zegt hij. Ik ook. Ik heb een beestigheid
gedaan gisteren. Maar niemand weet het. En het was voor het
beste. Ik kon niet anders, Bobik. En geen kraaien zullen het
uitbrengen. Binnen drie dagen zijn wij weg, hij en ik. Drink
maar. Drink maar veel en genoeg. Dat je ingewanden in vuur
en vlam staan en dat je maagbrand en zweren krijgt en dat je
Poolse hersens uitdoven. Drink maar snel en veel. En raak dan
in de wasketels, dan kom je in flarden in de suiker terecht.
Snel. Ik heb het heet, Bobik. Voel. [*Zij neemt zijn hand, legt haar
tegen haar wang*] Ik moet rusten, zei de dokter van Arras. Nog
drie maanden minstens. [*Lacht*] Als hij mij zag, heen en weer
trippelend in de mist om vier uur 's morgens in deze cokes-
lucht! Hoor je niets? Neen. De eerste boeren met de bieten.
Comprend pas? Neen? Goed. [*Zij kijkt buiten*] Die bergen
bieten die glimmen, die lantarens, net alsof het de wereld, de
aarde niet is. De mannen ook niet. Zij wandelen, de mannen
op de maan. Zij werken niet want er is niemand die op hen
let. Af en toe schoppen zij een biet in de kanaaltjes, dat is alles.
Nog drie dagen, denken zij, de wandelaars, dan gaan wij weer
naar huis, naar Italië, naar Duitsland, naar België. En één
daarvan denkt dat ik meega naar België. Mis, Bobik. Mis
denkt hij. Ik heb hem te pakken, Bobik, ja, die met zijn dikke

kop en zijn kindermond en ik houd van hem. Je l'aime. Niemand kan hem mij meer afnemen, al probeert iemand nog zo slim. Ik wil het niet. [*Pauze. Zij komt terug bij het vuur*] Ik heb een beestigheid gedaan gisteren. Maar het komt niet uit, al moesten zij mijn tong uittrekken. Maar overmorgen ben ik al weg. Als alles goed gaat. Alles zal goed gaan, hè, Bobik. [*Zij streelt zijn wang*] Je bent ook een stille vrijer, jij. Je bent geen kwaje. Maar ik zal je niet missen. Jij mij ook niet. Voor jou is het ver om het even welk wijf je onder je handen hebt. Zo staan wij gelijk.

BOBIK Ce soir?

MALOU Quoi, ce soir?

BOBIK Tu viens. A la baraque. Ce soir?

MALOU Nooit meer. Ik vier het einde van het seizoen niet meer in de barakken. Dat is voorbij. Voorgoed. Ik ga weg met hem en niemand hoort meer over ons. Ik zeg je zijn naam niet, want je zou hem herkennen als ik hem luidop zei. En men weet nooit hoe gauw een ongeluk komt, hoe gauw de kraaien het uitbrengen. En niemand zal mij hem weer afnemen. [*Zij zegt de naam Kilo geluidloos, uitdagend voor Bobik*]
Bobik probeert te verstaan.

KILO [*staat in de deuropening*] Wat doen jullie? Is het een spelletje? Wat doet de Pool hier?

MALOU Hij wacht tot Minne hem komt aflossen.

BOBIK Minne, ne vient pas?

KILO Si. Si. [*Kijkt Bobik wantrouwig aan*]

MALOU Dag.

KILO Dag. Het is lang, een dag en een nacht zonder je te zien.

MALOU Wij zullen alle tijd van de wereld hebben binnenkort.

KILO [*onwennig ronddraaiend, er is iets onrustigs, iets ongemakkelijks tussen hen sedert zij elkaar de laatste keer hebben gezien*] Hoe was het in Compiègne?

MALOU Wij zijn naar de bioscoop geweest, Lily en ik. Er was veel volk. Lily vond dat ik op het meisje leek in de film. Zij was doofstom en werd door een kerel overvallen. Maar alles kwam goed op het laatste. Wij hebben gehuild, alle twee. Daarna zijn wij gebakjes gaan eten.

KILO En daarna?

MALOU Lily wilde gaan dansen, maar ik niet. Daarna zij wij naar huis gekomen.

Sirene gaat.

KILO [*gaat naar deuropening*] Je ziet dat het seizoen op zijn einde loopt. De Duitsers schuren hun barak niet meer en wij, wij doen geen klap meer en de Fransen blaffen naar ons, tien keer zo hard als tevoren. [*Hij merkt een nieuw krijtstreepje aan de balk*]

MALOU Ik heb je hemden gewassen. [*Wijst op een pakje in de hoek*]

KILO Goed.

MALOU Ook mijn jurken heb ik gewassen en gestreken. Mijn groene jas is als nieuw, ik heb er andere knopen aangezet.

KILO Je bent helemaal gereed, dan.

MALOU En jij?

KILO Ik ook.

MALOU Ik heb de hele avond gestreken gisteren en mijn vader vroeg: Vanwaar die drukte, die haast? Ik zei: Ik moet toch mijn kleren in orde maken als ik nu binnenkort voorgoed bij Lambert ga wonen. 'Als je getrouwd zal zijn met Lambert, zal je elke dag een meid onder je gat hebben om dit werk op te knappen,' zei hij en hij keek naar mij alsof hij alles van ons afwist en ons plan. Maar ik hield mijn mond.

KILO Ik heb aan jou gedacht de hele tijd.

MALOU En ik aan jou, de hele tijd.

KILO Wat dacht je dan?

MALOU Ik weet het niet meer. En jij?

KILO Ik ook niet meer. [*Zij lachen*]

MALOU In de pauze van de bioscoop speelden ze dat liedje, ken je het wel, van... [*Zij zingt*] Ce que je veux, o quel bonheur pour moi. C'est de m'étendre contre ton coeur qui bat, qui bat. [*Zij zegt terwijl ze hem aankijkt*] Wat ik wil, o wat een geluk, is uitgestrekt liggen tegen je hart dat klopt voor mij.

KILO [*raakt haar aarzelend*] Je hart dat klopt.

MALOU Dat is mijn maag, die rammelt van de honger.

KILO Je maag is hier.

MALOU [*terwijl zij elkaar kinderlijk, schroomvallig betasten*] Jouw maag spant. Een zak vol eten.

KILO Boerenkool en spek en bier.

MALOU [*steeds tastend, bij hem en bij haar*] Twee zakken die ge-

241

luiden maken. [*Legt haar oor tegen zijn maag*] Je zou denken dat je aan de kookketels staat die suizen. [*Zij zit recht*] Twee ruggegraten die dat alles rechthouden. Twee hoofden vol wormen en holtes en gebeenten en rare dingen daarbinnen, en die ineens daarbinnen zingen, zingen.

Malou zingt hetzelfde liedje laag. Bobik zoemt mee, Kilo probeert ook, maar houdt er mee op.

Gisteravond en de avond tevoren heb ik in mijn bed gezongen, wel een uur lang. En Lily in het bed ernaast vloekte als een ketter.

KILO En wat zei Flamin daarvan?

MALOU Hij vloekte ook. Vroeger, toen ik nog met Lily in een bed moest slapen, zongen wij ook samen. 'Katje, neem uw staartje,' zongen wij dan, een liedje van in de tijd dat Lily dienstmeisje was in Roeselare bij een dokter en zijn vrouw. Soms ging ik haar daar bezoeken. En van in de keuken hoorden wij dan het dochtertje op de piano spelen. Ginette heette zij, het dochtertje en zij speelde hele middagen lang. Maar zij was maar acht jaar oud en zij speelde almaardoor hetzelfde liedje. Het was eigenlijk geen liedje. Lily zei: 'Het is precies een kat die zijn staart probeert te pakken. En ronddraait en ronddraait, maar nooit zijn staart kan pakken.' Elke middag speelde zij, Ginette, en zij kon niet aan het pedaal geraken met haar korte beentjes, en als de dokter thuiskwam 's avonds, moest zij haar vader voorspelen en dan moest Lily op de pedalen duwen met haar handen terwijl het dochtertje speelde. Zo klonk het beter, zei de vrouw van de dokter.

KILO Vertel verder.

MALOU Ik moet je iets zeggen... eh... het is moeilijk.

KILO Heb je gelogen tegen mij? Een verhaal verteld dat niet helemaal waar is?

MALOU Waarom zou ik tegen je liegen?

KILO [*er is wantrouwen ontstaan onder hen, hij drinkt*] Het is hier heet.

MALOU Heb je iets gehoord over mij? Zei hij iets over mij?

KILO Wie?

MALOU Zeiden zij iets over mij, bedoel ik? De anderen, uit Evergem, in de barak?

242

KILO Neen. Neen. Niets.
Pauze. Onwennige stilte.
MALOU Ik heb je beloofd mee te gaan naar Evergem overmorgen. Naar de kermis, naar de overvolle cafés. Maar het kan niet, Kilo.
Kilo schrikt.
Ik wil niet naar Evergem. Zou het niet beter zijn dat je de anderen zonder jou liet vertrekken en hier bleef in Frankrijk. Wij zouden hier evengoed alleen zijn.
KILO Wil je dan Lambert langer laten geloven dat hij je trouwen kan? Wil je hem aan het lijntje houden?
MALOU Neen. Neen. Ik wil meteen van Verrières weg. Maar niet naar Evergem. Waar de andere Vlamingen zijn die hier werken en die mij kennen en die mij zouden lastig vallen. Je weet toch hoe dat gaat.
KILO Neen. Niemand zal je lastig vallen. Ik zorg toch voor je, zolang dat je er bent. En je kan zolang blijven als je wil.
MALOU Ik kan niet. Nu niet meer.
KILO Waarom ineens?
MALOU [*bruusk vrouwelijk*] Omdat ik er geen zin in heb. [*Zij lacht*] En omdat ik zin heb om naar Parijs te gaan. Met jou. Met de trein. Overmorgen.
KILO Naar Parijs?
MALOU Ik ben er nog nooit geweest.
KILO Ik ook niet. Maar daar hebben wij toch geen geld voor.
MALOU Als wij om geld samenleggen wel. Wij zouden kunnen blijven zolang wij willen, Kilo. Parijs is het mooiste op de wereld, ik heb het gezien in de cinema. Overal witte kerken, en enorme parken en kastelen waar de koningen in woonden, en wel honderden cinema's. En winkels, in elke straat honderd. En cafés. En de Eiffel-toren, Kilo, die wil je toch zien?
KILO Ik heb hem al gezien. In het klein en in brons. Ze verkopen ze in Gent, om op je schoorsteen te zetten. Maar ik zou hem wel eens echt willen zien.
MALOU Alles kost er heel duur. Maar ik heb er al iets op bedacht. [*Zij kijkt naar Bobik, die allang ingeslapen is. Fluistert*] Ik weet waar Sais-Pas zijn geld verstopt.
Kilo kijkt ernstig, proest dan in lachen uit.

MALOU Maar alleen het geld dat hij om de veertien dagen binnengekregen heeft door de suiker op te kopen 's avonds. Elke veertien dagen brengt hij het weg. Maar nu gaat hij het pas deponeren volgende dinsdag.

KILO Waar ligt het dan?

MALOU [*het oude wantrouwen*] Dat zeg ik niet. Je zal het wel zien.

KILO Dan moet Max mij ook mijn geld van dit seizoen geven.

MALOU [*in alarm*] Houdt hij je geld dan?

KILO Ja. Hij stuurt het elke week naar zijn moeder, in Evergem. Omdat wij een speciale koers hebben als seizoen-arbeiders.

MALOU Vergeet het geld dan maar. Ik heb er genoeg.

KILO Jouw geld is voor jou. Het mijne voor mij. Wij delen alles eerlijk. Ik zal het hem vragen.

MALOU Neen. Vraag hem niets.

KILO Ik heb er voor gewerkt het hele seizoen!

Sirene. Bobik wordt wakker, schuift naar de deur, kijkt, drinkt, gaat weer zitten dutten.

MALOU Je zal zien, Parijs is het mooiste wat er bestaat.

KILO Ik wil er naar toe. Wij zullen geen kik geven. De trein zal aankomen, de Vlamingen zullen er hun baalzakken in gooien, op de trein springen, dan naar elkaar kijken in het compartiment. 'Godverdomme,' zal Minne zeggen, 'Kilo is er niet bij.' En Max die schrikt zich rot, hij zal naar mij gaan zoeken in de trein, en er dan willen uitspringen, maar het is te laat, de trein rijdt, tchoek-tchoek, en hij moet mee, alleen naar Evergem en naar zijn moeder. [*Lacht*] Dat zou ik willen zien.

MALOU [*grimmig*] Ik ook.

KILO In Parijs gaan wij in een hotel slapen, jij en ik. En wij laten 's morgens een dienstmeisje boterhammen en koffie brengen, terwijl wij nog in bed zijn. Weet je dat dat kan?

MALOU Wij slapen in dezelfde kamer.

KILO Ja. Waarom wil je niet dat ik Max om mijn eigen geld vraag?

MALOU Hij is achterbaks. En gemeen. Als hij te horen krijgt dat wij hem een poets willen bakken en naar Parijs vluchten, is hij tot alles in staat.

KILO Je hebt gelijk. Ik geef geen kik.

BOBIK Alors, Minne, il ne vient pas?

KILO Blijf maar zitten, jij. Minne komt zo. Het is vreemd. Eergisteravond babbelde ik met hem en ik zei hem iets heel ernstigs.

MALOU Aan wie?

KILO Aan Max. Ik zei hem iets ernstigs, wel iets dat mij nauw aan het hart lag, iets dat je alleen aan een vriend die je lang kent, toevertrouwt, snap je? En plots begon hij mij uit te lachen. Dat doet hij anders nooit, hij lacht moeilijk, maar dit keer schudde hij van het lachen.

MALOU Wat zei je hem? Was het iets over ons?

KILO Natuurlijk niet. Ik heb je toch beloofd dat ik mijn mond zou houden.

MALOU Goed, je hebt beloofd, maar misschien deed je het toch. Zeg het me, Kilo.

KILO Ik heb niets gezegd. Wel... wilde ik. Het lag op de punt van mijn tong. En daarbij, ik kan moeilijk tegen hem liegen, hij kijkt naar mijn mond, als ik lieg, staart hij naar mijn lippen die bewegen, alsof hij controleren kan of het de waarheid is. Ik zal blij zijn als ik in Parijs ben, Malou.

Malou kijkt naar zijn mond.

KILO [*wrijft over zijn mond*] Ja, zo kijkt hij.

MALOU Je hebt Max dingen over ons gezegd, ik weet het, maar het heeft geen belang, dat was eergisteravond, en het is voorbij. Ik wil er niet meer over horen, ik wil zijn naam niet meer horen, wij vergeten het gauw, gauw, hè Kilo? Wij gaan weg overmorgen, samen, en in de trein houd ik je hand vast, en wij kijken naar de bietenvelden zonder één boom, naar de bietenhopen, in het land, die wij nooit meer zullen zien, en wij doen het raam open en wij spuwen er op, en wij kijken niet meer om naar Verrières, wij stappen uit in Parijs. [*Zij houdt zijn hand vast*] Wij roepen een taxi en wij rijden langs de mooiste huizen van de wereld.

KILO Ik kan niet wachten.

BOBIK Ah, voilà Minne.

Iemand komt boven.

MAX Dag kinderen. Jullie zitten hier lekker warm.

KILO Ben je dan niet in Compiègne? Ik zag je vertrekken met de camion!

MAX Onderweg ben ik van idee veranderd.

Malou gaat in een hoek zitten.

BOBIK [*wakkerschietend*] Minne, il ne vient pas?

MAX Non... Minne komt niet. Die oude man heeft dit seizoen meer dan genoeg gewerkt. Ik dacht: Laat ik voor één keer Minnes plaats innemen, hem vervangen, want die oude man moet doodmoe zijn van altijd jullie tweetjes te bewaken, denk je niet, Malou?

KILO Dus Minne komt helemaal niet meer vanmorgen?

MAX Neen.

KILO Je lacht. Jawel. Je gezicht verroert niet maar je lacht, ik ken het van je.

MAX Mag ik?

KILO [*na pauze*] Dus je bent onderweg van gedachte veranderd?

MAX Ja. Naar de waarzegster ga ik niet meer dit seizoen. Ik geloof dat ik langzamerhand wel genoeg weet. Zelf weet wat er gaat gebeuren. Het vervolg van de dingen. Ik heb geen kaarten meer nodig daarvoor. Ik heb twee goeie ogen en een beetje hersens.

KILO Goed.

MAX En je gelooft het of niet, Kilo, ik zie méér nu, zonder de waarzegster. Ja. De oorzaak van dingen, de gevolgen.

KILO Wil je wat? [*Biedt zijn pul aan*]

MAX Neen.

Pauze.

MALOU [*scherp*] Wat kom je doen?

MAX Werken. Aan de spuit staan straks en de treinwagens leegmaken. Zoals Kilo. Dat is toch het werk van de nachtploeg hier, hè, Kilo?

KILO De twee Duitsers zijn beneden, zij hebben werk voor de hele nacht.

MAX Precies. Want je hebt ze tien kilo suiker beloofd, opdat ze je zouden gerust laten vanavond hierboven, hier in de lekkere warmte, met een lief meisje 'op een armlengte afstand'. Nietwaar?... Er is niets dat ik niet weet of te weten kom, kameraad. Tien kilo suiker aan zestig frank de kilo, het is goed betaald voor een avondje met zijn tweeën. Duurder dan een hotelkamer in Compiègne. Nietwaar, Malou.

MALOU Waarschijnlijk.

MAX Kamers kosten duur tegenwoordig in de stad, vind je niet, Malou?

MALOU Wat weet ik daarvan?

MAX Niets natuurlijk. [*Pauze*] Maar een hotelkamer is ook prettiger dan dit stro hier en die natte planken. Maar om hier wat praatjes te slaan is zo'n hok wel goed genoeg. Want dat doen jullie toch? Verhaaltjes vertellen, hè Kilo. Ja, ik ben ook dol op verhaaltjes. Je hele leven door hoor je verhaaltjes en toch kan je er niet genoeg van krijgen. Het begint al als je klein bent. Roodkapje dat door de wolf verslonden wordt, neen, de wolf die de grootmoeder verslindt, neen, hoe ging het ook weer? En op school: de Slag der Gulden Sporen. De oorlog van veertien-achttien. En dan de verhalen in de kranten. Man vermoordt zijn verloofde omdat zij ontucht pleegde. [*Pauze*] Ah, en als je dan hierheen vlucht naar het bietenland waar geen huis staat zover je kan kijken, dan hoor je in de barakken opnieuw verhalen en verhalen tot laat in de nacht. Over Pier de Stier, die uit een venster is gevallen. Of Mierlo, die de meestergast heeft geschopt. En Jager vertelt over de Ronde van Frankrijk in drieëndertig toen Vietto hem in de spurt tegen een oud wijf deed rijden. Over doden vooral. Heb je gemerkt, Kilo, hoe ze het liefst vertellen over de doden, die weg zijn, geen kwaad meer kunnen, zich niet kunnen verweren, één meter zestig onder de grond. Hoe ging het verhaal ook weer dat ik hoorde laatst, o ja, over die jongen die in de kalkoven is gevallen. Hoe heette hij ook weer, je weet wel, Malou die jongen? Malou?

MALOU [*hard*] Ik weet er niets van.

KILO Zullen wij kaartspelen? Klaverjassen? [*Hij haalt kaarten die op een balk liggen*]

MAX Ik wil wel.

MALOU Ik kan geen kaart spelen.

Kilo legt de kaarten terug.

MAX [*roept*] Jean-Marie! Dat was zijn naam! Ja. Hoe noemden ze hem ook nog. Eh... de natte! Je weet wel, Malou, omdat hij altijd kwijlde. Altijd was er een streep kwijl over zijn kin en dat veegde hij altijd even vlug weg met zijn kletsnatte mouw, zo.

[*Hij veegt*] Maar het kwam toch weer op zijn jasje terecht, hoeveel trappen hij ook van zijn vader kreeg. Want zijn vader werkte ook op de fabriek. Want zo'n jongen kon je niet alleen laten. Ik zie ze nog zitten samen, daar bij de wasserij. De vader moest Jean-Marie soms het brood in de mond duwen. En dan direct met wijn spoelen, hè Malou?

KILO Wat heb je? Waarom vertel je dit?

MALOU [*bij Max, sissend*] Je hebt beloofd. Beloofd dat je je niet zou bemoeien.

MAX Hoe oud was Jean-Marie, denk je, Kilo?

KILO Wat weet ik hierover? Het kan mij niet verdommen.

MAX Hoe oud denk jij, Malou? Hoe oud zag hij er uit?

MALOU [*aarzelend*] Twintig?

MAX [*lacht*] Je weet beter, meisje. Hij was veertien jaar oud en zag er geen dag ouder uit. Hij droeg zelfs korte broeken 's zomers.

KILO Dezelfde Jean-Marie?

MAX Dezelfde Jean-Marie, veertien jaar oud en rot als een perzik. Hij kwam elke morgen door het hek aan de hand van zijn vader, en toen zijn vader hem losliet op een dag, goot hij een hele pul jenever naar binnen en verdween. En sprong in de kalkoven. Een kind was het. Iedereen, zelfs ik, streelde hem over zijn kaalgeknipte, geblutste kop. Jij ook soms, Malou? Een kind, een hoopje vel en been dat gauw verbrand zal zijn geweest.

KILO [*tot Malou*] Is dat waar?

MALOU [*tot Max*] Je zei dat ik geen last meer zou hebben van jou, nooit meer. Dat je mij voorgoed en voor altijd gerust zou laten!

KILO Ik vroeg je toch om niets, om niemand van vroeger. Je vertelde het uit jezelf, zo maar uit de lucht. Waarom dan, als het niet waar is?

MALOU Ik had met die Jean-Marie niets te maken, ik heb hem met moeite gezien.

KILO Waarom vertelde je het dan? [*Loopt rond*] Dacht je: Ik vertel de grootste zever mogelijk, kinderverhalen speld ik die dikzak op zijn mouw, hij gelooft het toch.

MALOU Neen. Dat wilde ik niet.

248

KILO Wat dan?

MALOU Ik heb het verzonnen...

MAX Maar lieve Malou, je moet toch niets verzinnen, je moet hem toch niets wijsmaken. Jullie kennen elkaar toch beter. Tot op de draad, na al die dagen samen.

MALOU ... omdat... ik weet het niet. Overigens, Kilo, wat geeft het? Om het even wie verzint al eens iets, zo maar, voor zijn plezier, omdat het mooi en triestig klinkt, omdat het lijkt op wat er werkelijk gebeurt maar toch niet nabij is, maar op een afstand als in de bioscoop. Omdat je dan zelf, wijl je verzint, iets anders wordt, een andere dan de iemand hier, betastbaar, op twee poten in het natte stro, met ongewassen haar en droge huid en vuile handen zoals ik nu... Ik heb het verzonnen...

KILO Er was dus geen minnaar... verleden jaar...

MALOU Jawel... een andere.

KILO Wie dan? [*Omdat zij wacht en Max glimlacht*] Max mag het horen, ik schaam mij niet voor hem.

MALOU [*tot Max*] Wil je nu weggaan? Je hebt je lachertje gehad. Gekregen wat je zocht. Ga nu.

MAX Waarom?

MALOU Ik vraag het je.

MAX Het vriest buiten.

MALOU Ga naar de wasserij en kom terug binnen een uur. Een halfuurtje. Ik zal alles doen wat je mij vraagt. Toe.

MAX Alles, het is niet veel, meisje. Je kan niet veel meer doen nu. Het seizoen is over.

KILO Je had met die Jean-Marie niets te maken, je hebt hem met moeite gezien en tegen mij zei je dat het de enige man was geweest die voor je telde? Nu was er een andere man. Wat betekende het? Vertel? In deze donkere boel waar ik geen gat in zie, wat wil het zeggen? Wie was het dan die zo telde, tussen de zotten die hier willen komen werken, tussen al dit krapuul van de wereld?

MAX Misschien hebben zij wel allemaal voor haar geteld.

KILO Wie allemaal? Jij, jij hebt dit alles te berde gebracht om mij in de war te brengen. Hou je mond. Ik vraag het aan haar.

MAX Wind je niet op, jongen. Het seizoen is afgelopen, wij gaan naar huis overmorgen.

MALOU Je hebt beloofd. Gezworen op het hoofd van je moeder.

MAX Ik heb geen moeder. Ik ben een vondeling.

MALOU Waarom doe je dat?

KILO [*heftig*] En wat jullie samen bekokstoven, samen ratelen, daar krijg ik ook kop noch staart aan. Waarom spreken jullie niet?

MAX Wij spreken toch, wij doen niet anders.

KILO Het houdt niets in. Ofwel liegen jullie mij voor of jullie vertellen dingen die niemand verstaat, als oude wijven die aan het kaarten zijn in een café. Harten speelt parten, schoppen troef geeft hem boef!

MALOU Kilo...

MAX Hou je mond. [*Max gaat naar Bobik, schudt hem*] Va-t-en, Minne ne vient pas.

BOBIK Non?

MAX [*duwt de slaperige Bobik naar de deur en gaat bij Kilo staan, spreekt zacht*] Zoals Jean-Marie een hoopje vel en been is, zo is zij één hoopje leugen. Als ik je zeg dat je geen vrouwvolk begrijpt, Kilo, dan weet ik waarom. Want jij bent oprecht. Je kijkt rondom je heen en je weet niet beter dan wat je ziet. Zo is het, zeg je dan, en niet anders, en dat geloof je. Je bent de enige die ik ken, die dat doet. Maar daarmee zijn zij, de vrouwen, niet tevreden, dat kunnen ze niet verkroppen. En wat doen zij dan liever—want werken doen zij niet—dan een arme, werkende dikzak als jij, de dikke kop op hol brengen en er leugens in te pompen, en hem te laten dansen en springen van dolheid tot zij er zelf moe van worden. Dan laten zij hem vallen.

KILO Als jij in de buurt bent, laten zij mij vallen, dat is zo.

MAX Precies. Omdat ik voor je zorg, omdat ik bij je wil zijn en er op wijzen hoe die katten je in het gezicht krabben als je het zelf niet ziet!

KILO Als jij er bij komt, en je komt er altijd bij, halen zij plots hun leugens boven. Ineens. Zo was het vroeger toch ook al. Ik liep achter Jeanne van 't Kasteel aan en zij wilde vrijen en trouwen en toen kwam jij voorbij en je deed je mond open en hop, daar spoten de leugens als bier uit een fles.

MAX Omdat je niet anders dan met dit soort omgaat!

KILO Malou is niet van dat soort van Jeanne van 't Kasteel!

MAX Neen? Vraag het haar. Vraag haar. Ik hoor niets.

KILO Wat betekent dit nu weer? Omdat zij mij voorgelogen heeft van die zeverlap die haar lief zou geweest zijn, omdat zij een ander lief had, waar zij niet wil over praten, daarom is zij toch geen hoer als Jeanne van 't Kasteel met haar verf op haar gezicht en alle boeren van de ronde aan haar vel.

Is het een grap? Malou? Is het iets dat je met Max hebt beraamd om mij in het nauw te brengen, om mij vanavond in het café uit te greiten, een grap voor het einde van het seizoen, een grap om op het afscheidsfeest te vertellen vanavond? Ik kan niet lachen met deze dingen zoals jullie. Ik ben te oud al daarvoor...

MAX Wij zijn hier niet in de cafés, en het feest is nog lang niet begonnen. Wij lachen niet, neen, kijk dan, lach ik, lacht zij?

KILO Malou. Zeg iets. Om het even wat, ik zal het geloven.

Sirene gaat.

Je kende een man verleden jaar en die is in de kalkoven gevallen en daarna ben je wild gaan loslopen zoals meisjes soms doen en dan ben je ziek gevallen. Zo heb je mij verteld. En nu zegt hij daar... dingen, die...

MAX Ach, groot kind, je gelooft alleen maar wat er hardop gezegd wordt; de andere dingen, die gloeien en die je weet, bedolven in je dikke kop, hoor je ze dan niet, wil je ze dan niet horen?

KILO Ik ben een blindeman. Wat je me zei, Malou, het kàn toch waar zijn. Het kan toch. Ben ik de domste blinde man op de wereld dan, dat ik geloof dat het waar kàn zijn, als iets dat je in je hand vatten kan en knellen als een stukje biet. Zeg iets. [*Heftig*] Iedereen liegt tegen mij!

MAX En jij liegt ook. Jij hebt mij liggen gehad, dagen lang zag je dat vrouwmens hier en lag je voor haar te krinkelen als een dom, marsepeinen varken in het stro, ik heb het toch met mijn eigen ogen gezien toen ik binnenkwam. En met haar bedroog je mij doorlopend, want als ik je vroeg: hoe ging het vandaag? Wat heb je vandaag gedaan? bedroog je mij, want je gaf taal noch teken. Luister. Ik kan je niet bedriegen, ik heb het nooit gedaan. Ik wil niet dat je je laat uitvreten. Ik heb haar gehad,

251

je mager teefje hier, verleden jaar, ik was de andere, die zij niet durfde te noemen.

KILO [*zacht*] Ik dacht het de hele tijd.

MALOU Ik kan mij niet verweren, Max, hou op!

MAX Maar ik was niet alleen. Er waren andere 'anderen' verleden jaar, hetzelfde jaar.

KILO Hoe dan?

MAX Met wat verdien ik mijn geld, Kilo? Met in de suiker te werken of wat suiker erbij te stelen zoals jullie?

KILO [*zacht, alsof hij een lesje opzegt*] Zij heeft voor jou gewerkt, zoals de vrouwen uit het dorp.

MALOU Ik had geld nodig!

MAX Je deed het voor zeshonderd frank, voor vijfhonderd frank, voor een sjaal!

MALOU [*in een hysterische koppigheid*] Ik had die sjaal nodig!

MAX Hoor je dat?

KILO Ik wist het. Terwijl zij mij toefluisterde: 'Niemand, niemand, behalve jij, Kilo' wist ik, maar ik wilde niet luisteren naar het stemmetje dat zong: 'Zij is te jong, te mooi voor dit dorp, voor deze suikerfabriek. De mooie vrouwen zijn in de stad, op kamers of hebben rijke mannen. Hoe kan zij loslopen, in mijn bereik? Hoe kan zij in mijn poten vallen als een goedkope hoer.' Zij was er een!

MAX Goedkoop! Het gewone tarief, Kilo. Van vijfhonderd naar tweeduizend frank.

KILO Wat de stokers in twee dagen verdienen.

MAX Soms gaven de stokers hun weekloon. Zij had een goede naam. Vraag het aan Florent, aan de smalle Morel, Korneel, aan Pjotr van de ossewagen!

MALOU [*schreeuwt*] En vraag het aan Max. Doorlopend, voortdurend, week na week, het hele seizoen aan Max, Max die wachtte en het geld kreeg het hele jaar tot hij weggelopen is met het geld! [*Zij huilt nu*] Ik durfde het niet, nooit te zeggen, Kilo. Hoe had ik het over mijn lippen kunnen krijgen. Daarom vertelde ik je van Jean-Marie, daarom moest ik al die kerels, die suikerbietekoppen in één kop persen, in die van het jongetje Jean-Marie, dat kwijlde, en hèm de schuld geven van alles, hoor je mij?

252

KILO Maar je wist toch dat het zou uitkomen, domme trut!

MALOU Hij heeft mij beloofd er geen woord over te zeggen.

KILO Maar als je mee naar Evergem ging, dan zouden de Vlamingen het toch geweten hebben en verteld: de Minnes, en Jager, iedereen, allemaal, zij hebben toch allemaal betaald voor je vel!

MAX Zou zij dan meegegaan zijn naar Evergem?

MALOU Ja.

Max lacht.

Nu weet je alles, Kilo. Ik sta nu in mijn hemd, wat moet er nu gebeuren, zeg jij het.

MAX Ga gauw zo vlug je kan naar Lambert terug. En jij daar, die daar staat te blinken als een prijshengst die men de staart heeft afgesneden, laat haar lopen, eens en voorgoed.

KILO Zeg dat het een uitvindsel is van jullie beiden. Asjeblieft.

MALOU Ik ben dom geweest.

KILO Je had geen geld. Geen eten. De mannen kwamen en hij, de smeerlap, hij...

MAX Had Flamin dan geen geld? Flamin die huizen opkoopt in het dorp. Die voor honderden kilo's gestolen suiker kan voortverkopen in de stad?

MALOU Maar ik had geen geld, hij gaf mij niets, ik liep in lompen. Een meisje wil kleren hebben.

MAX En pralines en parfums uit Compiègne?

MALOU Ja, ja, parfums, als zij mooi is en jong en een domme kip als ik toen.

MAX [*zacht*] Mooi en dom als gistermiddag.

MALOU Neen, Max. Ik vraag je maar één ding op de hele wereld. Je hebt mij gekraakt, geschopt tot ik een vod was. Max, laat mij nu. Lach niet, lieve Max...

MAX Hoor je haar?...

KILO Ik wil niets meer horen. [*Stopt zijn oren*]

MALOU Ga weg. Laat mij zelf uitleggen, ik zal het hem zeggen, maar... alles is anders...

MAX Ik zeg toch niets.

MALOU Ga weg.

MAX [*gaat naar Kilo, trekt hem de handen van zijn oren*] Gisteren, Kilo, in Compiègne...

MALOU [*tierend*] Je mag niet! Hou je smerige bek dicht!
Malou springt op Max, die haar een klap geeft dat zij tegen de vloer
vliegt. Kilo neemt Max bij de keel, houdt hem vast.

KILO Gisteren, wat gisteren?

MAX [*maakt zich hijgend los*] Gisteren als verleden jaar. Zij riep de
hele avond. Dat het ganse hotel in Compiègne wakker werd.

MALOU Niet waar!

KILO Je was met je zusje Lily. Jullie zijn naar de bioscoop geweest, daarna hebben jullie gebakjes gegeten.

MALOU [*uitzinnig*] Het is waar, waar, waar! Alles is waar. Er is
niets dat ik niet gedaan heb, alle rottigheid kleeft aan mij vast.
Alles doe ik voor duizend frank. Voor een sjaal.

KILO En mij hield je tegen toen ik je hals raakte, daareven nog.

MALOU Hij beloofde dat hij zijn mond zou houden over ons
vroeger. Geen woord zou hij er over uitbrengen. Op het hoofd
van zijn moeder zwoer hij.

MAX Je kraaide het hele hotel wakker.

MALOU Omdat ik een hoer ben. En daarbij een hoer die waar
voor haar geld geeft. Een hoer die zo goed haar werk verricht
dat zij er alles bij vergeet, de wereld vergeet en Kilo vergeet
met zijn getater, dat hij ziek wil zijn als ik, dat hij voor mij
zal zorgen en...
Kilo begint te lachen.
Hou op, Kilo. Stil.

KILO De prijshengst ben ik. Max, je hebt gelijk zoals altijd.
Waar ik mij wend of keer, een prijshengst mijn leven door.
Iemand moet het toch zijn, iemand moet er toch uitgekozen
worden om te vieren en feesten als prijshengst. Hoera, hier
ben ik. Hoera!

MALOU Ik heb alles verteld op één ding na. Wat ik gedaan heb,
neemt geen keer, verandert niet. Ik ben dezelfde gebleven van
vroeger, een hoer, een goedkope. Maar jij bent de enige man
geweest, Kilo, die...

KILO Hoera!
Pauze.

MALOU [*moedeloos*] Wat je doet, wat je zegt, het stapelt zich op
dag na dag, het gaat niet in de wind verloren, want ineens
sta je voor die berg van gedachten en gedane dingen en dat

ben jij, en je bent niet anders. En ik ben wèl iets anders, Kilo. [*Zij huilt, hoest*] Jij bent de sterkste, Max. Je hebt gewonnen vandaag, voor het laatst. Ik wil je nog een grapje vertellen. *Op dit ogenblik geeft Kilo haar een oorveeg. Nog een.*

MALOU Nog, nog meer. Waarom houd je op?

Razend omklemt Kilo de balk, hij rukt er aan uit alle macht, wist alle krijtstreepjes uit met speeksel.

MAX Alsof dat helpt, jongen.

MALOU Een grapje nog, Max. Ik ben nooit ziek geweest zoals je denkt. Ook dat was een leugen en ik moest er om lachen, zo verstrikt zat ik soms in die leugen, want ik wist op het laatst niet meer of ik het aan mijn longen, mijn nieren, mijn buik of waaraan had. Ik barst van de leugens, almaardoor vind ik er nieuwe uit, ik leef er in, wel nu barst er weer een stukje vel van mij en laat een nieuwe leugen los, maar één die zo onecht klinkt dat je mij niet zal geloven. En geloof het niet, maar ik zeg je dat het waar is. En Flamin kan het je ook zeggen. Ik ben niet ziek geweest, omdat je dat geen ziekte kan noemen. Ik ben niet in een hospitaal geweest, maar wel bij Madame Armandine. Je kent haar niet? Neen? Madame Armandine helpt meisjes in nood, meisje die komen klagen zoals meisjes dat soms moeten doen. Daar heb ik gelegen een dag lang en toen... het gebeurde, toen ging het mis, Madame Armandine had het verkeerd gedaan; zodat er een dokter bij moest komen, die Flamin betaald heeft en die zijn mond hield en ik heb er twee maand gelegen. Terwijl je weg was, terwijl ik je riep! En dat kind, dat stukje van dat kind, dat van jou, van jou is, er is geen ontkennen aan, wel, het bestaat niet, het heeft niet eens geleefd, het konijntje van vier maanden, het is er niet meer.

MAX Ik niet.

MALOU Dan ik ook niet. Het was van jou zo goed als van mij.

KILO [*in een schreeuwlach*] Ik ben het geweest, ha!

MALOU Zie je, hij lacht... Dat was het grapje.

MAX Je verzint het.

MALOU [*gelaten*] Goed, ik verzin het. Ben je gerustgesteld nu? Toch was het hier. [*Klemt haar buik vast*] Vierenhalve maand lang! Een gebeente had het en ogen, een ribbekast en vinger-

255

tjes, ik heb ze zelf gezien. Een jongetje was het. Ik wil nooit een kind meer nu! En toen hij langskwam, de dikke daar, en rond mijn uitgeblazen lijf kwam loeren, toen dacht ik, zoals bij elke man sedert Arras: nooit meer, nooit meer iemand aan dit vel, nooit zal iemand mij nog naderen. Lambert wist het, hij wilde met mij trouwen, maar een raarder huwelijk zou er niet bestaan hebben, hij is er te oud voor, ik doe hem aan zijn dochter denken in Canada. Maar je drong aan, Kilo. En je meende dat je mij zag voor wat ik was, een ding dat alleen rondtolt zoals jij alleen rondtolt in dat lege land hier, en dat je mij wilde beschermen, bij mij zijn. En dat je herkende... ik weet het niet meer... laat mij gerust.

MAX Wie weet er nog meer van, van dit kind, buiten Flamin en de dokter en jij?

MALOU Lily en Madame Armandine en de meid daar, een uit Algerië.

Kilo staat voor Malou, grijpt haar hoofd, kijkt lang. Malou wurmt zich los—Kilo grijpt haar weer.

KILO Ik wil dat je crepeert. Zoals dat kind.

MALOU Het zou het beste zijn. [*Losgeraakt gaat zij naar de deur*] Vergeet wat ik je daarnet en de dagen tevoren zei. Vergeet het.

KILO En jij ook, vergeet wat ik zei. Krab het uit je hoofd. Ik heb je niets, niets ooit gezegd. Ik ken je niet.

MALOU [*knikt*] Goed. [*Klimt naar beneden*]

MAX Dat kind is niet van mij.

KILO [*kijkt naar de deur, bijt in zijn hand, zegt verstikt*] Ik wil naar huis, Max. [*Hij begint te huilen, te schokken, tegen Max aan*] Ik wil naar huis, meteen.

Lawaai buiten, iets rinkelt. Een stem: 'Godverdomme!'

OUDSTE MINNE [*komt boven*] Zeg wat gebeurt er met het teefje? Zij sprong van de ladder als een die in het water springt met het vuur aan haar kont, en zij botst tegen mij aan en gooit mijn pul op de grond. Mijn hele pul is leeggelopen en ik had hem pas gevuld en er nog niet eens aan gedronken! Een halve liter! Ik ben voor het ongeluk geboren! Wat is er, Kilo?... Hij is wit als een raap.

Kilo neemt hem ineens vast, begint zijn handen langs Minnes keel te klemmen, als Max hem van de Oudste Minne rukt.

Laat mij los, zot. Verdomd, hij wilde mij kapotknijpen, die Kilo! [*Staat veilig op een afstand nu*] Man, jij krijgt geen borrel van mij op het feest. Verdomd. [*Wrijft over zijn keel*] De Polen zijn al weg uit de fabriek, zij zijn al aan het zingen in de barak. Ik kwam jullie halen, het feest gaat beginnen

KILO [*mat*] Ik wil naar huis.

MAX Kom. Wij gaan naar de barak.

ZESDE TAFEREEL

De barak ligt overhoop. Conservendozen, verspreide kleren liggen op de vloer. De kast van Jager, die van Kilo staan open. De Jongste Minne en Max zitten op hun bed, Kilo ligt in zijn bed met het gezicht in de kussens. In de barak der Polen die achter die der Vlamingen ligt, is er een ongemeen lawaai, gedans en geschreeuw. De Vlamingen zijn dronken, maar dat merkt men met moeite. Het gejoel der Polen slaat over in een dranklied.

JONGSTE MINNE [*zingt mee zoveel hij kan*] 'Kom, kom, kom, de waterman. Kom, kom, kom, de waterman.' Ah, de mooie stemmen. Het is als in de mis. Ik zou er willen heengaan, naar die stemmen, er tussen lopen, ze laten dalen over mijn kop als de stemmen die van het doksaal komen in de kerk. Maar jullie zouden mij er niet laten naar toe gaan, hè? [*Hij staat op, nadert de deur*] Neen, hè? [*Kwaad*] En Minne mag wèl bij hen in hun barak gaan zitten, alsof al die Polen familie van hem zijn! Het is onrechtvaardig! Ik ga ook naar de Polen! Ik ben ook familie! Ik wil meezingen!

MAX Je broer heeft gezegd dat je hier moest blijven.

JONGSTE MINNE [*gaat weer zitten*] Hij zou mij toch weer naar hier jagen.

MAX En als jij je nu eens niet liet doen?

JONGSTE MINNE Hij zou slaan.

MAX Als je nu eens terugsloeg?

JONGSTE MINNE Ik? Op mijn eigen broer?

MAX Ja. Je gaat op hem af, je kijkt hem diep in de ogen. Als een soldaat. Je glimlacht dan en ineens, hop, daar geef je hem een veeg dat hij tegen de vloer plakt!

JONGSTE MINNE Jij bent een slechterik! [*Pauze*] Ik zou wel

257

eens willen. [*Pauze*] Maar zachtjes. Niet te hard. [*Pauze*] Hij zou schrikken.

KILO [*richt zich op*] Ja, hij zou schrikken. Zoals ik geschrokken ben toen de klap aan kwam. [*Tot Max*] Jij, godverdomse bastaard!

Max glimlacht.

Op een dag zal ik doen wat je nu zo mooi aan Minne voorschotelt. Ik kijk je in de ogen, ik glimlach en hop, daar krijg je een veeg dat je tegen de muur hangt!

JONGSTE MINNE Wanneer, Kilo? Wanneer? Laat het mij weten!

MAX Je zal het nooit doen. Anderen wel, als zij bang zijn, of weerwraak willen nemen. Maar jij niet. Minne hier eerder dan jij.

JONGSTE MINNE Ik zeg niet neen. Maar het zou donker moeten zijn! [*Hij gaat naar de deur, luistert, neemt van onder het hoofdkussen van de Oudste Minne de sleutel van hun kast. Hij doet de kast open, haalt er zijn broers fles alcohol uit, schenkt de kroezen van Max en van Kilo vol, stopt de fles terug, sluit het kastje, stopt de sleutel terug onder het hoofdkussen*] Hij heeft zijn sleutel laten liggen!

De Polen zingen weer.

Mooie stemmen, sterke longen, hebben die Polen. Zo zingen kunnen wij niet. Wij niet. Wij zouden niet durven. Wij hebben het niet geleerd. Ook niet te schreeuwen zoals zij, als wij er zin in hebben.

De Polen riepen namelijk ineens samen: Hei, hei, hei, omdat ze aan het dansen waren waarschijnlijk.

KILO [*roept*] Ei, ei, ei ei, ci, eieeieieieie!

JONGSTE MINNE Ei, ei, ei, ei, joehoe, joehoe. [*Hij slaat met armen en benen*] Jij ook, Max. Toe, het is de laatste dag van het seizoen, het is feest.

MAX [*mat*] Ei, ei, ei, ei.

Pauze.

KILO Ik ga mee naar Evergem. Ben je nu tevreden?

MAX Ja.

KILO Jij bent geen serieuze werkmens, jij. Je bent een bastaard. Nu, je krijgt je zin, ik loop al achter je aan als een dikke hond aan zijn ketting. Waarom? [*Pauze. Zucht*] Het zal kermis zijn

in Evergem. Dat is al iets. Paardemolens. Schietkramen. Oliebollen. Goed. Wij zullen lachen.

JONGSTE MINNE Ja, hè Kilo!

KILO Als wij hier zijn, zeggen wij: Wij zullen lachen in Evergem.
Zijn wij thuis, dan zeggen wij: Laten wij maar gauw weer naar
de suiker gaan. Wij zullen lachen.

JONGSTE MINNE Maar wij lachen toch! [*Met dezelfde snelle, om-
zichtige gebaren van daarnet schenkt hij hen weer van zijn broers
genever in. Dan houdt hij plots de fles naar het licht*] O lalala. Dat zal
Minne zien! [*Hij giet nog wat meer bij Max en Kilo, vult dan de rest
met water, sluit de fles weer op*] O, als hij zijn smoel hieraan gaat
zetten. O.

MAX Hij is al zo ver heen dat hij het niet merken zal.

JONGSTE MINNE Ik zou het wel proeven. Verdomd goed zelfs.
[*Pauze. Hij drinkt van zijn eigen fles*] Wij gaan naar huis. [*Hij
huilt*] En wij waren zo goed hier. Zo warm. Allemaal tezamen.
[*Snikt*] Nu moet ik weer naar Evergem, bij onze tante, alleen
met hèm in één kamer en hij zegt nooit een woord tegen mij.
Hij babbelt alleen maar als er anderen bij zijn. Hij leest mij
nooit meer de gazet voor, als vroeger. [*Drinkt*] Maar wacht
maar! Op een keer steek ik het hele kot in brand!

MAX Dat zeg je. Honderd keer. Ik steek de boel in brand en zet
het op een lopen en ik kom nooit meer weer. Ik ga langs Gods
wegen, met niemand achter mij aan. Niemand bij mij. Om
niemand zal ik geven.

JONGSTE MINNE Maar ik zal het niet op een lopen zetten.
Neen. Ik zou kijken. Hoe de rookwolken uitslaan, hoe het
houtwerk knettert. Het dak valt in. Minne en onze tante verbranden, want zij kunnen er niet meer uit, ik heb eerst alle
deuren op slot gedaan! Rook, rook! De hele straat stinkt van
de walmen. En als het plat ligt, niets dan wat zwarte, kokende
stenen, dan ga ik weg. En ik ga naar het voetbalveld van Knesselare. Waar dat wijf te slapen lag. Ik zoek haar op, zeg ik je.
[*Pauze*] Maar het is zo lang geleden. [*Pauze*] Daarbij, ik zou
nooit de kans meer krijgen. Sedert ik de hooimijt van de
Verschuerens heb verbrand, let hij op. Hij neemt altijd de
lucifers mee in zijn broekzak.

MAX Je kan toch andere kopen. Een halve frank voor twee doosjes.

JONGSTE MINNE [*opgewonden*] Ja ja. Waar, Max?

MAX In alle winkels, sufferd. Bij Jeanne van de hoek.

JONGSTE MINNE [*snuift*] Ik zou toch niet durven.

MAX Dit wist ik wel.

KILO Jij weet alles, hè magere smeerlap. Niets ontsnapt je. Ah, ik zou er bij willen zijn als iemand jou te pakken heeft op een keer, en hij jou in een hoek duwt en je je niet meer verweren kan.

MAX Dat zal niet gebeuren. Ik hou mezelf in toom. Koel. Ik let op. Geef mij te drinken, jongen. Mijn fles is leeg.

KILO Neen.

MAX Dan sta ik op en ik haal er een nieuwe. [*Haalt nieuwe fles van onder zijn bed, ontkurkt en drinkt*] Nummer drie. Ben je dronken?

KILO Jij wel.

MAX Ik zie je niet zo duidelijk meer, dat is zo. Kijk je kwaad nu? Ja. Je bent razend op mij, ik weet het. Maar het zal beteren. Morgen of overmorgen in Evergem ga je dit alles anders en duidelijker zien, let op mijn woorden. Het zal zo gauw slijten. [*Men merkt aan hem, zoals aan de andere twee ook overigens, dat zij meer dronken worden. De stem van Max is niet zo zeker meer. Hij staat op, staat bij Kilo's bed*] Ik heb het voor jou gedaan, Kilo. Toen ik met haar in het hotel was te Compiègne en zij sprong als een karper, dacht ik en het gonsde in mijn hersens: ik doe het voor hem. Ik moet hem de les lezen, hem aantonen straks hoe fout hij is, hoe lichtzinnig hij met zichzelf omspringt. Ik moet hem verdriet aandoen voor zijn bestwil. Je bent te goed, Kilo, om dit soort te laten profiteren van je. Er is maar één die nooit, nooit, hoor je mij, van jou zal profiteren, die echt iets voor je voelt. En dat ben ik. Mijn moeder en jij, dat is alles wat telt voor mij op de wereld. Antwoord.

KILO Wat dan?

MAX Zeg iets. Laat mij niet hier zo staan.

JONGSTE MINNE Hij zegt niets.

Kilo heeft zich omgedraaid. Een wilde Jager komt binnen.

JAGER Je moet de Duitsers zien! Jongens, jongens, je moet hun propere Duitse soldatenbarak zien! Zij hebben gevochten en alle ruiten zijn stuk! En dan hebben ze met de scherven naar mekaar gegooid! [*Hij lacht en ploft op Jongste Minnes bed neer*]

260

JONGSTE MINNE [*slaat hem zacht op het hoofd, staat op*] Ah, onze wielrenner. Ik heb iets voor jou! Je hebt flink gereden! [*Hij haalt met identieke gebaren als daarnet zijn broers fles uit en geeft ze aan Jager*]

JAGER [*drinkt en spuwt meteen het vocht uit naar Jongste Minne*] Wat is er hier mee gebeurd?

Zij lachen allemaal, kwaad gooit hij de fles in een hoek aan scherven.

JONGSTE MINNE [*kraait*] De wielrenner is zat.

JAGER Ik ben geen wielrenner.

MAX Neen. Een moeraskijker, dat ben je.

JAGER Ja. [*Pauze*] Niets anders. Maar ik ben wielrenner geweest. De strafste van allemaal. Van Steenbergen zou geen twintig meter meegekund hebben met mij, zeg ik. Met hoeveel kwamen wij boven op de Col de Rechamps in tweeëndertig? Vraag het, vraag het! Met hoeveel? Met twee. Colloni en ik, godverdomme. [*Hij staat voor Max*] Om te koersen, hoor je mij, daar moet je een man voor zijn!

MAX Daarom ben je er ook mee opgehouden.

JAGER Daarom niet.

MAX Waarom dan wel?

JAGER Dat zeg ik niet. [*Zit op zijn bed*] Dat is niet te vertellen.

Jongste Minne gaat ook op Jagers bed zitten, kijkt hem aan. Jager spreekt tegen hem als tegen een kind.

In vierendertig, voor de Omloop van de Waalse Gewesten, stonden zij op mij te wachten, allemaal, al de Vlaamse renners. Zij beefden, want ze wisten dat ze geen greintje kans hadden tegen mij, want die zomer was mijn vorm op zijn hoogtepunt. Dat staat in de gazetten. IJzer zat er in mijn benen die zomer. Maar ik ben niet aan de start gekomen.

JONGSTE MINNE Neen?

JAGER Ik nam mijn fiets 's morgens, het was het mooiste weer van de wereld. Alles, de korenvelden, de lucht, de weiden, alles was wit en blonk van de dauw en ik reed naar Charleroi— daar was de start—met ijzer in mijn armen, ijzer in mijn benen en adem als een blaasbalg. [*Hij drinkt, kijkt voor zich uit*]

JONGSTE MINNE En toen, Jager?

JAGER Toen ben ik van mijn fiets gestapt in Braindou, bij een wegwijzer. Ik heb mij aan de kant gezet. En ik ben terug naar huis gereden. En dezelfde avond heb ik mijn fiets, een cadeau van Van Hauwaert, in de vaart gegooid, niemand zal ooit weten waar.

JONGSTE MINNE Hij zal wel verroest zijn nu.

JAGER Ja, en het ijzer in mijn benen ook.

Pauze.

KILO Waarom keerde je terug naar huis, Jager?

JAGER Dat is niet te vertellen. Waarom werk jij hier? Antwoord. Ha. Waarom zit je hier op je kont je alcohol met suiker te drinken? Ha.

De Polen in hun barak maken een ongemeen lawaai.

Eerst ben je een beginneling en je moet bij de besten zijn. Dan ben je een onafhankelijke en je moet ook je aantal koersen winnen. Goed. Jaren gaan voorbij, dan kom je bij de beroepsrenners en je koerst en nooit, nooit kan je de eerste zijn, elke zomer, de hele zomer door, in elke koers. Dikwijls, ah, hoe dikwijls, eindig je in het peloton. Of moet je opgeven. Ik wilde altijd de eerste zijn. [*Drinkt*] Nu heb ik opgegeven.

KILO Ik ga mijn café openen deze winter. Ik vergeet Verrières.

JONGSTE MINNE Ik ook.

JAGER De Polen, hoor je ze bezig? Dat zijn mannen. Die kijken nergens naar. Zij leven in bergen vol lege conservendozen, kaaskorsten, aardappelschillen, en rotzooi, het kan hun geen barst verdommen. Zij laten hun baard staan en zitten te zingen. Wij, wij wassen ons, wij maken ons kot schoon, wij lopen over en weer. Wij zitten hier op een slijpsteen naar mekaar te loeren.

MAX [*ongeduldig*] Laat dan ook je baard staan. En kijk naar de muur als je die mooier vindt dan ons. Of ga bij de Polen wonen!

JAGER [*wendt zijn gezicht naar de muur*] Die muur is mooier.

JONGSTE MINNE [*smekend*] Draai je om, Jager. Kijk naar ons.

Jager doet het.

OUDSTE MINNE [*komt lachend binnen, zwaaiend met twee flessen*] Van de Polen gejat. God, jullie zien er grimmig uit. Allee, jongens, het is feest, de laatste dag, verdorie.

JONGSTE MINNE Ik ben de enige die vrolijk ben. Joehoe. Luister, luister allemaal naar mij, ik steek ons huis in brand. [*Tot Oudste Minne*] En ik zeg je niet wanneer!

Oudste Minne is naar Max gegaan, en fluistert hem iets in het oor.
Max glimlacht.

OUDSTE MINNE Ja jongen, mijn oude oortjes bedriegen mij niet en mijn rechteroog ook niet, al ben ik zo zat als een kanon. [*Slaat Kilo op de schouder*] En hoe gaat het met de liefde?

KILO Dat gaat je niet aan.

OUDSTE MINNE Beter één vogel in de hand dan tien in de lucht, hè?

De Polen joelen.

JAGER Wat gebeurt er bij hen? Zij zijn nog nooit zo wild geweest.

OUDSTE MINNE Mysterie. De mensen roepen en gillen en drinken en roepen. Zij houden nooit op. Zij roepen vooral als ze de liefde vinden, hè Kilo? O, wat zijn ze dan blij, hè Kilo?

KILO Hou op met je gezever.

OUDSTE MINNE [*kruipt op zijn bed*] Ah, een werkmens zoals jij, Kilo, wat denkt hij? Ik ga dood, denkt hij, morsdood, klakkedood, hartstikkedood binnen twintig jaar à peu près—en van de liefde is er geen sprake geweest al die tijd? Het kan niet! Het mag niet! Ik zal het forceren, denkt hij. Dat dacht je, hè Kilo? Wij spelen met de hoepel in het gras, wij spelen met de paternoster in de kist en daar tussen door, Kilo. [*Hij zingt*] 'Voor twee frankskes liefde.'

JONGSTE MINNE [*zingt vrolijk mee*] 'Voor twee frank geluk.'

OUDSTE MINNE Maar zelfs voor twee frank, Kilo en wat is twee frank de dag van vandaag—wat heb je gekregen? Wind. Je stak je vinger uit. Je zei: héla, héla, dit is van mij, dit is mijn suikerklontje van twee frank, dit is mijn suikerwijfje van twee frank, ah, Kilo, het smolt, je suikerklontje voor je ogen! Wind, wind.

KILO [*uitzinnig*] Is het uit?

JAGER Ja, het is uit. Jij, gele raap met je oog!

OUDSTE MINNE [*grinnikt*] Ik ben een raap en Minne is een biet. Akkoord, wij deugen voor niets, wij hebben geen vrouw, geen kinderen, geen huis, geen tuin, geen zakken vol suiker om te verkopen, niets. Maar wij hebben 'twee frankskes liefde!' Nietwaar, Minne? [*Hij schudt aan de Jongste. Hij valt voor de Jongste Minne op zijn knieën, kijkt hem aan met een groteske blik en*

263

reciteert op een toon van uiterste romantiek] O, Minne, ik hou van jou. Je bent mijn leven. Zonder jou kan ik niet leven.

JONGSTE MINNE Ik wel.

OUDSTE MINNE Ik niet. Als ik je zie, jaagt mijn bloed door heel mijn lichaam vlugger, het gaat naar mijn hart en mijn hart loopt over. Mijn hart klopt van verlangen naar jou. Boem, boem, boem [*Hij legt de Jongste Minnes hand tegen zijn borst*]

JONGSTE MINNE [*ongelovig*] Verdomd, het is waar.

OUDSTE MINNE Als ik je roze lippen zie, je zwarte krulharen, je dunne fijne vingertjes, je oortjes als schelpen, dan kan ik niet van je afblijven. Ik wil altijd bij je zijn.

JONGSTE MINNE Ja? Meen je dat?

OUDSTE MINNE Ik wil je nooit verlaten.

JONGSTE MINNE [*wordt aan het spel gevangen*] Je mag niet.

OUDSTE MINNE Morgen gaan wij naar Evergem, straks hand in hand zitten wij in de trein. Zachte muziek van de radio zal spelen. O, Minne, hou je van mij? Zeg het! Doe je lieve mondje open, dat ik je paarlen tandjes zie!

JONGSTE MINNE Waarom zeg je altijd 'Minne' tegen mij? Ik heet Albert. Vroeger zei je altijd mijn naam. Beer zei je. Toe, zeg het nu ook. Voor één keer maar: Beer.

OUDSTE MINNE Beer, hou je van mij?

JONGSTE MINNE [*zeer oprecht*] Ja, Michel.

OUDSTE MINNE Zal je mij nooit in de steek laten? Ik zal jou nooit alleen achterlaten, wij zullen voor eeuwig en altijd...

JONGSTE MINNE [*begint heftig te huilen*] Je màg niet weg. Je màg me niet alleen laten.

OUDSTE MINNE Wij kunnen elkaar niet loslaten, Beer. Men kan ons niet scheiden.

Op dit ogenblik is Kilo naar hem toe gesprongen en geeft hem een enorme stamp, zodat hij tegen de Jongste Minne aanbotst, die van het bed op de vloer rolt en er zachtjes ligt te kermen.

KILO Schei uit. Je moet niet lachen. Niemand mag lachen! De eerste die lacht, sla ik in pap! Dus je luisterde, onderaan het sproeihok, toen Malou bij mij was. Je spiedde ons af.

OUDSTE MINNE Niet één keer.

KILO Je luisterde en zat te grijnzen, terwijl ik vertelde en domme praat uit mijn hoofd sloeg tegen haar.

OUDSTE MINNE Ik heb niet geluisterd, Kilo. Echt niet. Ik hoef niet te luisteren. Die domme praat is altijd dezelfde, het zijn altijd dezelfde woorden, wat wil je, in België net als hier.

JONGSTE MINNE Mijn tand. [*Hij zoekt op de grond*] Er is een tand uit mijn mond gevallen.

OUDSTE MINNE Waar? [*Hij knielt en helpt zoeken*] Hier is hij.

JAGER [*die kijkt*] Het lijkt wel een paardetand.

MAX Je moet je mond spoelen, Minne.

JONGSTE MINNE Het doet geen pijn.

MAX Drink wat. En spoel dan en slik door.

Jongste Minne doet het. Pauze.

KILO Ik was haar vergeten. Nog niet helemaal. Maar het naderde, het vergeten. De grijze pak watten begon zich al uit te spreiden in mijn kop en daar verdronk zij in. Het meisje Malou ging onder, ik duwde haar onder als zij maar opdook. Nu hebben jullie haar weer wakker gemaakt.

OUDSTE MINNE Klaar wakker mag je wel zeggen. Zij danst zelfs.

KILO Eh?

MAX Wachten daarmee, Minne. Geduld is het wapen van de goede soldaat.

OUDSTE MINNE Hij heeft mij geschopt!

KILO Waarmee wachten?

MAX Hij wacht en hij ziet hoe een etterbuil zwelt en blauw en geel wordt en barst. Hoe al het vuil zich ophoopt tot het zwelt. Tot het niet meer langer gevangen kan zitten onder de huid. Dan spat de huid open en kwakt het vuil open in je gezicht en dan pas, dan pas, zie je duidelijk en voorgoed, Kilo, hoe je bevlekt bent en smerig gemaakt.

KILO Je lijkt wel een pastoor.

JAGER Hij is dronken. Jongens, wat een feest. Alles zwijmelt zacht. Alsof wij in een boot langs de Oise zaten te vissen.

De fabriekssirene gaat.

[*Schreeuwt*] Tuut. Tuut. Het is gedaan met dat Tuut. [*Pauze*] Ik kom hier niet meer.

MAX Ik ook niet meer.

KILO Ik nooit meer.

JONGSTE MINNE Ik wel.

OUDSTE MINNE Als jij dronken wordt, moet je altijd tegen-
werken.

JONGSTE MINNE Ik wil niet naar huis met jou alleen daar. Je
houdt niet van mij. Ik ben een last, zeg je. En je zegt er nooit
geen één tegen mij thuis.

Pauze.

JAGER Je had het zo mooi over een etterbuil, Max. Dat ben
jijzelf zeker? Wanneer barst je open? Voel je het nog niet?

MAX Dat zou je willen, hè Jager. Dat ik barstte. Je zou zelfs een
handje willen toesteken nietwaar, wielrenner. Hè, 's nachts,
kwak, mijn nekje een kraak geven, dat zou je wel willen. Maar
je hebt geen kloten. Geen van jullie. Daarom ben ik de chef.
Omdat iemand moet durven, omdat wij niet allemaal op ons
gat kunnen blijven zitten en de smeerlapperij verdragen! Ik
doe er aan mee, ik neem haar met mijn twee handen vast, als
jullie het niet durven. Iemand moet het doen, opdat jullie
lekker en gezond van binnen en van buiten kunnen toekijken.

De Polen roepen: Hoe, hoe. Max lacht geheimzinnig.

Hoor ze, hoor ze lachen! Wat hebben zij? Wat vieren zij? De
etterbuil, zeg ik. Kilo luister. Stil allemaal.

Men hoort tussen de Polen een paar kirrende vrouwenstemmen.

De stemmen die roepen, die gillen als in het Lunapark van de
kermis van Deinze, je weet wel, de op en neer dansende trappen, die glijbanen van hout, waarop je recht naar de maan
vliegt, lijkt het. En waar de wijven hun rokken opwaaien! Alle
wijven gillen dan, als het gebeurt. Nu gillen ze ook. Hoor je
ze, Kilo? Eén stemmetje vooral, je kent het, soms is het hees
van de alcohol, soms zegt het lieve, dwaze dingen aan je oor.
Nu lacht het stemmetje, luister! Het gilt!

KILO [*komt recht, komt bij Max*] Ik hoor niets.

OUDSTE MINNE Ik herken het stemmetje heel goed.

KILO Is *zij* het? Bij dronken Polen in hun barak?

OUDSTE MINNE Met haar zusje Lily mee. En twee vrouwen uit
het dorp. Hoerezat alle vier.

KILO Het kan niet.

MAX Neen? Waarom niet?

KILO [*luistert, doet de deur open, luistert krampachtig*] Zwijg!

JONGSTE MINNE Deur toe.

KILO Ik hoor wijvestemmen. Haar stem kan ik niet onderscheiden.

OUDSTE MINNE Ik heb haar gezien. Met mijn rechteroog moet ik mijn kop meer omdraaien dan jullie. Er is altijd een zwarte helft. Maar in de klare helft heb ik haar gezien. Zij danste.

KILO Neen! [*Hij komt terug in de kamer*] Zij komt niet in hun barak. Zij weet goed genoeg welke gevaarlijke beesten het zijn, wat zij met de vrouwen doen. De wijven uit het dorp hebben het haar zeker verteld. Dat durft zij niet te doen. [*Tot Max*] Of heb jij dat in orde gemaakt? Heb jij haar hierheen gelokt?

OUDSTE MINNE Helemaal niet. Hij wist er geen bal van. Alle Polen hebben vooruitbetaald. In haar eigen, kleine handje.

MAX Ik wist nergens van, Kilo.

KILO Dat kan toch niet. Zij is toch geen vrouw uit het dorp. Waar denkt zij dan aan? Dat kan zij haarzelf toch niet aandoen?

MAX [*woedend*] Je hoort haar gieren van de pret met acht Polen aan haar lijf, zat als een hoer, wild als een zwijn, vlak naast je dikke kop hoor je haar en nog geloof je je eigen flaporen niet! Wat wil je? Erbij zijn? [*Hij loopt weg*]

KILO Ik wil niets meer. Zij bestaat niet meer voor mij. Ik heb genoeg.

OUDSTE MINNE Ik schrok mij een bult, toen ik haar in hun barak zag. En zij, die de Polen de smerigsten van de fabriek vond! Kilo, Kilo, wat heb jij je mispakt.

KILO [*knikt afwezig, gaat dan bij Jager*] Jager, jij die alles weet. Word wakker. Haat zij mij? Waarom doet ze dat? Vlakbij, naast onze barak. Ik zie geen klaarte. Ik ben zat.

JAGER Ik bemoei er mij niet mee. Ik ben er niet. [*Hij drinkt*] Ik ga naar mijn moeras zo meteen. Laat mij gerust.

Het zingen van de Polen is plots afgebroken. Gestommel, geroep. De Polen twisten.

OUDSTE MINNE [*aan de deur*] Verdomd, daar komen zij!

Max heeft een zeer dronken Malou in onderjurk bij de arm vast. Bobik en een andere Pool, Malja, protesteren, proberen haar uit Max' *greep te rukken. Max stoot haar in de kamer.*

MAX Zie je nu? Wie is dat? Is dit je engel, je Onze-Lieve-Vrouwebeestje?

MALOU [*staat verbaasd te kijken. Zij spreekt Pools:* '*Kom liefjes alle-maal*'] Kom liefje, dik liefje. Je mag mee met Malou. [*Zij wijst eerst Bobik, dan Malja*] 'Liefste' [*In Pools*] Bobik. [*Zoent Bobik op de wang*] Dan Malja. En dan... jij dik liefje. En geen woord mag je zeggen al de tijd, want je liegt. Ik lieg, jij liegt, wij liegen alle-maal. Het kan mij niet verrotten als je maar betaalt. [*Schreeuwt*] Be-ta-len!

MAX Ik betaal voor hem. Hier vierhonderd frank. De markt is naar omlaag gegaan.

KILO Ja.

De Polen twisten samen. Zeggen dan tegen Max: '*Elle doit venir. On a payé!*'

KILO [*gaat naar Malou, neemt haar bij de schouders*] Waarom? Waarom?

MALOU Het doet pijn. Laat mij los. Ik ben je vergeten. Je hebt het zelf gevraagd. Vergeet, zei je. Hop. Weg met jou. Ik moest creperen, zei je. Nu, dat doe ik toch. Ik ben bezig. Op mijn vier voetjes op mijn dooie gemak ben ik bezig, mannetje. [*Zij rukt Jagers fles uit diens handen en drinkt er met gulzige slokken aan, spuwt, lacht heel hoog en valt tegen de grond*] Je moet betalen.

Allen staan te kijken. Jongste Minne komt bij haar, langs haar.

JONGSTE MINNE Je moet haar koffie geven. Ik heb nog wat. [*Hij haalt de sleutel onder het hoofdkussen, gaat naar de kast, opent die, brengt een thermosfles naar Kilo*]

OUDSTE MINNE [*krijst*] Mijn sleutel! Mijn sleutel! Geef die sleutel hier, smeerlap! O 's nachts haal je mijn broekzakken leeg. Van je bloedeigen broer! [*Hij rukt de sleutel uit de Jongste Minnes handen*] Zink door de grond, Minne. Na alles wat ik voor jou gedaan heb.

JONGSTE MINNE Hij lag onder je kussen.

KILO Drink. Drink. [*Hij giet het in Malou's mond*]

MALOU Blijf van mij af. Anders moet je betalen.

Hij heft haar recht.

BOBIK Elle est malade. [*Praat in het Pools met zijn vriend. Zij gaan naast de Oudste Minne op het bed zitten. Wijzen naar Kilo en Malou*] Amour toujours, hein, Kilo.

OUDSTE MINNE Ik wou dat Flamin zijn dochtertje nu zag, hoe zijn tortelduifje van Meneer Lambert erbij ligt.

MAX [*tot Kilo*] Laat haar naar huis lopen nu. Voor wat zij goed is. Zij heeft haar bekomste! [*Hij neemt Malou bij de arm, duwt haar naar de deur*] Alee hop. Genoeg gelachen voor vandaag.

Kilo kijkt even. Grijpt dan Max bij zijn middel, heft hem de hoogte in en smakt hem tegen de vloer.

KILO Kom nooit, nooit meer aan Malou.

MAX [*die in de hoek ligt, waar Jager de fles van Minne heeft stukgegooid, neemt de hals van de fles, komt recht*] Dit steek ik in haar balg. Niemand gaat het mij beletten. En als je in de weg komt, draai ik dit in jouw gezicht.

Maar Jager die achter hem stond terwijl hij op Kilo toetrad, grijpt Max van achter en klemt zijn twee armen vast. Geworstel als Max zich wil omdraaien. Een schop van Jager en Max vliegt weer op de grond. Plots beginnen Jager en de Jongste Minne te lachen en naar hem te wijzen. Ook de Oudste Minne kakelt dan.

OUDSTE MINNE Ah, onze renner is nog altijd de vlugste.

JONGSTE MINNE Het is een rappe donder.

Kilo sleept Malou naar de deur.

MAX Ga mee met haar. Snel. Neem de resten van de anderen, van de hele suikerfabriek als je daar blij mee bent. Ik was mijn handen!

KILO [*draait zich om*] Jij bent geen werkmens, jij bent geen mens, jij, je bent een bastaard.

OUDSTE MINNE Dat is geen nieuws, Kilo.

KILO En zoals je geen vader hebt, zal je geen vriend meer hebben in de hele wereld.

Kilo sleurt de bewusteloze Malou op de gang. De Jongste Minne gaat naast hem.

JONGSTE MINNE Laat mij helpen.

KILO Maak je weg.

Op de gang zet Kilo Malou op een der opgestapelde emmers. Zij leunt achterover. Hij staat bij haar en kijkt naar haar. In de kamer schuiven ze naar hun bedden, drinken. Max kamt zijn haar voor het aan de wand gespijkerde spiegeltje.

MAX Het zal hem berouwen. Niemand kan mij zoiets aandoen en er vandoor gaan. Hij vooral niet. [*Fel*] Eruit vliegt hij bij mijn moeder. Geen cent geef ik hem terug van zijn geld, van het hele seizoen. Ik hou het. Hij kan te voet naar huis gaan.

JAGER Hij wil niet eens naar Evergem terug.

MAX [*lachend*] Hij zal hier blijven zeker.

JONGSTE MINNE Ik ben nuchter.

OUDSTE MINNE Ik ook. Dit is geen feest meer zoals het hoort.

JONGSTE MINNE Verleden jaar was het een veel mooier feest.

JAGER Het jaar tevoren ook.

JONGSTE MINNE Ik voel mij niet goed, Minne. Ik wil niet naar huis. Zeg, als wij eens hier bleven, allemaal samen.

De Oudste Minne kirt, Jager lacht.

Het is hier toch warm.

JAGER [*gaat rond met zijn fles. Tot Max*] Jij bent de grootste rotzak die ik ooit in mijn leven ontmoet heb. Door en door rot ben je. [*Hij schenkt Max' kroes vol*]

MAX [*gooit zijn kroes leeg*] Ik wil niets. Van jou niets. Niets van geen een van jullie! [*Hij bijt op zijn vingernagels*] Het zal hem spijten. Hij is nog nergens met haar. Hij weet niet wat er hem te wachten staat.

JAGER Jij weet het ook niet.

MAX [*loopt ineens naar de deur, staat op de gang, voor Kilo. Staart naar hem*] Ik heb alles voor je gedaan, jaren lang. Wil je niet meer tegen mij spreken? Spreek je liever tegen wat je uit de modder trekt, wat naar de modder zal terugkeren. Ik heb geen kind bij haar gemaakt, geloof het niet. Ik kan het weten. Ik kon bij mijn vrouw ook geen kinderen krijgen, het is een van de redenen waarom zij weggelopen is van mij. Vraag het aan mijn moeder als je mij niet gelooft.

KILO Ga weg.

MAX Zij zal Lambert niet laten vallen. Let er op, zij zal binnenkort weer in zijn huis wonen.

KILO Het kan mij niet schelen.

MAX Ga je niet mee morgen?

KILO Neen.

MAX Het zal je spijten. Ik kan je geen kwaad doen, je weet het. Een ander had ik gekraakt, tot moes getrapt. Ik laat je lopen naar de verdommenis met haar.

KILO Dan lopen wij er met zijn tweeën heen. Jij bent alleen.

Daarop gaat Max weg. Hij rent af. In de barak voelt de Jongste Minne met zijn afgebroken tand in zijn gebit.

JONGSTE MINNE Mijn tand kan er niet meer in. Dit is ook voorbij. Ik zal hem sparen. Hij kan misschien nog dienen.

OUDSTE MINNE [*met iets van de landerige verveling, waarmee het eerste tafereel is ingezet. Niemand luistert naar hem, herkauwend vertelt hij zijn steeds zelfde verhaal, terwijl de barak langzaam in het donker verdwijnt*] Dit is een slecht seizoen geweest. Wij gaan met geen duizend Belgische frank naar huis, zeg ik je, als alles afgetrokken wordt. Eerst die jan klaassens die de staking begonnen de eerste week dat wij hier waren en ons met ons vijven achterlieten en op de vlucht sloegen. Wij hadden met moeite een biet in de karren gegooid, of ho, daar staken zij hun armen in de lucht, stop, zeiden zij...

Op de gang heeft Kilo met zijn zakdoek en wat spuwsel Malou's gezicht gewassen.

MALOU [*ontwaakt*] Jij bent Kilo.

KILO Ja.

MALOU Je bent dronken.

KILO Jij ook.

MALOU Je moet betalen.

KILO Hier drink nog wat koffie.

MALOU [*drinkt*] Het is zout.

KILO [*proeft, trekt een grimas*] Ja. Het is koffie van de Jongste Minne. Zijn moeder deed altijd een snuifje zout in de koffie, zegt hij. Maar hij doet er wel een handvol in.

MALOU Ik wilde creveren, Kilo, zoals jij mij vroeg. Maar ik durfde niet.

KILO Ik ben dom geweest.

MALOU Ik ben dom geweest. [*Huilt onmerkbaar*] Ik zal het nooit meer doen. Lach naar mij, Kilo.

KILO [*grijnst*] Wilde je dood dan?

MALOU Ik stond in de keuken. Lily was er ook. Zij ziet er ouder uit elke week. Zij rot van binnen. Zachtjes. Ik ben als zij. Wij dronken Benedictine. Alles drink ik. Malou drinkt alles. Ik ben een vuilnisbakje. Giet het maar naar binnen. Toen ineens begon ik te lopen naar de barak. Zo snel als ik maar kon. Ik rende en ik riep: Kom allemaal, kom. [*Snikt nu onbedaarlijk*] Kom naar Malou.

KILO [*wrijft haar gezicht droog*] Heb je het koud?

MALOU Ja, maar ik zit hier goed.

KILO Dag.

MALOU Dag. [*Wrijft krampachtig over haar mond*] Ik ben vuil, Kilo. *Kilo kust haar mond.*

MALOU [*wrijft hun beide monden schoon*] Ik wou dat ik het weg-wassen kon voorgoed, wegschuren wat ik gedaan heb. In de barak, de Polen, zij hadden jouw gezicht, jouw handen. 'Kilo,' riep ik in het Vlaams, dat zij het niet konden verstaan, 'Kilo, ik heb je toch!' Op het laatst heb je ik toch! Of je wil of niet. Ik heb je vast...

KILO Zwijg daarover.

MALOU Je gaat nu weg.

KILO Ja.

MALOU Het is het beste.

KILO Met jou mee.

MALOU [*ongelovig kijkt zij, begint weer te snikken*] Ik zal nooit goed kunnen zijn.

KILO Jawel.

MALOU Gaan wij samen? Naar Parijs?

KILO Misschien.

MALOU Nu?

KILO Zijn er nog treinen vanavond?

MALOU Er is een late trein van Saint-Quentin.

KILO Dan gaan wij vanavond weg.

Pauze.

MALOU Wit zou ik willen zijn, Kilo, wit als doopsuiker. Als je mij openbeet, zou ik wit vlees hebben.

KILO Huil niet meer.

MALOU Kan deze avond er niet zijn? Dat wij morgen opstaan en dat die barak en dat... nooit geweest is. Neen. Het kan niet. Je zal het meedragen. [*Tikt aan zijn hoofd*] Hier.

KILO Er is daar al zoveel, dit kan er bij. [*Hij kamt haar haar*]

MALOU Zal je mij verwijten morgen wat ik gedaan heb? Je mag. Morgen. Zeg nu niets. Je bent warm. [*Zij legt haar oor tegen zijn borst*] Ik kan je horen denken aan mij. 'Malou,' hoor ik, 'je bent smerig geweest, maar hoe het ook in mijn hoofd blijft kleven, ik probeer het uit mijn hoofd te wringen. Malou, ik wil niet dat je treurig bent.'

KILO [*bees*] Hull niet.

MALOU 'Malou het zal niet deugen tussen ons. Wij tweeën.
Maar nu wil ik er aan denken alsof het wel kon.'

KILO Laten wij doen alsof het kan.

MALOU Lang.

KILO Lang.

MALOU Zolang het kan. [*Pauze*] Ik wil geen kinderen, Kilo.
[*Pauze*] Hoor je me? [*Pauze. Dringend*] Ik wil geen kinderen.
Langzaam wordt het ook donker op de gang. Terwijl dit gebeurt, ho-
ren wij de Vlamingen in hun barak zingen: 'En wij gaan nog niet naar
huis, nog lange niet, nog lange niet, wij gaan nog niet naar huis, want
moeder is niet thuis.'

Doek

(1958)

Mama, kijk, zonder handen!

EEN KOMEDIE IN VIER BEDRIJVEN

'...while in the darkness which ensued, the cosmopolitan kindly led the old man away. Something further may follow of this Masquerade.'

MELVILLE, *The Confidence-Man*

Personen

BAERS
STEFAN
MEVROUW TRISTAN
RAFAËL
JACKIE
MOL
TANTE

Onaardse geluiden weerklinken terwijl het doek opgaat en doven dan langzaam uit. In het volledig duister van het toneel onderscheidt men de lichtende sferen van twee ruimtevaarthelmen. Deze helmen in plastic omhullen de hoofden van Mr. Baers, een zeventigjarige bankier, en Stefan, een jongeman van rond de vijfentwintig. Zij staan (lijken te zweven) in de lucht.

BAERS Wind.

STEFAN Uit het westen.

BAERS Een ijzige motregen, luitenant. Ik zie geen bal. Wat zie je, luitenant?

STEFAN Niets.

BAERS Een kleine inspanning, luitenant.

STEFAN Een vlakte. Kloven in die vlakte, als in een hand. Een reuzenhandpalm van lava. Ik sta er helemaal alleen op. Ik zal mijn weg nog verliezen in die hand.

BAERS Vrees niet. Ik ben bij je, luitenant. Volg mij.

STEFAN Ik volg.

BAERS Ik volg, wie?

STEFAN Ik volg, kolonel.

BAERS Nooit, in welke omstandigheden ook, de rangorde, de gradering uit het oog verliezen, luitenant. Er moet orde zijn. Niet duwen! Zou je al moe worden, luitenant?

STEFAN Het is bij halftwaalf, wij zijn al minstens drie kwartier bezig.

BAERS Aandacht! Op de plaats... rust! Luitenant, wij zijn precies achttien dagen en drie uur op weg, sedert de lading van de Tempomobilaxis begon te knetteren en de beslissende handel werd overgehaald. Aan de huidige snelheid van de Tempomobilaxis betekent dit, dat wij vierhonderd duizend jaar in de tijd werden teruggeslingerd. Wat meer preciesheid, a.u.b. Men vraagt zich af wat men leert op de kadettenschool tegenwoordig! Aandacht! Voorwaarts... mars. Niet duwen! Halt! Luitenant, hoe noemen de mannen mij in de kantine?

STEFAN Baers, de IJzeren Nek.

BAERS Of?

STEFAN Baers met de Tanden.

BAERS Juist. Vertraagde danspas ter plaatse. Ben ik een hart van goud voor mijn mannen, luitenant?

STEFAN Onder een ruwe schors, kolonel.

BAERS Maar kan ik, als het nood doet, ook de uiterste druppel uit hun bast wringen?

STEFAN Inderdaad, kolonel.

BAERS Welaan dan. Wat zie je?

STEFAN Rotsen. Links en rechts, rotsen. Zover ik kijken kan, rotsen. Een woestijn, een zee van steen. Gelijke, grijze steen of versteend mos. Een beetje als het gezicht van mijn grootmoeder.

BAERS Zaliger?

STEFAN Zaliger. Ook de lucht is van steen. Er is geen boom, geen wezen in zicht. Alleen...

BAERS Wat alleen?

STEFAN Niets meer.

BAERS Maar je zei: 'Alleen...' Op een toon die hoop gaf. Geef geen hoop waar geen hoop zijn kan, luitenant! Ssttt! [*Hij hurkt neer*] Wat hoor ik? Een roofbeest met vlerken? Of is het de wind?

STEFAN Ik weet het niet.

BAERS Luitenant, je houdt niet van mij.

STEFAN Jawel, kolonel.

BAERS Luitenant, ik maak mij kwaad, ik voel het. Ik krijg er mijn helmpje vol van. Reeds voor de lading van de Tempomobilaxis knetterde, reeds voor de beslissende handel werd overgehaald, heb ik je verteld dat je op déze tocht uit je doppen moet kijken! Maar almaardoor zie je niets anders dan rotsen en woestijnen. Het hangt mij de keel uit! *Elke keer* verzeil je in het grijs, in de steen. Nooit zie je eens een blaadje groen, een vriendelijk fata morgana, een vijandig ruimteschip, een dino...

Stefan is plots een meter lager gedaald in het donker.

[*Baers roept woedend*] Wat doe je nu? O, het is gebeurd! Kom naar boven, ongelukkige zot! Haast je, incompetente recruut!

STEFAN Je duwde!

BAERS [*uitzinnig*] Wat?

278

STEFAN U duwde, kolonel.

BAERS [*helpt Stefan weer een meter hoger. Met ingehouden woede*]
Voelde je iets kraken onder je voet? Welke grond leek het?

STEFAN Ik weet het niet meer.

BAERS Catastrofe! Onoverzienbare ramp! Aieaieaie! Je bent uit
de voorgeschreven baan gegaan, die de Tempomobilaxis door
de eeuwen en de tijden heeft getrokken. Je hebt minstens
honderd miljoenen moleculen geraakt náást de uitgestippelde
weg, je hebt revoluties veroorzaakt in de tijd! Pummel! O,
hoe ontwikkelt zich niet razend snel op deze gewijde grond je
voetstap over de eeuwen heen tot een voetafdruk, een gleuf,
een ravijn, een zeestraat. Eilanden hebben zich afgescheiden,
luitenant, je hebt daarnet Australië van het moedercontinent
gestampt. Neen, o neen, ik durf niet terug naar de machtige
heren van het Hexagoon, die ons hebben weggestuurd op
verkenning. O neen. Ik blijf hier rondhangen tot in de eeuwig-
heid. Mijn zuurstof zal uitgeput raken, na drie dagen zullen er
geen vitaminen meer zijn, mijn vet zal smelten langs mijn gebeente, maar ik aarzel niet, ik blijf hier rotten tot de dood er
op volgt.

Stilte.

STEFAN Vergeef mij.

BAERS Ik ben het beu. Jij wil alleen maar op een rotsblok zitten.
In het grauw wil je zitten, in je stenen wolken. De levende
natuur kan je gestolen worden. Wel mij niet, luitenant! Ik wil
de natuur beleven tot in haar diepste geheimen, ik wil de wereld kennen. Opgepast. Verder! De dubbele schuifelpas voorwaarts links. En aandacht alstublieft. Kom op. Wat zie je?

*Op dit ogenblik schiet het toneel in helder licht. Wij zien Mr. Baers
en Stefan in stadspak met plastic helmen op het hoofd, op een tafel staan,
in het midden van Stefan's kamer. Mr. Baers is oud maar welverzorgd.
Wat kortademig maar nobel. Gezwollen maar machtig. Stefan ziet
er al half uit als de dichter die hij zou willen zijn. Mager en verward.
Een lieve jongen. Maar kan een dichter een lieve jongen zijn? De
kamer is groot, zeer burgerlijk ingericht, met een divan, zeelandschap-
pen aan de muur, portretten van afgestorvenen, en drie borstbeelden van
éénzelfde, bebaarde grijsaard. In de fond is er een deur die naar de
slaapkamer leidt. Links een raam dat op de straat uitgeeft; en de deur*

279

van de keuken. Rechts staat een kast met een telefoon er op. Het schrijf-
tafeltje van Stefan met foto's aan de muur ervoor en boeken staat aan
deze kant van de deur van de gang. In de deuropening staat nu Mevrouw
Tristan, de huishoudster, een zorgelijke zestigjarige. Moederlijk maar
lastig. Zij heeft het elektrisch licht aangedaan, en draagt een dienblad
met twee glazen en een kannetje.

MEVROUW TRISTAN [*vrolijk*] De karnemelk!

BAERS [*schreeuwt*] Wat! Aieaieaieaie! Het is uit. Afgelopen-voor-
goed gedaan. Ik zet mijn hoed op en verlaat dit huis voorgoed.
Dagelijks word ik hier tot in het ruggemerg beledigd, tot in de
kleine hersenen verwond, maar dit doet de deur dicht. Adieu,
Mevrouw Tristan, je hebt je laatste heksentoer geleverd.

MEVROUW TRISTAN Maar wat overkomt u, Mijnheer Baers?

BAERS Wij waren op weg, wij zagen iets, een schaduw, een vlek
van iets, zeg ik u! Wij bereikten, moeizaam weliswaar, maar
wij bereikten toch een voorgevoel, een maagdenblos van een
gewaarwording, en...

MEVROUW TRISTAN Ik breng uw karnemelk.

BAERS Midden de openbaar wordende wereld van verrukking,
toen de klem der logische gelijkmatigheid zich loste, toen wij
bereikten waar wij, wetenschapsmensen, van dromen, jarenlang, namelijk de benadering via het gevoel, de intuïtie, via
een bijna mystieke weg van de dingen die, de dingen die, de
dingen die... o, ik geef het op!

MEVROUW TRISTAN Maar u zei: 'Mijn karnemelk precies om
kwart over elf!'

BAERS Mevrouw, ik heb met uw tijdrekening niets te maken.
[*Hij neemt het glas karnemelk aan dat zij hem toereikt, wil drinken,
maar wordt gehinderd door zijn helm, hij geeft het glas aan Stefan,
doet zijn helm af, geeft die aan Mevrouw Tristan en drinkt*] Drink op,
Stefan, dit is uitstekend voor de rode bloedlichamen.
*Stefan springt van de tafel, geeft in ruil voor zijn glas zijn helm aan
Mevrouw Tristan.*
Het is toch afschuwelijk dat een man op leeftijd, gezond en bij
zijn zinnen en welgesteld om niet te zeggen rijk, zo kan ge-
tiranniseerd worden. Mevrouw Tristan, wat staat er in ons
contract? Eerste paragraaf: De huurder zal niet gestoord worden onder geen enkel voorwendsel. Dat contract heeft u onder-

tekend toen ik bij u kwam wonen, die rampzalige lente twaalf jaar geleden.

Zij wil iets zeggen.

Zwijg. [*Tot Stefan*] Stefan, ik geloof dat wij onze volgende reis overdag moeten houden. Vlak na de middag misschien, als dat mens haar onnoemelijke boodschappen doet. Na de middag, ja, als wij, versterkt door de voeding en nog niet versuft door het verteringsproces, nog niet door de dag afgemat maar reeds aan de dag gewend, ja, dan zullen wij... eh... wat denk je?

MEVROUW TRISTAN Maar dan moet hij toch naar kantoor?

BAERS Zwijg. Stefan moet beginnen inzien—hij loopt nu al een kwarteeuw op de aarde—waar zijn belangen liggen. Rijkdom van perceptie, opheldering der geheime krachten, die zich in alle lagen van ons wezen hebben verspreid, geestelijke kracht verwerven—of bediende spelen in de bank van Mr. Remi, die maar één arm heeft. Wat beslis je?

STEFAN Opheldering van... die krachten...

BAERS Uitstekend. Ik zal Mr. Remi vragen jou bureelhoofd te maken en werkuren te geven later op de middag. Het zal je ook meer aanzien geven. Een beetje erkenning helpt de jeugd. IJdelheid activeert de bloedsomloop. Overigens, Stefan, alle genieën waren ijdel als cocottes. Einstein schreef zijn naam twintig keer per dag op de muur, vergeet dat niet.

MEVROUW TRISTAN Op de muur?

BAERS Zwijg!

STEFAN Nou 'genie' in mijn verband is toch te veel gezegd. Ik heb nog maar twaalf gedichten geschreven.

BAERS Geen maniertjes, Stefan. Je tante heeft het mij zelf verteld: je kon breien toen je vier was, op je twaalfde jaar speelde je een perfecte wals op de viool. Later had je een negen voor moedertaal en een twee voor wiskunde. En je houdt niet van voetbal. Voor mij is dit al bekeken. Ik ruik genieën van op een kilometer afstand. En jij bent er een. Je zou anders mijn zoon niet zijn.

MEVROUW TRISTAN Ik heb er maar één gekend, een genie, maar hij telde voor vijf en hij schreef nooit op de muren! En je lijkt op hem, Stefan, op de grote Van Wijdendale. Hier, iets rond de slapen. Hier. En ook de blik 's morgens vroeg. Prosper van Wijdendale keek 's morgens altijd alsof hij verwonderd was dat hij nog leefde. Dat heb jij ook.

STEFAN Ja, ik ben ook verwonderd 's morgens vroeg. [*Pauze*] Het is alleen maar jammer dat niemand anders mijn gedichten wil lezen, behalve jullie twee.

BAERS Werd Van Gogh erkend? Waarom sneed ie zijn oor af?

MEVROUW TRISTAN Prosper van Wijdendale was eenenveertig toen de Kortrijkse Symfonie zijn 'Heloise' creëerde. [*Zij kijkt verliefd naar een der borstbeelden*]

STEFAN [*in paniek*] Eenenveertig?

BAERS Wat is eenenveertig misschien? De guillotine? Hoe oud ben ik? Hé? Hoe oud zie ik er uit? Zeg op. Als je het nou niet wist, bedoel ik. Kom op.

STEFAN Nu weet ik toevallig hoe oud u bent, omdat het morgen uw verjaardag is, maar als ik het niet wist, zou ik zeggen: zestig!

BAERS Hoe kom je daarbij! Mijn haar is niet geverfd, alleen een spoeling met iets er in. Mijn tanden [*hij laat ze zien*], daar zit niet één valse in, behalve die drie van links. En rimpels, die heeft een man van veertig toch al. Hoe kom je aan zestig? Stefan, je houdt niet van mij.

STEFAN Nou, vijftig dan.

BAERS Precies. Dat zegt mijn manicure ook. En zij hoeft niet te liegen, waarom zou ze?

MEVROUW TRISTAN Prosper van Wijdendale...

BAERS Hij mankte, neem mij niet kwalijk.

MEVROUW TRISTAN Mankte? Mijnheer Baers, dat mag u niet zeggen van een kunstenaar als...

BAERS Ik heb het uit welingelichte kringen vernomen.

MEVROUW TRISTAN Dertig jaar lang heb ik hem trouw gediend. Hij had zijn standbeeld al vier jaar na zijn dood. Ik heb gehuild als een kind toen ze die vlag wegtrokken en hij daar stond, mijn eigen Prosper, in het brons met die palmtak in de hand. Zij hebben mij moeten wegbrengen op een berrie. Wel... ik heb hem dertig jaar lang gezien en steeds liep hij rechtop, recht-op, dag en nacht.

BAERS Loop ik dan krom misschien? En ik loop 's nachts ook rond, Mevrouw!

MEVROUW TRISTAN Dat hebben wij gemerkt! Ik mag er niet aan denken hoe u die arme weesjongen hier maanden aan een stuk hebt meegesleurd in de weiden 's nachts onder voorwendsel dat de dauw nieuwe krachten geeft langs de planken van de voeten. Wat heeft ie er van overgehouden? Drie weken in bed. Nu nog hoor ik hem soms kuchen.

STEFAN O, niet zoveel meer, Mevrouw Tristan.

BAERS Mevrouw, alle primitieve volkeren dansen in de dauw.

MEVROUW TRISTAN En toen u de Middeleeuwen bestudeerde en die jongen niet meer uit dat harnas te krijgen was. En die kuur van de yoga. Almaardoor op zijn hoofd staan in een hoek. Ook als er mensen waren. Het was genant. En nu de reizen naar de maan.

BAERS [venijnig] Het onderzoek der ruimte zal u bedoelen.

MEVROUW TRISTAN Het is ongezond, zeg ik maar.

BAERS Stefan, ben je mijn zoon of niet?

STEFAN Dat heeft u toch gewild, Mijnheer Baers.

BAERS Inderdaad. En ik sta er op je als mijn volledige en toch geestelijke zoon te beschouwen. Bij mijn dood binnenkort zul je mijn naam overnemen en die naam zal je aan jouw zoon overmaken en jouw zoon aan zijn zoon, zodat ik verder hier op aarde leven zal, Hippoliet Baers, tot in het einde der tijden. Elk roze gerimpeld ongedierte in zijn windsels zal, terwijl ik onder de aarde lig te rotten in mijn sap, mijn naam dragen. De wereld zal een voortdurend gemurmel horen [murmelt langgerekt] Hippoliet Baers, Hippoliet Baers.

MEVROUW TRISTAN U heeft van die nobele invallen, Mijnheer Baers. [Haalt haar zakdoek te voorschijn, bet haar ogen] Ik kan er niet tegen als u nobel wordt.

BAERS Snotter niet, Mevrouw. Wij hebben een drukke dag voor de boeg. Help mij hier af! Ik vraag het al een uur. [Hij wordt van de tafel geholpen, valt onmiddellijk op een stoel] Aieaieaie! Daar heb je 't. Mijn breuk! Oeioeioeioei. [Zucht] Zie je dat, Stefan, éénmaal op het aardse peil, eenmaal terug uit de donkere droom in de dag met zijn hondekuren en wij zijn weer in de winter van ons ongemak. Oeioeioei. Stefan, ik ben niet tevreden. Deze reis was niet dàt. Je stelt mij deerlijk teleur met je grijs uitzicht op de dingen steeds. Je baart mij zorgen, zoon.

Je bent het enige wat ik bezit op deze aarde. Ja, Mevrouw Tristan, het enige, want ons gevrij en gezanik in de duinen enkele jaren geleden wil ik grif vergeten. Hier, dat is mijn jongen. Ietsje te mager misschien en de kop onklaar met zijn twaalf gedichten en het middenrif troebel omdat hij de vrouw nog niet kent, ja, maar toch vertrouw ik hem mijn naam toe. Ik hou van hem. [*Stilte*] Het is morgen, nietwaar?

MEVROUW TRISTAN Ja.

BAERS Hoe laat ook weer?

MEVROUW TRISTAN Om elf uur drieëntwintig precies, in januari 1881.

BAERS En ik leef nog. Verwondert u dat niet, Mevrouw Tristan? Een kiempje wordt verwekt, laten wij vergeten in welke omstandigheden, en het kiempje wordt een vis, een pop, en hop, daar komt een huilebalk en drie oorlogen later, tussen televisie, straaljagers en atoombommen, hop, daar zit ik, Hippoliet Baers, springknetterlevend in Stefan's kamer hier. Een wonder is het, zeg ik u. God is een groot man. Mijn hoed af.

MEVROUW TRISTAN God, zei Prosper van Wijdendale, dat is het enige wat ik kan verdragen.

BAERS Hm. Stefan, kom. Naar buiten. Een wandelingetje doen al in het jeugdig groen. Wat ik in mijn achtenzeventigjarige botten heb, ik weet het niet, als een bolognese schoothond ren ik door mijn kamers, ik weet van geen windrichting meer. De lente waarschijnlijk.

STEFAN Maar wij zijn de hele week al weggeweest. Ik blijf liever thuis vanavond.

BAERS Die Remi op de bank buit je uit. Ik voel het. Hij geeft je huiswerk mee, als aan een typiste.

STEFAN Neen, neen, ik heb nog niets verricht op de bank, de hele maand.

BAERS Zo wil ik het horen, zoon.

MEVROUW TRISTAN Voelt u dat dan niet, Mijnheer Baers? Kijk, zijn ogen blinken. O, ik herken het zo goed. Prosper van Wijdendale had het ook, soms midden in de namiddag, dan blonken zijn trouwe, warme ogen plots en zzzoem, daar schoot ie naar zijn piano en het leefde onder zijn vingers, hèt ontstond.

284

Men hoort een razend snel en verward pianosolootje.

BAERS Is dat het? Jeukt het, Stefan? Komt er een vers vannacht?

STEFAN [*verlegen*] Ik kan er niets aan doen.

BAERS Uitstekend. [*Staat op, gaat naar de deur*] Kinderen, ik ben blij dat ik leef.

MEVROUW TRISTAN Neem uw wandelstok mee, het waait buiten.

Nu Mijnheer Baers weg is, blijft Mevrouw Tristan Stefan heel lang aankijken. Hij kijkt weg.

Stefan.

STEFAN Ik wil er niets meer over horen.

MEVROUW TRISTAN [*streelt zijn haar*] Ik ben bij dokter Landuyt geweest en hij begreep het volkomen, en hij heeft mij het poedertje gegeven.

Stefan schuift haar hand van zijn hoofd.

Goed, ik zwijg al. [*Stilte*] Eén snuifje ervan doodt een konijn, een koffielepeltje een paard. [*Stilte*] Ik hou van hem, Stefan, net zoveel als jij, maar het heeft mij al te lang beziggehouden, ik kan het nu niet meer wegcijferen. Ik wil het de rest van mijn leven nog wat rustig hebben, ik wil lang blijven slapen 's morgens, misschien wel eens een reisje maken. In elk geval, Stefan, ik wil mijn eigen leven beginnen te leiden.

STEFAN Maar dat belet hij toch niet. Mijnheer Baers doet niemand kwaad.

MEVROUW TRISTAN Hij doet het ergste kwaad. Hij loopt hier rond op aarde en hij verricht niets nuttigs. Hij loopt rond op zijn sokken en bestudeert de Middeleeuwen of de maan. Waartoe dient hij, Stefan?

STEFAN Waartoe dienen zijn honderdduizenden, bedoel je!

MEVROUW TRISTAN Niet grof worden, Stefan. Je moet er mij niet aldoor aan herinneren dat je vader een stukadoor was. Je manieren houden. Je bent hier bij deftige burgers. [*Stilte*] Stefan, ik vind hem een aardige man, daar niet van, al heeft hij kuren, maar dat is toch geen reden dat hij hier nog langer bij mij moet leven. Ik kan toch niet iedereen in huis houden die ik aardig vind.

STEFAN Laat hem dan verhuizen.

MEVROUW TRISTAN Zodat anderen hem in de laatste dagen

285

van zijn leven kunnen uitbuiten! O, Stefan, ik zie het al voor me, stel je voor dat er iets met hem gebeurt bij wildvreemden! Hij legt het hoofd voor altijd te rusten en ze scharrelen in zijn broekzakken naar zijn geld! Bah! [*Stilte*] Dokter Landuyt zei dat men met dit poedertje niets voelt. Een lichte duizeling, zei hij. Je vraagt je af 'Waar ben ik?' en tegen de tijd dat je het weet, ben je er al niet meer. Nu, bij zijn verjaardag, zou het niet precies zijn wat hij zelf zou verkiezen? Zou het niet een enige gelegenheid zijn om een rijk en vol bestaan te voltrekken? Een overvol bestaan zelfs, want meer hoeft hij toch niet, hij heeft alles toch gehad, wat wil hij nog meer? Er moet aan alles een einde komen! [*Stilte*] Je hebt hem toch horen klagen over zijn hart, zijn hartspieren, zijn hartslagaders. Eén koffielepeltje. En hij zou gelukkig zijn. Ik doe het voor hemzelf, Stefan! Je hebt hem toch zelf horen vertellen hoe schitterend hij het vond dat bij de primitieve volkeren de nutteloze grijsaards in de kokosboom klimmen en zich naar beneden gooien, ten bate der gemeenschap. En zijn wij zijn gemeenschap dan niet?

STEFAN Ik heb je al gezegd dat ik er niets van wil weten.

MEVROUW TRISTAN Ik ben met zijn lot begaan en met het onze. Kan ik het helpen dat ik het beste voor de mensen wil? En dat dit het beste is zie je toch wel in! [*Stilte*] Geef mij een enkele reden op waarom hij ons hier nog langer moet pesten.

STEFAN Hij pest mij niet.

MEVROUW TRISTAN Omdat hij te egoïstisch is. Want hij ziet zichzelf in jou, als jonge man. En hij gaat toch zichzelf niet pesten.

STEFAN Het is waar dat hij mij ergert af en toe met zijn kuren, die ouwe acrobaat.

MEVROUW TRISTAN Nu, acrobaat is hij maar een paar jaar geweest, het is niet sportief van jou om het alleen maar daarover te hebben, vergeet niet dat hij nog steeds erevoorzitter is van de Kredietbank en in de beheerraad van de Lloyds zit. Al is Mijnheer Baers eenvoudig van hart en van manieren gebleven, daarom moet je niet steeds harken over dingen die in zijn jeugd zijn gebeurd. Want je zou eens zien, moest hij komen te... wel te... want je kan nooit weten, hè, Stefan, wel, dat hij

286

het hoofd neerlegt voorgoed, dan zou je eens zien hoe de hele stad aan de weg staat en achter de baar komt lopen met kransen en marsmuziek. Een triomf zou het zijn. En die triomf wil je hem ontnemen. Het is niet mooi van je.

STEFAN Ik wil hem niets ontnemen.

MEVROUW TRISTAN Je wil die triomf toch zo lang mogelijk uitstellen.

BAERS [*in de gang*] Goedenacht.

MEVROUW TRISTAN [*naar buiten roepend*] Daag. Welterusten! Ach, die schat. Zo beleefd, zo uitsloverig voor zijn medemens. [*Stilte*] Op zijn verjaardag, Stefan. Hij is blij, ontroerd, hij ziet ons naar hem lachen, hij drinkt zijn champagneglas in één keer leeg, een lichte duizeling, 'Waar ben ik?' vraagt hij zich af en voor hij het weet...

STEFAN Ik zal hem alles zeggen.

MEVROUW TRISTAN Je bent een ondankbare vlegel. Vergeet je dan zo gauw wat hij en ik voor jou hebben gedaan? Voor jou, een weeskind, zonder broek aan je billen! Heeft hij je dan niet binnengenomen, toen je huilend op de brug stond, klaar om in het ijswater te duiken? Hebben wij jou geen warme grog gegeven? Hebben wij jou niet bij ons gehouden als een huisdiertje, jarenlang? En heeft die in-goede man je niet als zijn wettelijke zoon aangenomen en zijn hebben en houden op je naam gezet?

STEFAN Ja, voor de belastingen.

MEVROUW TRISTAN Stefan, jij, wantrouwige, gemene natuur. Jij, ja, inderdaad, je bent de zoon van een stukadoor. Jij ziet overal het lelijke in de mens. Wie weet tot wat je nog in staat bent, met zo'n mentaliteit!

De bel gaat.

O, God, nu heeft ie weer zijn sleutel vergeten! [*Zij gaat opendoen*]

Op de gang hoort men een duidelijke, hautaine mannenstem: Woont hier de heer Alexis de Rover?

MEVROUW TRISTAN Neen, het moet een vergissing zijn.

Een tweede mannenstem met een vulgair, plat accent: Ik zag hem hier binnengaan vanmiddag en hij is niet meer buitengekomen. Hij moet hier zijn, moeder.

287

MEVROUW TRISTAN Ik ben uw moeder niet.

Eerste mannenstem: Hij laat zich soms voor een dichter doorgaan, als dit u op een spoor kan brengen.

MEVROUW TRISTAN [*zenuwachtig*] Een dichter? Ja, er is er hier een.

Stefan in de kamer komt bij de deur en luistert, schrikt, kijkt, springt achteruit, loopt door de kamer, verandert iets aan schilderijen, foto's aan de muur, schikt zijn boeken. Eerste mannenstem: In elk huis is er een, maar is het dezelfde?

MEVROUW TRISTAN [*komt binnen*] Er zijn hier heren, Stefan, die een dichter zoeken.

Een sombere dertigjarige, met baard en kapmantel, treedt binnen. Hij heet Rafaël ten Harent, althans zo heeft hij de plaquette getekend die hem vier jaar geleden een zekere faam heeft bezorgd. Met hem mee komen ook in de kamer Mol, een jonge man met een leren vest en blue-jeans en Jackie, een meisje met kortgeknipte haren en een vrolijke, dansende manier van lopen. Zodra zij in de kamer zitten, onderzoekt Jackie alle hoeken van de kamer, trekt enkele laden open, kijkt in de slaapkamer.

MOL Daar is ie! [*Geeft Stefan de hand*] Dag! Ik ben Mol.

RAFAËL Alexis de Rover, als ik mij niet vergis.

STEFAN [*in de war*] Ja zeker. U bent Rafaël ten Harent. Hoe komt u hier zo? Ik ben, eh, zeer vereerd.

Jackie loopt langs hem heen, geeft hem een geruststellend tikje tegen de schouder.

Dit is zo onverwacht... Dit is mevrouw Tristan... zij, eh, kende mijn schuilnaam niet.

JACKIE Hoe heet je dan wel?

STEFAN Een lelijke naam. Ik schaam mij ervoor.

RAFAËL Mijn beste kerel, ik geloof dat onze komst hier on-gelegen is...

STEFAN [*dringend*] Natuurlijk niet. Gaat u toch zitten.

MOL [*voor het bureau*] Verdomd, Rafaël, precies zoals je zei, je foto hangt hier vlak boven zijn tafeltje. [*Tot Stefan*] Een fijne foto, hè.

STEFAN Ja, ik ben een zeer groot bewonderaar van uw werk.

RAFAËL Dank je.

STEFAN Eh, wat kan ik voor u doen?

288

MOL Voor mij een pilsje.

MEVROUW TRISTAN Ik heb nog thee staan.

Rafaël, die in een zetel was gaan zitten, leunt ver achterover, bedekt zijn hoofd met beide handen en zucht hoorbaar.

STEFAN [*schrikt*] Wat is dat?

Mevrouw Tristan schrikt ook. De anderen niet.

MOL Ach, hij is bekaf, de kerel, hij loopt nooit zo ver. Hij is een raspaardje, zegt hij, een kleinigheidje brengt hem van streek. En of het waar is!

RAFAËL Stil, stil.

MOL [*stiller*] Maar het gaat wel over. Het zijn die trappen.

MEVROUW TRISTAN [*even stil*] Er zou een lift komen, dat belooft de huisbaas ons nu al twaalf jaar, maar verleden jaar is hij gearresteerd geworden, en daarmee...

STEFAN [*zenuwachtig*] Ik kan maar moeilijk geloven wat ik zie. Rafaël ten Harent in mijn kamer, het doet mij iets, Mevrouw Tristan.

Jackie die in enkele kasten heeft gekeken, trekt thans naar de keuken.

MOL Dat is Jackie. Zij is zwanger.

STEFAN O ja?

MOL Zij zit er mee in, maar ja, wie is er niet zwanger tegenwoordig? [*Knipoogt naar Mevrouw Tristan*]

MEVROUW TRISTAN [*wendt zich waardig af, kijkt naar de foto boven Stefan's schrijftafeltje*] Inderdaad. [*Zij keurt Rafaël*] Ja, hij is het.

STEFAN Hij staat ook in de Winkler Prins. [*Hij haalt haastig een boekdeel en laat het zien aan Mevrouw Tristan*]

RAFAËL [*met de ogen dicht*] Bladzijde driehonderdacht.

MEVROUW TRISTAN Ah, hij heeft een boek geschreven. Dat is mooi! 'Pastille' heet het?

STEFAN Ja, ik heb het hier ook. [*Wil 'Pastille' al bovenhalen*]
Rafaël komt recht, wrijft zich over het voorhoofd.

RAFAËL Vergeef me. Een passagère stoornis.

MEVROUW TRISTAN Een kopje hete thee zal...

RAFAËL Ik dank u, maar neen, niets kan mij helpen. [*Tot Mevrouw Tristan*] Uw man zal u al verteld hebben dat ik aan bepaalde inzinkingen lijd...

STEFAN Ik ben haar man niet.

MEVROUW TRISTAN [*met een geil lachje*] Ik zou wel willen...

MOL En voor mij een pilsje.

Jackie komt terug uit de keuken met een halve koude kip, waar zij in bijt. Zij gaat op de divan zitten, scheurt stukjes kip af en voedert Rafaël, dan Mol. Van onder haar ellebogen haalt zij dan een fles champagne en geeft die aan Mol.

MOL Champoepel! [*Kijkt bewonderend naar Stefan. Tot Jackie*] Dat is een andere dichter dan de onze!

MEVROUW TRISTAN Maar dat is voor de verjaardag morgen!

MOL Is ie jarig? Dat is sjiek, jongen, sjiek! [*Slaat hard op Stefans rug*] Ja, de jaren komen en gaan, niet? Hé, hij is jarig. Je zou het niet aan hem zeggen, hè, Jackie?

STEFAN Ik ben niet jarig, maar een vriend, een kennis...

MOL [*die aan de kurk wurmt*] O, nu ja, niet huilen, moed houden. Jouw beurt komt ook nog. [*De fles knalt open*] Jippie!

MEVROUW TRISTAN Maar...

STEFAN Wij halen wel een andere voor Mijnheer Baers.

JACKIE Er staat een veldbed in de keuken. [*Uit de kast heeft zij glazen gehaald en schenkt nu iedereen in*]

MOL Fijn.

RAFAËL Op onze kennismaking. [*Hij drinkt*]

JACKIE [*tot Rafaël, over Stefan*] Ik vind hem aardig. Hij bloost. [*Tot Stefan*] O, dat moet je niet doen, zo rood worden. Je was beter daarnet. Ben je een homo?

RAFAËL Jackie. [*Hij maakt teken dat zijn glas leeg is*]
Zij schenkt weer in.

STEFAN Neen.

JACKIE Jammer. Ik houd van homo's. Zij zijn beleefd, en ze hebben altijd pret, zij dragen goede kleren. En zij ruiken zo lekker.

STEFAN Ik gebruik Old Spice na het scheren.

RAFAËL Jackie.
Zij schenkt weer in.

MEVROUW TRISTAN [*tot Rafaël*] Ik zie dat u dit merk naar uw zin vindt, Meneer.

RAFAËL [*kijkt om zich heen*] Waar is er een meneer? Zie jij een meneer, Mol?

MOL [*pseudo-vertrouwelijk tot Mevrouw Tristan*] Ik heb eens een vent die hem met meneer aansprak, een blauw oog moeten slaan. Hij is daar heel gek in.

MEVROUW TRISTAN Wat hindert u daar toch in, Meneer?

RAFAËL [*zeer duidelijk articulerend*] Moeder, ik ben geen meneer. Ik ben een dichter. Als u me nog een keer met meneer aanspreekt, zal ik u moeten vragen dit huis te verlaten.

Mevrouw Tristan werpt verwilderde blikken naar Stefan, die zijn schouders ophaalt.

RAFAËL [*schreeuwt*] Alle klasseverschillen zullen wij wegvagen!

MEVROUW TRISTAN [*die hem bedaren wil*] Daar zit iets in.

STEFAN [*eerlijk*] Dat vind ik ook!

RAFAËL [*schreeuwt*] Door terreur als het moet!

MEVROUW TRISTAN Wat moet ik dan zeggen... kameraad?

RAFAËL [*dodelijk vermoeid ineens*] Noem mij Rafaël, is dat zo moeilijk?

MOL En noem mij Mol. [*Tot Mevrouw Tristan*] Heb je nooit van mij gehoord? In de nieuwsberichten drie weken geleden, ze hebben het wel zes keer uitgezonden. 'Verdwenen uit de ouderlijke woning Piet Schoenmaeckers soms bijgenaamd: Mol!' En mijn kleren noemden ze op, jongen, en de kleur van mijn haar, alles, jongen!

MEVROUW TRISTAN Ik heb er niet op gelet. [*Tot Rafaël*] En hoe heeft u zo het idee gehad om Stefan op te zoeken?

RAFAËL Moeder, ik heb nooit een idee. Ik heb met de damspelachtige treurnis van ideeën niets te maken, ik procedeer uitsluitend via intuïtieve methodes. Ik concentreer mij, haal diep adem en ik wéét. Ik wéét. Zo wist ik dat mijn vriend hier aanwezig zou zijn, mij zou verwelkomen en mij enkele ogenblikken onderdak verlenen in zijn woning.

STEFAN Dank u. Ik ben daar zeer gevoelig aan.

MEVROUW TRISTAN Wij hebben hier een heer in huis, wiens methodes veel overeenkomst met de uwe hebben.

RAFAËL [*superieur onverschillig*] Daar twijfel ik niet aan. [*Tot Stefan*] Nu ben jij, beste kerel, mij gesignaleerd...

MEVROUW TRISTAN Ook in de radio?

RAFAËL Neen. Door je oom. Ja, ik heb je oom ontmoet, de testpiloot. In de 'Cucaracha'. Hij vertelde me uitvoerig van je. Zei dat je een dichter was en zo. Hij kon helaas geen regels citeren, maar al gauw heb ik begrepen dat je werk van de allereerste orde was.

MEVROUW TRISTAN Stefans oom? Een testpiloot?

STEFAN Wacht even, mevrouw Tristan.

RAFAËL [*na een donkere blik naar Mevrouw Tristan*] Waarop ik onmiddellijk de selectieraad van de commissie van de Kring 'Phaidoon' heb gewaarschuwd, dat er misschien in jou een potentieel lid kon gevonden worden. En het doet mij op dit moment een groot genoegen jou te kunnen melden dat je kandidatuur onder ogen wordt genomen.

STEFAN Van 'Phaidoon'?

MEVROUW TRISTAN [*haalt haar zakdoek boven*] O, mijn jongen!

RAFAËL Ik zal je meer verklappen. Het is niet uitgesloten dat je in dezen op mijn persoonlijke steun zou mogen rekenen in de verkiezing.

MEVROUW TRISTAN [*omhelst Stefan*] Eindelijk, Stefan.

RAFAËL Mol, is zij groots?

MOL Zij is groots.

RAFAËL Laat hem nu uit de schaar, moeder en luister.—Jackie. [*Heft zijn glas*]

JACKIE Er zit niets meer in.

STEFAN In de kast staat bovenaan nog een fles.

MOL [*gaat vlak voor Jackie lopen*] Elk op zijn beurt. [*Gaat in de keuken*]

MEVROUW TRISTAN Dit is het mooiste ogenblik van mijn leven. En dat heb ik aan de kunst te danken! [*Tot Rafaël*] Weet u dat ik dertig jaar gouvernante ben geweest van Prosper van Wijdendale?

RAFAËL Wie is dat?

MEVROUW TRISTAN [*wijst naar de borstbeelden*] Van Wijdendale, de componist! Ze hebben een postzegel naar hem gemaakt! U kent hem! U doet alsof! Van Wijdendale! [*Kwaad*] Hij staat in de Winkler Prins net zo goed als u. [*Huilend loopt zij weg*]

RAFAËL Zeer sympathiek, je moeder.

MOL [*terug uit de keuken*] Er staat niets meer in de kast!

JACKIE [*die al een hele tijd aan het zoeken was*] Waar is het stopcontact hier ergens?

STEFAN Hier. [*Wijst haar*] Kan ik u met iets helpen?

JACKIE [*kust hem op de wang*] Nog niet, liefje.

RAFAËL Stefan weet wel een drankwinkel, hier in de buurt.

STEFAN Het is bij middernacht. Maar ik kan misschien Sanders wakker maken. Het is ten slotte niet elke dag dat... [*Kijkt star naar Jackie*]

RAFAËL IJverig als een bij, welwillend als een sint bernard. Mol is ie groots?

MOL Hij is groots.

JACKIE Ik vind hem lief.

RAFAËL Mol, ga en vind een zekere Sanders...

STEFAN Vlak om de hoek. Hij is ook kruidenier.

RAFAËL En zeg hem dat je namens Stefan komt. Neem drie flessen Piper Heidseck Brut. [*Tot Stefan*] Je krijgt er toch krediet?

STEFAN Eh... Ja.

RAFAËL Neem dan nog een fles cognac, een fles Menthe Verte mee. En een pietseke kervel.

STEFAN [*wanhopig*] Maar zeg wel dat ik je gezonden heb. Mijn echte naam moet je zeggen: Stefan Vermeersch. Want hij is nogal wantrouwig.

MOL Drie flessen Piper Heidseck Brut. Een fles cognac. Een fles Menthe Verte. En een pietseke kervel. O.K. Gencral. [*Brengt de militaire groet, slaat met zijn hielen, en zoemt weg met het geluid van een straaljager*]

RAFAËL Kom hier zitten, beste kerel. Maak het je gemakkelijk. Nu moeder weg is kunnen we praten. Zoals je je wel kunt voorstellen betekent een eventuele opname in de Kring 'Phaidoon': een carrière, standing, gezag. Nu weet jij net zo goed als iedereen dat hoeveel talent en hoeveel artistieke verdiensten iemand ook heeft, een carrière ook afhangt van sociale, economische factoren...

JACKIE Hij bedoelt dat hij centen wil...

RAFAËL Jackie, ik heb eerbied voor je, je hebt boeiende billen en het kind in je schoot zal ongetwijfeld een snoepertje, een lieverdje, een schatje zijn, maar als ik in een conversatie ben gewikkeld, en jij nog een keer je mond opendoet, dan...

JACKIE [*valt hysterisch uit*] Ik doe mijn mond open waar en wanneer ik wil. [*Begint te huilen*] Overigens, ik heb er genoeg van, steeds worden mijn billen er bij gehaald. [*Zij valt in Stefans armen*] Niemand houdt ooit rekening met mijn geest.

STEFAN [*in de war*] Ik wel.

JACKIE Dat zeg je maar.

STEFAN Ik meen het.

JACKIE Waarom?

STEFAN Eh, dit alles komt zo onverwacht.

MEVROUW TRISTAN [*in de deuropening, beslist*] En ik laat mij niet meer intimideren!

STEFAN [*lost Jackie meteen*] Mevrouw Tristan...

MEVROUW TRISTAN Door niemand. Ik ben in mijn eigen huis.

RAFAËL [*klagend*] O, het wordt weer zo moeilijk. Ik zie walmen, ketens hoor ik rammelen, ik ruik dode ratten. O... [*Hij stort ineen, handen om het hoofd geklemd*]

JACKIE Wacht even. [*Zij neemt een worst en een tweede halve kip van de tafel*]

MEVROUW TRISTAN Dode ratten in mijn huis! Laat jij dat zeggen, Stefan?

Jackie geeft de worst en een tweede halve kip aan Rafaël.

RAFAËL [*eet gulzig*] Het gaat over. [*Hij zucht*] Een dichter moet gevoed worden, Stefan, daar is geen ontkomen aan. Ik heb een doorlopende honger. Naar het leven, naar de schoonheid, naar voedsel, naar alles. Dat is de sombere nalatenschap van mijn ouders geweest, die, zoals je misschien weet, in het bombardement van Rotterdam zijn omgekomen. Ik heb ze nooit meer teruggezien, maar dit hebben zij mij als erfenis gelaten. Honger. Ik moet eten of ik bezwijk... Er zijn er wel die wensen dat ik bezwijk, dat ik onderga en platgetreden het stof lik, maar... [*Hij slaapt in*]

MEVROUW TRISTAN O, de arme, arme jongen. Hoe vreselijk! Vergeef mij, ik wist niet wat ik deed.

JACKIE Hij is alleen maar dronken. Hij kan er niet tegen.

Rafaël snurkt.

STEFAN Hij is dus een weesjongen. Zoals ik. Het verwondert mij niet. Soms denk ik dat een speciale gevoeligheid ons eigen is, ons wezen. Wij, wezen, wij moeten op eigen benen staan en bewegen, de ouderloosheid scherpt onze zinnen, wij worden geslepen door de scherpste steen, die der eenzaamheid.

RAFAËL [*met de ogen dicht*] Precies, kereltje, de eenzaamheid tot èn mèt.

JACKIE Ik hoor je graag praten.

MEVROUW TRISTAN [*giftig*] Dat komt omdat u er bent. Anders zegt hij nooit wat.

STEFAN Ik voel mij zo alleen, Jackie, ik kan het je niet genoeg vertellen. Er is hier een oude man in huis die kuren heeft en ik moet hem in die kuren volgen, want hij is mijn pleegvader. En dan heb je Mevrouw Tristan hier, die goed voor mij zorgt, daar valt niets kwaads over te zeggen, maar soms, Jackie, denk ik: wat doe ik hier elke dag met die twee oude mensen, ik ben toch vijfentwintig, hoe zijn de andere mensen van vijfentwintig, en ik lees dan wel eens over Françoise Sagan of ik kijk in de verzen van Rafaël, maar toch mis ik... [*Stokt*] Elke dag kom ik recht van de bank hierheen en ik probeer een vers te schrijven, maar dan moet ik schaken met Mijnheer Baers om mijn intelligentie te scherpen, of met hem mee naar de bioscoop omdat dat epische zin zou geven aan mijn gedichten, zegt hij... [*Stokt*]

JACKIE Wij zullen je helpen.

RAFAËL [*ogen dicht*] Reken maar, kerel.

STEFAN En dat hij mij 'kerel' noemt, dat is een kleinigheid, maar ik vind het zo ontroerend, zo menselijk, ik kan het niet onder woorden brengen...

MEVROUW TRISTAN Als je zo ongelukkig was bij ons, had je dat eerder moeten zeggen. Je zag er gelukkig uit, je floot elke morgen.

STEFAN Maar hierbinnen, mevrouw Tristan. [*Slaat op zijn hart*]

RAFAËL Ik snap het wel, kerel. Je zal ook zo'n moeder in huis hebben.

STEFAN [*niet meer te stelpen*] Nu weet ik wel dat iedereen onder zijn stolp leeft en dat dat zeventig jaar duurt, maar waarom zou je dat niet eens hardop mogen zeggen?

RAFAËL Die jongen is een dichter, ik voel het. [*Zit recht, heeft een droge mond*] Waar blijft die Mol toch? Nu ik dit gehoord heb, Stefan, deze zielekreet, valt wat ik je wilde vertellen mij iets lichter. Luister. Indien je er op staat dat ik bij de volgende zitting van de commissie van 'Phaidoon' je naam goedkeurend laat vallen, dan moet ik dit kunnen doen in verband met een storting voor het fonds van wat wij noemen de Veronachtzaamden. De Veronachtzaamden, dat zijn de groten, de meesters, de kunstenaars die precies door hun werkelijke grootheid, vereenzaamd zijn, verloren, verdrukt, in nood. En je paar uitlatingen daarnet bewijzen mij overduidelijk dat jij voor vereenzaming, voor geestelijke en materiële nood gevoel hebt. Nu zou je kunnen zeggen: Ikzelf ben er ook een, ik ben groot en ik heb geen steun in dit leven. Maar, beste kerel, dan was ik het geweest die onmiddellijk in naam van het fonds een storting op je postrekening deed. Maar dat is niet waar, integendeel, jij bent niet zonder steun, want je wordt lid van de vooraanstaande kring van 'Phaidoon'. Snap je?

MEVROUW TRISTAN [*terwijl Stefan aarzelend knikt*] Hoeveel moet hij daarvoor betalen?

RAFAËL [*grootmoedig*] Hij mag zelf het bedrag noemen.

MEVROUW TRISTAN Weet u dat Prosper van Wijdendale altijd betaald werd? Hij heeft nooit iets betaald. Altijd ontvangen. Hij had zelfs van zijn kunst kunnen leven, als zijn vrouw haar bontwinkel niet gehad had.

RAFAËL De tijden zijn veranderd.

MEVROUW TRISTAN Hoeveel moet dat dan kosten?

RAFAËL Ik stel mij voor dat Stefan, die toch in weelde leeft, een veronachtzaamde meester minstens één jaartje van zijn leven uit de penarie wil helpen.

MEVROUW TRISTAN Ja. Ja. Zou hij dat ook niet maandelijks kunnen betalen? Op krediet om zo te zeggen?

RAFAËL [*denkt even na*] Op krediet? Mevrouw, ik heb u onderschat. Mevrouw, u bent groot.

MEVROUW TRISTAN [*gevleid*] Ik doe mijn best.

RAFAËL Dan zal ik zo vrij zijn de eerste maandelijkse storting in ons fondsboek op te schrijven. Hoeveel zal dat mogen zijn?

MEVROUW TRISTAN Wel, om u de waarheid te zeggen, dat hangt nog af van een kleine innerlijke moeilijkheid tussen Stefan en mij. [*Zeer beslist*] Eenmaal die, eh, moeilijkheid uit de weg geruimd, kan ik u verzekeren dat Stefan voor uw kring over substantiële bedragen zal beschikken.

RAFAËL Mevrouw, kunstenaars lijden op dit ogenblik honger.

Wanneer denkt u dat die moeilijkheid...

STEFAN [*die begrijpt welke 'moeilijkheid'*] Later, later.

RAFAËL De ellende knaagt, kerel.

MEVROUW TRISTAN Stefan, het zou onzinnig zijn om die moeilijkheid uit te stellen. [*Tot Rafaël*] Overmorgen. Overmorgen wordt de storting gedaan. Met een koffielepeltje, mag ik wel zeggen.

STEFAN Neen. Neen. Ik wil het niet.

RAFAËL Maar in een koffielepeltje kan niet zoveel. [*Niemand verklaart het koffielepeltje nader, dus schakelt hij maar over*] Dan zal ik zo vrij zijn te wachten tot overmorgen. Nu, mevrouw Tristan, ik zou u willen vragen ons tot de dageraad te onderhouden over Prosper van Wiedebale, maar helaas, onze tijd is afgemeten... Wij moeten op dit onzalig uur nog onderdak zoeken. Wij hebben onze eigen woning eergisteren moeten verlaten en zijn dakloos geworden. Wij hebben al rondgelopen vannacht, een kleine nederige drievuldigheid in de barre stad, op zoek waar zij kan baren. 'Maar zij vonden alle herbergen gesloten.'

STEFAN [*kijkt naar Jackie*] Moet zij baren?

JACKIE [*lachend*] Het heeft geen haast. Zie je iets misschien? [*Zij gaat in profiel staan*]

STEFAN Neen.

JACKIE Natuurlijk niet. Het is maar twee weken oud.

STEFAN Wat?

JACKIE Het kind.

RAFAËL Twee weken geleden kwam zij huilend in mijn woning, en zei dat iemand een kind bij haar had verwekt die zelfde middag. Wie, waar en hoe wilde zij niet zeggen.

MEVROUW TRISTAN Maar hoe kan zij dat al weten als het pas twee weken geleden is?

JACKIE Ik wéét het. [*Tikt tegen haar buik*] Hier zit iemand in.

STEFAN Maar het spreekt toch vanzelf dat jullie hier kunnen logeren, zolang jullie dat willen.

JACKIE Je bent een engel! [*Zij vliegt om zijn hals, kust hem en verdwijnt dan door de deur van de gang*]

MEVROUW TRISTAN Maar ik heb geen enkele kamer vrij.

RAFAËL Er staat een veldbed in de keuken.

STEFAN Ja, Jackie kan in mijn bed slapen en Rafaël in de keuken en ik hier op de divan.

RAFAËL Als ik maar even hier op de plankenvloer mag rusten, vind ik het al goed. Wel, kerel, ik heb onder de bruggen van Parijs geslapen, in de stations van Berlijn, onder de blote hemel, in het bedauwde gras. Ik ben gehard, het is mijn leven, het leven van de enkeling de zanger, de leeuwerik...

Jackie komt binnen, beladen met rugzakken, koffers, pakken. Zij gooit dit alles in het midden van de kamer en begint onmiddellijk een grammofoon die zij onder de arm klemde te verbinden met de contactstop aan Stefans schrijftafel.

MEVROUW TRISTAN Maar dit gaat niet. Begrijp mij niet verkeerd. Wij zouden het prettig vinden u te logeren te hebben, maar...

RAFAËL Ik weet het, Mevrouw. De burger in zijn verdoving, zijn gewone sleur, vindt het prettig de vrijgevochtene te herbergen, dat weet ik. Het stelt hem gerust dat de leeuw zich laat aaien. Daarom ook houdt iedereen van mij. Kijk, Mevrouw, weet u dat er twee weken geleden een man was die mij wilde meenemen naar de Caraïbische zee? De eigenaar van een nachtclub. Ik zweer het u. Nietwaar, Jackie?

JACKIE [*bezig*] Wij hebben er kruis of munt voor gegooid, of je meemocht of niet. En hij koos kruis en het was munt.

RAFAËL Maar de snuiter heeft zich nooit laten zien.

JACKIE [*kwaad*] En ik heb hem ook niet meer gezien, en nu moet ik met armoedzaaiers van jouw soort omgaan!

RAFAËL Ik zaai geen armoede. Ik haal haar binnen. En ik vraag eerbied voor mijn armoede.

MOL [*komt ook binnen beladen met pakken, alle in hetzelfde papier van de kruidenierswinkel*] Ik heb voor alle zekerheid maar een beetje van alles meegenomen. [*Hij stapelt de pakken op. Tot Stefan*] Nou, die kruidenier van jou, die heb ik gezien hoor! Oeioeioei! Hij deed heel hoog, die vent, omdat ik hem uit zijn bed had gehaald. Hij had griep, zei hij. 'Jij griep!' zei ik. 'Lamelache! Me neus uit,' zei ik. 'Niet zo druk, baron Zeep!' zei ik.

MEVROUW TRISTAN Waar is hij geweest? [*Kijkt naar het pakpapier*] Naar Meneer Sanders, op dit uur?

STEFAN Ja, voor mijn rekening.

MEVROUW TRISTAN Maar je hebt daar geen rekening!

MOL Je baron Zeep, hij kon met moeite praten. Wou niet, natuurlijk. Oei, aie, atchie, atchie, dat was alles wat er uit kwam. 'Wat heb je, baron Zeep?' vroeg ik. 'Heb je de Aziatische griep?' 'Atchie,' zei hij. [*Hij gaat de deur van de gang uit*] Toestanden!

MEVROUW TRISTAN Stefan, ik begrijp je niet.

RAFAËL Jackie, haal een kurketrekker.

JACKIE [*bezig, iets van de grammofoon is stuk*] Haal er zelf een.

RAFAËL De jeugd van tegenwoordig, Mevrouw Tristan. Geen discipline, geen orde, geen eerbied, waar moet dat heen? Ik zeg u, Mevrouw Tristan, laten wij gauw doodgaan, dat wij het niet moeten aanzien hoe de wereld geregeerd wordt door dit nieuwe ras egocentrische slapjanussen. [*Hij scharrelt in de pakken van de kruidenier*] Uitstekend. Kervel. [*Hij gooit de artikelen op naar Mevrouw Tristan, die moeilijk opvangt*] Wortelen, kaaskoekjes. Gedroogde garnalen. Kaviaar. O, o, die Mol. O, Mol, je bent een aartsengel! Kijk hier, Mevrouw Tristan, een doos Bubble Gum met de renners van de Ronde van Frankrijk. Spaar jij die ook, Stefan? Ik spaar ze al van toen ik zo hoog was. Ik heb Charly Gaul al zes keer!

MOL [*komt binnen met een fiets met een mandje voorop en een bagagedrager waarop: Sanders, Comestibles*] Wat zeg je hiervan? Zo goed als nieuw!

RAFAËL Hij is mooi, Mol! Dank je. [*Probeert de remmen, streelt het zadel*] Je hebt gelijk, ik moet meer aan lichaamscultuur doen. Elke morgen een uurtje fietsen door de weilanden. Uitmuntend.

STEFAN Heb jij die fiets meegenomen?

MOL [*knikt*] Er stond geen Vespa.

MEVROUW TRISTAN [*in paniek*] Maar dat is Meneer Sanders' fiets!

STEFAN Wil je die fiets onmiddellijk terugbrengen!

MOL Waarom?

STEFAN Ja, waarom... [*Hij weet het niet*]

MOL Vind je hem niet mooi? Er is geen tweede versnelling aan, maar...

MEVROUW TRISTAN Die fiets terug, jongeman!

MOL En als die Baron Zeep mij ziet, met die fiets in de hand, Mevrouwtje, wat doet hij dan, die baron? Een agent roepen en Mol erachter doen draaien.

RAFAËL Inderdaad. Deze mogelijkheid kan zich voordoen.

Eindelijk heeft Jackie contact en een liedje weerklinkt. De Everly Brothers zingen, zij danst op de maat.

RAFAËL [*tot Mol die probeert om het slot van de fiets te halen*] Mol.

MOL Ja.

RAFAËL Mol, die fiets heeft iets. [*Hij keurt de fiets en schudt zijn hoofd*] Ik zal het je zeggen, Mol. Het is een Duits model. Mol, die fiets doet mij aan het bombardement van Rotterdam denken, aan mijn ouders. Mol, op zo'n fiets kan ik niet rijden.

MOL [*staart naar de fiets. Een paar passen achteruit*] Verdomd. Het is een mof! [*Hij sleurt de fiets en zichzelf de deur uit*]

MEVROUW TRISTAN Hoe kunt u, een intellectueel, iemand die in de Winkler Prins staat, een dergelijk gezelschap dulden! Ik begrijp het niet. Hij is een...

RAFAËL Een ongelukkige, Mevrouw. Zoals u en ik.

JACKIE Opgepast! Nu komt het! [*Draait de grammofoon heel hard aan en zingt mee*]

MEVROUW TRISTAN Stefan, dit is mij te veel. Ik geloof dat ik ga slapen...

RAFAËL [*neemt haar hand, kijkt haar diep in de ogen, kust de hand*] Rust in vrede.

JACKIE Je zou je haar ietsje meer naar voor moeten kammen, liefje. Zo. [*Zij schikt Mevrouw Tristan's haren anders*]

MEVROUW TRISTAN [*verward*] Dank je. Ja zeker. Dank je. [*Zij vlucht*]

STEFAN [*die dit alles verbijsterd heeft aangekeken, gaat naar de deur en roept in de deuropening*] Van die moeilijkheid... met dat koffielepeltje... ik wil er niet meer over horen. Mevrouw Tristan... ik wil er niet over horen.

RAFAËL [*doet grammofoon stiller*] Wat is dat met dat koffielepeltje toch aldoor?

STEFAN Niets. Een kleinigheid. [*Lacht*] Een dichterlijke vrijheid.

RAFAËL Dicht zij ook al?

STEFAN Neen. Maar zij helpt mij. Zoals iedereen, zoals alles helpt. Niet? De ware dichter, dat zal jij het best weten, wordt

300

toch door iedereen en alles aan zijn gedicht geholpen. Kijk, Mol heeft mij al geholpen, en hij is hier pas in huis. Want, waarom, denk je, is Mol hier met een fiets binnengekomen? Er zit daar meer achter dan je vermoeden kan. Wel, Mol heeft alleen de fiets gestolen om er mij metafysisch aan te herinneren dat ik *de fiets* niet uit het oog mag verliezen.

RAFAËL Ik ga slapen.

STEFAN Luister, ik ben nu al drie weken bezig aan een gedicht. Ik heb de eerste regel al. [*Tot Jackie*] Doe je ogen dicht. [*Zij doet het en hij reciteert voor haar gezicht*] 'Mama, kijk, zonder handen!'

RAFAËL Niet kwaad. Een tikkeltje duister. En verder?

STEFAN Dat is alles.

RAFAËL Ah zo!

JACKIE Ik vind het heel mooi!

STEFAN Ja, het is heel diep. Hij komt van heel ver, die eerste regel. Van toen ik een kleine jongen was.

RAFAËL Ik had het moeten denken.

STEFAN Ik reed op een nieuwe fiets. Mijn moeder leefde toen nog, zij stond in de tuin van ons huis, er was een helle zon en zij staarde voor zich heen. Langs onze tuin was er een asfalt-weg en daar reed ik op, en ik probeerde zonder handen te rij-den en toen keek zij naar mij, ik liet het stuur los en rééd.

Men hoort in de verte een kleine jongen roepen: *Mama, kijk, zonder handen*!

Ik riep naar haar: Mama, kijk, zonder handen! en toen sloeg het stuur om en ik viel naast de weg, langs het fietspad in het grint. [*Tranen rollen over zijn gezicht*]

JACKIE In het grint.

STEFAN Je kan het nu nog zien. Kijk. [*Wijst op een paar pukkels in zijn wang*]

JACKIE Ach! [*Wrijft over zijn wang*]

RAFAËL Daar valt niets over te zeggen, het is een boeiende belevenis, maar of het daarom al een gedicht...

JACKIE Hou jij je mond, bruut. Hij is toch gevallen! [*Tot Stefan*] Je had naar je stuur moeten kijken!

STEFAN Ik weet het.

RAFAËL Stefan, ik wil geen misbruik maken van je gastvrijheid en ik heb, zoals ik je al zei, mijn hele leven op stenen geslapen, maar sta mij toe dat ik even een kwartiertje in je bed kruip. Ik kan niet meer. [*Hij neemt allerlei voedingswaren uit de pakken, een paar flessen*] Maar ik moet je toch nog iets zeggen voor het slapengaan, vergeet de kindertijd, jongen, laat je niet in die bedrieglijke zoetwaterklem vangen. Werk via het oor, het innerlijk oor en luister naar buiten, en als de geest dan een door de buitenwereld bebroed ei wil leggen, los van de kindertijd en zijn pomperijen, ga dan in je bed liggen als de moeder die weeën krijgt. Ja, zo eenvoudig en natuurlijk. Simpel zijn, Stefan. [*Hij heeft zijn flessen en pakjes samengebracht nu, en met zijn armen vol gaat hij naar de deur van de slaapkamer*] Simpel zijn. Daag. [*Af*]

STEFAN Niemand begrijpt mij.

JACKIE Waarom zou men?

STEFAN Ja, waarom?

JACKIE Vraag het mij niet.

STEFAN Wij gaan allemaal dood, heel gauw.

JACKIE O, ik voel het, je gaat kankeren. Mij niet gezien. Ik heb mijn grammofoon daar, mijn zomerjurken daar, mijn haar op dak, mijn kind hier, je mag niet kankeren over doodgaan en leven en niet weten waarom, want anders doe ik mee, omdat ik je aardig vind en voor je 't weet krijg ik het weer op mijn zenuwen.

STEFAN [*kijkt om zich heen*] Wij zijn alleen.

JACKIE Nou en?

STEFAN Mag ik je kussen?

JACKIE Als je het goed doet [*Zij kussen. Jackie rukt zich los en neemt haar koffer*]

STEFAN Hé!

JACKIE Ik ga in de keuken slapen, op het veldbed.

STEFAN [*plaatst zich voor de keukendeur*] Wie is de vader?

JACKIE Welke vader?

STEFAN Van je kind.

JACKIE Gaat jou geen bal aan.

STEFAN Jawel. Nu wel.

JACKIE Waarom dan?

STEFAN Omdat ik jou gekust heb.

JACKIE Jij gaat te veel naar de bioscoop.

STEFAN Wat doen wij dan?

JACKIE Wat, wat doen wij dan?

STEFAN Met Rafaël en Mol. Zullen wij het hun zeggen? En aan wie moet ik het zeggen, wie is de eigenaar, ik bedoel, wiens meisje ben je, van Rafaël, of van Mol?

JACKIE Wat zeggen?

STEFAN Dat ik verliefd ben.

JACKIE Jij? Op wie dan?

STEFAN Op jou.

JACKIE Jij bent er een van lang voor de oorlog.

STEFAN Mag ik... mag ik in je arm bijten?

JACKIE Je mag [*Zij ziet hoe hij zacht in haar voorarm bijt; dan geeft ze hem een duwtje, glimlacht en gaat in de keuken*]

STEFAN [*als de deur dicht is, kijkt hij in de spiegel, kust de spiegel, kijkt heel romantisch, trekt snoeten, declameert dan*]

'Spiegeltje, spiegeltje aan de wand,
Wie is er de mooiste van het land?'

Tweede bedrijf

Terwijl het doek opgaat, rinkelt de telefoon. Op de divan, onder de plaid, ligt Mol. Op een paar meters van hem op een paar kussens op de grond, ligt Stefan te slapen. Hij staat nu op en gaat knorrend naar de telefoon.

STEFAN Ja, tante. Natuurlijk niet, tante. Ik heb vrijaf wegens de verjaardag van Mijnheer Baers. Ja. Huhu. Huhu. Ja. Jajaja. Maar er zijn ook nog logés. Zij logeren bij mij. Ze slapen op de grond. Op een paar kussens. Alle drie, ja. Neen, niet samen. Een in de keuken. Neen, natuurlijk niet in mijn bed, hoe kom je daarbij! Een dichter. Hij staat in de Winkler Prins.

Uit de keuken komt een slaapdronken Jackie, zij heeft alleen een collant en een b.h. aan. Zij gaat langs Stefan en zet een plaatje op. Oorverdovend de Everly Brothers. Zij gaat terug naar de keuken.

STEFAN [*moet schreeuwen*] De buren die lawaai maken. Ja, een schandaal. Eh, een orkest. Ze repeteren. Op de muur kloppen, tante? [*Hij slaat tegen de grond, Mol draait zich om maar blijft verder slapen*] Hoor je me kloppen? Ja. [*Hij sluipt naar de grammofoon en zet hem zachter*] Juist. Dus je komt voor het feest. [*Jackie komt terug, kijkt woedend naar Stefan en zet de grammofoon weer hard als tevoren, Stefan schreeuwt*] Zij beginnen weer, tante! [*Plaat stopt, terwijl Stefan verder schreeuwt*] Ik zal hun zeggen. De politie er bijroepen. [*Jackie neemt de telefoon uit zijn hand en legt hem op de haak*]

JACKIE Nooit, nooit meer aan mijn grammofoon komen.

Stefan knikt—zit nu rechtop. In pyjama.

JACKIE Het is het enige wat ik heb op de wereld.

Stefan lacht schamper.

JACKIE Ik hou niet meer van je. Je ziet er raar uit.

STEFAN 's Morgens altijd.

JACKIE [*steekt een sigaret op. Schudt het hoofd*] Je bent een rare, Stefan. Ik heb er nog nooit een gezien als jij, als het donker is bezig als een bij, zodra het dag wordt, beteuterd als een padvinder.

Telefoon rinkelt. Jackie neemt hem op.

Wie, welke Stefan? Leve Stalin! [*Legt telefoon neer*]

STEFAN Dat was mijn tante. Zij heeft mij opgevoed vanaf mijn dertiende jaar.

JACKIE Dat mag je haar niet kwalijk nemen. Iemand moest het toch doen. Want een opvoeding kan soms goed doen, weet je dat? Neem nou mij eens. Waarom ben ik niet vooruitgekomen in de wereld, waarom zit ik nu niet in Hollywood? Omdat ik niet opgevoed ben. Laatst zat ik met een meneer in een restaurant, ik kende hem zelfs heel goed, hij wilde mij zelfs meenemen naar de Caraïbische zee, alle kosten inbegrepen, goed, wij eten en zonder dat ik daarop let, want wie let daarop, snuit ik mijn neus in het tafellaken. Wel, geloof het of niet, hij werd bloedrood van woede, hij kon niet meer eten van drift! Hij gooide zijn servet op de grond en hij was foetsie! En sedertdien geen spoor meer van hem. Ik mocht zelfs Rafaël meenemen van hem, maar eerst moest ik zweren op de Bijbel dat hij mijn minnaar niet was.

STEFAN Is hij dat dan niet?

JACKIE Hij is het geweest, natuurlijk. Ik woonde in zijn huis, dat kon niet anders. Maar dat is al minstens vier weken geleden, dat is al lang voorbij. Die meneer van de Caraïbische zee was de eigenaar van een nachtclub. Hij zou mij lanceren, zei hij. Erewoord. De Rock en Roll in de Woestijn, zo zou mijn nummer heten. Met een groene sjaal hier en twee rozen daar. Ja. En één keer mijn neus snuiten en hop, foetsie. Ja, mannen. Ik snap er niets van. Hij had het achter zijn elleboog, die van de nachtclub. Eerst proefdansen, zei hij. Ik koop geen kat in een zak, zei hij. Want hoe kan jij die nog nooit voor het voetlicht opgetreden bent, ineens wellust en passie en rock en roll in de woestijn uitdrukken, zei hij. Druk uit, zei hij. [*Roept*] Heb ik ze ooit gezien, de Caraïbische zee? [*Stiller*] Zal mijn kindje ooit de Caraïbische zee zien? Neen, het sukkeltje zal opgroeien in regen en mist, als zijn mama. Heb jij geen honger?

STEFAN Nooit 's morgens.

JACKIE [*schudt het hoofd*] Jij bent een rare. Maar ik heb een zwak voor je. [*Kijkt hem onderzoekend aan*] Jongen, jongen, als ik mij niet inhield, zou ik nog verliefd op je kunnen worden. Ik heb er al een hele tijd zin in, om eens flink verliefd te worden. Maar ernstig dan, het hart in brand, zenuwachtig en huilen, en niets

305

anders op de wereld, en zo. Ja, jongen, je zou er aan kunnen geloven.

STEFAN Ik vraag niet beter.

JACKIE Maar ik heb besloten alle mannen uit mijn leven te bannen.

STEFAN Waarom?

JACKIE Voor mijn baby. Ik zal alleen met hem door de wereld gaan, wij tweeën tegen jullie allemaal.

STEFAN Dat begrijp ik.

JACKIE Meen je dat? Of zeg je dat om naar mijn mond te praten, hè? Je bent een stille, jij. Ik vertrouw je niet. Ben je nu zo'n slappe, of doe je zo om meisjes te verleiden? Ik bedoel dat gehuil omdat je met je fiets gevallen bent, bij je mama en zo.

STEFAN [*grinnikend*] Misschien.

JACKIE I-pik hou-pou va-pan jou-pou.

STEFAN Hè?

Mol snurkt.

JACKIE [*schreeuwt*] Mol! Mol!—Hij is een gelukzak, maar een dezer dagen vliegt hij ook tegen de lamp.

STEFAN Hij is een dief.

JACKIE Ja, maar een domme dief. Hij zal het nooit leren. Hij heeft dat van zijn vader, die was ook niet vlug, niet slim genoeg.

STEFAN Was dat ook een dief?

JACKIE Ja. Het was ook mijn vader. Mol is mijn broertje. Wij zijn uit Rafaëls huis gezet eergisteren omdat Mol alle deurklinken van het huis heeft afgeschroefd en verkocht. Hij had horen zeggen dat koper en zink goud waard waren in oorlogstijd. En toen hoorde hij eergisteren over de radio dat de Amerikanen in Antwerpen geland waren en dat de Russen in Duitsland zaten, maar het bleek een hoorspel te zijn later, maar dat wisten wij pas toen alle deurklinken al verkocht waren.

STEFAN Hij zal zoiets toch hier niet doen.

JACKIE Natuurlijk niet. Hij doet nooit twee keer hetzelfde. Hij zal wel iets helemaal anders vinden, hier. Kijk niet zo naar mijn billen.

STEFAN [*wendt zich af*] Ik kijk toch niet.

JACKIE Vind je mij mooi? [*Zij neemt pin-upposes aan, hij kijkt toe in*
306

verwarring. Zij zet dezelfde plaat op. Zwermt om hem heen, krabt in
zijn haren] I-pik hou-pou va-pan jou-pou. Wi-pil je-pe da-panse-
pen?

Rafaël komt binnen, met een somber gezicht, zijn haar zit verwilderd
en zijn pak is verfrommeld. Hij rukt de elektrische draad van de gram-
mofoon uit het stopcontact, en gaat naast Mol op de divan zitten, kijkt
star voor zich uit.

STEFAN Dag Rafaël. Goed geslapen? [*Tot Jackie*] Is hij boos op
mij? Heb ik iets misdaan?—Nou, dan ga ik maar koffie maken.

RAFAËL Voor mij zonder melk. [*Tot Jackie*] Als ik binnenkort
aan de leiding van dit land ga staan en mijn verschrikkelijke
wil de wet zal zijn, ga jij als eerste tegen de muur, meisje,
zwanger of niet. Jackie, dat die vlerk bij je was, vannacht, het
kan mij niet schelen, maar wat ik daarnet heb gehoord, dat had
ik van jou niet gedacht. Na alles wat ik voor jou gedaan heb!
Je hebt er het recht niet toe! He-pet re-pecht nie-piet toe-poe.
Wil je dan alles tussen ons verpulveren? Het is over tussen
ons, goed en wel, maar dit had ik nog willen bewaren, deze
taal. Jij hebt mij deze taal geleerd in de vergetelheid van onze
liefde, het zou onze eigen taal zijn en blijven, de enige mensen-
taal ter wereld. En nu spreek je o-ponze-pe-taa-paal me-pet
de-pezepe za-pak! Jackie, ik word niet graag ontheiligd. I-pik
hou-pou va-pan je-pe, ik heb het te vaak tegen jou gefluisterd
en jij tegen mij op ons gezamenlijk oorkussen; en nu alsof dit
alles kindergebazel was, nu zeg je diezelfde woorden tot die...
Jackie, de morgen is verpest. De hele dag misschien. Ik ga
vandaag ten onder. Verdrukt, verbasterd, verloren.

De waterketel in de keuken fluit.

Wat is dat?

JACKIE Koffie.

RAFAËL Die jongen is een heilige.

JACKIE Hij houdt van de mensen. [*Tot Stefan die binnenkomt met*
kopjes] Nietwaar, Stefan?

STEFAN Wie? Ik? Ja. Jullie niet?

RAFAËL Stefan, niet liegen. Jij houdt niet van de mensen.
Jackie gaat in de keuken.
Een voorbeeld al. Ik zit hier rustig bij mijn engel Mol, en ik
probeer de dag in sereniteit aan te vangen, de vijandige gassen

307

die ons omringen af te weren door ze in volledige relaxatie op te slorpen, in het kort, ik concentreer mij op mijn dagelijkse bedrijvigheid als mens, en wat doe jij? Babbel-kwabbel-babbelen aan mijn oren, die te gevoelig voor elke trilling op dit onzalig uur, begeven. Je houdt van de mensen, zeg je en het eerste wat je doet op een dag is je bemoeien met een mens op een onaanvaardbare manier, je hindert hem op het vruchtbaarste moment van de dag, op het ogenblik waarop er nog engelen rondzweven en dat je als mens nog van alles kan geloven. Ergo: Meneer, je houdt niet van de mensen, want je houdt al niet van één mens. Ergo: je bent een bedreiging voor de mensen. Ergo: je moet tegen de muur. [*Tot Jackie die met koffie komt en inschenkt*] Dank je, schat. [*Tot Stefan, terwijl hij slurpt*] Je houdt van de mensen! Elke dag, Meneer, stijgen er vliegtuigen op boven je hoofd [*wijst dreigend naar boven*] en zweven daar rond met kobaltbommen in hun buik, en heb jij al één woord, één gebaar gedaan als protest tegen deze dreiging? Je zwijgt, je bent medeplichtig. [*Drinkt zijn koffie op*] Zalig. [*Richt zijn vinger naar Stefan*] Jij bent verantwoordelijk voor de kobaltbom!

STEFAN Het spijt mij. Wat moet ik doen?

RAFAËL Om het even wat. Alleen niet beweren dat je van de mensen houdt. Nog wat suiker, schat. Maar trek het je niet aan, Stefan, er zijn er meer zoals jij.

MOL [*die al een paar keren de geur van de koffie heeft opgesnoven, wordt wakker*] Koffie. Dag, jongens.

STEFAN Dag.

JACKIE Dag, Mol.

Mol gaat naar de keuken.

RAFAËL Maar maak je maar geen zorgen. Vragen zijn er om gesteld te worden, anders niet. Dat is het lot der mensen. Wat zegt Tchouang-Tse? 'Dat de mens niets beminne, en hij zal onkwetsbaar zijn.' Dus was je handen in alle antwoorden. Laat die kobaltbom maar zakken. Niemand verdient beter. Liever dan met kanker in het nest te kermen. Hoe eerder hij naar beneden komt, hoe beter. [*Wijst naar zijn voorhoofd*] Hier mag hij vallen.

MOL [*komt uit de keuken*] Jackie, er was nog speculaas in die kast!

308

JACKIE Ik heb alles opgegeten. Mijn baby moet gevoed worden.

RAFAËL En wij verpoeieren. Geen kruisen en geen kransen. Stilte. Rust. Hier en daar nog een radioactieve mot die fladdert. Wij zijn gelukkig. Ik geloof dat ik vandaag maar in bed blijf. Het ziet er allemaal niet zo gunstig uit.

'Oehoe!' wordt er geroepen en Mevrouw Tristan komt met een schaal vol boterkoeken binnen.

MEVROUW TRISTAN Dag allemaal. Geen boze dromen gehad?

Rafaël onderzoekt de boterkoeken.

RAFAËL Met amandelen, met kersen. Mevrouw, mag ik u om uw hand vragen?

MEVROUW TRISTAN U spot met de heiligste dingen.

RAFAËL Maar één ding moet ik eerst weten: heeft u op de morgen al iets tegen de kobaltbom gedaan?

MEVROUW TRISTAN Daar bemoei ik mij niet mee.

RAFAËL Uitmuntend. Ik eerbiedig elk standpunt, ook dat van het onverwoestbaar optimisme.

MEVROUW TRISTAN [*tot Stefan*] Heb je lekker geslapen, jongen?

STEFAN [*bits*] Neen—en je weet wel waarom niet.

MEVROUW TRISTAN Ik begrijp het, jongen. Een beslissing nemen, ook een goedhartige beslissing als deze, ligt soms zwaar op de maag.

RAFAËL [*een boterkoek proevend*] Die met de kersen vind ik het lekkerst.

MEVROUW TRISTAN [*juichend*] Ik wist het. Prosper van Wijdendale was daar ook zo gek op. Ik geloof rotsvast dat er tussen alle genieën van alle tijden ergens een verwantschap bestaat. U niet? Ergens een gevoeligheid, ergens gelijklopende verlangens.

RAFAËL Ergens wel, ja.

MOL Reken maar!

RAFAËL [*die naar Mol kijkt die ook boterkoeken verslindt*] Zelfs Mol, die men als een genie van het kwaad zou kunnen bestempelen, doet ere aan die verwantschap.

MOL Ik ben een slechterik, Mevrouw. Daar kan ik niets aan doen.

MEVROUW TRISTAN Maar dat denk je! De mens is van nature goed. Hij wil het goede. Kijk je dan niet naar de televisie, naar

Eerwaarde Heer Van het Reve? Hij zei het gisteren nog: 'Doe niet aan uw evennaaste wat gij niet wilt dat men aan u zelf zou doen' zei hij.

RAFAËL [*die vier boterkoeken neemt en zich terug naar de slaapkamer begeeft*] Mol, is zij groots?

MOL Zij is groots.

Rafaël af.

MEVROUW TRISTAN Er straalt iets uit deze man, een vuur, een air van zelfverzekerdheid en toch van eenvoud en bescheidenheid die mij aldoor aan Prosper herinnert. Dezelfde onschuld... dezelfde gratie. Eh, Stefan, waar wij het gisteren over hadden, eh, over de gezondheid van Mijnheer Baers, ik zou je daar graag even over spreken, onder vier ogen.

STEFAN [*die de hele tijd naar Jackie heeft staan gapen*] Straks, Mevrouw Tristan, ik kom wel bij u.

MOL Hij is u niet goed gezind, Mevrouw. Ik weet niet waarom, maar ik voel dat. Stefan, waarom bek jij Mevrouw zo af?

MEVROUW TRISTAN Laat hem maar, hij meent het niet kwaad.

MOL Ik snap het niet. U zo afbekken! Kijk, Mevrouw, zelfs ik, die een slechterik ben tot in het ruggemerg, zou zo niet kunnen doen tegen u.

MEVROUW TRISTAN Dat betekent dat er nog een onbedorven kiem in u zit. Dat er misschien heel weinig nodig is om u op het goede pad te brengen.

MOL Wat enig. Meent u dat werkelijk?

MEVROUW TRISTAN Als je nu elke dag een paar regels uit het Boek der Boeken zou lezen. Ik lees er elke avond in, in de oude Bijbel van mijn Grootvader, met zilver beslagen.

MOL Met zilver beslagen? Mag ik dat Boek der Boeken eens zien?

MEVROUW TRISTAN Maar natuurlijk.

Eh, Stefan, er moeten voorbereidingen worden gemaakt voor het feest, ik bedoel het feest moet af-doende zijn.

STEFAN Laat mij met rust.

MOL Mag ik het nu zien, dat zilveren boek?

MEVROUW TRISTAN Ja, maar niet aankomen. Ik zal je er uit voorlezen.

Mol en Mevrouw Tristan af.

JACKIE Zij is bezorgd om jou.

STEFAN Dat zegt zij ten minste.

JACKIE Je houdt er ook niet van, hè, als ze in je nek zitten al menen ze 't nog zo goed? Je bent net als ik. Ik kan geen mensen uitstaan. Alleen ouwe, die stil zitten en over vroeger vertellen en niemand lastig vallen. Ik wou dat je zo'n oud gerimpeld appeltje van een mannetje was. Niet zo'n padvinder die aldoor staat te loeren.

STEFAN Ik denk aan vannacht.

JACKIE Dat was vannacht. Nu is het klaarlichte dag, een andere dag.

STEFAN [*geërgerd*] Goed dan, Mevrouw Sneeuwwitje. [*Hij ruimt op en gaat kwaad in de keuken, men hoort hem bezig aan het vaatwerk*] *Jackie lakt haar vingernagels, neuriet, Mr. Baers komt binnen met zijn ruimtevaarthelm op. Jackie schrikt, hij schrikt, zij herkennen elkaar.*

JACKIE Gerard! Verdomd, Gerard!

STEFAN [*in de keuken*] Wat zeg je?

Mijnheer Baers doet wanhopige tekens, legt zijn wijsvinger op zijn helm op de hoogte van zijn mond.

JACKIE Ga je naar de maan, Gerard? [*Zij krijgt een begin van de slappe lach*]

Mijnheer Baers doet geweldig teken dat zij moet zwijgen.

STEFAN [*in de keuken*] Ik versta je niet. Luister eens goed, Jackie. Ik geloof dat ik het gevonden heb. I-pik hou-pou va-pan jou-pou! Juist? Ik heb het beet, hè?

BAERS [*die zich uit zijn helm gewurmd heeft, schreeuwt*] Wat? Wat hoor ik nou?

STEFAN [*komt in de deuropening staan*] Dag, Meneer Baers. Dit is Jackie, een vriendin.

BAERS Wat zei je daarnet, Stefan? Herhaal het.

STEFAN Dag, Meneer Baers. Dit is...

BAERS Neen, neen, even tevoren. Het gaat werkelijk alle perken te buiten!

STEFAN [*denkt na*] O, dat! Dat is iets dat ik met Jackie gemeen heb, een geheimtaal zou je kunnen zeggen. Maar de code zeg ik u lekker niet.

JACKIE Hij kent de code heel goed.

BAERS Al te goed!

STEFAN Nou, zeg hem dan. Ah, ziet u! Ik heb het van haar geleerd. Ik heb er de hele morgen al op zitten piekeren. Luister. Da-pag, Me-penee-peer Bae-paers!

BAERS Hou op, Stefan! Draai het mes niet in de wonde!

STEFAN Wat is dit nu?

BAERS Stefan, mijn eerste liefde heb ik aldus verklaard. Aan Irma de Visschere in het jaar twaalf.

STEFAN Wat toevallig.

BAERS Stefan, je hebt daarnet mijn hele jeugd bezoedeld, verscheurd. De taal waarin ik mijn liefde voor mijn evennaasten uitschreeuwde, in een vuilbak geworpen, iedereen scharrelt er in!

JACKIE [*kwaad tot Baers*] Je had het mij maar niet moeten leren!

BAERS Jij hebt geen eerbied voor het menselijk hart!

JACKIE En jij niet voor de rest!

STEFAN Kennen jullie elkaar dan?

BAERS Natuurlijk niet. Wie is dat mens? Wat doet zij hier?

JACKIE Ik ken die meneer niet, natuurlijk niet, deze meneer heeft mij twee weken geleden niet alleen in een restaurant laten zitten, deze meneer heeft mij geen reis naar de Caraïbische zee beloofd!

BAERS Jongen, waarom ben je niet op kantoor?

STEFAN U hebt het zelf gezegd... dat ik voor uw verjaardag...

JACKIE Is het *zijn* verjaardag? Is hij die meneer die hier woont? [*Tot Baers*] Woon jij hier? [*Lacht vol wraakzucht*] Hahaha!

BAERS Hoe komt zij hier terecht?

STEFAN Kent u haar dan?

BAERS Inderdaad, jongen. Ik zal het je vertellen, een vader is oprechtheid verschuldigd aan zijn zoon. Deze Jackie ken ik goed. Tamelijk goed zelfs.

JACKIE Hij is de man van de Caraïbische zee.

STEFAN Meneer Baers? Die van de Rock en Roll in de woestijn?

BAERS Wat?

STEFAN En waar is die nachtclub dan?

BAERS Welke nachtclub?

STEFAN Waar u de eigenaar van bent.

BAERS O, dat. Dat heb ik haar verteld omdat ik dacht dat zoiets haar plezier zou doen. Wat moet een ongelukkige van mijn leeftijd anders vertellen aan zo'n meisje?

JACKIE En je liet mij zitten in dat restaurant, aan die tafel, en ik heb gewacht een uur lang, en ik had geen cent op zak! Ik ben met een orgelbouwer moeten meegaan die avond!

STEFAN Mijnheer Baers! Hoe kon u dat doen! Een klein meisje als zij...

JACKIE En jij een oud karkas! Hoe kon je het doen!

BAERS Ik zoek geen uitvluchten. De libido werkt in lieden van mijn leeftijd op versnelde toeren. Ik strooi asse op mijn hoofd. [*Hij neemt Jackie vast*] Neem mij niet kwalijk.

JACKIE En dan hier binnenkomen met een onschuldig hoofd onder een glazen helm!

STEFAN Blijf van haar af! [*Rukt Baers van Jackie weg*]

JACKIE Héla, jij. [*Tot Baers*] Hoor hem eens aan; alsof hij de baas is!

RAFAËL [*komt binnen met een sigaar in de mond, hij zoekt naar lucifers, roept uit als hij Baers ziet*] Dag, majoor! Met het huidig tempo in de proefnemingen dacht ik dat u al in ionen was gesplitst!

BAERS [*maakt een grimas*] Wie bent u?

RAFAËL U kent mij niet, maar ik ken u. In de Cucaracha-bar praatte u enkele dagen geleden met Mr. Remi van de Bank van Nijverheid. Over uw neef hier, over Stefan.

BAERS Mijn neef? Mijn zoon!

RAFAËL U had het over zijn verzen en ik heb uw gesprek af-geluisterd, zo ben ik op de hoogte van uw geheime activiteiten als proefpiloot. Majoor, laat ik u maar meteen zeggen: uw gevaarlijke proefvluchten als testpiloot zijn de enige helden-daden van deze tijd, nutteloos, dodelijk en dom. Majoor, ik bewonder u.

BAERS Dank u.

RAFAËL Mijn naam is Rafaël ten Harent, en daar ik ook een dichter ben, was ik zo vrij uw neef te komen opzoeken. Met uw welgevallen, natuurlijk.

MOL [*komt binnen*] Dag, Mijnheer van Dierendonck. [*Als Baers niet op hem let, gaat hij schichtig langs hem heen en zegt tot Jackie*] Wat doet hij hier?

JACKIE Ken je hem dan?

MOL Natuurlijk. Dat is Meneer van Dierendonck, hij doet zaken met dikke Max. Hij koopt ook koper en zink op.

JACKIE Wie? Hij!

MOL Ja. Hij is de stille vennoot van Dikke Max.

JACKIE Dan heeft hij... die deurklinken van Rafaëls huis opgemannen kocht?

MOL [*knikt, fluistert*] Volgens Dikke Max is hij een der rijkste van de stad.

MEVROUW TRISTAN [*komt binnen met een schenkblad, glazen en een fles port, en begint te zingen, aarzelend zingt Stefan dan mee, dan Mol*] 'Lang zal hij leven, lang zal hij leven, lang zal hij leven in de gloria.'

RAFAËL Is het uw verjaardag dan, majoor?

BAERS [*tot Stefan*] Mijn zoon, dit wordt een beetje moeilijk voor mij.

RAFAËL [*tot Stefan*] Is hij dan je vader?

STEFAN Hij zegt het toch.

MEVROUW TRISTAN Gelukkige verjaardag!
Iedereen, behalve Jackie, drukt Baers de hand.

BAERS [*zit neer*] Dank u! Dank u! Er is verwarring, totale wanorde in mijn ziel. Ik ben ontroerd, maar in mijn hoofd is het een Lunapark. Ik dank u allen zeer, wie jullie ook mogen zijn.

MOL Hip, hip!

ALLEN [*behalve Jackie*] Hoera!

MEVROUW TRISTAN [*geeft glazen rond. Tot Baers*] En dit grootste glas is voor ú.

STEFAN Neen, neen, neen! [*Hij neemt het glas uit Baers' hand, als hij ziet dat iedereen verwonderd kijkt, zegt hij lam*] Het is nog veel te vroeg.

BAERS Inderdaad, mijn jongen, het is mijn verjaardag nog niet, die treedt pas in om elf uur en iets vanavond. Te vroeg voor Bacchus, te laat voor tranen.

JACKIE Dat mag je wel zeggen, te laat voor tranen.

STEFAN [*neemt al zijn moed samen*] Meneer Baers, uw gedrag tegenover Jackie was schandalig.

BAERS Stefan, mag een kind zijn vader berispen? Wat gebeurde er met de zonen van Noach?

MEVROUW TRISTAN Dan een kopje koffie?

STEFAN Neen. Neen. U moet niets drinken vandaag, geen druppel!

BAERS Wat betekent dit nu?

MEVROUW TRISTAN [*die begrijpt waarvoor Stefan bang is*] O, Stefan, hoe kun je zo dom zijn! Nu toch niet! Ik denk er niet aan. Straks, bij het feest. Met waardigheid.

BAERS Soms, als ik jullie hoor praten, heb ik het gevoel dat ik in een dierentuin zit. Ik wil aannemen dat in deze tijd de kunst van het converseren verloren is gegaan, maar moeten jullie daarom in dit apetaaltje praten?

RAFAËL [*tot Jackie*] Wat is dat met de piloot en jou?

JACKIE Hij is de man van de Caraïbische zee.

RAFAËL De majoor? [*Stapt op Baers toe*] Majoor, u bent een Renaissancefiguur. Een erudiet, een held, een ziener en een doener. Ik buig voor u. U hebt mijn werk gelezen. U hebt het zelfs geapprecieerd, vertelde Jackie me, zozeer zelfs dat u mij voor een reis naar de Caraïbische zee hebt uitgenodigd.

BAERS [*begint moe te worden*] Ik u uitgenodigd?

RAFAËL Ja.

BAERS Allerhande misverstanden hebben mij belet...

MOL Maar, Meneer van Dierendonck, waarom mocht ik niet mee naar die Kataribische zee?

BAERS [*doodmoe*] Heb ik u ook al eerder ontmoet?

MOL Neen. Maar ik ben een vriend van Dikke Max. Of Geile Max zoals ze hem soms noemen. U weet wel wie ik bedoel.

BAERS Wij doen inderdaad soms zaken, Dikke Max en ik.

MOL Ziet u! Waarom mocht ik niet mee, Meneer van Dierendonck, naar die zee? Die twee hebben hele dagen in de Vlaanderenstraat tropenpakken staan passen, en ik moest er als een bedelaar staan naar kijken. Waarom mag ik niet mee? Hebt u iets tegen mij?

BAERS [*hij kan niet meer*] Het is mijn verjaardag vandaag.

RAFAËL Wanneer ziet u een vertrek mogelijk, majoor?

BAERS Morgen. Overmorgen. Volgend jaar.

RAFAËL Dus u stoeit nog met het idee?

BAERS [*afgemat*] Ik stoei altijd, beste meneer.

MEVROUW TRISTAN [*schamper*] U mag geen meneer tegen hem zeggen.

RAFAËL [*vlug*] Liefst niet. Ik word er nerveus van. Zegt u Rafaël. Gewoon Rafaël.

BAERS Maar u zegt wel 'majoor' tegen me!

RAFAËL Maar u bent het toch! Denk niet dat dit onopgemerkt is voorbijgegaan! [*Triomfantelijk zwaait hij met de ruimtevaarthelm*] Zijn er geheime proefnemingen misschien hier in de kelders, majoor? Betrekt u daarom deze mieze burgerwoning?

BAERS [*knikt ijverig*] U heeft het begrepen. Maar silentium! Bent u ook een piloot?

RAFAËL Neen. Ik ben een dichter. Eenvoudigweg een dichter.

BAERS Stefan, kom hier. Er staat hier een dichter. Bekijk hem goed. Wil jij zo door het leven gaan?

STEFAN Ja. Graag zelfs. Hij staat in de Winkler Prins.

BAERS Wel, mijn beste dichter, ik doe voor mijn zoon al wat ik kan. Ik ben ook zijn geestelijke vader. Mentor, zeiden wij in onze tijd, maar het Latijn is ook achtergeraakt nu. Ik heb deze knaap dansen geleerd en biljartspelen, ik heb hem op reis meegenomen in de ruimte, in de tijd, in de weiden om vier uur 's morgens in de dauw, ik heb een domper op zijn intellect gezet en zijn instincten gedenatureerd, in het kort, ik heb zijn ontwikkeling als dichter bevorderd. Maar moed, volharding, talent en mijn aanmoedigingen zijn niet voldoende voor het dom gespartel van een dichter in de wereld. Er moet een gebinte zijn, die alleen een expert als u kan bouwen. In het kort, voor mijn verjaardag, wil ik dit keer de Missie voor Congolese Verbroedering een jaartje laten wachten op hun cheque, en cultureel gaan doen zoals het hoort. Ik bied u twaalfduizend frank in de maand. U zult Stefans leraar worden in de poética. Samen zullen wij van deze bediende een volwaardig kind der goden maken.

MEVROUW TRISTAN [*in vervoering*] O, Stefan!

RAFAËL Ik weet niet of ik daar tijd voor vind.

BAERS Twintigduizend!

MOL God zal me kraken!

RAFAËL De tijden zijn moeilijk.

BAERS Tweeëntwintigduizend. Mijn laatste woord.

MEVROUW TRISTAN O, Stefan, ik ben zo gelukkig.

BAERS Hoe is uw naam?

RAFAËL Rafaël.

BAERS Mijn beste Rafaël, ik ruik in u het genie, en als ik iets ruik is het raak. Aarzel niet. Akkoord? Tweeëntwintigduizend, en wij declareren tien aan de belastingen.

RAFAËL Ik geloof dat hij mijn onderricht verdient.

BAERS Bravo!

MEVROUW TRISTAN O!

BAERS Fijn, eerste les!

RAFAËL Wat zegt u?

BAERS Dat u aan uw eerste les moet beginnen. Dat wil ik. Op mijn verjaardag. Ik wil uw methode aan de mijne toetsen.

STEFAN Dat kan toch niet, meneer Baers. Dat gaat zo maar niet. Wij moeten in de stemming zijn, in de sfeer.

BAERS Natuurlijk. Mijn geestdrift bracht mij op hol. Vergeef een grijsaard die door alle waters gezwommen heeft, behalve door die der lyriek en die van de dood. Alhoewel die laatste waters niet op zich laten wachten. Binnenkort neemt die kalme, zachtvloeiende Lethe mij op, Charon wacht, ik voel het, kinderen. Maar laten wij vrolijk zijn, tot op het bittere einde. Hahaha.

ALLEN [*mechanisch meelachend*] Ahhahaha.

Mol lacht het hardst, dan kijken ze allemaal weer ernstig.

MEVROUW TRISTAN Ons huis is wel veranderd, hè, Meneer Baers, met deze jeugd, met deze frisse wind die is komen binnenwaaien.

JACKIE [*die door Baers bij de lenden was genomen*] Als het niet te veel gevraagd is van de majoor, van de eigenaar van een nacht-club, of van de opkoper van koper en zink, dan zou ik liever hebben dat hij zijn vieze poten thuishoudt! [*Nijdig stapt zij naar de slaapkamer*]

BAERS Dit meisje is niet gelukkig.

MOL Ach, die wijven, Meneer van Dierendonck!

STEFAN In haar toestand vind ik het helemaal niet onredelijk dat zij zich revolteert tegen wie misbruik heeft gemaakt van haar goedgelovigheid!

BAERS Heeft iemand dat gedaan? Stefan, als ik daarover hoorde, zou ik moorden doen!

STEFAN Ik weet wat ik zeg...

BAERS Stefan, je gaat je toch niet inbeelden... dat ik met dit meisje, ik, je vader...

MEVROUW TRISTAN Wel, ik moet beginnen mijn kalkoen klaar te maken voor vanavond. [*Tot Rafaël*] Hij krijgt een mijter op zijn kop omdat Mr. Baers nog voor priester heeft gestudeerd. En in zijn bek krijgt hij een briefje van duizend frank omdat Meneer Baers in het Bankwezen is.

BAERS Heren, ons gesprek heeft mij bijzonder geboeid, maar ook uitgeput. [*Tot Mevrouw Tristan*] Laat mij die kalkoen eens zien!
Beiden af.

RAFAËL Deze man dwingt diep respect af. Wel, Stefan, dan beginnen wij morgen aan de eerste les. Vanaf het begin. De prenatale dynamiek. Wat er gebeurd moet zijn tussen je ouders op het ogenblik dat je verwekt werd, welke cyclus van invloeden je kan hebben ondergaan in de moederschoot. Ik neem aan dat je op tijd geboren bent?

STEFAN Ik denk het.

RAFAËL Verder, hoe je ter wereld bent gekomen, waar, hoe en waarom.

STEFAN Dat is nogal genant, vind je niet... over het ogenblik waarop ik verwekt werd...

RAFAËL Dem Reinen ist alles rein. En wij moeten wetenschappelijk te werk gaan.

STEFAN Dan moeten wij ook mijn grootmoeder onderzoeken. Ik hield heel veel van haar toen ik klein was.

RAFAËL Dat gebeurt meer.

STEFAN Mijn grootmoeder heeft mij ook veel over haar ouders verteld, of moeten wij zover niet gaan?

RAFAËL Wij zullen zien.

STEFAN Mijn grootmoeder was namelijk zeer ongelukkig als kind. Zij voelde zich uitgestoten. Op een keer zat zij in de keuken en zij schreide, maar niemand lette op haar. 'Iedereen behandelt mij hier als een hond,' zei zij. En toen kroop zij onder tafel. 'Ik ben een hond,' zei zij, 'gooi mij maar een been toe.'

RAFAËL Merkwaardig.

MOL Ach, die zielepoot!

STEFAN Ik vind het zo vreemd en zo mooi wat mij overkomt, Rafaël, Mol, dat jullie hier zijn, in mijn kamer, ik vind het zo... Ik kan het niet genoeg vertellen. Ik zag mij al mijn hele leven verdorren tussen Mr. Baers en Mevrouw Tristan. En nu jullie hier zijn, en met mij praten... Ik moet jullie iets vertellen. Maar geen woord erover, aan geen mens ter wereld. Erewoord?

RAFAËL Het woord van een dichter.

Mol steekt twee vingers in de lucht, in een padvinderseed.

STEFAN Jullie weten misschien dat Meneer Baers mij als zoon heeft aangenomen. Wel, nu wil Mevrouw Tristan dat ik hem om zeep breng. Is dat niet afschuwelijk?

RAFAËL Het is normaal, beste kerel. Heeft Oidipoes iets anders gedaan?

MOL En Dirk van der Zendt, hij hakte zijn Pa in mootjes en bracht alle stukken weg in krantepapier. Vier dagen lang.

STEFAN Ja. Maar ik kan zoiets niet.

RAFAËL Wat belet je, beste kerel?

MOL Hoe wil ze dat je het doet? Laat mij raden. Hij gaat de deur uit en er valt een hamer van het dak? Neen? Hij wordt vastgebonden op de rails van een sneltrein? Neen? Hij buigt zich uit het raam en hop! Neen?

STEFAN Zij zou het doen.

MOL Maar dan is het toch geen probleem!

STEFAN Met een koffielepel speciaal poeder.

MOL Dat is gemeen.

RAFAËL Ik zou het haar niet laten doen.

STEFAN Neen, hè, dat dacht ik ook.

RAFAËL Vooral nu niet, nu hij bewezen heeft dat hij ècht veel om je geeft, en dat hij jou de kans geeft om voor een paar centen een behoorlijk inzicht in de poética te krijgen.

MOL Die wijven toch! Zij verpesten alles wat goed en mooi is in een man, laat ik je dat vertellen! Neem mij eens, Stefan, elke keer ik hogerop wil, mij wil beteren, reken maar, daar komt een wijf langs, die het verpest, ik zweer het je.

RAFAËL [*die nagedacht heeft*] Aan de andere kant... je bent toch zijn zoon?

STEFAN Ja.

RAFAËL Wettelijk aangenomen? Zijn enige zoon?

STEFAN Ja.

RAFAËL Heb je daar papieren van?

STEFAN Zij liggen in de koffer van zijn bank, ik heb ze daar gezien.

RAFAËL Welke bank?

STEFAN De Kredietbank, hij is er erevoorzitter van.

MOL Ja, Dikke Max zei dat hij stinkt van het geld.

RAFAËL Hm. Wel, beste kerel, het is natuurlijk in je ontwikkeling als dichter een enorme hinderpaal, als je aldoor van die meneer Baers, van je vader dus moet afhangen. Een vader heeft altijd en overal een verkeerde invloed op een dichter. Want ik merkte het al meteen toen ik binnenkwam gisteren, er is in jou [*hij nadert Stefan en kijkt hem diep in de ogen*] een vertroebeling, een lafheid, een ontduiken, een weemoed en een angst. Dit zijn negatieve kenmerken, die je moet weren, beste jongen. Misschien heeft Mevrouw Tristan méér gelijk dan men op het eerste zicht vermoedt. Wat zegt Nietzsche?

STEFAN Van alles.

RAFAËL Hij zei letterlijk: Dood uw vader. Er zit daar natuurlijk iets in dat sommigen wreed noemen. Maar is de natuur, die jij en ik in onze verzen heilig verklaren, niet even wreed of wreder met haar vulkanen, epidemies en overstromingen? En leveren wetenschapsmensen voor het heil en de vrede der mensheid geen bommen waar honderdduizenden moeten aan geloven binnenkort? Een dichter, Stefan, is tot alles in staat. Stefan, dood je vader.

STEFAN Ik kan het niet.

MOL Maar als het nou misloopt, dan is het toch dat mens, die mevrouw Tristan die het gedaan heeft. Jij weet van noppes. 'Me neus uit,' zeg je, 'ik weet nergens van.'

RAFAËL Het bewijs dat mijn raad onbaatzuchtig is, ligt wel hierin dat ik zonder aarzelen een man ten dode opschrijf, die mij tweeëntwintigduizend frank per maand zou uitbetalen voor mijn onderricht. En wie weet hoeveel maanden zo'n onderricht niet kan duren!

STEFAN Ik wil het niet.

RAFAËL Een dichter...

STEFAN Dan ben ik maar geen dichter

RAFAËL Dat vreesde ik al.

MOL Daar gaat wat om in die jongen. Gevoelens. Toestanden! Misschien kunnen wij het in zijn plaats doen? Tristan een handje toesteken?

JACKIE [*komt binnen, in pull-over en blue-jeans*] Die oude rotzak, die ellendeling, die bedrieger! Hoe durft hij mij nog in de ogen kijken! De Caraïbische zee! O... ik zou hem kunnen... Kijk, als ik een of ander rattenpoeder had, ik deed er een lepel van in zijn champagne vanavond...

Derde bedrijf

In Stefans kamer hangen er serpentines en papieren bloemkransen. Het verjaardagsfeest is aan de gang, dat betekent dat iedereen al een beetje dronken is, en er een mengsel van opgewonden feest-willen-maken en verveling heerst. Rafaël is het meest dronken, lijkt het. Mol en Jackie zijn niet te zien. Meneer Baers, Stefan, Mevrouw Tristan zitten aan de tafel die nog niet afgedekt is. Bij Stefan zit een oud wijfje in een hevig gebloemde jurk, zijn tante. Als het doek opgaat, is er onderdrukt gepraat.

MEVROUW TRISTAN Voor de tijd van het jaar kan het er toch mee door, nietwaar Mevrouw?

TANTE Verleden jaar was het erger, rond deze tijd, die verschrikkelijke septemberdagen.

MEVROUW TRISTAN Laten wij hopen dat het volgend jaar beter wordt.

TANTE Ja, laten wij hopen.

BAERS [*tikt tegen zijn glas, staat op, kijkt naar zijn horloge en zit weer neer*] Het is nog te vroeg. Pas even over elf.

De anderen zijn stilgevallen.

Mijn uur nadert, maar niet met zijn gewone stappen. Er mankeert iets aan de tijd vanavond.

RAFAËL [*reciteert*] 'Domgelukkig liep ik door de Dapperstraat'— Hoe vind je deze regel, Stefan? Dat heb ik daarnet bedacht.

STEFAN [*onzeker*] Mooi.

RAFAËL [*fluistert proevend voor zich uit*] Dom gelukkig liep ik d...

TANTE Weet u wat er gebeurde toen ik op de tram zat hierheen? Hij stopte aan de Bessenlaan. Hoe vindt u dat?

RAFAËL Een tweede regel, Stefan: 'Ambrosia, wat vloeit mij aan?'

STEFAN Dat klinkt niet slecht.

Gefluister van Rafaël.

MEVROUW TRISTAN [*naar Rafaël kijkend*] Men zou zeggen dat er al iemand dronken is.

RAFAËL Bloeddronken ben ik. Ik wil koppen zien vallen vanavond.

TANTE [*tot Rafaël*] Ik vind u een nare man.

RAFAËL Daar ben ik blij om, Mevrouw. [*Hij gooit een pakje confetti over haar heen*]
De tante lacht imbeciel.

BAERS Maar wij leven nu eenmaal in de beste der werelden, nietwaar? Waarom zouden wij ons over buurmanschap beklagen? Laat ons aan dit liedje gewoon worden. Ik haat u. Jij haat mij. Ik bemin u. Jij houdt van mij. Het is een kermismolen, laten wij er op rondrijden. Vroeger was ik voor de broederschap onder de mensen, ik heb er een zalige herinnering aan, het gaf je een prettig gevoel. Maar op den duur heb ik er van afgezien. Het werd toch te lastig. Vreemde gewassen, aangroeisels ontstaan en verstikken de ziel.

MEVROUW TRISTAN Dat mag u zeggen, meneer Baers.

TANTE Vindt u de nieuwe Paus ook zo'n sympathiek persoon?

MOL [*komt uit de keuken met een enorme taart met kaarsen*] En hier is de taart!

RAFAËL Hoerah!

MEVROUW TRISTAN Maar het is nog veel te vroeg daarvoor.

MOL Jackie begon er aan te peuteren. Zij heeft er een stuk van afgebroken.

BAERS [*inspecteert*] Inderdaad. Zij staat voor niets, dit kind. Altaarschennis! [*Hij brult*] Jackie!

MOL Zij mokt, omdat u niet vriendelijk tegen haar bent!

STEFAN Het gaat wel over. Zij is schuw als er veel mensen zijn. Zoals ik.

BAERS Maar er mankeert een kaars! [*Brult*] Jackie! Dit is het toppunt! Ik zweer het, ik wil van mijn hele leven geen verjaardag meer. Alles loopt in het honderd. Dat er geen vrolijkheid meer kan zijn onder de mensen met hun kranten, hun televisie, hun hoge levensstandaard, akkoord, maar dat hier, nu, op mijn bloedeigen verjaardag, om mij heen zulke gezichten getrokken worden, dat men in de keuken zit te mokken... neen, ik wil het niet meer beleven. Stefan, ik geloof dat ik ga doen zoals je leraar, Rafaël hier, mij voorgoed terugtrekken uit de wereld der mensen en in contemplatie leven en om de twee jaar een vers ter wereld brengen.

RAFAËL Het is de enige weg, mijn beste majoor. Uit het tumult. De eigen navel bestuderen, zijn groeven, zijn geheim navellachje, zijn donker leven dicht bij de ingewanden, en wat de rest, de wereld die waait, betreft, weigeren, beste Baers, weigeren!

Baers neemt een fles champagne en wil zich inschenken, maar Stefan is hem voor en schenkt hem snel een glas in uit de fles die naast hem staat.

BAERS En dit rare idee om een fles champagne uitsluitend onder ons tweeën te willen leegdrinken, onder het absurde voorwendsel dat je mijn zoon bent, wel mijn zoon, ik apprecieer het, maar het is paranoia.

STEFAN Ik wil alles met u delen.

BAERS Ik hou van je, zoon. [*Slaat met zijn vork tegen een glas, staat op, heft zijn glas*]—Beste vrienden...

TANTE Lafaards.

BAERS Juist. [*Hij zit weer neer*]

TANTE Geen van allen wilde het mij uitleggen, de lafaards, waarom de tram bleef staan aan de Bessenlaan. Nooit is hij er blijven staan! Waarom vandaag?

MOL Voor onze meneer zijn verjaardag misschien? [*Hij wijst naar Baers*]

TANTE O, ik had zover niet gedacht. [*Tot Baers*] Vergeef mij. Inderdaad, het zal voor uw verjaardag geweest zijn. Een minuut stilte.

BAERS [*grootmoedig*] Er zal u veel vergeven worden.

Tante kust zijn hand. Langdurig.

MEVROUW TRISTAN Het is nu al welletjes!

BAERS [*die nog steeds zijn hand laat kussen*] Dat wie niet gezondigd heeft, de eerste steen werpe!

MEVROUW TRISTAN [*tot Tante*] Schaamt u zich niet, op uw leeftijd!

TANTE [*opgewonden*] Wat is er? Ik ben getrouwd geweest, Mevrouw, ik ben een weduwe!

MEVROUW TRISTAN En ik heb mij goed gedragen tijdens de oorlog. Ik heb een getuigschrift van het verzet!

TANTE En *ik* ben Stefans moeder. Mijn zuster zei het mij op haar sterfbed: 'Liesje,' zei zij, 'let jij op hem. Wees jij zijn moeder nu!' Dat zei zij.

MEVROUW TRISTAN Had dat dan maar eerder laten blijken!

TANTE Ik heb hem bijna aan mijn borst gevoed, Mevrouw, die jongen!

MEVROUW TRISTAN Juffrouw, alstublief.

TANTE Mooie juffrouw!

MEVROUW TRISTAN Inderdaad, Mevrouw, mooi was ik. Dat heeft de componist Van Wijdendale nog geschreven aan zijn vader. Dat ik mooi was als een ranke hinde! En ik kan dat bewijzen, die brief zal ik u laten zien!

RAFAËL Ik wou dat ik Van Wijdendale was. Zachtjes rottend onder de aarde. Niemand kon mij raken. Stefan, ben jij in leven?

STEFAN Ik vraag het mij soms af.

RAFAËL Maar we moeten er door, hè?

STEFAN Ja.

BAERS Daar beginnen de sombere klanken weer. Mijne Heren ik vind u on-ge-niet-baar.

TANTE In ieder geval, zijn moeder was mijn zuster, dus ben ik de meest nabije verwante, dus heb ik de meeste rechten op de titel van moeder!

MEVROUW TRISTAN Wie heeft er die wees te eten gegeven? Hem verzorgd? Zijn pakken gestoomd?

TANTE Wie heeft hem in slaap gewiegd? Zijn haar nog ontluisd?

MEVROUW TRISTAN Ik, Mevrouw.

TANTE Ik 'Juffrouw.

MEVROUW TRISTAN Niemand zal hem mij onttrekken. [*Zij komt bij Stefan en klemt zijn arm vast*]

TANTE [*rukt aan de andere arm*] Stefan, denk aan je moeder!

MEVROUW TRISTAN Uw handen thuis!

TANTE Blijf van mijn jongen!

BAERS Mijn zoon, ik zal je als Salomo in tweeën moeten hakken.

MOL [*neemt gretig een Indisch gebogen zwaard van de muur. Geeft het aan Baers*] Hier!

BAERS Aandacht! Wie laat er het eerste los?

RAFAËL Wie krijgt de premie, Stefan in één stuk, ongedeerd en verpakt?

TANTE [*laat hem los*] Neem hem!

MEVROUW TRISTAN Neemt u hem!

TANTE Ik heb hem het eerst losgelaten, teef!

MEVROUW TRISTAN Viswijf!

TANTE Crapuul!

MEVROUW TRISTAN Werkvrouw!

TANTE Ik ben getrouwd geweest, Juffrouw! [*Gooit een grote zak confetti naar Mevrouw Tristan*]

MEVROUW TRISTAN [*stort ineen aan de tafel—huilt*] Ik ben helemaal alleen op de wereld. Iedereen haat mij.

BAERS Ik zal nog eens jarig worden. Ik kijk wel uit.

MOL Mooi is dit niet, voor zo'n deftige familie. Dat is geen voorbeeld voor iemand als ik, hoor!

Rafaël is ingeslapen.

TANTE [*toch ontroerd als zij Mevrouw Tristan ziet huilen, komt tot bij haar, streelt haar over het haar*] Maar niemand haat je, liefje. Dat moet je uit je hoofd zetten.

MEVROUW TRISTAN [*heft haar behuild gezicht naar Tante*] U ook niet?

TANTE Natuurlijk niet. Ik haat alleen die Meneer Vandaele van het postkantoor en daar heb ik werk genoeg mee. Hij heeft een wrat, hier. [*Wijst naast haar neus*] O, wat haat ik die man.

MEVROUW TRISTAN [*krijgt een huilbui*] O, u haat hem omdat die arme man een wrat heeft, o, o, o, o.

TANTE Ja, ik kan geen mensen met wratten uitstaan!

MEVROUW TRISTAN Maar daar kunnen zij toch niets aan doen. [*Staat op, omhelst een der bustes*] O, Prosper.

BAERS Dat Prosper onder de wratten zat, daar twijfel ik geen moment aan.

MEVROUW TRISTAN Niet één had hij er. Hij was glad en roze als een baby. En ik heb ook nooit één wrat gehad. Maar het stond in de krant dat ik er één had. [*Snikt*]

MOL Wat ze allemaal in de krant zetten tegenwoordig!

MEVROUW TRISTAN Toen Prosper dood was, schreef ik naar 'Libelle'. De rubriek van de lezeres. Vragen en Antwoorden. En ik zei dat ik eenzaam was en ongelukkig en dat ik mijn leven wilde beginnen met een man in de vijftig met een huisje op de buiten en een Volkswagen met schuifdak. En dat namen zij op twee weken later, maar zij schreven erbij dat ik ongelukkig was omdat ik wratten had! [*Snikt*]

TANTE [*verontwaardigd*] En het was niet waar?

326

MEVROUW TRISTAN Neen. En als antwoord schreven ze dat ik de wratten kon wegkrijgen met Sulfalux!

STEFAN Maar misschien was het een andere dame, die ongelukkig was en toevallig ook een vijftigjarige wilde met een Volkswagen?

MEVROUW TRISTAN Neen, neen, neen, ik was het. Mijn eigen schuilnaam stond er onder. 'Gebroken Hart'.

MOL Ik ga maar nog eens rond. [*Schenkt in*]
Stefan schenkt zichzelf en Baers in uit dezelfde fles.

BAERS [*staat op, tikt met zijn vork tegen zijn glas*] Beste vrienden en vriendinnen... [*Zit weer neer, brult*] Jackie! [*Moe*] Stefan, haal dat kreng uit de keuken!

STEFAN [*voor hij weggaat, tot Baers*] Let wel op! Alleen uit deze fles drinken! [*Af*]

BAERS Die jongen lijdt acuut aan vervolgingswaanzin. [*Schudt het hoofd*] De huidige tijd! Ik kan het niet meer bijbenen.

TANTE Ik wel. Ik ben dol op de nieuwe Mercedes. Weet u dat de Mwami van Urundi er ook een heeft? De banden alleen kosten tweeduizend vierhonderd frank.

BAERS In onze tijd, voor gelegenheden als deze, hadden wij gezelschapsspelen, gezond vertier. En waren wij gelukkig vroeger!

MEVROUW TRISTAN Wij zongen als leeuweriken.

TANTE Wij speelden altijd domino thuis.

MEVROUW TRISTAN Of wij lazen hardop voor uit een goed boek.

BAERS Of wij deden charades.

MEVROUW TRISTAN Prosper speelde piano en zong Zuidafrikaanse liedjes.

BAERS [*brult*] Stefan!

JACKIE [*uit de keuken*] Laat hem met rust. Bemoei je met je nachtclub!

BAERS Hoe vind je dit nu weer! De jeugd is een sinistere bende. Ik ben blij dat ik gauw dood ga. Alhoewel, dat ik de wereld in zo'n toestand moet achterlaten, het vervult mijn wezen met een zeker ongemak.

TANTE Ik heb gelogen. Ja. Op een keer, het is nu vier jaar geleden, is tram Acht ook eens op het Brugmanplein blijven stil-

327

staan. Niemand had gebeld, niemand moest er op of af, en toch gingen de deuren open en bleef ie staan. Ja.

MOL [*die al een tijdje naar de taart had geloerd*] Er zit van alles in, in die taart.

MEVROUW TRISTAN Een laag marsepein, een laag amandeldeeg. En onderaan het bijzonderste: een laag crème Mirador.

BAERS Dat was een hotel vroeger in Kopenhagen, de Mirador. Ik heb het nog willen kopen. Ik voel mij helemaal niet feestelijk.

Stefan komt met verwarde kop en in zijn hemdsmouwen uit de keuken gerend, kijkt naar de flessen. Kijkt of er nog wat in 'zijn' fles is, schenkt Baers in, rent dan weer naar de keuken.

TANTE [*tot Mol*] En de Harley Davidsons, wat vind je daar van?

MOL Goeie veren, maar een beetje duur in de aankoop.

TANTE Waar ik werk, in de garage waar ik ga schoonmaken daar staan er vier op één rij. Soms start de monteur ze allemaal tegelijk om mij plezier te doen. En dan snorren ze, snorren ze. Dan voel ik mij zo uitgelaten, ik kan het aan geen mensen vertellen.

RAFAËL [*met de ogen dicht*] Het razen van motoren, verwarring, escapisme, verdoving, ik doe er niet aan mee. Weet dit wel! Reactiemotoren, radiogolven, bazooka's, knallen jullie maar, ik ben er niet! Waar is de dichter Rafaël? Hij is er niet. Hij weigert er te zijn! Weigert!

BAERS Ik wou dat het zondag was. [*Kijkt naar zijn horloge*]

TANTE Want die Harley's ronken helemaal anders dan, laat ons zeggen, Indian's, hoor! Wat hoort u het liefst, juffrouw?

MEVROUW TRISTAN Chopin.

BAERS Ah, mijn jeugd, die zwom in muziek. De Parelvissers. De Barcarole. [*Hij zoemt. Mevrouw Tristan zoemt mee*] Ik heb veel geleden in mijn leven maar de muziek heeft mij er steeds overheen geholpen.

TANTE 'De Lustige Boer'!

BAERS [*die een inspiratie heeft, want men hoort in de verte een koor in het Grieks teksten van Euripides scanderen en hij alleen schijnt het te horen*] Kijkt allemaal! [*Hij staat op*]. Wacht! Kijkt! Goed opletten! [*Het Griekse koor wordt luider. Baers gaat op de leuning van een stoel zitten*] Ik ben de koning en ik zit op mijn troon en rond

328

mijn troon komen de ellendige wijven klagen. Pest en cholera roepen ze, en Thebe is een spons met asse rond haar muren. Wie zoekt? Wie moet er op zoek? Ik. Want op mijn schouders laad ik het koningschap. [*Hij komt van zijn stoel en wandelt rond*] Wat zegt gij, o wandelaar! Mijn vader? Waar is mijn vader? Vader, waar ben je?!—Nergens een vader. Dus ga ik weer op zoek. Wie is deze kreupele grijsaard die moppert waar de wegen zich kruisen? [*Baers molenwiekt met zijn armen*] Kreupele grijsaards slaat een man als ik direct tegen de vlakte. En ik vervolg mijn weg. Op zoek. Ik kom thuis en mijn gade, mijn trouwe, lieve gade zegt geen woord. [*Hij legt zijn hoofd op Mevrouw Tristans schouder*] Waarom zeg je niets, gade? Waarom niet? Ik heb mijn *vader* vermoord en *zij* is mijn *moeder* en ik weet het niet! [*Schreeuwt*] Wee, o wee, ik wist het niet! En dan duw ik mijn ogen kapot van afschuw want ik wil de waarheid over mezelf niet zien, o neen, o neen. [*Hij neemt de bril van tante's neus en zet hem op*] Zo zie ik geen barst, maar de waarheid over mezelf achtervolgt mij toch, de wereld is vol giftige gassen die mij verschroeien, ik verdwaal in de wereld. Wee, o wee! [*Na zijn zwerftocht gaat Baers uitgeput zitten*]—Wie ben ik?

TANTE [*neemt haar bril terug*] Mijn bril, viezerd!

BAERS Zeg mij mijn naam!

Stilte.

MOL Ik ook. Holderdebolder liep over de zolder met zijn bek vol mensenvlees.

BAERS [*moe*] Een klomp.—Maar ik, wie was ik? Jij, Rafaël.

RAFAËL [*met zijn ogen dicht*] Richard de derde.

BAERS Mis!

RAFAËL Eisenhower.

BAERS [*boos*] Rafaël, je bent ontslagen.

RAFAËL [*verveeld*] Oidipoes!

BAERS [*triomfantelijk*] Juist!

MEVROUW TRISTAN Dat was mooi. En wie ben ik? [*Komt in het midden van de kamer staan, wandelt heel moeilijk rond op twee hinkende benen, zit neer, loopt weer, geeft aan een imaginaire figuur een arm*] Ik heb geen voeten meer, althans zij zijn zeer moe en ik kan ze niet eens meer zien, want mijn buik is gezwollen van de kanker. Maar ik voel ze toch wel, mijn voeten, en toch loop

329

ik twee kilometer in de sneeuw in het hartje van de winter. Mijn trouwe, bezorgde hospita en vriendin heeft mij bij de arm en sleurt mij verder. Flarden van hemelse tonen waaien door mijn hoofd. [*Men hoort die flarden af en toe*] Maar ik luister er niet naar want ik moet verder sjokken. Ik blaas en blaas en sjok verder. Stop. [*Heel klagend*] 'Mariette, liefste, waar zijn wij? Is de Kluisberg nog niet in zicht?'—'Nee, nog niet,' zegt de hospita en vriendin. Verder. Ik kan niet meer. En plots [*muziek van een heel ouderwets geweld zwelt aan*] o, daar in de kromming van de weg, daar ligt hij, de Kluisberg, de Kluisberg! Ik hoor muziek, en in de sneeuw zit ik neer [*zij zit neer en doet alsof zij haastig schrijft*] en ik schrijf op. En de titel zeg ik luidop tegen mijn hospita en vriendin die ingetogen luistert: Kwartet voor harp, piano en twee violen: *winteravond op de Kluisberg*! Wie is het?

MOL Ja, wie is dat?

MEVROUW TRISTAN Mijn Prosper! Mijn Prosper van Wijdendale. Hij is er aan gestorven aan die wandeling. Voor zijn kunst.

TANTE Zij heeft een goed hart. Ik vind dit een heel leuk spelletje. Ik ook nu. [*Zij zet haar bril op haar voorhoofd en rijdt door de kamer*] Whaammm! Whaamm! Ik neem een te scherpe draai met mijn Aston-Martin [*geluid van een auto die remt, botst, rinkelende scherven*] en daar lig ik in de Veldstraat op de tramrails. Ik bloed helemaal leeg, want niemand helpt, want niemand weet wie ik ben, ik heb mijn identiteitskaart niet bij mij. Men wikkelt mijn gezicht in windsels, men stopt rubberen darmen in mijn neus, een nikkelen tube in mijn mond. Ik kan niet spreken. Geen mens weet wat ik wil, ik lig daar midden in de Veldstraat en ik mag niet verroeren. En de motoren, Harley Davidsons vooral [*men hoort motoren ronken*] snorren langs mij heen. Wat zegt u daarvan?

MOL Dat was fijn.

BAERS [*zoekt*] Ik vind het niet. [*Tot Rafaël*] Jij?

RAFAËL Neen.

BAERS [*kijkt naar Mevrouw Tristan die haar schouders ophaalt*] Ik geef op. Wie is het?

TANTE Ik.

BAERS Maar wie wilt u verbeelden?

330

TANTE Niemand. Mijzelf.

BAERS Dat is toch geen charade.

TANTE Het is toch ook een spelletje.

BAERS Maar... [*Voor haar triomferend gezicht geeft hij elke vraag om uitleg op, hij ziet Jackie en Stefan die in de deuropening van de keuken staan*] Ah, je hebt haar zover gekregen, de bosnimf. Goed, Stefan, je aardt naar mij, je bent een charmeur. Goed. Wij zijn er dus allemaal. [*Hij tikt met zijn vork tegen zijn glas. Staat op. Begint enthousiast, maar midden in de zin komt een vreemde aarzeling over hem, hij eindigt heel mak*] Beste vrienden en vriendinnen, uit gans mijn hart, uit gans mijn wezen, eh, moet ik zeggen, eh, dat ik gelukkig ben als... nooit tevoren. [*Hij zit neer*] Het gaat niet, ik voel mij niet lekker.

STEFAN [*verontrust*] Wat heb je?

MEVROUW TRISTAN Hij heeft niets gedronken, Stefan.

BAERS [*is hij ziek?*] Deze verjaardag bevalt mij niet, dit hele jaar al werkt op mijn zenuwen. Jackie, waarom haat je mij zo? Kom hier, geef de jarige een kus.

JACKIE [*koket*] Ik weet niet of ik mag van Stefan.

BAERS Mijn zoon, verlaat dit pand.

JACKIE Want hij heeft mij ten huwelijk gevraagd.

MOL [*tot Stefan*] Jij?

RAFAËL Dit huis is gedoemd tot de ondergang!

MEVROUW TRISTAN [*tot Stefan*] Dat meen je toch niet! Je bent gek geworden.

STEFAN [*tot Baers*] Ik dacht dat ik het mocht wagen, vooral nu u beloofd hebt van mij verhoging te geven op de bank.

BAERS Stefan, je hebt mij vaderlijke zegen. Ik noem je afdelings-chef.

MEVROUW TRISTAN O, Stefan, waarom wil je van mij weg? Hoe kan je het doen!

TANTE [*tot Rafaël*] Weet u hoe oud ik was toen ik getrouwd ben?

JACKIE En hij wil mijn kind aannemen als het zijne.

TANTE [*tot Rafaël*] Raad eens. Onder de twintig, meer zeg ik niet.

BAERS Een kind! Verwacht zij een kind? [*Tikt Jackie op de buik*] Waarlijk? Bravo, Stefan. De levenssappen stijgen. Alles is nog niet verloren.

331

TANTE Nou, zeg op.

MEVROUW TRISTAN Stefan, wat heb ik je misdaan?

BAERS Een kind hier in huis, twee mollige pootjes naar mij, de peter, uitgestrekt. Prachtig, Stefan. Gefeliciteerd.

TANTE [*lam*] Zestien.

JACKIE Ik wil helemaal niet met hem trouwen.

BAERS Wat hoor ik nu?

MEVROUW TRISTAN [*tot Jackie*] Daar heb je gelijk in, engel.

MOL Die wijven.

STEFAN [*tot Jackie*] Maar ik heb het je toch gevraagd.

RAFAËL [*tot Jackie*] Toch zou het het beste zijn voor je, liefje. Het gareel, de monomane nachten, de oogkleppen, de dagelijkse kost, het vertrouwen, de huiselijke erwtensoep der liefde, de zekerheid, de haard. Bedenk je goed.

JACKIE Ik wil wel trouwen, maar niet met hem.

BAERS Dat kan je mijn zoon niet aandoen, danseres.

STEFAN [*tot Jackie*] Maar waarom niet?

JACKIE Ik ben ouderwets in die dingen. Ik houd niet van je.

STEFAN En daarnet in de keuken, zei je van wel.

JACKIE Dat zei ik. Om iets te zeggen. Omdat het erbij hoort als je samen naar bed gaat. Wat moet je anders zeggen?

STEFAN Je liegt.

JACKIE Nou, ik lieg. Waarom niet?—Het zou toch niet kunnen. Ik houd wel van je, maar niet om te trouwen.

BAERS [*die naar zijn horloge gekeken heeft*] Stop! Genoeg geleuterd. De tijd is gekomen voor belangrijke dingen. Stefan, doe de kaarsen aan. [*Stefan steekt de kaarsen van de taart aan*] Het uur nadert, Hippoliet Baers wordt opnieuw geboren. De kleine Baers komt voor de achtenzeventigste maal ter wereld in deze bloedige wereld vol ellende en luister. Stilte! [*Hij gaat in de slaapkamer*]

Stefan doet het elektrische licht uit. Vele kaarsen van de taart branden.

TANTE Wat wil die man?

MEVROUW TRISTAN Hij doet het elk jaar.

MOL Wat eng.

RAFAËL Het mysterie der geboorte wordt ontheiligd. Dit mirakelspel wordt zonder wijding opgevoerd. Gruwelijk zal de heiligschenner tenondergaan.

BAERS [*vanuit de slaapkamer is zijn stem plechtig en luid*] In de Bree-straat, zesendertig te Wevelgem. De eenentwintigste januari achttienhonderd negenentachtig. Om elf uur drieëntwintig. *Jackie klemt Stefans hand vast.*

TANTE Ik wil hier weg.

Mol lacht zenuwachtig. Vanuit de slaapkamer horen wij de afschu-welijke geboorteschreeuw van Baers, een klacht, een gebarsten gegil van een heel oud, klein kind dat in schokjes eindigt.

RAFAËL Juist, daar komt de kleine man.

MEVROUW TRISTAN Verleden jaar deed hij het beter. Stil, ssst.

Nu is er evenwel duidelijk een dof gegrom te horen, een moeilijk gehijg, een klokkend geratel dat plots eindigt.

MEVROUW TRISTAN Mijnheer Baers? [*Dringend*] Mijnheer Baers?

Stefan doet het licht weer aan en loopt achter Mol en Mevrouw Tris-tan naar de slaapkamer. Zij kijken er binnen. De overigen staan half op, kijken mekaar aan.

MEVROUW TRISTAN [*in de slaapkamer*] O, Mijnheer Baers.

TANTE Hij heeft nogal hard geroepen.

MEVROUW TRISTAN [*in de slaapkamer*] Hij is dood. Mijnheer Baers, ben je dood? O, mijn liefje!

MOL [*komt terug in de kamer*] Hij ligt hartstikke dood. Met zijn ogen open.

STEM VAN MEVROUW TRISTAN Ik ben on-schul-dig! Ik heb niets gedaan.

TANTE Die arme man. Op zijn leeftijd.

RAFAËL Het leven is één ademtocht, Tante.

JACKIE [*roept ineens*] Gerard! Gerard! [*Rent naar de slaapkamer*]

MOL God zal me kraken!

Vierde bedrijf

*Tien minuten later. In de kamer zitten Mevrouw Tristan, Rafaël,
Jackie en Stefan.*

RAFAËL *[na een stilte]* Hij was groots.

MEVROUW TRISTAN Hij kon blij zijn als een kind, ik zag het
aan zijn ogen als hij blij was. Ik ben altijd een goede ogenlezer
geweest maar bij hem zag ik het beter dan bij wie ook. 's Nachts
keek ik soms naar hem, terwijl hij sliep. Als hij dan wakker
werd schrok hij wel een beetje, maar daarna was hij blij dat er
iemand bij hem was.

RAFAËL Zulke zielen vind je niet veel meer tegenwoordig.

MEVROUW TRISTAN Je zal zien, de kranten staan er vol van.

RAFAËL Uit één stuk was hij. Een generaal kan dapper zijn
jarenlang en plots in de loopgraven met de lijken in de modder,
beginnen kermen als een kind. Een priester kan bij een plotse
onverwachte biecht van terreur zijn biechtstoel uitrennen.
Een bankier kan verdwijnen met miljoenen en jarenlang ver-
schrompelen in bed met een dikke secretaresse. Maar Meneer
Baers, neen, Meneer Baers is ongerept gestorven.

MEVROUW TRISTAN Zoals hij daar ligt nu, in zijn verjaardags-
kleren, waarin hij zijn vorige verjaardagen heeft gevierd, zoals
hij zijn intrede wilde doen en de kaarsjes uitblazen, neen...
[Zij barst in snikken uit] Ik ben het niet geweest, Stefan, geloof
mij, het poedertje ligt nog in mijn la.

MOL *[komt uit de slaapkamer]* De vijf minuten zijn voorbij. Afge-
sproken is afgesproken. Nu moet er iemand anders bij dat bed.
[Wijst naar zijn horloge] Ik heb mijn vijf minuten gewaakt!
Jackie staat op en gaat er heen.

MOL Jongens, ik moet wat verse lucht happen. *[Hij kijkt iedereen
langdurig aan, slaat Mevrouw Tristan bemoedigend op de schouder]*
Maak je maar geen kopzorg. Je advocaat haalt er wel een paar
spikiaters bij. Nou, dag jongens. *[Af]*

MEVROUW TRISTAN *[barst uit]* Op mijn eer en geweten, ik
ben onschuldig.

RAFAËL Een koning hebben wij zien sterven. Een vader. Een
aartsvader.

MEVROUW TRISTAN Ik heb hem misschien dood gewild even, gisteren. Maar daarna niet meer, Stefan. Stefan, kijk naar mij. Ik geef toe, ik heb in zonde geleefd met mijn Prosper, en daarna met de afgestorvene hiernaast, en soms heb ik wel wat huishoudgeld achtergehouden, maar dit, dat hij hier het hoekje om is gegaan, neen, dat heb ik niet gewild!

RAFAËL En Maria Magdalena stortte bittere tranen.

De bel gaat. Snotterend doet Mevrouw Tristan open. Op de gang horen wij haar zeggen: Was dokter Landuyt er niet?

TANTE [*komt binnen, gaat uitvoerig zitten, bekijkt iedereen*] Ik was al aan het Waterlooplein om de dokter te halen, toen ben ik blijven staan en ik dacht bij mezelf: waarom zo gauw die dokter halen? Waarom precies *die* dokter? Ik dacht: waarom willen ze zo graag dat die dokter Landuyt komt, waarom wordt er niet getelefoneerd, waarom moet met getuigen die dokter Landuyt uit zijn bed gehaald worden? Daar zit iets raars achter, dacht ik.

MEVROUW TRISTAN Bent u dan de dokter niet gaan halen?

TANTE Nee. Gek hè?

STEFAN Waarom niet, Tante?

TANTE Omdat, mijn lieve jongen, ik heel goed weet dat deze man geen natuurlijke dood is gestorven, dat iemand hem heeft geholpen op de weg naar Onze Lieve Heer.

MEVROUW TRISTAN Geholpen?

TANTE Die man was niet van plan te sterven. Integendeel, hij heeft zijn kermispak aangetrokken om een nieuw jaar in te gaan. Hoe komt het dat hij op de drempel van het nieuwe jaar struikelt en nu dood ligt? [*Zij zit neer*] Liesje, zei ik bij mezelf, er gebeurt zoveel in de wereld waar je nooit achter komt. Maar nu toevallig ben je wel achter iets gekomen, en het is geen kleinigheid. Liesje, zei ik tegen mijzelf, denk aan die atoom-vent die al die geheimen zo duur heeft verkocht aan het IJzeren Gordijn. Liesje, verkoop jij je geheimpje ook maar duur.

STEFAN Maar wat wil je dan, Tante?

TANTE Open kaart. Of jullie komen over de brug met poen of ik vertel wat ik denk aan de politie.

MEVROUW TRISTAN Ik weet niet wat u bedoelt.

TANTE O neen? [*Tot Rafaël*] En jij, baard, weet jij het ook niet?

RAFAËL Neen.

TANTE [*tot Rafaël*] Je bent ontmaskerd. Ik ga naar de politie, hoor!

RAFAËL Maar dat vind ik uitstekend, Tante. Ik laat mij door een overvalwagen met sirenes opbrengen. Het zal mijn bundel helpen verkopen.

TANTE Stefan, jij hebt het toch niet gedaan?

MEVROUW TRISTAN Wie weet, liefje?

TANTE Dat is vervelend, dan. Ik ben speciaal teruggekomen om chantage te plegen, iemand moet het gedaan hebben. Stefan, het is die danseres geweest met die jongen in zijn leren jasje, hè? Zij zijn gevlucht en jullie hebben ze laten ontsnappen, is dat het? Ja? Ik wist het wel. Allemaal katten in één zak!

STEFAN Ik ben blij dat Meneer Baers dood is.

TANTE Je bekent het! Zoiets herhaal je straks bij de commissaris, hoor, mannetje!

MEVROUW TRISTAN Stefan, je bent mensonterend!

STEFAN Ik ben blij dat hij uit de weg is. Ik adem al beter, voel mij beter. God is van zijn stoel gevallen, zijn schepsels zijn opgelucht!

MEVROUW TRISTAN Heiligschenner!

TANTE Is dat echt waar, jongen?

STEFAN Ja, Tante, ik heb het gedaan. Ik heb een poedertje in zijn champagne gedaan!

TANTE [*opgelucht*] Eindelijk.—Wel, je mag nu tien keer mijn neef zijn, je gaat regelrecht mee met mij naar het commissariaat. Tenzij...

MEVROUW TRISTAN Stefan, je bent aan het raaskallen.

TANTE Kleed je maar aan, Stefan en neem wat vers ondergoed mee. Tenzij...

MEVROUW TRISTAN Hoeveel moet dat kosten?

TANTE Hoeveel heb je in huis, Juffrouw?

MEVROUW TRISTAN Wij hebben geen geld in huis.

Tante lacht schamper.

Wij zijn arme mensen. Vroeger ging ik stempelen. Meneer Baers heeft ons altijd het nodige geld gegeven.

TANTE En hoe koop je dan champagne en kip en serpentines, en... [*Weids gebaar*]

MEVROUW TRISTAN Ik heb wel vijfhonderd frank.

TANTE Atoomgeleerden verdienen meer, Juffrouw, dat weet u toch ook.

MEVROUW TRISTAN Hoeveel had u gedacht?

TANTE Tienduizend.

MEVROUW TRISTAN Vijf.

TANTE Laat ze eerst zien.

MEVROUW TRISTAN Wacht even. [*Gaat in de slaapkamer*]

TANTE [*gaat mee tot aan de deur, kijkt*] Het is toch erg tegenwoordig! In de zakken van een lijk gaat zij zoeken! Er is geen greintje eerbied meer onder de mensen! [*Zij gaat de slaapkamer binnen*] Kan ik helpen, Juffrouw?

RAFAËL Waarom zei je dat?

STEFAN Jackie heeft het gedaan. Opdat wij samen zouden kunnen leven.

RAFAËL Soms is de gevangenis wel goed voor een dichter. Alhoewel je er haar beter voor kunt laten opdraaien. 'Verkracht meisje doodt haar verleider.' Dat is zes maanden voorwaardelijk met felicitaties van de jury.

STEFAN Zou het daar koud zijn in de gevangenis? Zijn de cellen verwarmd?

Zij horen getwist in de slaapkamer.

MEVROUW TRISTAN [*komt terug*] Zijn portefeuille is weg! Met al het geld!! Hij had veertienduizend zeshonderd vijftig frank op zak en twee travellercheques en acht getekende wissels! Aan toonder! Wie is dat geweest! Wie is de lijkenrover?

Gegil in de slaapkamer van Tante. Tante komt buitengerend, zij is lijkwit, zij kan niet spreken, zij wijst naar de deur van de slaapkamer, grijpt dan haar hoed en vlucht naar buiten. Het begint plots te waaien in de slaapkamer. In de deur van de slaapkamer staat Meneer Baers. Hij heeft een bijzonder vreemd pak aan, zijn verjaardagspak. Het zijn diverse exotische kledingstukken die hij van zijn vroegere verre reizen heeft meegebracht en die hij elke verjaardag aantrekt. Een Oosters pak lijkt het wel met elementen van een omzwachtelde mummie, in de wind die nu ineens geweldig opzet, waaien de flarden van zijn kostuum. Er giert een immense stormwind over een barre vlakte, waarboven Meneer Baers huilt.

337

BAERS Vergiffenis! Vergiffenis! [*Hij komt in de kamer en molewiekt met zijn armen*] Knielen! Knielen! De knieval!

De aanwezigen, ook Jackie die achter hem is binnengekomen, knielen voor hem.

Vergiffenis. [*Hij ziet de knielenden niet, hij staart voor zich uit, een zombie. De wind luwt*] Vergeeft mij, vergeeft mij allemaal. Ik zal de knieval doen. Ik ben uw slaaf. Erbarmen. [*Hij zakt door de knieën*]

De anderen staan op, behalve Mevrouw Tristan, die niet durft te kijken vanachter de handen voor haar gezicht.

Bloed stroomt weer door mijn aderen. Ik ben er weer, de domste, de laatste, zwakste der bedelaars. [*Hij sleept zich tot bij Mevrouw Tristan*] Ik zal uw voeten wassen, liefste godin. [*Hij wordt heel bang*] Straf mij niet meer. Sla mij niet meer.

RAFAËL Hij is verrezen.

BAERS Ben ik veilig? Ik zit in het licht weer. Zijt gij vrienden?

JACKIE [*helpt hem op, veegt het kwijl van zijn mondhoeken*] Wees niet bang, je bent levend.

BAERS Ik heb de ijzige hand gevoeld. Ik ben nedergedaald. De poorten met de oliestille scharnieren gleden al open.

STEFAN O, Mijnheer Baers.

BAERS [*springt weer op*] Wie zijt gij? Antwoord. Zijt gij lievelingen? Vergeeft mij, lievelingen. O, ik heb in donkere weiden gelopen op mijn blote voeten door doornen, een kreng reeds, een uitgeblazen lijf! United Copper, vierduizendtweehonderdtachtig dertig. Tanganjika, three hundred fourteen. Marcinelles two thousand three hundred sixty. Ik koop alleen Union Minière zeg ik je! [*Hij betast zich*] Ben ik? Wie ben ik?

STEFAN [*waait met zijn hand voor Baers' ogen*] Mijnheer Baers. Vader!

BAERS Johannes, kom hier aan mijn rechterzijde.

STEFAN U bent een directeur van de Bank van Handel en Nijverheid geweest, ook van het filiaal van Lloyds. U gaat elke maand naar de beheerraad van...

BAERS Kwel mij niet.

STEFAN U verkoopt lood en tin.

BAERS Lood en tin smelten voor de heftige zon. Ik smelt er midden in. [*Hij krimpt ineen*] Aie, aie, aie.

RAFAËL Je was een piloot, een kolonel in een Boeing, gierend over de aarde.

BAERS Gieren. Ja, gieren vliegen nader, zij pikken naar mijn ogen, naar mijn lever Gieren en ratten.

STEFAN Wij reizen in de tijd, in het ijstijdperk.

BAERS Hitte, zeg ik. Een zon. [*Hij begint zijn kleurige lompen af te doen*]

MEVROUW TRISTAN O, hij heeft weer een hartaanval gehad.

JACKIE [*gaat bij Baers, streelt hem over zijn wangen, zegt heel teder*] Da-pag, mij-pijn zoe-poe-tje-pe.

BAERS [*kalmeert zachtjes*] I-pik be-pen doo-pood.

JACKIE Nie-piet waa-paar.

BAERS Ik ben dood.

RAFAËL Hij komt er doorheen.

BAERS [*kijkt om zich heen, zijn glazige blik is verdwenen*] Ik heb honger.

MEVROUW TRISTAN De Heer zij geloofd! [*Juichend*] Het was een hartaanval!

BAERS [*staat op*] Ik ben ziek geweest. Ik kom terug, op voorzichtige tenen kom ik alweer kinderen. [*Houdt ineens zijn hoofd vast*] In een stroom van lood voer ik. [*Tot Mevrouw Tristan*] O, Mariette.

MEVROUW TRISTAN Mijn Hippoliet.

BAERS Ik heb zijn adem in mijn nek gevoeld, Mariette. O, ik heb je kwaad gedaan, kwaad gewild; eenzaam, wreed en dorstig ben ik geweest, Mariette. O, help mij, ik ben niets meer.

RAFAËL Zeg dat niet, Meneer Baers!

BAERS Ik ben niets meer.

RAFAËL Je bent niet veranderd, Meneer Baers. Twee hartkleppen, die vastraken, een aanvalletje, dat heeft iedereen, nietwaar?

STEFAN [*in een ingeving*] U bent Baers met de tanden.

BAERS Hoe noemt men mij in de kantine, luitenant?

STEFAN [*juichend*] Baers met de IJzeren Nek.

BAERS Hippoliet Baers. Ik leef! [*Hij kijkt naar Jackie*] Mag ik mij voorstellen, Baers, Hippoliet.

JACKIE Ik ken u al. U bent de vader van mijn kind.

BAERS Zeer juist.

Reacties van Mevrouw Tristan, Stefan en Rafaël.

JACKIE En ik zal u vervolgen wegens vaderschap.

BAERS Vervolgen?

JACKIE U zal mijn kind en mij onderhoudsgeld betalen.

BAERS Dat is billijk. Wie zaait moet maaien. Er mag geen ergernis komen. Wie een kind kwaad doet, zal een molensteen rond de nek krijgen en verdrinken. Dat zeg ik. Machtig ben ik, oud en wijs en gevreesd.

JACKIE En mijn kind zal ook Baers heten.

MEVROUW TRISTAN Luister niet naar haar. Zij tracht je in te palmen om...

BAERS Zou ik een dorre olijfboom zijn?

JACKIE Kan je je niet meer herinneren, je heette Gerard bij mij, je zou mij de Rock en Roll in de Woestijn laten doen...

BAERS Maar zeker, lieveling. Ik herinner mij alles zeer goed.

RAFAËL Er zou een bloedproef kunnen genomen worden, dit geldt als bewijs.

BAERS Juist. Iemand moet mij bloed geven. Van dezelfde bloed-groep A. Ik moet sterk worden. Maar het verbetert. Ik voel het. Ik heb een kind verwekt. Geslachtenlang zal mijn naam om de aarde wentelen, als een spoetnik. Geslachten zullen fluisteren: Hippoliet Baers. Ik ga nooit meer dood.

RAFAËL Hoe was het daar, Meneer Baers, daar in het donker?

BAERS Koud, mijn vriend, koud. [*Hij trekt weer kleren uit. Tot Jackie*] Meisje, je hebt mijn leven gered. Mag ik u mijn hand aanbieden? Zodat het kind ingeschreven kan worden.

JACKIE Daar wachtte ik op.

MEVROUW TRISTAN Maar dat is toch monsterachtig, op uw leeftijd.

BAERS Mevrouw Tristan, geef mij iets te drinken. [*Kijkt Jackie in de ogen*] Roos van Sharon. [*Opgewekt*] Laat die bloedproever komen! Morgen staan wij hand in hand, zij in het wit en ik in het zwart, een kerselaar en een doodgraver, aan de voet van de kathedraal. En jij, jongeman, die ik eens voor mijn zoon hield, hoe heet je ook weer?

STEFAN Stefan. Ik ben een wees en een dichter, vijfentwintig jaar oud.

BAERS Uitstekend. Stefan, je bent onterfd. Klare wijn moet er geschonken worden. Je bent mijn zoon niet meer, want ik heb er een echte. Daar heb ik verantwoordelijkheidsgevoel tegenover en dat is alles op de wereld. Een goedgeplaatst verantwoordelijkheidsgevoel kan zelfs in liefde ontaarden, zoals zij in de handboeken beschreven staat.

MEVROUW TRISTAN Ik hoor het, hij is er helemaal door. O, mijn lieve Meneer Baers.

STEFAN [tot Jackie] Waarom doe je dit?

JACKIE Ik houd van hem.

MEVROUW TRISTAN [lacht giftig] Hahaha.

BAERS En meer zal ik vertellen. Wij gaan op huwelijksreis, jij en ik. Hoe heet je?

JACKIE Jackie.

BAERS Jackie, ik ken een zee, een warme zee, die heet de Caraïbische zee. Daar heb jij nog nooit van gehoord, maar daar gaan wij heen.

JACKIE [naar Stefan wijzend] Mag hij dan niet mee?

BAERS Hij? Waarom?

JACKIE Hij is toch je geestelijke zoon, en deze hier [tikt op haar buik] is je lichamelijke. Twee broertjes samen.

RAFAËL Kaïn en Abel.

BAERS Hij mag mee. Familiegeest moet onderhouden blijven. Wij gaan de goede weg op.

STEFAN Ik wil niet eens mee. [Hij zet de ruimtevaarthelm op en gaat in een hoek zitten]

BAERS Wat? Kom hier, lafaard. Neen? Goed, blijf daar dan in je walmen. In je stenen woestijnen. Maar ik, Baers, te paard op drie banken, de liberale partij en mijn aanstaande vrouw, ik rijd het volle leven binnen. Ik maak kinderen, Meneer!

MEVROUW TRISTAN [tot Jackie] Wil je niet dat ik meega, schatje, naar die zee? Ik ben in geen jaren de stad uitgeweest. En straks zal je toch iemand moeten hebben om je te helpen met het kindje, in dat verre land.

BAERS Kunt u koken?

MEVROUW TRISTAN Gestoofde zalm met ananas, niertjes met curry, herinnert u dat aan niets? Roti sans pareil.

BAERS Maak je valiezen klaar.

MEVROUW TRISTAN O, dank je. [*Kust de panden van zijn hemd, die hij nu al uit zijn broek heeft gehaald*]

BAERS Stefan, je gaat mee met je broertje. Stefan, pas op, ik ben bij zinnen, ik zie je heel goed, mannetje.

STEFAN Ik heb genoeg gedanst als een aap. Gaan jullie maar allemaal samen weg.

RAFAËL [*tot Baers*] En ik, majoor?

BAERS Wat jij? Wie is die baard? Ga weg.

RAFAËL Mijnheer Baers, ik bewonder u.

BAERS [*knort van voldoening*] Nou?

RAFAËL Mijnheer Baers, u bent groots. Luister naar mijn voorstel. Wij reizen die Caraïbische zee af en wij landen op een eiland, en wij vestigen ons daar. Wij vormen er een nieuwe staat, een gelukkige kalme luilekkerstaat, weg van deze hondenwereld met haar systemen, groeperingen, wedlopen, volkerengroepen, blokken, acties, melkerijen, arsenalen. Wij willen niet hogerop, wij willen niet naar de maan, wij willen niet weten hoe hard een knal kan weerklinken. En ik [*hij speelt op een ingebeelde harp, terwijl inderdaad van ergens harptonen weerklinken*], ik ben een antieke verteller die u zal bezingen, en ook de twee bacchanten aan uw zijde, die van de schoonheid en de vruchtbaarheid, en die van de trouw en de kookkunst. En u bent onze vader, ons aller vader, en vergeef ons onze schulden en leid ons niet in bekoring.

MEVROUW TRISTAN Het is een droom.

BAERS De wereld is in een rare toestand, dat is waar. Akkoord, jij zal zingen.

RAFAËL [*gaat naar de telefoon, draait een nummer*] Ik zal zingen. Of ik zal zingen. [*In de telefoon*] Vader? Dag Vader. Vader. Ik heb een baan. Precies zoals je wilde, vader. Eh, privé-Kammersänger, zou je kunnen zeggen. Juist. [*Hij houdt zijn hand op de hoorn. Vraagt aan Baers*] Hoeveel zou ik verdienen in de maand?

BAERS Kokosnoten zal je vreten, is dat niet genoeg?

RAFAËL Heel veel, vader. Ja, ik stuur je elke maand iets als afbetaling. Roep... Ja, Moeder. Dag, mijn engel. Ik ben bekeerd, Moeder, ik ga nu leven van een vaste som per maand en geen schulden meer maken, ik beloof het je. Dag, mijn engel. [*Kust in de telefoon en legt de hoorn neer*]

MEVROUW TRISTAN Wie was dat?

RAFAËL Mijn ouders. Zij wonen in Beveren. Twee eenvoudige maar brave mensen.

MEVROUW TRISTAN Maar ik dacht dat zij in een bombardement waren omgekomen?

RAFAËL Wie zegt dat?

MEVROUW TRISTAN Jij!

RAFAËL Heb ik dat gezegd? Ik? Oja, juist. Soms zeg ik dat. Oorlogsslachtoffers zijn aardig om bij de hand te hebben. Alle staten hebben ze nodig, af en toe gooien zij ze elkaar in het gezicht en op het collectief geweten. Waarom zou ik er niet een paar klaar mogen hebben om mijn en andermans geweten in slaap te soezen?

BAERS Je hebt gelijk. Het geweten is een belangrijk ding. Maar het brengt onoverzienbare toestanden mee. Op ons eiland zullen wij daar geen last van hebben.
Op ons eiland zal ik mijn zoon in het meest onschuldige water dopen. [*Hij trekt nu zijn hemd uit*] Ik zal in de zon zitten. Kuis zijn. 'Oorlog en Vrede' lezen. [*Schreeuwt*] Stefan! Deugniet! Doe die bol van je kop!
Stefan mummelt wat.
Articuleer, zot!

STEFAN [*roept*] Wij zullen jullie achterhalen met onze radio-activiteit!

BAERS Liefde, liefde, liefde, deugniet, zal er heersen, het mooiste woord in het woordenboek, daar is niets tegen bestand! Ik, die van heel ver teruggekomen ben, ik weet het! En met dat woord zal ik je doodslaan, deugniet, die je aangenomen vader foltert tot in het ruggemerg! Sadist!
Baers rent naar Stefan, maar onderweg valt zijn broek af, hij schopt er zenuwachtig in, wordt vastgehouden door Mevrouw Tristan, die zijn broek helpt uittrekken, dan zit hij zuchtend in Jaeger in een zetel.

JACKIE [*gaat bij Stefan*] Wil je niet mee?
Stefan schudt het hoofd.
Wij gaan gauw, hoor! Ik zou zo graag willen dat je meeging.

STEFAN Jij houdt niet van mij.

JACKIE Jij bent een speelkameraad. Ik vind het leuk om met je te vrijen. Maar ik houd van hem. Hij is een man. Iemand met

spieren al zijn ze versleten, iemand met hersenen, al werken
ze nu op het verkeerde wisselspoor, en iemand met macht en
geld, hij is iemand. Jij bent de jongen waar ik naast zat op
school, mijn zusje, die ik kusjes geef. Wij speelden gisternacht.
Doktertje, verstoppertje, Sneeuwwitje en jij was de zeven
dwergen samen. Kom mee. Wij gaan daar in het hete eiland in
het zand spelen. Toe nou. Schiet op. Zeg iets! Doe die bol af.
Wil je je hele leven met die blaas rond je kop lopen?
Stefan knikt.
BAERS *[in een slaperige schreeuw]* Sla d'r op!
Jackie slaat tegen de ruimtevaarthelm.
STEFAN Au. *[Doet gauw de helm af]*
JACKIE Zie je nou! Luister.
Baers begint te snurken.
Luister, Stefan, ga mee.
RAFAËL Wij hebben een kans, jongen, zie je dat dan niet!
MEVROUW TRISTAN Hij is een koppige vlerk. Waarvan zal ie
leven als Baers er niet meer is?
RAFAËL Jij wil niet mee. Goed. Wat wil je zijn, een eenzame
wolf in de steppe? Dat kan niet, men schiet ze vanuit helikop-
ters nu, de eenzame wolven in de sneeuw. Kom mee, kereltje.
Wat wil je hier nog? Wil je blijven kijken hoever ze het drij-
ven? Wil je een Amerikaan zijn, een Rus, een Beneluxer, een
vluchter, een stamnummer, een stembiljet, een elektriciteits-
rekening, een belastingkaart?
Stefan knikt.
Stefan, wij hebben een kans met hem als begenadigde leider,
die het verschil niet meer ziet tussen dag en nacht, droom en
daad, hij zal voor ons zorgen.
MEVROUW TRISTAN Ik ook, Stefan.
JACKIE Baers, mijn eigen man, hij gaat gauw dood. Na deze
hartaanval zullen er andere volgen, vlugger op elkaar. Ik zal
om hem huilen. Een paar weken. Dan...
Toe, zeg nou dat je meegaat. *[Geërgerd]* Wat wil je dan?
STEFAN Ik weet het niet, maar ik blijf hier.
JACKIE Ik moet jullie beiden hebben.
STEFAN Dat kan niet.
JACKIE Dan ga ik met hem weg. Hoor je me? Hoor je me?

STEFAN [*knikt*] Ga dan. Iedereen vlucht. Ik ook, maar ik blijf hier.
Er is getoeter onder het raam. Baers schrikt wakker.

BAERS Is dat de boot al?

RAFAËL Het is de boot, majoor. Alle hens aan dek!
Getoeter blijft aanhouden. Iemand roept: 'Jackie! Jackie!'

JACKIE Dat is Mol! [*Zij doet het raam open*] Op een nieuwe motor!

RAFAËL Een Harley Davidson met een dubbele uitlaat! Hij zit
er goed op.

STEM VAN MOL Hoe vind je hem? Contant betaald!

RAFAËL Hij is groots!

STEM VAN MOL Is ie groots, hihihi! [*Kakellach*]

MEVROUW TRISTAN Maar... hij is het die de portefeuille gestolen heeft. Hij heeft er die motor van gekocht. [*Zij roept door
het raam*] Dief, dief!

JACKIE Luister, jij, huishoudster, geen kik meer. Geen woord
verkeerds meer over mijn broer of je kan hier naar de Onder-
linge Bijstand blijven sjokken.

MEVROUW TRISTAN Je hebt gelijk, schatje. [*Roept door het
raam*] Hij is lief, lief, je motor. Heel lief.

STEM VAN MOL Kijk, ik rij zonder handen.

STEFAN [*lacht hysterisch*] Ik ook, Mol, ik ook, ik rij ook zonder
handen!
De motor raast weg.

JACKIE [*roept door het raam*] Mol, Mol, kom terug. Je moet mee!
Mol! Wij gaan naar een eiland, allemaal samen!

RAFAËL Een nieuwe wereld opent zich. Ik dacht niet dat het
nog mogelijk was. [*Zingt*] Allen die willen naar IJsland varen,
moeten mannen met baarden zijn!
*Nu is Stefan, terwijl Mevrouw Tristan en Jackie uit het raam hangen
en naar Mol zwaaien, onder de tafel gekropen.*

JACKIE Mol, kom terug!

BAERS [*doet één oog open, kijkt naar Stefan*] Wat doe jij daar?
De anderen bij het raam kijken om naar Stefan.

STEFAN Ik ben een hond. Gooi mij een been toe.

Doek

(1960)

345

De dans van de reiger

EEN NARE KOMEDIE IN TWEE DELEN

Elle est retrouvée.
Quoi ? L'éternité.
C'est la mer allée
avec le soleil.
RIMBAUD

Personen

EDWARD MISSIAEN
ELENA MISSIAEN-STEWART, *zijn vrouw*
MARIETTE MISSIAEN-VERKEST, *zijn moeder*
JULIUS MISSIAEN, *zijn vader*
PAUL VAN DER HAECK, *een chef-de-bureau*

Eerste deel

Op een Spaans eiland hebben de Missiaens een luxueuze villa gehuurd.
Wij zien er de noorderkant van. Een wijd terras met enkele ligzetels
van oranje linnen en aluminiumbuizen, gestroomlijnde tafel en stoelen.
Een lage, witgekalkte muur scheidt het terras van de tuin. Rechts op
het terras staat een brede sofa, waarop damestijdschriften liggen.
Links, in de tegels van het terras bijna, een reusachtige ceder met ver
overhangende takken. Er is niemand te zien. Geluiden van krekels,
vogels, verre kinderen. Vier uur 's namiddags.

ELENA'S STEM Edward! Edward!

Geen antwoord. Elena komt op. Dertig jaar oud, elegant, nerveuze
bewegingen. Zij draagt een helgekleurde badjas over haar bikini. Blote
voeten. Een linnen zak, waaruit een handdoek puilt, gooit ze op de
sofa. Zij praat tot iemand achter haar.

ELENA Kom op. U bent niet zo oud!

Een lijvige man in korte broek, hoogrood, hijgend, volgt haar, Paul
van der Haeck. Hij is tegelijk pompeus en zakelijk.

Wij zijn er. Dit is ons huis. Ons nestje.

PAUL Een verrukkelijk huis. [*Hij is buiten adem, hij is te vlug het*
bergpad, dat naar het huis leidt, opgeklommen. Maar dat wil hij niet
laten merken] Verrukkelijk. O, wat een kalmte. En... wat een
kalmte! Je hoort de krekels. En de lucht hier, mmhmmmhmm,
een zalfje voor de longen. Men vraagt zich af waarom een
mens nog die vieze sigaretten wil roken. Een mens moet kapot.
[*Hij spreidt de armen drie keer, als in een gymnastiekoefening. Haalt*
diep adem. Snuift]

ELENA [*roept naar het huis*] Edward! [*Tot Paul*] Hij komt zo. U
zal zien, een merkwaardig man. [*Lacht kort*] Anders was ik
niet met hem getrouwd, nietwaar? Hij zal zo blij zijn iemand
te ontmoeten na al die tijd dat wij hier alleen zijn. En dan nog
een landgenoot! Waar woont u ook weer in België?

PAUL In Eeklo.

ELENA In Eeklo! Een zalig stadje.

PAUL Wel, het is eigenlijk maar één straat.

ELENA Ja. Maar wat voor een straat, niet?

PAUL [*die naar een stoel knikt*] Mag ik?

ELENA Hoe laat is het?

PAUL Ik weet het niet. Het moet...

ELENA [*luchtig*] O, het heeft niet het minste belang.

PAUL [*zit aarzelend neer. Korte stilte*] Ja, er zijn vier brouwers in Eeklo.

ELENA Mijn man heeft het mij vaak gezegd: 'Schat, waarom gaan wij nooit eens naar Eeklo?' Maar het komt er niet van. Hij heeft het altijd zo druk.

PAUL Wat...

ELENA Hij verkoopt Babyface, weet u wel, het poeder. U kent het wel. 'Wat het bier is voor de man, is Babyface voor het wicht.'

PAUL Helaas niet.

ELENA Pardon?

PAUL Ik bedoel: ik ken het helaas niet, dit poeder. Maar ik zal er zeker naar informeren. [*Korte stilte*] U heeft hier een merkwaardige plantengroei, mevrouw, dat moet gezegd worden. Hoewel Spanje geen ècht bloemenland is. Voor onze begrippen toch niet. Ik heb daar beneden in het dorp een oleander gezien, zo verdroogd, zo on-ver-zorgd, het was gewoonweg een schande. Nee, ze weten niet hoe met bloemen om te gaan, de Spanjolen... Maar hier kan men merken dat een delicate Vlaamse hand aan het werk is geweest.

ELENA Nee, toch niet. Alles was hier net zo. Wij zijn pas twee weken geleden aangekomen.

PAUL Ja, maar toch.

Korte stilte.

ELENA Ik dacht meteen toen ik u daar zag zitten op het strand: die heer komt me bekend voor. Vertrouwd bijna. U zat daar zo kalm in de zon te bakken. Zachtjes. Alsof u op mij wachtte.

PAUL Dank u.

ELENA Vond u het vreemd dat ik u aansprak? Zomaar, van uit het water?

PAUL Ik was wat verlegen.

ELENA [*triomfantelijk*] Ah!

PAUL U bent zo...

ELENA Ja?

PAUL Wel, het komt niet zo vaak voor dat dames mij aanspreken. Vooral niet dames in zo'n badpak. En dan nog vanuit een Spaanse zee.

ELENA [*na een pauze*] Wilt u uw hemd uittrekken?

PAUL Nee. Nee. Zeker niet. Ik heb het niet te warm.

ELENA Wilt u iets drinken?

PAUL Nee. Dank u. Absoluut niet. Ik heb gedronken.

ELENA Wanneer?

PAUL Daarnet.

ELENA Wat? Wat heeft u gedronken?

PAUL Eh. Iets.

Lange stilte. Zij kijkt hem onderzoekend aan. Eerst ontwijkt hij haar blik. Dan staat hij op, spreidt de armen. Snuift. Gaat weer zitten.

ELENA Vindt u mij oud?

PAUL Nee. Ik bedoel...

ELENA Vindt u mij afstotend?

Paul is ontsteld.

Dus nog aantrekkelijk dan?

PAUL Mevrouw, wat is: nog aantrekkelijk? Hoe moet ik het zeggen, eh, op mijn leeftijd. Grijze haren al. Niet meer als vroeger. [*Hij mummelt wat, ongemakkelijk, hij krimpt ineen*] Men, eh, begint voorzichtig te zijn met wat men aan een dame zegt, welnu, toch zou ik durven beweren...

Vanuit het huis is thans vrij luid Arabische muziek te horen. Een man die lijmerig gebeden zingt. Een scherpe mannenstem, die van Edward, roept 'Is het gedaan? Is het uit, vraag ik.' De muziek, na één tel, klinkt veel luider. Paul kijkt naar Elena.

ELENA Vertel verder.

Uit het huis komt een lange, bleke man met een zonnebril op. Hij is gekleed in een lichtgrijs zomerpak, met wit hemd en das. Zwarte puntschoenen. Zonder naar Elena of Paul om te zien gaat hij een andere deur binnen. De muziek stopt abrupt. De lange man, Edward, komt daarna rustig terug op het terras, bekijkt Paul.

ELENA [*zenuwachtig*] Edward, dit is een heer die ik op het strand gevonden heb. Stel je voor, hij is een Belg. En hij woont, raad eens waar? In Eeklo.

PAUL Paul van der Haeck is mijn naam. [*Aarzeling bij Paul: hand uitsteken of niet?*]

ELENA Hij wou je zo graag ontmoeten. Maar waarom, daar heb

351

ik niet het minste idee van. Je zal het hem zelf moeten vragen.

EDWARD [*gaat in de hoek van het terras op de sofa zitten. Hij zegt op een toon, die de acteurs af en toe zullen aannemen, en die eerder naar het publiek gericht is dan naar de medespelers—een toon, tussen het citeren van een tekst, een luidop gesproken gedachte en een aankondiging aan het publiek.*] Deze heer was, zonder mooi te zijn toch ook niet lelijk. Hij was noch te dik noch te mager; kon men niet zeggen dat hij te oud was, evenmin zou men hem voor te jong verslijten.*

PAUL [*in het luchtledige*] Ik ben eenenveertig. Volgende maand.

ELENA Een Maagd! Ik had niet beter kunnen raden. Het teken van de Aarde. Ja, zo zat hij er, Edward, vastgeschroefd in de aarde met die ronde, korte pootjes van hem, diep bedolven in het zand. En toen ik hem riep vanuit het water, vanuit het andere element, was hij vreesachtig, bedeesd, een èchte Maagd. [*Bruusk, tot Paul*] Je planeet is Mercurius. Je bent intelligent. En je hebt veel praktische zin. Juist of niet?

PAUL Hoe kunt u het zo goed weten? Eh, ik bedoel, het zal wel. [*Af en toe kijkt hij naar Edward, die achter zijn zonnebril waarschijnlijk zijn ogen dicht heeft*]

ELENA [*die Pauls blik volgt*] Mijn man is hierheen gekomen om te rusten.

PAUL Ja. Natuurlijk.

ELENA Maar hij rust te veel, vind ik. Hij rust de hele dag en de hele nacht. Dat moet op een of andere manier toch schadelijk zijn.

PAUL Rust roest, bedoelt u?

ELENA Ja. En dat moet u bijzonder goed kennen. Want uw teken zegt het, u bent een nijverige bij.

PAUL [*gegeneerd*] Wij doen ons best.
Stilte.

ELENA Edward, hij zat er als een monnik. In zichzelf verzonken, zo helemaal geïsoleerd, dat ik er bijna de tranen van in mijn ogen kreeg. [*Plots, bijna agressief, tegen Paul*] Wat deed je daar? Waar dacht je aan? Wil je het ons niet zeggen? [*Zonder zijn aarzelend antwoord af te wachten, wendt zij zich al weer tot Edward*]

---

*Het begin van *De dode zielen*.

En meteen dacht ik, Edward, hier is iemand die op jou lijkt, ook zo'n stille. Laat ik hem naar huis meebrengen. Zo kan je zien hoe je er uitziet. Misschien.

PAUL O, maar ik lijk helemaal niet op meneer. [*Dat is waar*]

ELENA Nee, maar je bent ook zo'n binnenvreter. Of niet? In ieder geval, zo zat je daar toch in het zand.

PAUL [*gekwetst*] Als er iets is, mevrouw, waarvan men Paul van der Haeck niet kan beschuldigen, dan is dat van een binnenvreter te zijn.

ELENA U moet daarom niet blozen.

PAUL Ik bloos niet.

ELENA In ieder geval, als Maagd, zal u enorm met Edward kunnen opschieten. Twee stille naturen samen. Want ik veronderstel dat u net als Edward ook geen gezeur aan uw kop kunt hebben. Nietwaar? [*Zij doet twee stappen in zijn richting, kijkt hem diep in de ogen, draait zijn gezicht naar links*] U heeft gelijk, uw profiel lijkt helemaal niet op dat van Edward. [*Zij draait zijn gezicht weer*] En van vóór ook niet. [*Zij laat Pauls gezicht los. Stilte. Zij gaat tot bij de sofa*] En dat mijnheer Verhaeck hier aanwezig is, op dit kwaad, raar ogenblik, Edward, is het geen bijzonder teken, iets geweldigs? Een man uit Eeklo die speciaal naar ons strand op ons eiland komt? [*Tot Paul*] Hoe is uw voornaam?

PAUL Alexander, maar men noemt mij Paul.

ELENA Hoe vreemd. Edwards vader heette Marcus, maar iedereen noemde hem Slok. Omdat hij zoveel drinken kon. Hij is verdwenen, verleden jaar. Wij zullen hem nooit meer zien, Slok.

PAUL En u weet niet waarheen hij...

ELENA Nee. Niemand weet het. Zeker. Wat zij ook mogen uitleggen, hoe ze het ook willen verklaren, men zal er nooit achter komen. Ik hield van hem, zoveel als van Edward. Hij was een feestnummer, een grappenmaker heel zijn leven, alles wat Edward niet is. En iedereen hield van hem. Slok hier, Slok daar, je hoorde niets anders in Antwerpen. En zoals hij daar toen lag, droog en wit, als een vies papiertje, met die domme kaars in zijn handen die niet recht wilde blijven, met zijn ogen toe, zijn lippen toe, toe, toe, toe...

PAUL U mag niet wanhopen. Wat Hij met de rechterhand weg-
neemt, schenkt Zijn linkerhand terug.

ELENA Dat dacht u maar! Leugens! Bedrog! Niets van! Laat
je niets wijsmaken. Niets geeft Hij terug, niets komt er in de
plaats. Niks van. Edward en ik, acht jaar zijn wij getrouwd en
geen spoor, geen greintje, geen vliesje van een verwachting.
En weet je waarom niet?

PAUL Zijn wegen zijn ondoorgrondelijk.

ELENA Ha! Omdat wij elkaar beminnen op het kookpunt. Zo
hevig, zo geweldig sluiten Edward en ik in elkaar, meneer van
Eeklo, dat al het andere, het bed, de kamer, de wereld, dat
elke mogelijke vrucht verbrandt in de gloeiende hitte die uit
ons slaat. Soms dampen wij als paarden in een weide. Soms
zieden wij. Schuimen wij. Geen kiem is daartegen bestand.

PAUL Wat u nu zegt, mevrouw, is wel een beetje...

ELENA Goed dan. Geloof mij niet. [*Zij wendt zich van hem af.
Zegt, in de toon als hoger aangegeven een natuurlijke toon tussen zeggen en denken*] En nu, in één keer, sedert een maand is er iets
over mijn man heengewaaid, dat in zijn hersenen is blijven
haken. Een gezwel vormt zich daar en verdooft zijn zenuwen.
Alsof hij nu al—en dàt is met moeite veertig jaar oud—zijn
leven opgeeft. En het mijne erbij. En ik weet niet wat er tegen
te doen. Ik wil hem helpen en ik weet niet hoe. [*Tot Paul*] Hou
je van de zee?

PAUL Ik kan er niet buiten.

ELENA En van de zon?

PAUL Wie niet? De poriën...

ELENA Hij niet.

PAUL [*kijkt naar Edward*] Nee?

ELENA Neen.

PAUL [*nadenkend*] Vreemd. Maar ik heb nog eens iemand gekend
die, enfin, die er gewoon niet tegen kon. Bij het minste zon-
nestraaltje kreeg hij blaren op zijn vel. Walglijk. [*Stilte*] Het
wordt nog warmer dan gisteren, zou men zeggen.

ELENA Vreemd of niet, mijn man is sedert dat wij aangekomen
zijn op dit eiland niet één keer in de zon geweest. Wij kwamen
met de stoomboot aan. Want wij hebben dit huis gehuurd in
Antwerpen. Voor Edward zijn zenuwen. Een hut in de bergen,

354

zeiden zij. Bij de zee, in het zonnige zuiden, zeiden zij in het agentschap. Vier en half duizend frank per maand.

PAUL Dat is redelijk.

ELENA Een met de natuur. Wel, wij kwamen aan, gepakt en gezakt en toen hebben wij een douche genomen.

EDWARD Met zijn tweetjes.

ELENA En toen ik hem vroeg—lief, onderdanig, aardig—of hij in de zon wou gaan zitten, hier [*stampt met haar hak, zij wordt zenuwachtiger*] op het terras, opdat hij bruin zou zijn, straks in Antwerpen, toen heeft hij zijn krant bovengehaald en is dáár gaan zitten waar hij nu zit, en sindsdien is hij niet één keer naar het strand gegaan.

PAUL En de Spaanse lucht die zo, zo uitstekend is voor...

ELENA Meer nog. Niet één keer in de zee. En zij ruist en bruist hier op een paar meter afstand. Hoor je?

PAUL Wat zegt u?

ELENA [*ongeduldig*] Hoor je de zee niet?
Zij luisteren.

PAUL [*alsof hij iets ontdekt*] Ja zeker. Vlakbij. Golven. Branding.

EDWARD Als melk die kookt.

ELENA [*heftig*] En meneer neemt een bad in het bad. Warm water van de geiser! Badzout van dennenaalden gebruikt meneer.

PAUL Het is, hum, ongelukkig...

ELENA Terwijl wij speciaal naar dit schitterend landschap gereisd zijn om te ge-nieten, om te snui-ven. Heb je ooit zo'n bleke man gezien? Is hij niet de bleekste bleekscheet van Spanje? [*Tot Edward*] Nee maar, heb jij jezelf al eens goed bekeken. Je overdrijft, kerel! [*Stilte. Kalmer*] Ik geef toe, het huis is een ontgoocheling. Wij zijn bedrogen. Zij hebben ons voorgelogen in het agentschap. Dit is helemaal geen hutje in de bergen. Er is elektriciteit, stromend water, warm en koud, een ijskast, allemaal dingen waar wij niet om vroegen, die wij niet *nodig* hadden. [*Tot Paul*] Maar je kan toch doen alsof je het niet merkt en in de zee gaan zwemmen, en in de zon gaan zitten en gebakken garnalen eten, ik zeg maar wat. Dan zijn er toch geen problemen meer. Maar nee... Soms, Paul, heb ik echt geen zin meer in dit leven.

EDWARD [*declamatietoon, overdreven*] Soms liggen de mensen als biefstukken te roosteren onder de zon. En zij vloeien na een tijdje uiteen als kwallen. De zon vernietigt zulke mensen. Eerder dan andere.

PAUL [*tot Edward, met iets van de walg die een actief mens heeft voor een contemplatief*] Maar wat doet u dan de hele dag?

ELENA Patience spelen.

PAUL De hele dag?

ELENA Ja. Je weet wel, de zwarte tien op de rode boer, de rode vier op de zwarte vijf.

PAUL Dat is natuurlijk een uitstekende afleiding. Verschillende grote mensen, ik heb me laten vertellen Generaal de Gaulle onder anderen, spelen thuis patience. Maar na het werk, uiteraard! Of na een gezonde wandeling wanneer het organisme, opgezwiept en vermoeid...

EDWARD Ik hou niet van deze heer.

PAUL [*alsof hij het gehoord heeft, kijkt scherp naar Edward die er onbewogen bij zit. Vraagt dan aan Elena*] Heeft u soms een glaasje water voor mij, mevrouw? Het stof van de heuvel, de temperatuur...

ELENA En dan is hij verwonderd dat hij niet slapen kan 's nachts! Paul, zoals je hem daar ziet zitten in zijn hoek, wat denk je van hem? Eerlijk zeggen, niets achterhouden.

PAUL Wel, het is niet gemakkelijk.

Lange stilte.

ELENA Je hebt gelijk. Zeg jij maar niets. Daarbij, je hebt het recht niet om hem te beoordelen. Wie ben jij wel, hè?

PAUL In de radio voorspelde men nog hogere temperaturen voor morgen.

Stilte. Korte stoten van de sirene van een oorlogsschip.

EDWARD Toen wij trouwden was ik moeilijk, maar onschuldig. Het is veranderd op een dag, op een woensdag. In het Casino van Blankenberghe.

ELENA Maar wat doe je, als iemand die je door en door kent, wiens rug je wast in het bad, met wie je elke avond naar de televisie kijkt, met wie je door het leven gaat nog-aan-toe, in één keer, zonder verwittiging of teken, zo maar weigert in de zon, in de zee te gaan? Hè? [*Heftig tegen Edward*] Heb ik je iets misdaan, loeder? Niets, Paul, heb ik hem misdaan. En ik ben toch een vrouw als een andere. Nooit heb ik hem bedrogen.

EDWARD Er was een bal in Blankenberghe. Het Bal van de Witte Rat. Het heet zo omdat Koning Leopold de Tweede, die een af-schu-welijke grappenmaker was—een beetje zoals mijn vader zaliger, een man boordevol grappen en spelletjes—toen hij op een officieel diner eens naast de burgemeester zat, plots, midden in de speech van de gouverneur, uit zijn broekzak een witte rat te voorschijn haalde en haar op de feesttafel liet lopen. Paniek! Maar al gauw lachten de notabelen en van die dag af vereeuwigden zij met een jaarlijks bal de koninklijke grap.

ELENA Nooit. Tenzij eens. Het was wel niet om over naar huis te schrijven maar toch was het bedrog. Een ogenblik waarin je bedriegt. Op een balmasqué. In het casino. Eén keer.

EDWARD [de theatrale declamatietoon] Soms gaat een mens naar een gemaskerd feest. Hij zet een ander gezicht op, waardoor hij moeilijk ademen kan. zoals hij vervormen andere mensen hun gezicht, hun stem en voor je het weet, staan daar anderen met anderen te praten en is er niemand overgebleven van de mensen die de balzaal zijn binnengekomen. Verwarring heerst alom. En blijft heersen. Weken later nog. [De manier waarop Edward dergelijke tekst uitbrengt, is niet vrij van een zekere oprechtheid. Alleen wil hij de oprechtheid maskeren. En dat lukt hem niet altijd. Vandaar het gebroken ritme af en toe in zijn zegging, van een gezwollen theaterstem tot een bijna verwonderd constateren]

ELENA [tot Edward] Maar dat bedrog was van geen belang. Nietwaar, mijn kanariepietje? Wij hebben beloofd, het te vergeten, het voor altijd te begraven. Er is niets gebeurd, hè?

EDWARD [tot haar, vriendelijk] Je was gekleed als Camille. In een hoepeljurk. Met een waaier van Mama. Met drie mouches. Ik heb ze zelf getekend. [Hij duidt ze aan op zijn gezicht] La Passionnée bij de hoek van het rechteroog. In het midden van de wang: La Galante en bij de lippen: La Coquette.

ELENA En jij was een markies met kniebroek en gepoederde pruik. En je was de mooiste man van het bal en je lachte naar mij alsof je een vreemde was en je een vreemde zag.

EDWARD En ineens was je verdwenen en ik kon je niet meer

357

zoeken in die hete balzaal, met al die anderen, die steigerden en sprongen.

P A U L [*die moeilijk kan verdragen dat hij niet aan dit gesprek deelneemt*] Welk jaar was dat?

E L E N A E N E D W A R D [*bijna tegelijk*] Verleden jaar.

P A U L Er waren veel Engelsen aan de kust, verleden jaar. Vanwege de deviezen die vrijgegeven zijn.

E D W A R D Rondom mij stampten en hupten ze met hun valse neuzen en hun monnikspijen. Zij bliezen hun adem in mijn gezicht, dansten hand in hand in een cirkel rond mij. Ik zag je nergens. Pas na een uur...

E L E N A [*luid*] Een hàlf uur. Hoogstens een half uur, Edward. Begin niet te liegen.

E D W A R D Na een uur kwam je uit de deur waarop geschreven stond in gotische letters: Heren, Messieurs en je had een matroos aan de hand.

E L E N A Een half uur!

E D W A R D En hoe kon ik weten dat het een echte matroos was van de kazerne van Blankenberghe, een die niet eens de moeite genomen had, zich te verkleden en zomaar [*hij is ècht kwaad*] in zijn vieze plunje het Casino binnengelopen was om...

P A U L Dat was pienter, zeg. Zo heb ik eens een neger gezien die in de Opera een neger moest verbeelden, wel, geloof het of niet, boven op zijn zwarte kop had hij nog eens zwarte verf gesmeerd!

E D W A R D En ik geloofde mijn ogen niet. Ik stond daar. En, kinkel dat ik was, ik vroeg je nog: is hij een kwartiermeester, een eerste-klasmatroos, wat is zijn rang, weet je nog? [*Schamper*] Hahaha!

E L E N A Hoe moest ik dat nu weten? Ik ken de graden van de Belgische marine toch niet van buiten. Een of twee streepjes op de mouw of op de schouder, wie raakt daar wijs uit?

E D W A R D Toen zagen jullie mij. En hij kuste je hand en hij verdween, gierend van de pret.

E L E N A Je keek ook zo verwonderd, liefje. Alsof je nog nooit een matroos had gezien.

E D W A R D En jij lachte ook. Toen, daarna, toen wij naar de uitgang liepen zei je: Ik wou het.

ELENA Ik wou het ook.

PAUL [*houdt niet van de loop van dit gesprek. Hij smakt ostentatief met de lippen*] Des avonds wordt het droger, niet? De zee trekt weg. Niet veel. Er is geen eb en geen vloed, zegt men, in de Middellandse zee, maar toch...

ELENA Lieve Edward. Mijn griezel. Mijn zeur. Mijn bleekscheet Wij zouden het toch vergeten. Een kruisje erover.

EDWARD Ik wou het. Ik wou hct. Ik wou het. Ik wou het.

PAUL Ja, als de dames iets in hun kopje krijgen. [*Stilte*]

ELENA Zoals je hem daar ziet zitten nukken, Paul, weet je wat hij in staat is ons wijs te maken, aan ons, mensen van de twintigste eeuw? Dat dit klein tussenspel, die karpersprong van mij op een feestje van niks met een stuk matroos waarvan ik mij niet eens het gezicht kan herinneren, dat dit hem nu nog zo dwarszit dat hij niet eens in de *zon* wil. Ja zeker. Dat een detail van niets hem voor eeuwig veranderd heeft in een dodelijk gekwetste figuur van 'Libelle'. [*Tot Edward*] Nietwaar, je zou het zo durven uitleggen, hè? Je zou het zelf durven geloven, hè?

PAUL [*staat op, haalt diep adem, spreidt de armen*] Ha, een briesje!

ELENA Maar dat wil ik niet. Dat néém ik niet! [*Stilte. Heel kalm*] Het duurt nu al twee weken.

PAUL [*die wil sympathiseren, de zak*] Twee weken!

ELENA Ik heb alles geprobeerd, Paul. Gedreigd, gesmeekt, gevleid, op handen en voeten heb ik gelopen. Ik heb hem gezegd—nietwaar, liefje?—dat als hij niet van manieren veranderde, ik het dorp in zou hollen, in een zwart-satijnen jurk, met mijn hoge hakken aan, en dat ik aan de haven zou gaan staan en met de eerste de beste voorbijganger meegaan, met een politie-agent, een visser, een toerist en dat ik naar hier zou terugkeren, bevrucht als een bloem, dik als een hommel, en weet je wat hij mij geantwoord heeft? Ik zeg het niet. Ik schaam mij in zijn plaats.

EDWARD Ga dan, als je dat wil. Sta daar maar in je satijnen jurk.

ELENA Dat zei ie. Vlak in mijn gezicht. En dat is bijna veertig jaar oud. Ik vraag het je, Paul, zijn dit praatjes voor een volwassen fabrikant, die gelukkig getrouwd is, zaken doet en geen zorg heeft in de hele wereld? Paul, zeg jij het hem eens, jij die van wanten weet, dat het niet het minste belang had. Dat het in elk huisgezin gebeurt.

PAUL Ja, mijnheer Missiaen, waar u nu uw hoofd over breekt, dat...

ELENA En dat hij in de zon moet, in het water!

PAUL Daar is iets van, weet u.

ELENA Veertig jaar oud, zijn hele leven voor hem en wat doet hij? Patience spelen, onder Mama's parasol zitten. Een keitje gooien naar een vogel. Doe ik dat soms? Ben ik zo olie-dom?— Paul, kom hier. Voel aan mijn wang. Wrijf er over. Maak eerst je vinger nat. Juist.
Hij likt aan zijn wijsvinger en strijkt die over haar wang.
Kijk naar je vinger. Is dit pan-cake of bruine poeder? [*Triomfantelijk*] Nee, meneer, dat is verbrand, getaand door de zon, natuurlijk gebronzeerd! Hier! [*Zij doet haar badjas open, toont haar ribben*] Bruin als een bes. [*Tot Edward*] En jij nu! Laat zien. Toon je borst eens als je durft. Wit ben je, als een domme, dode kaars!

EDWARD Soms loopt een man rond met een kankergezwel tussen zijn ribben. Gedurende jaren. En hij vermoedt niets. En op een dag, een dag als een andere, barst het gezwel. En gaat de man kapot.

ELENA Paul, als je mij nu niet kende en je ontmoette mij op het onverwachts langs het strand bijvoorbeeld, zou je dan denken: Wat een verachtelijk wezen loopt daar?

PAUL Here God...

ELENA Ja of nee?

PAUL Nee.

ELENA Wat voor een man is hij dan, dat hij anders is dan anderen? Dat hij mij laat rotten in mijn vel?—Zeker, ik ben al over de dertig. Maar Ava Gardner niet zeker, Lana Turner niet zeker?—Ben ik onguur, Paul? Niet om aan te raken? Wel, waarom raakt hij mij dan niet aan? [*Stilte*] Waarom spreekt hij niet tegen mij? Terwijl hij uren kan kletsen met zijn moeder. Ben ik dan geen familie van hem? Zwijg, Paul. Jij bent net als hij. Ik zie het aan je ogen. Jij houdt ook niet van mij. [*Zij komt dichter bij de verbouwereerde man*] Dezelfde ogen. Zij kijken niet

360

naar mij. Zij weten niet dat ik besta. [*Plots tot Edward*] Hier, hier ben ik! Doe je bek open. Ik heb niets misdaan. Liefje. Mijn Edward. Zit niet zo te staren. Wat moet ik dan? Met mijn ziel die zit te kermen?

EDWARD Soms neemt zij het woordje 'ziel' in de mond en kauwt er op als op chewing-gum, en als een grijs ballonnetje kauwgom blaast zij het woordje ziel uit, en het zwelt, zwelt, en dan spat haar ziel plots in de lucht.—Merk hoe ongerust zij dan achterblijft, hoe onverzadigd.

ELENA Smeerlap! Lafaard! [*Stilte*] Os!

PAUL Hij doet raar, dat is een feit.

ELENA [*kwaad tot Edward*] Lach niet! [*Stilte*] Jawel, mijn lieveling. Lach naar mij.

Uit het huis is weer, overluid, Arabische muziek te horen.

EDWARD [*gilt, een redelijk gezeur, geweeklaag kan hij verdragen; onverstaanbaar en onvatbaar als in die jankende muziek kan hij het niet hebben*] God en God in de hemel. Is het uit?

De muziek klinkt zachter. Lange stilte.

ELENA O, luister. O, stil! Hoor je, Edward? De dans van de reiger. Niet? [*Zij neuriet mee, maar kan de grillige maat niet helemaal volgen*] De mensen hier dansen het bij maanlicht. Alleen de oude mensen kennen de danspassen nog. [*Zij begint stilletjes rond te draaien*] De vrouw neemt haar rokken bijeen tussen duim en wijsvinger en buigt het hoofd, terwijl zij links en rechts loert. Zij draait om haar as en zij koert als een duif. Een hete duif, Edward! En zij zoekt. Tot hij komt, de man, en hij trappelt rond haar, maar hij raakt haar niet aan, o nee, hij slaat zijn armen hoog in de lucht, en hij zwaait ermee als de vleugels van een grote vogel. Hij klapwiekt en hij zal naderen, hij nadert en zal op haar neervallen, een grote kwade vogel op die draaiende duif. Kom, mijn vogel. [*Zij is naar de hoek, naar hem toegedanst, zij zingt hardop*] Kom, Edward. Nu. Gauw. Nu. [*Zij trekt hem halfrecht uit zijn hoek. Hij gaat weer zitten*] Kom hier, zeg ik je! Neen? [*Zij danst dan met trippelpasjes rond Paul, die probeert mee te doen*] Kijk, Paul kan het wel. Hoger springen, Paul. En met je armen flappen. Ja!

PAUL Zo? [*Hij klapwiekt*] Ah, pas op, hoor, ik ben een grote vogel! Opgepast, daar komt hij!

361

ELENA Kijk toch, Edward!

EDWARD [*terwijl zij dansen*] Hij is gezond, rond, àf, in orde. Hart en hersenen, longen, stoelgang, ziel, alles loopt in geoliede radertjes bij hem. Wie zou hem niet benijden? O, wat een volmaakte danser is hij!

ELENA [*die te snel danst, Paul kan haar niet meer volgen terwijl zij rond het terras tolt*] Sneller! Meer! Toe nou!

PAUL [*houdt er mee op, hij wankelt naar zijn stoel*] Nee, nu moet ik toch even gaan zitten. [*Hij blaast*] Mens, ik heb in geen jaren gedanst. Met Nieuwjaar een keer een walsje, ja, maar dit is te veel. En die maat, daar raak ik ook niet wijs uit...

ELENA [*stampt van ergernis*] Is de hele wereld dan een oudemannenhuis geworden! Is er niemand meer die lééft? [*Zij is in de war, geërgerd, alleen. Schreeuwt*] Doe die radio uit. Ik wil het niet meer horen. Die muziek uit! Hoor je mij?

De muziek klinkt harder, Elena loopt naar binnen. De muziek stopt abrupt. De twee mannen kijken elkaar aan. Lange stilte. Dan, vaag binnen het huis, een klagende oude stem: 'Je hebt hem kapot gemaakt!' en Elena's stem die iets onverstaanbaars terugblaft. Stilte. Motorbootjes scheren over het water beneden.

PAUL Misschien is uw vrouw een glas water gaan halen voor mij. Of zou zij het vergeten zijn? Zij is bijzonder aardig. Vind ik. U heeft het hier goed getroffen.—Het is een mooi eiland. En de baai hieronder heeft de vorm van een schoen, schijnt het, als je boven op de heuvel staat.—En wat een prachtig uitzicht over het water. Het is helder groen nu. Je ziet bijna tot op de bodem. Onze kleine Femmy zegt altijd: Papa, het is net als een weide onder water. Onze Femmy is pas... [*Binnen in huis vaag hoorbaar ruziënde stemmen*] Er is nog iemand in huis.

EDWARD Mijn moeder.

PAUL Ah! [*Stilte*] Natuurlijk is er iets natuurlijks in uw weerzin tegenover de zon. Dit is inderdaad een gevaarlijke zon, hier. Ik kan er niet eens mijn krant bij lezen, de letters smelten voor mijn ogen. En te veel zon is te veel zon. Men mag niet overdrijven. Maar toch. Af en toe een beetje zon doet je goed. En zij zou u, met uw gevoelige natuur, zeker geen kwaad doen.

EDWARD Wie?

PAUL De zon. [*Stilte. Hij vervolgt, moedig, lamentabel*] Kijk, als u nu eens zou beginnen met een kwartiertje, rond vier uur, goed ingewreven met olie. En morgen twintig minuten. Volgende week een half uur.

EDWARD [*niet tot Paul*] Zo went de mens aan alles. Een zachte dosering, zoetjes opgedreven en voor je pap kan zeggen zit je boordevol pap, boordevol ziel en zon.

PAUL Vroeger kon ik uren aan een stuk dansen. Wals, tango, noem maar op. Maar het gaat zo gauw voorbij. U hebt het gezien. [*Stilte*] Wat zegt u?—Pardon. Ik dacht dat u iets zei. [*Hij staat op en loopt rond, rekt zich uit*] Olalaietie! Precies wat ik dacht, ik zag het aan de kromming van de heuvel, hier moet een echo zijn. Olala-ietie! [*Hij roept*] Paul! Paultje. Kom gauw, Paultje! [*Niemand behalve hij hoort een echo. Terug in de buurt van Edward*] U heeft het wel getroffen hier. Met het landschap, bedoel ik dan. Wilt u ook niet tegen mij spreken?—U zou het niet geloven, maar gewoonlijk praten de mensen tegen mij. In de trein. In cafés. Op een keer, op straat, midden op de dag, hoe laat zal het geweest zijn, drie uur, kwart over drie, kwam er zelfs eens een priester naar mij toe, recht op mij af. Hij wou mij iets zeggen. Maar hij heeft het toen gelaten. Hij liep door. [*Stilte*] Kijk, dat u uw vrouw zo onbarmhartig behandelt, dat gaat mij fei-te-lijk niet aan, dat zijn zaken tussen u beiden. Maar toch.—Zelfs al is zij uitermate begeerlijk, uw vrouw, na een tijdje, nu ja, ik kan er wel in komen; gewoonte, herhaling, regelmaat en zo werken ffff-nuikend; er ontstaat orde in iets dat toeval, gevaar zou moeten zijn, als u begrijpt wat ik bedoel... [*nerveus omdat hij zo onhandig is*] verdomd, zeg, Missiaen, zij is hier nu toch niet. Niet bij ons. Dan zou u toch tegen míj kunnen spreken. Ik zeg niet dat je veel nieuws van mij zou kunnen leren, maar verdorie, ik ben ook al over de veertig. En chef-de-bureau op het ministerie van Landbouw. Hoe zou ik uw vijand kunnen zijn? Ik ken u met moeite. Ik heb niet eens zin om u te kennen, als u daar bang voor bent. U overdrijft. [*Hij plukt stukjes schors van de boom*]

EDWARD [*scherp*] Wilt u van die boom afblijven! [*Zachter*] Het is mijn boom. Ik heb hem gehuurd. Met het huis.

PAUL Verontschuldig mij. Inderdaad.

EDWARD Neem me niet kwalijk.—Het is, namelijk, mijn boom.

Ik ben nogal gehecht aan wat van mij is. [*Hij glimlacht voor het eerst*] Aan wat ik denk dat van mij is.

PAUL [*blij om de toenadering, happig*] Het is een merkwaardige boom. Voor deze streken toch. Ik schat hem zo rond de tachtig. Wat denkt u? Zou hij tachtig jaar oud zijn?

EDWARD [*Stilte. Zijn antwoord dan, is het conversatie, declamatie, gedachte?*] Ik hou niet van bomen. Zij wringen zich in bochten, hun takken grijpen naar iets, zij laten sappen los, dulden muggen, spinnen in hun kruin, vogels ook. De wind gilt er in. De hele boom kermt als een beest. Ook als zij dood zijn, staan zij daar gewrongen, in een kramp. Alsof het blijft duren, hun gemelijk genot.*

PAUL [*onder de indruk*] Ja, zo is het.

ELENA [*komt terug, zij heeft een witte sportieve jurk aangetrokken. Zij kijkt de twee zwijgers onderzoekend aan. Tot Paul*] Het is besmettelijk, nietwaar?—Je geeft ook al geen kik meer.

PAUL [*onredelijk angstig*] Neeneeneen. Zeker niet. Wij hadden het net over bomen. Over de natuur. Hoe zalig het was en hoe gezond van af en toe weg te geraken uit de dagelijkse sleur. [*Hij zegt maar wat en wordt er door meegesleept*] Hoe je de natuur tegemoet kan treden, nietwaar, meneer Missiaen, als het ware van man tot man, en hoe zich dan een mysterieuze stem losmaakt in uw binnenste, die fluistert: gij zijt een gedeelte van het Groot Geheel. Kom. Paul. Kom. [*Stilte*] Beklimt u vaak bergen?

ELENA Wie? Wij?

PAUL [*vlot nu*] Waarom niet?—Hoe duidelijk voelt men daar, en daar alleen, zijn innerlijk loskomen van zijn schelp. En het klimt, het innerlijk, het klimt. [*Hij volgt het met de blik in de lucht. Stilte*] Het spijt mij als ik lastig ben. Neen? Mag ik u dan, beleefd bedoel ik, om een glas water vragen? De temperatuur hier...

ELENA Natuurlijk. [*Zij gaat in het huis*]

PAUL [*dringend*] Ik ben op de hoogte. Denk niet dat ik het niet weet. Ik zie meer dan jij kan vermoeden; ik heb vele watertjes doorzwommen en dit is een klassiek geval. Is het niet zo dat

---

* 'Gemelijk genot': de term van de H. Kerk voor een zekere vorm van de verleiding.

wij willen branden en tegelijkertijd bezitten wat ons verbrandt? Nee? Is het niet zo? Antwoord. Wij willen het geweld aandoen, de brand wakker en dapper en vlammend aanhouden, terwijl wij het, o zo zienderogen zien en voelen doven. Hè? Hè?

EDWARD [*glimlacht weer*] Ik heb er geen last van, dank u wel.

PAUL [*verongelijkt*] Wat zit je dan je hart op te vreten?

EDWARD [*steeds dat superieure lachje, dat op de zenuwen werkt*] Ik heb wat last van bepaalde herinneringen aan vroeger, dat is alles. Maar het gaat over, dank u. Binnenkort is het helemaal voorbij.

PAUL Hoe dan?

Edward antwoordt niet.

PAUL [*er gaat een licht bij hem op. Misschien*] Maar...

ELENA [*komt op met een dienblad, karaf en glazen. Zij zet de glazen op tafel, schenkt in*] Een voor Edward, een voor Paul, een voor mij.

PAUL [*sipt, proeft, verkondigt*] Toch, als ik het zeggen mag, is een Spaanse geperste citroen niet zoals bij ons. Ik weet het niet, hij lijkt zuurder, scherper. Kan dat? [*Niemand antwoordt*] Mijn boek over de gewoonten en zeden in Spanje schrijft dat zij eentonig zijn in hun cui-si-ne. Dat vind ik op zijn minst vriendelijk gesteld. Neem nu eens hun gebakken eieren. Je zou denken, daar kunnen ze niet veel aan verpesten. Ha! Het is ongelooflijk, maar die eitjes zwemmen gewoon in de olijfolie. [*Stilte*] Nee, eieren bakken kunnen ze niet. [*Hij doet een poging om galant te zijn*] Maar toch is dit drankje overheerlijk, want u heeft zelf de citroenen geperst.

ELENA [*buigt glimlachend*] Dank je wel, Paul.

Haar blik, zijn blik. Zij flirten.

EDWARD [*niet tot hen*] Zo ziet men hoe een chef-de-bureau in korte broek, die daarnet met zoveel kennis van zaken over brand en brandweer sprak, de weerloze prooi wordt van zijn klieren. Hij zet kalfsogen op, zijn krop zwelt. Ik hoor de paarkreet al in het woud van zijn gedachten. [*Stilte*] Zei Edward Missiaen op zijn gewone, gezwollen manier.

PAUL [*aangemoedigd*] En het zou mij niet verwonderen als u er... een pietseke witte rum had ingedaan. Ja? Ha! Ziet u! Waarde vrienden, ik ben, al zeg ik het zelf, een connoisseur. De wereld is de wereld en als wij dood zijn groeit er gras op onze buik.

Dus, karpers diejem. De rest ontgaat mij, ik geef het toe. De gelijkmatige verdeling van de goederen dezer aarde, uitstekend, maar niet op mijn rug! Versterving, en kwelling [*hij kijkt Edward veelbetekenend aan*] akkoord, maar laat vader Van der Haeck u op afstand daarbij gadeslaan, terwijl hij waardig naar zijn einde groeit.

EDWARD Vader?

PAUL Ik heb vier kinderen. Kleine Femmy is de kleinste.

ELENA Ik wist het meteen toen ik je zag. Ziedaar, dacht ik, een man die weet wat hij wil.

PAUL [*met geile blik*] En die soms, Señora, krijgt wat hij wil.

ELENA [*kirt, ook overdreven*] O, Paul! Schei uit! Ik zie me al!

EDWARD [*kalm, voor zich uit*] Apen apen apen na.

PAUL [*blij*] Hé, heb je dat ook geleerd op school? In Eeklo, bij Meester Corijn? Nee, het zal wel niet. Mens, dat heb ik in geen jaren gehoord! Apen apen apen na. Ik en Jantje zaten in een mandje, Jantje riep, ik ben het niet. Schellevis, schellevis, wat is er mis? 't Is Jan de Zot, hij moet op de pot. Jongen, jongen! Op de speelplaats in Eeklo zongen we dat! En wij dansten rond de perelaar. Herinner je? Hij stond in het midden van de speelplaats en op een morgen hebben zij er een schoolmeester in gevonden, die zich opgehangen had.—Zij hebben de perelaar toen uitgekapt. Later.

EDWARD Ik ben nooit in Eeklo geweest.

Uit het huis is een klaagzang hoorbaar. Een oude gebroken stem, die een Arabische klaagzang probeert na te bootsen.

PAUL Ik hoor iemand.

ELENA Het is niets. Vertel verder over Eeklo.

EDWARD [*mat*] Het is mijn moeder.

PAUL Ik dacht het. [*Stilte*] Mevrouw Missiaen is onwel, geloof ik.

ELENA [*schamper*] Dat mag je zeggen.

PAUL En wat is de aard van haar... ongemak? Ik ben wel geen dokter, maar ik heb eh, een gevoel voor die dingen, kwalen en zo.

EDWARD Zij is oud.

PAUL Juist.

ELENA [*licht*] En een pietseke, zoals je zou zeggen, Paul, een pietseke aderverkalking.

PAUL Zeker. Zeker.—Nu ja, het is de natuurlijke gang van zaken. Alle moeders op die leeftijd zijn onwel. En zij hebben er het recht toe. Zij hebben hun plicht gedaan. [*Hij denkt diep na. Haalt adem. Concentreert zich*] Zij zou moeten zwemmen, na tien uur 's avonds.

ELENA In de zee?

PAUL In de zee.—Mevrouw Missiaen moet tegen-werken. Precies doen wat de natuur niet verwacht. Open weerstand bieden. Let er maar eens op. Na een week al zullen er resultaten te zien zijn. De spieren worden soepel in het zoute nat, jodium dringt alom de poriën binnen... Een kennis van mij, mevrouw Bataille, ongeveer dezelfde leeftijd als uw moeder...

ELENA Zíjn moeder.

PAUL Om het even. Wel, wat deed mevrouw Bataille heel haar leven omdat zij een maagkwaal had? Precies wat u denkt. Dieet houden. En maar klagen en zeuren over haar toestand. Precies zoals... [*Hij wou zeggen: uw moeder daarbinnen, maar hij houdt nog net op*] Nu ja, u kent het, in het kort gezegd: zij vergalde haar bestaan. Meid, zei ik, doe nu eens net wat de natuur niet verwacht. Ja? zegt zij. Ja, zeg ik. Wel, verleden jaar heeft zij de bus genomen met de vereniging 'Eerlijk moet niemand vrezen'. Tot in Rapallo. En de hele reis en tijdens haar verblijf aldaar in een eenvoudig maar keurig hotelletje, heeft zij gegeten waar zij zin in had. Spaghetti, inktvis, mortadella, gebakken niertjes, de hele Italiaanse keuken, noem maar op. En gelukkiger, volmaakt gelukkiger is zij nooit geweest. Vlak voor zij heengegaan is, twee maanden later, heeft zij mijn hand vastgenomen en ze kneep er in met alle macht, de macht die zij nog over had. 'Dank je, Paultje,' zei ze, 'dank je.' Haar cirkel was rondgetrokken. Zij had geleefd. [*Hij blaast uit*]

ELENA Als ik je zo bezig hoor... [*Niet meer tot hem*] Als ik zulke mensen bezig hoor, vergaat mijn zorg. Hij weet hoe te leven. Hij bijt in de dag als in een appel. Edward zal het nooit kunnen. Ik ook niet.

EDWARD [*niet tot hen*] En toch, wat wij beminnen op deze aarde, het is slijm en modder die onze geestelijke vleugels verhinderen op te wieken. Landbouw, de krijgskunst, de balie, de handel, zovele dingen die aards zijn. Het is de stroom van Ba-

367

bylon. En aan haar oever klaagt men bij de herinnering aan het beloofde land.* [*Stilte*] Citeerde de zelfkweller op zijn gewone, trieste manier.

ELENA Maar Paul, dokter Paul, als het je zo gemakkelijk afgaat bij een diagnose, dat je de kwalen herkent zonder zelfs je patiënt te zien, wat denk je, is het dat ons grieft?

PAUL Grieft?

ELENA Ja. Wat scheelt er met hèm? Dáár, hèm!—Waarom zit hij niet in de zon? Waarom wil hij in een steen veranderen, mijn eigen man?

PAUL Het. Is. Moeilijk.

ELENA Dat weet ik ook.

PAUL Laten wij het simpel stellen. Eenvoudig zijn, dat is de boodschap tegenwoordig. Het is niet alleen geruststellend... maar ook dringend nodig van los en vrij een oordeel te vellen over de natuur en de mens. Zonder graten in de vis. Zonder erfzonde, zonder wroeging. Wij moeten praktisch zijn. Simpel. Maar alhoewel ik een praktisch man ben—je moet wel op het ministerie van Landbouw, en in je huwelijk is het ook noodzakelijk—toch stoot ik hier op iets.

ELENA Iets?

PAUL Iets gevaarlijks. Hier wordt, naar mijn mening, de algemene bestendigheid overschreden. Misschien is hier zelfs het levensbehoud in gevaar gebracht. De oorzaak daarvan...

EDWARD [*ongemeen heftig*] Hou op, lul!

ELENA Ga door, Paul, ik vraag het je.

PAUL Misschien, heb ik gezegd. Het is delicaat om hier op in te gaan.

ELENA Maar ben je een dokter, of niet?

PAUL Jawel. Maar een woordje, eventjes gelost, krijgt zo snel afmetingen, wordt zo gauw een sneeuwbal en verandert dan de constellaties [*hij drukt zijn vingers tegen zijn slapen, opgeslorpt in een belachelijke concentratie*], vreet zijn weg door de fluïdia die ons omringen en dan, ineens hop!

ELENA Wat, hop?

PAUL [*richt zich op*] Definitieve schade wordt berokkend.
Stilte. In de verte spelen kinderen in de zee, zij juichen.

* Augustines.

368

ELENA Ga door.

PAUL Mag ik? [*Hij schenkt zich een glas citroensap in*] Hm. Lekker.

ELENA Ik moet het weten. Hij is mijn hele leven. Ik houd van hem, ik...

PAUL In dat geval. [*Concentreert zich opnieuw*] De oorzaken van deze verstrooiing moeten van ver, van heel ver, van uit de kindertijd komen.

Edward begint onbedaarlijk te lachen. Te schateren. Het wordt genant. Paul kijkt hem streng aan.

EDWARD [*brengt het met moeite uit*] Ik wist het, ik wist dat je daarmee zou aankomen. Het kan niet missen. Het is altijd roos!

PAUL [*constateert*] Een ongave, een onzekere lach. [*Hij loopt pompeus, als een dokter, over en weer, tot bij de boom. Hij leunt tegen de boom*] Daarmee denkt hij de duisternis van zijn ziel in mist te hullen.

EDWARD [*ineens ernstig, koud*] En wil jij van die boom wegblijven!

PAUL [*komt onmiddellijk los van de boom*] Pardon!

Stilte. In de boom zit een Vlaamse gaai, die nu kwettert. Een andere, ver weg, antwoordt.

EDWARD Soms is iemand blij met een kleinigheid, de lach van een kind, een landschap bij dageraad, de nobele daad van een eenvoudige arbeider. Ik niet. Ik ben blij met mijn boom. Hij is van mij. Het is kinderachtig, maar het is nu eenmaal zo.

PAUL [*doet alsof hij weggaat, maar hij speelt het slecht*] Ik geloof dat ik hierna maar beter naar mijn hotel terugga. [*Niemand houdt hem tegen*] Nietwaar?

ELENA [*die even 'weg' was, eigenlijk naar Edward luisterde*] Nee. Natuurlijk niet. Niemand jaagt je weg.

PAUL Ik geloof toch dat uw man het liever heeft.

ELENA Wij zijn in gemeenschap van goederen getrouwd. Alles wat hij heeft, heb ik. Dit huis is net zo goed van mij als van hem. [*Tot Edward*] Moet je ook tegen andere mensen onhebbelijk zijn? Voor één keer dat wij een gast in huis hebben! [*Zachter*] Waarom ga je niet een beetje patience spelen?

Edward kijkt van Paul naar zijn vrouw.

PAUL [*die ongemakkelijk is onder die blik*] Maar misschien kunnen wij samen spelen. Het is, geloof ik, een spel dat ik nog niet

369

ken. En ik zou het gaarne leren. Of is het de gewone patience?
Zeven kaarten op een rij, een rode op een zwarte?

EDWARD Het is de gewone patience.

ELENA Dat is een goed idee. Spelen jullie eens samen.

EDWARD [*gaat langzaam het huis in*] Een gast, hoe schamel ook,
is heilig.

ELENA [*zodra Edward in huis is, fluistert*] Nu, wat is het?

PAUL Wat?

ELENA Wat scheelt er aan hem?

PAUL Mevrouw, dat is geen man voor u.

ELENA Wie dan wel? Jij zeker!

PAUL U bent het begeerlijkste wezen dat ik ken, dat ik ooit
ontmoet heb en ik heb vele waters doorzwommen. Uw ogen
uw haar, uw nek. Ik zal geen oog dicht doen vannacht.

ELENA Luister toch naar mij. Maak hem vooral niet zenuwachtig. Je ziet de staat waarin hij zich bevindt. [*Alhoewel zij het
is, die thans trilt op haar benen*] Zeg hem niets dat hem ergeren
kan.

PAUL Hij heeft het goed getroffen met u. Beter dan welke sterveling op aarde. En toch...

ELENA Wat: en toch?

PAUL Hij is aan het slippen. Aan het wegglijden. Van de goede
baan, bedoel ik.

ELENA Waarom zeg je dat?

PAUL Als dit zo blijft voortduren, geef ik hem geen jaar meer.
Geen zes maanden.

ELENA [*schrikt*] Geen jaar meer? Weet je het zeker?
Meeuwen krijsen vlakbij.

PAUL Er is iets in zijn blik... [*Hij houdt op*]
*Edward komt terug, hij heeft een spel kaarten mee. Hij zit weer in zijn
hoek.*

ELENA Liefje, Paul vindt dat er iets in je blik ligt, wat is het,
Paul?

PAUL Wel...

ELENA Wat is het? Zeg het!

PAUL Een verleiding die hem kietelt, plaagt. Waarom? Omdat hij
er bang voor is.

ELENA Je praat als een schoolmeester.

EDWARD [*kalm, aandachtig, tot Paul*] De boom?

PAUL De boom.

EDWARD [*glimlacht*] Je bent een slimmerik.

PAUL [*gevleid*] Als je het tot chef-de-bureau in het ministerie gebracht hebt, moet je je ogen leren gebruiken. Je ellebogen ook, maar vooral je ogen. En hier heb ik gezien... wat ik gezien heb. Maar het gaat mij niet aan. Ik werk en na mijn werk neem ik vakantie, en daar houdt mijn wereld mee op. Ik geef geen bewijzen van goed gedrag en zeden. De voortplanting en de dood van anderen gaan mij niet aan.

EDWARD Je bent een wijs man. Bravo, Paul. Doe zo verder en er zal je niets gebeuren. [*Bijna vrolijk*] Nu dit opgeklaard is, en nu jij weet wat ik weet dat jij weet, beste man, laten we spelen.

ELENA Ik snap hier niets van. Wat weten jullie?

PAUL [*aartsvaderlijk*] Breek daar uw lieflijk, prettig hoofdje niet op, mevrouw.

EDWARD De natuurvorser wordt familiair. En om de hoek komt al, vanwege de kennis, het misprijzen kijken. [*Tot Paul*] Misprijs je mij?

PAUL Neen.

EDWARD En haar?

PAUL Waarom zou ik?

EDWARD Ik weet het niet. Ik kom nooit zo dichtbij anderen snuffelen, als jij makkelijk schijnt te kunnen doen. En ik verbeeld me dat als jij zo vertrouwelijk zacht op kousevoetjes bij andere mensen komt binnendringen, en hen regelrecht in de ziel komt snuffelen, dat je dan een soortement walg, misprijzen zou kunnen voelen.

Paul wordt hoogrood.

En dat er dan in die weergaloze minachting een wellustig kakelend pleziertje opduikt. Nee? Paultje?

PAUL [*kwaad*] Val me niet lastig. Ik blijf er buiten, hoor je, buiten dat miezig gekanker van je, buiten die nare bekommernis om je eigen geluk of ongeluk. Ga naar de boom, jouw boom. Blijf bij je boom.

EDWARD Dat zal ik, mijn vriend.

ELENA Paul, je hebt me beloofd dat je...

PAUL Ja. [*Stilte*] Nu, spelen we of niet?

EDWARD [*bijna teder*] Kom hier zitten.

Paul zit naast Edward op de sofa. De kaarten worden gelegd. Elena zit in een rieten zetel, met haar rug bijna naar hen toegekeerd. Zij begint haar nagels te lakken.

Wansmakelijk is het. Je hebt gelijk. Dit gekanker en gezanik over jezelf. Maar hoe het te vermijden?

PAUL Ben je dan nooit soldaat geweest? Waar was je gedurende de oorlog?

EDWARD Hoe het te vermijden, vroeg ik je.

PAUL De ruitenacht op de zwarte negen. Hier.

EDWARD Het is naar, ik geef het toe, zoals ik verliefd te worden op het ongeluk. Toch smaakt het lekker.

PAUL Het ongeluk?

EDWARD Ja. Bittere amandelen.

PAUL Je bent ver heen, kerel!

EDWARD Ja Paul. [*Wil iets zeggen. Doet het niet*] Kijk toch uit. Hier. Oei. Neen. Ah! Twee zwarte boeren in één rij. De zwarte tweeling.

ELENA [*niet tot hen*] Ik ben acht jaar jonger dan Edward. Nee. Zeven. Wij waren gelukkig tot vorig jaar november. Het is een hele tijd. Zeven vette jaren. Ik ben zijn slaaf geweest, zijn moeder, zijn vrouw, zijn hoer, zijn grootmoeder, zijn werkster, zijn sergeant, zijn koningin. Alles behalve zijn vader, de grote komiek van de familie. Ik weet niet wat ik moet beginnen. Beginnen. Hij voert iets in het schild. Hij is omringd van schilden. Een harnas van koper. Daarom wil hij niet in de zon. Hij zou koken in zijn koperen huls. Een slak die gestoomd wordt.

PAUL Oei, oei.—Wat een ramp! Klavernegen. Daar komt smeerlapperij van!

ELENA Hoe hij 'smeerlapperij' zegt. Genoeglijk. Proevend.

Stilte. In de verte, de zwemmers in zee die roepen.

Het is lang geleden. Niet één keer sedert drie maanden. Ik kan er moeilijk om vragen.—Het Amerikaans rapport zegt: twee à drie keer per week bij de gezinnen van hogere ambtenaren. En Edward is een hogere ambtenaar. Ongeveer.—Alhoewel. Het is niet zo erg.—Als het maar voorbijgaand is.

Binnenkort ben ik tweeëndertig. Binnenkort: negenendertig.

Tijdens haar monoloog weerklinkt vanuit het huis de stem van de moeder weer, duidelijker dan tevoren. Iets over spelen, zegt zij.

PAUL Nee. U had er beter aan gedaan... Toch niet. Ah! De tien van harten wekt tien smarten.

DE STEM VAN DE MOEDER Ik wil mee-spelen. Ik wil ook kaart spelen.

ELENA Edward, je moeder miauwt.

EDWARD [*raapt de kaarten samen*] Nummer één is mislukt. Ik kan me niet concentreren. Nummer twee. [*Hij legt de kaarten weer*]

PAUL Niet kwaad.

ELENA [*niet tot hen*] En toch. Mijn moeder zei: Hoe groter geest, des te groter beest. Was het maar waar! Bij mij is niets veranderd. Niets, Edward, ik ben dezelfde. Ik wil het.—Steen en been wil hij zijn. Ik zal er nooit achter komen.—En toch. Iemand onuitputtelijk vinden is van hem houden. On-uit-puttelijk. [*Zij kijkt naar de spelers*] Hij speelt met de kaarten alsof zijn leven er van afhangt. En indien zijn leven ervan... [*Zij staat op, waait haar vingers droog, gaat tot bij de kaartspelers*] Edward, als je derde spel niet lukt, beloof je mij, dat je geen dommigheden gaat uithalen? [*Stilte*] Die klaverboer raak je nooit kwijt.

DE STEM VAN DE MOEDER Waarom mag ik nooit eens een keer met jullie meespelen?

PAUL [*triomfantelijk*] En nu nog de drie op de vier, ja, en hier de heer opzij, de vrouw erboven!—Mijn compliment! Verdomd fijn gespeeld!

Edward schuift de kaarten samen. Gaat naar de boom, raakt hem aan.

PAUL [*achter Edward aan*] Hoeveel partijtjes speelt u zo per dag?— Moest ik het te vaak spelen, ik geloof dat ik er hoofdpijn van zou kweken. Heeft u er geen last van? Zeg. Ik spreek tegen je. *Geen antwoord.*

Mag ik je iets zeggen? Ik vind je een onuitstaanbare, wijsneuzige binnenvreter, die denkt dat de wereld begint en eindigt bij zijn verongelijkte humeurtjes. Wat zeg je daarvan? Hé, ik hoor je niet.

ELENA Paul.

PAUL Als ik onbeleefd ben, is hij nog onbeschofter om geen antwoord te geven als iemand tegen hem spreekt! [*Tot Edward*] En of het nu je vrouw is of niet die je dwarszit...

ELENA Paul, wat heb je mij beloofd, op het hoofd van je moeder daarnet?

PAUL [*verwonderd*] Ik? Wat dan?

ELENA Dat je je kalm zou houden. Niettegenstaande alles.

PAUL Dus, ík ben het die ongelijk heeft.

ELENA En jullie speelden daarnet zo broederlijk samen!

PAUL Of hij in de zon wil of niet, jou leuk vindt of niet, het kan mij niet verdommen! Maar men moet mij antwoorden als ik iets zeg! Zo ben ik opgevoed! [*Hij kalmeert wat*] Het is toch waar. Zelfs een kater spint als je zijn naam zegt.

EDWARD [*bij zijn boom*] De klieren van de wellust en die van de ergernis liggen vlak bij elkaar. Bij grote opwinding doorkruisen zij elkaar. Onze vriend wordt lastig. [*Langzaam gaat hij naar zijn hoek*] Hij wordt aangetast door verschillende passies tegelijk. Dat is moeilijk leven.

Een zekere kalmte treedt in. Zij die daarnet zo rusteloos rondliepen, schijnen nu hun eigen plaatsje gevonden te hebben op het terras. Edward op de sofa, Elena in een andere stoel dan daarnet, Paul in een der ligstoelen.

PAUL Als ik niet zeker wist dat ik in Spanje was, zou ik durven beweren dat het hier tocht. [*Hij beweegt zijn schouders*]

ELENA Af en toe steekt er een bergwind op.

PAUL Ik dacht dat ik een pull-over meegenomen had.

ELENA Soms, als die wind te lang aanhoudt, worden de inlanders onrustig. Soms zijn er van die aanhoudende rukwinden weken lang. Dan vechten de inlanders; of in de herbergen bekijken zij elkaar heel lang. Af en toe loopt er een naar de hoge weiden en begint daar een schaap of een ezel te slaan. Te schoppen.

PAUL Men kan het enigszins verklaren door hun voeding. Zij eten te veel groene erwten. Dat is schadelijk.

ELENA In februari vooral, na de winter, zijn zij ongemakkelijk, de inboorlingen. En als de wind dàn voortdurend waait hangen er zich een heleboel op.

EDWARD Verleden jaar, acht. Het jaar tevoren, zes.

PAUL [*zucht*] Ja, het is hier een primitieve beschaving.

Lange stilte. Inderdaad, een bergwind steekt op.

ELENA [*kijkt naar Edward*] Hoe stil zit hij. Ik kan wel huilen.

PAUL De grond moet hier rond de zes, zeven frank kosten. Een hectare: zeventigduizend frank. Maar wat doe je ermee?

ELENA Hij is vermagerd, in de veertien dagen dat wij hier zijn.

PAUL Ik geef hem zes maanden. Hoogstens. Tenzij...

ELENA Tenzij hij iets beestachtigs doet voor die tijd. [*Tot Edward*] Edward, wil je nog wat citroen?

EDWARD Neen.

PAUL [*Elena aankijkend*] Zij is wel mooi. Maar het is altijd hetzelfde: wat doe je er mee?—Daarbij, zij hangt vast aan dat secreet. Het zal wel weer een van die eerste liefdes zijn. Die blijven.—Het is onredelijk.

Een reusachtig uitgebreid orkest speelt een wals, gaat meteen over in een tango.

ELENA Wij dansten drie tango's, een chachacha en een slow samen. Maar al waren wij allebei verkleed, al lachten we naar mekaar als naar twee vreemden, toch was hij dezelfde man. Altijd dezelfde man. In mijn huis. In mijn kamer. In mijn keuken.—Ik moest van hem weg, ik kon het geen ogenblik langer uithouden.

EDWARD Ik had die matroos nooit eerder gezien. Hoe zou ik...

ELENA En die jongen, hij was ongelooflijk brutaal. Maar dat mag, dat moet op een bal-masqué. Hij duwde zijn wijsvinger tegen mijn borst en hij zei: 'Waarom dans je de hele tijd al met die lange slijmerd met zijn witte pruik?' En het lag op mijn lippen, Edward, ik zweer het, ik wou hem afbekken: 'Omdat hij mijn man is, vlerk dat je bent.'—Maar ik zei het niet. Neen.

PAUL Hoe ze in mekaar zitten, die wijven, je komt er nooit achter.

ELENA Ik dacht: ik word tweeëndertig. Ava Gardner is zesendertig. Lana Turner veertig. En ik heb maar één man gekend, al die tijd, in heel mijn leven en straks ben ik veertig. Niemand zal ik ooit meer kennen.

EDWARD En ik durfde niet naar haar gezicht te kijken, ik hoorde haar zeggen: 'Ik wou het, ik wou het.' En wij wrongen ons tussen de dansers, en toen wij naar de straat gingen, nam zij mijn arm vast.

ELENA Toen wij in de balzaal terugkwamen hield de matroos mijn hand vast. Alsof ik van hem was, voor altijd. [*Zij haalt haar schouders op*]

PAUL Er zijn meer hoorndragers bij de welgestelde klasse dan bij de arbeiders, schijnt het. Het kan best. Zij hebben niets anders te doen.

EDWARD Voor de meeste mensen is het een detail. Iets vervelends waarvan de herinnering gauw opdroogt, herrie op kantoor, een druiper, een belastingbiljet. Voor mij niet. Geen reden om daar trots op te zijn. Het is gewoon dat ik het niet hèbben kan! [*Hij probeert te lachen, zijn lachje vervriest*] Sla een kind met zijn hersens tegen de muur, snij je moeder de keel over, alles, maar dit niet. Ha!—[*Crescendo*] Wat zijn wij misschien? Vliegen die op elkaar zitten? Om het even welke vlieg op om het even welke vlieg? [*Roept*] Ik kan er niet tégen!

ELENA Hij wil het niet vergeten en wil niet dat ik het vergeet. Hij verpest onze dagen samen. Daarom. Hoe dom. [*Tot hem*] Lieve Edward.

PAUL Hé, maar als zij gaat beginnen te smoezelen tegen hem waar ik bij ben, nota bene... hé, alsjeblieft...

ELENA Edward. Witte griezel met je bril.—Voel je je van arduin worden? Maar arduin zit niet te borrelen van binnen, meneertje. En jij wel.—Edward, ik zie je, ik zie je. Je wil iets zeggen. Ik zie in je hoofd en het is een afschuwelijk hok daarbinnen. [*Zij keert zich plots van hem weg, als in afschuw. Tot Paul*] Zou je kunnen geloven dat ik ooit met hem ben getrouwd geweest gedurende acht jaar?

PAUL Het is niet verwonderlijk. Uiteenlopende karakters zoeken elkaar. Dekseltje op pannetje. Aan de ene kant een kankeraar, een herkauwer, aan de andere een bloem die geurt in al haar vrije onschuld. Een die niet verder ziet dan zijn eigen neus en een vrouw in alle betekenissen van het woord.

EDWARD Hoeveel?

PAUL Hoeveel wat?

EDWARD [*ongeduldig*] Hoeveel betekenissen heeft het woord: vrouw?

PAUL [*onzeker*] Vele.

EDWARD Eén. Een enkele betekenis. En dan nog met moeite.

Vrouw. Zeg het twaalf keer na mekaar, draai het woord om en om en waar blijf je?

PAUL Wat vertelt hij nu?

EDWARD Zeg het dan met mij. Of durf je niet? Vrouw vrouw vrouw vrouw vrouw vrouw vrouw vrouw vrouw. Voel je? Wèg is het woord. [*Helaas, hij vervalt weer in zijn declamatietoon*] Wat blijft er over? Wat is er nog van de melkige schouders, de tietenwinkel, de hippige heupen, de gulden vouw, hè? De vrouw is er niet meer.

PAUL Hij is stapeliere.

EDWARD Herbegin. Stapeliere stapeliere stapeliere stapeliere enzovoort. Doe het een hele dag, een week, jarenlang.

Paul zoekt naar een opklaring bij Elena, vertwijfeld trekt hij zijn wenkbrauwen op.

Gelukkig ben je. Je klampt je aan woorden vast, je neemt ze ernstig op, je bindt er het een en ander aan vast. En het is maar best zo. Het kan niet beter: de feiten die niet bestaan voor de woorden te nemen die ook niet bestaan, want in zo'n uitwisseling klinken de woorden mooier en vooral veiliger, want zij zijn veranderlijk.

PAUL [*tot Elena*] Is dat het wat hij uitvoert de hele dag? Ik mag er niet aan denken hoe die zaak met dat kindervoedsel van hem er uit ziet. [*Tot Edward*] In het ministerie waar ik werk is een woord een woord. Basta. Met al zijn verschillende betekenissen. Die nooit verloren geraken. Basta. Waar gaan we anders naar toe?

ELENA Maar als woorden zo makkelijk verdwijnen, lieve Edward, dan. Dan. Dan ook wat ik je gezegd heb. Ik wou het, ik wou het, ik wou het, enzovoort. Zie je, het gaat ook weg.

EDWARD [*wild*] Nee, die niet.

PAUL [*lacht*] Dat dacht ik wel.

ELENA Jij, lelijke, koppige steenezel! Ik zeg je dat die woorden wèggaan, zoals alle andere! [*Stilte*] Wat wil je dan van mij? Wat wil je?—Straks kan je niet meer onder de gewone mensen terug, weet je dat, je krijgt er een gezicht naar, als van een die maagkanker heeft, als een die zich zit te vergiftigen met dat braaksel van herinneringen en die het nog lekker vindt daarbij. *Edward staat op, en loopt in snelle, driftige passen naar de boom.*

ELENA [*loopt hem zijlings tegemoet, wil hem kruisen*] Wat is er? Wou je mij slaan misschien? Wil je mij schoppen? Om me te straffen. Doe het dan. Ik vraag het je. Ik smeek erom.

PAUL Opgepast, jij daar! Hij zou het nog doen ook, God betere't. [*Tot Elena*] Alhoewel. Je vraagt er ook een beetje om.

ELENA [*duwt Paul weg*] Bemoei je hier niet mee [*Zij draait radeloos rond. Dan zonder dat het merkbaar is dat zij dit uitvindt om haar onrust een reden te geven of dat zij werkelijk iets ziet, gilt ze*] Een beest! Een beest!

PAUL Waar?

ELENA [*wijst naar de sofa in de hoek*] Dáár.

Paul is bang voor beesten. Edward ook. Samen naderen zij de sofa.

Hij zit daaronder. Zo één. [*Een onwaarschijnlijke maat geeft zij aan*]

PAUL [*knielt*] Ik zie hem niet.

ELENA Je kijkt niet goed.—Jawel, je moet hem zien. Daaronder. Een beest met haken.

EDWARD [*niet tot hen*] Wij hadden hier nooit naartoe moeten komen. [*Dan hurkt hij naast Paul*] Waar zit hij?

PAUL [*die zoekt*] Was het een hagedis?

ELENA Neen. Een soort krekel.

PAUL Een kever?

ELENA Ja. Nee. Ik weet het niet meer!

PAUL [*nog steeds met zijn gezicht onder de sofa*] Maar je hebt hem toch gezien. Kon hij vliegen of niet?

ELENA Hoe kan ik dat nu weten? Hij kroop daaronder. Met zijn vieze, vlugge poten. Met háken opzij op zijn rug. Jaag hem weg.

PAUL [*moeilijk lachend*] Hem. Misschien is het wel een 'zij'.

EDWARD Ik geloof... aan die kant; daar bij de plint.

PAUL [*deinst achteruit, keert terug*] Nee, dat is een spin.

Edward kruipt recht.

ELENA Nee, het was een groot beest. Met háár op zijn rug. Doe hem weg. Hij moet weg. [*Zij gilt*] Maak hem kapot, ik smeek het je.

Edward, een paar stappen van hen weg, staart voor zich uit. Als hij haar hysterische stem hoort, krimpt hij ineen.

PAUL Een ogenblikje. Er is niet de minste reden om paniek...

[*Hij zoekt om zich heen, vindt een tennis-racket en pookt er mee onder de sofa*]

EDWARD [*bij zijn boom*] Ik ben het beest.

ELENA [*gilt*] Laat hem niet ontsnappen. [*Zij knielt bij Paul*] O, liefje, hij mag niet weg, hoor je me! Hij moet dood. Stéék hem dood!

Edward zoekt in zijn jaszak. Steekt een sigaret in zijn mond. Zijn hand beeft. Uit de voordeur van het huis komt Edwards moeder, een oude, dikke vrouw, met papillottes in het haar, een vette crème over het gezicht. Zij draagt een fel bebloemde peignoir en een nachtjapon. Zij gaat recht naar de twee geknielde belagers van het beest. Duwt Paul achteruit. Zij gilt.

MOEDER Neen. Ik wil het niet. Ik heb dit niet gewild. Achteruit.—Het staat geschreven: Gij zult niet doden! Weten jullie dat nu nog niet! Ga weg. Jij ook. Alle twee. Weg, zeg ik. Laat dit beest met rust. Laat het leven.—Ik heb jullie bezig gehoord de hele tijd. Jullie zoeken slachtoffers om te slachten. Ik wil dit niet. Dit is mijn wet: Gij zult niet doden!

EDWARD Mama.

MOEDER Offer jezelf. Maak daarom geen onschuldig beest kapot. Ik zal de dierenbescherming opbellen in Antwerpen. Meteen. En de politie. In de gevangenis moeten jullie. [*Zij laat zich in een stoel neervallen, hapt naar adem*]

PAUL [*slaat het stof van zijn blote knieën, buigt*] Mevrouw, mag ik me... Paul van der Haeck is mijn naam. Van het ministerie van Landbouw. Ik kan u verzekeren dat zelfs de politie u zal overtuigen dat het verdelgen van de zo schadelijke dieren, die de teelt bedreigen van...

MOEDER [*tot Edward*] En jij laat dit gebeuren waar je bij staat. Je hebt er plezier in dat een schepsel van de Heer, een dier, doodgemarteld wordt. Je bent net als je vader. [*De grootste belediging!*] Die plaagde ook onze terrier tot het diertje schuimbekte!

EDWARD Het beest is niet dood, mama!

MOEDER [*kermt*] Jullie weten niet wat het is!

PAUL [*die doet alsof hij weer onder de sofa zoekt*] Misschien kunnen wij hem vangen zonder hem pijn te doen.

MOEDER Het is altijd hetzelfde. Kwellen. Aldoor plagen en prikken en dood doen. Het mag niet meer, één keer moet er een einde aan komen, dat mag niet blijven duren!

PAUL [*tot het beest*] Kom, zoetje, kom.
Elena geeft de moeder een glas citroensap
Hij wil niet. Hij is waarschijnlijk bang. [*Hij staat op*] Hij zal vanzelf wel uit zijn hoekje komen. Wij doen net alsof wij hem niet zien. [*Hij zit neer*]

MOEDER [*zeurend*] Jullie weten niet wat jullie doen! Liefde moet er zijn, genegenheid. Liefde. Is het niet waar? [*Niet meer tot hen*] Honden worden vergiftigd. Rattenpoeder in wat gemalen vlees. Schapen worden gekeeld met botte messen. Als men een paard wil opjagen, schopt men het in de buik. Katten met sponsen in hun maag kotsen over het hele eiland. Is het niet zo misschien? [*Tot hen*] Wat de mensen elkaar aandoen, het is hun eigen schuld, altijd en wie kan het wat schelen? Maar blijf van de beesten af! [*Tot Elena*] De ganse tijd heb ik je bezig gehoord, jij! Jij was het, die een uurlang die mannen aan het ophitsen was.
Elena kijkt onverschillig van haar weg.
Jij houdt van geen dieren. En, o, al blaat je het over heel Antwerpen dat je, o, zoveel van Edward houdt, het liefst zou je hem kapot maken. Met een stok, onder een sofa. Ik had je nooit in mijn huis mogen binnenlaten, mijn dochter. Je bent door en door...

ELENA Ik weet het al, moeder.

PAUL Nu, dat vind ik wel een beetje aan de grimmige kant, hoor, mevrouw. Misschien drijft u het toch een beetje te ver.

MOEDER Ik ken jou niet.

PAUL Mevrouw, ik ben hier met de beste bedoelingen heen gekomen. Het was een stralende, zonnige dag en bij míj was er geen vuiltje aan de lucht. En ik heb geprobeerd hier, in dit huis, een beetje orde te brengen in een naar mijn gevoel hachelijke toestand. Al mijn pogingen, welgemeende pogingen hebben niet belet dat uw zoon mij èn zijn eigen vrouw behandelt op een manier die niet goed te praten is, en daar ligt het paard gebonden.

MOEDER [*wild*] Welk paard?
Paul geeft het op. Stilte.
Edward, ik voel mij niet lekker.

EDWARD Mama, zeur niet.

Stilte.

MOEDER [*tot Paul*] Was jij het die daarnet aan het jodelen ging?

PAUL [*onzeker*] Jjjjaaahh.

MOEDER Mijn man, Edwards vader, kon ook jodelen. Je hoorde hem soms straten ver.—Ook op feestjes...

PAUL Uw zoon—en dat zeg ik u met de beste bedoelingen, mevrouw—wanneer hij uw schoondochter aldus verder behandelt, met een dergelijke schandelijke verachting, zal ergens eigenlijk op een keer de grens overschrijden. Let op mijn woorden. [*Plots uitvarend tegen Edward*] Er zijn grenzen, Missiaen. Kijk in mijn ogen, man. Wat zie je er? Je ziet er een man en die man zegt je vlak in je gezicht: je bent geen gentleman. [*Hij doet een stap achteruit, men weet nooit*] Nu? Wat is je antwoord? Sta op!

Edward stond al.

Gedraag je als een man. Kom mee naar buiten!

MOEDER Edward, sta op en ga mee naar buiten, dat die man de deur uit is.

PAUL [*kwaad tegen de moeder*] Het gaat hier om meer dan eer. Hier is, mevrouw, al merkt u het misschien niet, gewone, platvloerse, simpele menselijkheid in het gedrang. En het is te ver gegaan!

Edward steekt zijn sigaret aan. Stilte.

ELENA [*cirkelt om Edward heen, zij kijken elkaar aan, er gebeurt niets tussen hen*] Dan zijn wij zover geraakt. Edward is een steen geworden. [*Zij zwaait haar hand voor zijn ogen*] Stekeblind, potdoof, stom als een karper.—Alles, het water, de schaduw van een boom, wat wij ook mogen vertellen in onze drukdoenerij, alles glijdt over hem heen. Niets beroert hem meer. Koekoek! [*Zij draait om hem heen*] Maar zo is het niet altijd geweest. Nietwaar, mijn stil mannetje? Jaloers als een tijger is hij eens geweest. Enkele maanden geleden nog, op een bal, vroeg hij mij of mijn minnaar een matroos eerste klas was of een kwartiermeester. Of hij goede tanden had. Of hij goed kuste, goed streelde. Ah, hij knarsetandde, mijn tijger, toen! Nu niet! [*Spottend meelijden*] Hij is uitgedoofd. Ach, een lavasteen. Paul, kom eens hier. Je bent net zo oud als hij. Sta eens naast hem. Ja, je lijkt op hem. [*Zij nadert Paul*] Het is allemaal om het even!

[*Zij streelt Pauls nek, en kust hem dan op de mond*]

MOEDER [*neemt snel Edwards arm en wijst naar iets links*] Kijk,
Edward, dáár! Hoe laag de meeuwen vliegen. Er zijn er wel
vijftig. Dáár, mijn jongen!

PAUL [*die zich losgemaakt heeft uit Elena's armen, kijkt in de richting
die de moeder Edward opdringt*] Ik zie ze niet.—O ja, daar beneden.
Er moet een kreng in het water liggen. Of een grote, dooie vis.

ELENA [*die er genoeg van heeft*] Paul, kom hier. [*Zij haakt haar arm
in de zijne*] Nu gaan Paul en ik zwemmen. Wie ons liefheeft,
volge ons! Niemand? Dan zijn we weg. Wacht niet met het
avondeten. [*Bijna nonchalant*] Want daarna gaan wij dansen aan
de haven.

PAUL Maar niet zo geweldig als daarnet. Alstublieft niet.

EDWARD [*gaat naar zijn hoek. Zit op de sofa. Zegt, niet tegen haar*]
Dit keer ben je niet verkleed, Elena. Je gaat dansen in je eigen,
dagelijkse vodden.

ELENA Tot straks, mijn jongen. [*Zij wrijft Edwards haar door
elkaar. Zij gaat af*]

PAUL Wel. Goedenavond. Wel te rusten. Tot morgen misschien.
Als het weer goed-blijft. Het was mij zeer... En tot ziens.
[*Bruusk gaat hij af*]
Stilte.

MOEDER [*kijkt hem achterna*] Heel lang zal hij niet dansen!

ELENA [*komt terug. Loopt rond. Aarzelt. Valt dan uit*] Is het allemaal om het even? Edward, wil je dit dan? Is er niets dat mij
kan tegenhouden? Zeg iets voor ik wegga.

EDWARD Pas op voor de haaien, als je gaat zwemmen.

ELENA Er zijn hier geen haaien, dat weet je best. [*Teder*] Je bènt
niet van steen, mijn lief.
Stilte. De sirene van het oorlogsschip geeft twee-drie harde stoten.
Waarom houd je mij niet tegen?—Edward. [*Zij gaat weg*]

MOEDER [*neemt sigaret uit Edwards mond*] Je rookt veel te veel,
mijn jongen. [*Zij installeert zich naast hem, terwijl hij de kaarten
legt*] Ik wil mee-spelen.

Tweede deel

EDWARD [*zit met zijn bril op het voorhoofd onder zijn boom. Maanlicht. Nachtgeluiden. De uil. De krekels. Hij zingt zacht*]
Wie zal er om vadertje rouwen
En doet het zijn zoontje niet?
Zoontje zit nu in 't grauwe
Waar geen me-ens hem ziet.
De reine, blijde prinses is heen
Zij rijdt thans over de baren.
De wijde, blijde blauwe zee
Voert haar bootje nu mee.

[*Nu er niemand in de buurt is, declameert hij nog theatraler*] En over de zee die snurkt met haar ondergrondse kolken, haar geweldige golven. Is geen hond te horen. Over het land, het onbekende land der lachwekkende vreemdelingen, het bergland waar de machtige stieren grazen, is de wind de meester. De nacht is de heerser over ons, schamelen, eenzaten in de klem van. Van. Van. In de klem van. Steen en Been. Geen klacht, geen gezang, niet eens het gemurmel van een wichtje, niet eens het kokhalzen van een stikkende grijsaard bereikt. Bereikt het oor. Van de inboorlingen alom. [*Gewoon*] Het wordt fris. Maar ik vertik het. Ik verroer niet. Voor geen goud. Voor niemand. [*Hij drinkt het glas wijn naast hem in één keer uit. Declameert verder*] Onbeweeglijk zit hij te soppen. In zijn sop. En verbeidt het nabije nekschot. [*Voelt aan zijn nek*] Hier. [*Roept*] Mijn trouwe dienaar, waar blijft gij? Rome brandt, mijn nek wacht!—Geen dienaar te bekennen. Niet eens de knechten beantwoorden de roep van de banneling. Daarom zwijgt de banneling nu. [*Stilte inderdaad*] Neen! Niemand legge hem het zwijgen op! Nog niet, mijne heren beheerders. Nog niet, madame! Later, mijn engel. Ietsje later nog, mijn verraderlijk varken! Daarom—nog even—vertedert de banneling zich over zichzelf. Is hij daarom een zwakkeling? In deze wereld wel. Nochtans, zijn smart is zijn glorie. Want, o, zie, hij reageert op de kieteling der ellende. Dus. Bestaat hij wel degelijk. En wie bestaat... [*Gewoon*] Het is niet te doen.

Stieren, vlakbij, loeien.

[*Declameert*] Alleen, gebonden aan hun palen in de rotsachtige weilanden langs de zee, loeien de stieren nog naar de maan. Of naar de grootogige koe. Die haar kop en haar staart heft als zij het loeien hoort. En verder graast. [*Loeit*] Zij gráást verder!

MOEDERSSTEM VAN BINNEN Ben jij dat, Edward?

Edward loeit terug.

MOEDERS STEM Edward!

EDWARD [*zacht*] Dat was ik, mama. De loeiende hoorndrager die je gebaard hebt. Zeg niet dat je zijn stem niet herkent. Weiger mij niet. Zoals je ook de dolle gehoornde niet weigerde, die mij verwekt heeft!

MOEDERS STEM Waarom zing je niet meer?

EDWARD [*staat op. Reciteert wild*] Na de verloren veldslag, wanneer hij schaamtelijk over het veld is gevlucht, weg van het kerven en snijden en verminken, als de avond en de nacht bedekken zijn schande en de laffe kronkelingen om zichzelf, dan, dan zingt de krijger. Blij dat hij nog leeft. Hij zingt weigerachtig. Krampachtig. Slaapliedjes. Maar o, oho, hoe bang is hij! [*Gewoon*] Wat zeg ik? Bang? Wie is bang? Waarom zou ik? [*Hij roept angstig*] Mama. Kom hier. Meteen. Gauw. [*Hij wacht. Zijn angst ebt weg. Hij wandelt rond. Slaat een paar keer op de boomtronk*]

MOEDER [*komt op, in nachtjapon*] Je zong zo mooi daarnet. Toen begon je te blaffen.

EDWARD Mama, zie ik er ongerust uit? Bang?

MOEDER [*inspecteert zijn gezicht van nabij*] Ik kan het niet zo goed zien. Met dit licht.—Misschien. Zijn je pupillen groter geworden.—Of mocht ik dat niet zeggen?

EDWARD Dus toch. [*Hij houdt zijn hand voor zich. Zij beeft niet*]

MOEDER [*steekt een sigaret op*] Ik hou helemaal niet van die persoon die met Elena weg is. Heb je gezien wat voor een dikke voeten hij heeft? Bijna geen enkels. Ik begrijp Elena niet. Zij, die zo gevoelig is. Hoe ze met zo iemand kan omgaan. En zij zijn nu al zes uur weg.

EDWARD Mama, jij die nu gauw, nu ja, binnenkort dood gaat, ben je bang?

MOEDER [*Stilte*] Zij zeggen dat het nogal vlug gebeurt. Er zijn

384

geen lange doodsstrijden meer. Zeggen zij. Maar hoe kunnen ze dat precies weten? Zij prikken je wel met een naald, om te zien of je nog reageert, maar prikken ze wel ver, diep genoeg?

EDWARD [*ongeduldig*] Dát vraag ik je niet!—Of je bang bent, wil ik weten.

MOEDER [*denkt na*] Nee.

EDWARD Weet je het zeker?

MOEDER Het is een spelletje, denk ik. Als een ander. Blindeman. Verstoppertje. Alleen, je komt niet terug.

EDWARD [*teder*] Lieve mama.—Iedereen weet overal een antwoord op. Behalve ik.

MOEDER Moest ik daarvoor uit mijn bed? [*Maar zij is al te blij dat zij er uit is, bij haar zoon*] Zullen we nog een patience leggen samen?

EDWARD Neen.

MOEDER Iets anders dan.—Weet je niets anders?

EDWARD Er was eens...

MOEDER Ah! [*Zij installeert zich meteen in de ligzetel. Het is een gewoonte tussen hen, verhalen te vertellen*] Ja.

EDWARD Er was eens een familie. Een man. Van goeden doen. Zijn vrouw. Ook heel aardig. En de moeder van die man. En zij waren op vakantie in Spanje.

MOEDER En die moeder was ziek.

EDWARD Nee. De man was ziek. Maar de vrouw noch de moeder wist dat. Hij had. Een zwak hart. Ja. En op een morgen vonden de moeder en de vrouw, de echtgenote dus, die man dood.

MOEDER Een hartaanval.

EDWARD Eh. Ja. Zij schrokken natuurlijk. Maar er was geen twijfel. Niets meer aan te doen. Zij hadden een lijk in hun handen. Dáár, voor hen, op het terras. Nu, zij huilden een uur lang.

MOEDER De moeder het meest.

EDWARD Dat zal wel. Maar wat moest er nu met die man? Hè? En het gebeurde net toen zij al genoeg hadden van de vakantie en toen zij van plan waren naar België terug te keren. Want het waren Belgen. Was het de moeite er een dokter bij te halen? Nee, hij was hartstikke-dood. De politie? De gemeente?

385

De begrafenisondernemer? Zouden ze hem in dat Spaans eiland begraven?

MOEDER Geen sprake van.

EDWARD En eigenlijk het ergste was dat de vrouw noch de
moeder ook maar twee woorden Spaans sprak, want de hele
tijd had de man alles beredderd. En hoe dit alles aan de Spaanse
mensen uitleggen, hoe hem overbrengen? Wij nemen hem
mee, dachten zij. Tot aan de grens van Frankrijk en daar zullen
wij het uitleggen in het Frans wat wij willen, dat is hem—het
lijk, de man, de zoon—in Belgische bodem laten rusten. Zo
gezegd, zo gedaan. [De moeder knikt] Zij reden—voorzichtig—
met het geliefd wezen achteraan onder een deken. Maar de
echtgenote die stuurde had in haar zenuwen—wat een schok
voor haar! haar eigen echtgenoot, zo bitter jong, met moeite
veertig, zo engelachtig goed voor haar [theatraal heftig ineens]
dat hij haar echtschendig bedrog had vergeten en vergeven!—
die man ligt achterin en eerbiedig deed de wagen veertig per
uur, toen, waar was ik? o ja, de echtgenote had in haar zenuwen vergeten de tank te vullen. Gegrom, gehijg, puttputt-
putt, de wagen weigert, hapert, stopt. De nacht breekt aan.
Geen sterveling te zien. Geen auto op de weg. Geen geluid.

MOEDER [die gespannen volgt] Haha!

EDWARD Nee, geen enkel geluid. Wat doen zij? De twee wezen? De twee wezens van het vrouwelijk geslacht? Zij stappen
door het woud en vinden er een eenvoudige berghut. En
vragen aan de bewoners aldaar om onderdak. [Het verhaal
schijnt moeilijker te gaan. Edward stokt hier en daar] Zij krijgen
onderdak. Maar geen Spaans sprekende, gegeneerd zijnde,
gewagen zij niet van wat er in de wagen ligt, stijf al, koud al,
met misschien al iets in die warme zomernacht, van een geur.
Geen van de twee moordenaarsters kan...

MOEDER [heftig] Maar zij hebben hem niet vermoord!

EDWARD [even heftig] Jawel! Jawel!—[Kalmer] Geen van beiden
kan een weldoende nachtrust vinden. Zij liggen daar met
open ogen, ten prooi aan de wroeging.

De moeder wil hem in de rede vallen.

[Roept] Wat ik zèg: de wroeging! Tegelijkertijd staan zij op van
hun leger.

MOEDER Welk leger?

EDWARD Van hun bed. En hand in hand stappen zij naar buiten in de vroegste morgen zonder iemand wakker te maken. Naar de auto? Wat? Waar is hun voertuig? Verder? Dichterbij? Neen. De auto is verdwenen. Gestolen. Ontzettend! Afschuw! Een wagen van honderddertigduizend frank, bagage, schmink, juwelen, bontmantels, jurken, verzwonden.

MOEDER En de zoon ook.

EDWARD Precies. De zoon ook. De man ook. In Godsnaam! roepen de vrouwen. Maar alleen de echo beantwoordt hun klacht. Een dag gaat voorbij. Twee dagen. Zij gaan zwemmen en liggen in de zon, de twee vrouwen. Zij worden bruin als bessen.

MOEDER Wat vertel je nu? Zij halen toch de politie?

EDWARD Ja, dat doen zij, maar dat duurt in zo'n bergdorp twee dagen. Goed. De politie komt. Gelukkig spreekt de commissaris Frans en de echtgenote legt uit in het Frans...

MOEDER Maar de moeder spreekt toch ook Frans!

EDWARD Eh. Jawel. Maar de moeder kan niet spreken van verdriet. [*De moeder knikt gerustgesteld*] Maar de echtgenote, bij haar aanklacht, als zij alle voorwerpen opnoemt die zij met de auto kwijt zijn, durft niet te zeggen dat daaronder een dode man was. Zij zwijgt daarover! De politie gaat aan het werk. Telefoneren, alarm, wegversperringen, bloedhonden, gendarmes, rupswagens, ja, ja, ja, men vindt de wagen. Aan de rand van een lieflijk dorp, bij een schilderachtig ravijn wordt de auto gevonden. De twee vrouwen sluipen erheen. Alles is onaangeraakt. Alleen de man is verdwenen.

Stilte.

MOEDER Hemel!

EDWARD Ja.

MOEDER [*reconstrueert nogal snel*] Een arme luis ziet de auto die nacht en steelt hem en rijdt met het laatste beetje benzine weg. Hij stopt. Wil zijn buit onderzoeken, vindt de dode zoon! En. En. Hij mietert hem het ravijn in.

EDWARD De vrouwen zwijgen nog steeds. Komen in België aan, vertellen dat hij in Spanje van hen weggevlucht is met een maîtresse. [*Bewogen, traag*] Ergens in de Spaanse woestenij, omgeven van wilde doornen en rusteloze bijen, ligt de man nu en hij rot en wordt opgenomen in het grote afschuwelijke geheel. [*Hij leunt achterover*]

MOEDER [*zucht*] Wat kan jij toch goed vertellen! [*Stilte*] Dat heb je van je vader.

Stilte.

EDWARD Ik heb veel aan hem gedacht de laatste tijd.

MOEDER Je hebt zoveel aan hem te danken, je fortuin, je opvoeding...

EDWARD Alles.

MOEDER Vergeet hem nooit, mijn jongen.

EDWARD Nooit, mama.

Een straaljager scheert over het huis. Zij proberen het vliegtuig te zien.

MOEDER Hij heeft zoveel voor je gedaan.

EDWARD Mijn haar afgesneden.

MOEDER Wat?

EDWARD Weet je het niet meer? Hij had in een of ander weekblad ontdekt dat de haren sterker werden als je ze regelmatig afschoor?

MOEDER Neen.

EDWARD Toen was ik veertien, en al mijn haar moest er af, zei hij. En de kapper en zijn knecht en mijn vader hebben mij in de kappersstoel geduwd, en toen zelfs vastgebonden want ik verweerde mij uit alle macht. En 's anderendaags moest ik naar school, naar de vijfde latijnse, jongens en meisjes samen, met een hoofd als een ei!

MOEDER Maar de haren wòrden er sterker door. Hij deed het voor je bestwil. Hij zelf was zo kaal, hij wou niet dat het bij jou gebeurde later.

EDWARD En hoe hij toen er familie op bezoek kwam, mijn liefdesbrieven voorlas, waarvan hij het klad had teruggevonden! Iedereen kreeg de slappe lach, zo goed kon hij voorlezen [*Theatraal*] 'Mijn allerbemindste Mariette, nooit heb ik zo naar u verlangd als op deze regenachtige morgen.'

MOEDER Ook dat was goed bedoeld, Edward. Zodat je het afleren zou, het geslijmzijk over liefde, dat de beste mensen bedriegt, zodat ze het zelf gaan geloven.

EDWARD Toch heeft hij er mij niet van genezen. Van het geslijmzijk.

388

MOEDER Je gelooft er in, hè?

EDWARD Ik kan niet anders. [*Stilte*] Mama, ik ga me ophangen.

MOEDER Nu?

EDWARD Aan deze boom. [*Hij haalt een dik, wit touw uit zijn jaszak*]

MOEDER Is dat de waslijn?

EDWARD Ja.—Het heeft lang genoeg geduurd.

MOEDER Toch ben je nog bitter jong.

EDWARD Ik wou dat je nu maar naar bed ging, mama. Dat je een paar slaappilletjes nam. Als je wakker wordt, straks, is het over.

MOEDER [*denkt na*] Ik zou het niet doen, mijn jongen.

EDWARD Het is zo voorbij. Daarbij het is een spelletje, je zei het zelf daarnet.

MOEDER Doe wat je niet laten kunt, Edward. Maar ophangen, het is zo...

EDWARD Vies, hè?

MOEDER Wij zullen je een ander pak moeten aantrekken.

EDWARD [*na een pauze*] Toen ik klein was, vertelde papa mij dat je in het ogenblik van je dood, je hele leven ziet voorbijschieten. Zoem!

MOEDER Ik moet er niet aan denken.—Heeft het iets met Elena te maken?

EDWARD Een en ander. Niet te veel.

MOEDER Je vrouw is een kreng. En dat zij ook maar voor iets hiermee te maken heeft, het werkt op mijn zenuwen. Mevrouw Vermast zei het mij nog laatst: 'Eddie had nooit met haar mogen trouwen. Je ziet het aan haar ogen dat zij geen kinderen kan krijgen, zij heeft een te groot verleden achter de rug.' [*Stilte*] Edward, je mag het niet doen. Ik wil het niet. En daarbij, het is eng. Zo vlak voor het huis. Daarbij, het helpt je helemaal niet verder. Je bent dood, en dan?

EDWARD Dan weet ik het.

MOEDER Wat weet je dan?

EDWARD Iets. In ieder geval iets anders dan dit allemaal. [*Hij wuift naar het huis, de lucht, de wereld*]

MOEDER Maar als je nu eens helemaal niets wist. Hè? Noppes, niksmendalle? Hè, dan hang je toch voor pietlul, neem mij niet kwalijk.—Ha, nu heb ik je!—Nee, Edward, dit is niet verstandig van je. Of is het die pennelikker met zijn korte broek die dit in je oor geblazen heeft?

EDWARD [*schamper*] Mama!

MOEDER Overigens je moet ook aan mij denken! Heb je je al voorgesteld wat er in mij zou omgaan als ik straks wakker word van die slaappilletjes en ik je daar... Neen, dit slaat nergens op. Zíj is het, hè?

EDWARD Zij heeft mij bedrogen.

MOEDER Nogal wiedes.

EDWARD Zij bedriegt mij nu, op dit moment. Het is niet erg, maar het helpt.

MOEDER Je wilt haar straffen. Je wilt je wreken! [*Zij kakelt van het lachen, zij veegt haar lachtranen weg. Dan neemt ze het touw en legt het speels rond zijn nek, trekt er aan*] Maar als je je wilt wreken, doe het dan dat je je wraak kan zien, domme jongen. Dode ogen zien niet.

EDWARD [*niet tot haar*] Hoe lieflijk is het allemaal. Ik mag niet klagen. Het leven is verrukkelijk, maar men moet er het einde van kunnen zien. Op zijn gemak.

MOEDER Edward, zit rechtop. Mijn maag keert als ik je zo zie zitten ineenkrimpen. Je jankt, Edward. Het is onbetamelijk, zo heb ik je niet opgevoed. Je wreken—daar komt het op aan, niet?

EDWARD Je zegt het.

MOEDER Dat vereist aandacht, koele gedachten. Nu. [*Zij neemt de teugels ook letterlijk in handen, zij trekt aan de waslijn, zodat hij rechtop zit*] Luister je?
Edward knikt.

MOEDER Je doet alsof. [*Dit kondigt zij aan*]

EDWARD Dat is niet waar. Ik voel het. Hier. Ik kan het bijna betasten. Het einde is vlakbij. Zo meteen, als ik wil. Een kortsluiting.

MOEDER Dat bedoel ik niet.—Je moet doen alsof.

EDWARD Mama, zeur niet.

MOEDER Er was eens...
Edward blaast van verveling.
Neen, het is nu mijn beurt! Er was eens je vader en op een dag

in februari, lang geleden, kwam je vader (die toen nog je vader niet was, want je was nog niet geboren) naar het huis van mijn vader. Dit was in de derde week dat ik hem kende. En ik moest niets van hem weten, en die morgen had ik tegen mijn moeder gezegd: 'Als die dure, dunne vent uit de stad komt, wil ik hem niet zien.' Maar toen je vader die zondag in februari binnenkwam, zei mijn moeder niets. Hij speelde de hele middag klaverjas met mijn vader en rond drie, vier uur zei hij: 'Hé, is Mariette niet thuis misschien?' 'Jawel,' zei mijn moeder toen, 'zij is op haar kamer.'—'En komt zij dan niet beneden?' vroeg hij. 'Nee,' zei mijn moeder, 'zij wil je niet meer zien.'—'Het is goed,' zei hij en hij speelde nog twee drie partijtjes en verdween toen in zijn Hispano, dat was de duurste wagen in die tijd.

Edward is in slaap gevallen.

De volgende zondag kwam hij terug. Je vader. En toen ik zijn auto op het erf zag rijden, schoot ik vliegensvlug naar mijn kamer. [*De moeder let niet op de slapende Edward, zij vertelt voor zichzelf*] En Agatha, mijn zusje, kwam bij mij op het bed zitten. 'Die vent is daar weer,' zei ze. Maar die vent kwam niet eens ons huis binnen, hij reed voorbij de stallen, recht naar de sloot. En hij stapte uit en zat daar neer, in het riet. Mijn vader, aangepord door mijn moeder, ging op hem af. 'Wel, Karel, kom je klaverjas spelen?' 'Nee, mijnheer Verkest, ik blijf hier zitten.' 'Hier aan het water?' 'Ja, hier aan het water' en toen in een keer zag mijn vader dat hij een grote revolver in zijn handen ronddraaide. Vader schrok zich een aap en hij rende terug in het huis. 'Moeder! Moeder!' en vader en moeder kwamen op de deur van mijn slaapkamer bonzen en slaan en zij kermden. En Agatha, bij mij op het bed, begon te huilen en wat deed ik, kalf van negentien, ik huilde nog het hardst van allemaal en ik rende in de tuin, naar de sloot en ik vloog hem om de hals. En hij hield mij vast en dezelfde maand, in februari, de achtentwintigste, zijn wij getrouwd en hetzelfde jaar ben jij geboren.

EDWARD [*lacht kort*] En de haas liep in de strik. En de strik werd zo nauw toegehaald dat de haas een haasje kreeg. Ik.

MOEDER Zelfs jij moet toegeven dat het mooi gedaan was.

Handig en slim. En keihard. Zoals een man handelt. Je moet durven om zoiets te doen. Geef toe.

EDWARD Hij hield van jou.

MOEDER En ik hield van hem. Van toen af aan.

EDWARD Daarom?

MOEDER Misschien.—Totdat hij gestorven is. Wij hebben elkaar nooit meer losgelaten.

EDWARD [*glimlacht om haar idee van liefde: elkaar niet loslaten*] Jullie lieten elkaar niet los, dat is waar. Geen van de twee was ontrouw. Ik was er eigenlijk niet eens nodig. Een overbodige band.

MOEDER De twee tortelduiven, noemden ze ons op de Yacht-Club.

Krekels sjirpen heel luid. Tijd gaat voorbij.

Doe je broeksriem los.

Edward kijkt haar aan.

MOEDER [*steekt haar hand uit. Hij geeft haar zijn broeksriem, een smal, zwart-lederen slangetje*] Een touw doet pijn aan de hals. Voor je het weet, snijdt het in je nek en kan je niet meer terug. En dat willen wij toch niet, hè? [*Zij trekt hem makkelijk uit de sofa. Iets wat bij Elena die dansen wou daarnet, niet lukte*] Daar [*zij wijst op een der laagste takken van de ceder*] ga je aan hangen. Aan je riem. [*Zij boort met een nagelschaartje een gat in de riem*] Kan je het zien? Elena komt binnen. Heet en wild nog en opgehitst en spinnend als een kat, zij wil het huis insluipen, zij ziet een schaduw, zij komt dichterbij, wat ziet zij? Haar eigen man die daar hangt, die zich het leven heeft benomen voor haar!

EDWARD Nu, dat wilde ik toch.

MOEDER Zoals ik haar ken—zij is een vrouw, zoals ik, niet nat achter de oren, maar ook niet helemaal rot van binnen—zal zij zien. Zien hoe verschrikkelijk het is als zo iets gebeurt. Als iemand dood is, kapot, voorgoed. En zij zal zien hoe fout zij is geweest, hoe zij jou bedrogen heeft heel haar leven lang, met woorden en gedachten en daden. Op haar knieën zal ze vallen, als Maria Magdalena. 'Vergiffenis, vergeef mij' zal zij roepen, 'kom terug tot leven. Ik zal het nooit meer doen, laat mij niet alleen.'

EDWARD Maar dat is precies wat ik wilde...

MOEDER [*nu doet zij de broeksriem om zijn hals*] Zie je, dit gaatje zit perfect. Nu hou je je linkerhand tussen de riem en je hals. Zo. Wat voel je? [*Zij trekt aan de riem. Triomfantelijk*] Niets, hè. Je hangt en je hangt niet! En je houdt je hand zo, dat zij het niet merkt, als ze van daar binnenkomt. [*Wijst naar de trapjes van het terras*]

EDWARD Dat wil ik niet.

MOEDER Je moet! Hoe wil je anders zien, wat er met haar gebeurt? Dode ogen...

EDWARD Dan hang ik daar levend. En ik houd haar voor de gek. Met zoiets... Het is een gemene streek, mama.

MOEDER En jezelf stiekem aan een waslijn ophangen, zodat ik je 's morgens als lijk vind, dat is geen gemene streek zeker! Jij weet niet eens meer wat goed en wat slecht is. Wat hebben je vader en ik je geleerd? Leven is goed, dood zijn is slecht. Is dat zo moeilijk om te onthouden? [*Zacht*] Wij kunnen toch altijd eens proberen, Edward. Lukt het niet, dan is het nog niet erg. Het is toch de moeite waard. [*Zij haalt een stoel bij de boom*] Ga hier op staan. [*Zij staat op een andere stoel, naast hem*] Wat ben je gegroeid in al die tijd! Of ben ik gekrompen, de laatste jaren? Hè? Geef me een kus.

Hij doet het.

O, Eddie. Wat jij je moeder allemaal niet hebt aangedaan! [*Zij gooit de riem over een tak, maakt een knoop, vormt de lus rond zijn nek. Helemaal opgeslorpt door haar bezigheid*] Zit het makkelijk?

Hij knikt.

Is die tak wel sterk genoeg, denk je? Want met jouw gewicht... Je bent wel mager maar je hebt altijd een zwaar beenderstelsel gehad...

EDWARD Ik voel me raar, mama.

MOEDER Zal ik je een aspirine halen? [*Wil van de stoel af*]

EDWARD [*houdt haar tegen*] Neen, blijf hier nog wat.—Wij hebben nooit zo op twee stoelen gestaan, hè, mama?

MOEDER Nee.—Toen je klein was en ik je moest wassen, toen stond je soms op een stoel.

EDWARD Denk je dat dit lukt?

MOEDER Vertrouw je mij niet meer?

EDWARD Ik heb je altijd vertrouwd. Vooral als je bezig was, als nu, met je uitvindingen, je spelletjes, je ingewikkelde hinderlagen. En je sprookjes. Daar waren jullie goed in, papa en jij. Want ook jullie konden niet gewoon in de zon gaan zitten, gewoon in de zee gaan zwemmen. Nee. Aldoor maar ronddartelen, in een kringetje dansen, en valstrikken leggen en grijpen, tasten, zoeken. Naar wat?

MOEDER Nu niet meer. Nu je vader er niet meer is. En ik, ik word te oud voor spelletjes.

EDWARD Jij?

MOEDER Ja.—Tot voor een tijdje dacht ik: het gaat nog, het kan er nog mee door, ik kan nog onder de mensen. Weet je wel, ik deed mijn roze jurk aan als het een beetje goed weer was, ik liep over de Keyserlei, ik verfde mijn haar. Het stond me goed, hè, die lichtblauwe spoeling? Mensen denken dan: ze vèrft zich grijs... Maar nu... [*Kwaad*] Zij hebben niet ééns een behoorlijke rincage in heel Spanje!

EDWARD [*nijdig*] Wat geeft dit nou?

MOEDER Je hebt gelijk.—Voor de tijd dat het duurt...

EDWARD [*hij wil zeggen: Dat bedoel ik niet, realiseert zich dan wat zij zegt, het gaat hem door merg en been. Wendt zich van haar af*] Hoelang nog, denk je?

MOEDER Een jaar of twee.

EDWARD [*doet zich geweld aan*] Er kan nog zoveel gebeuren in twee jaar, mama.

MOEDER Wat dan?

EDWARD [*weet daar geen antwoord op. Zegt lichtjes*] Je zal nog dansen op mijn graf.

MOEDER Dat dacht je maar.—Twee jaar [*zegt zij nadenkend*] Ik merk het als ik trappen op moet. Of als ik mij omdraai in bed en ik lig op de verkeerde kant.

Edward streelt haar wang. De moeder kan daar niet goed tegen. Zij kust zijn hand.

MOEDER [*herneemt de operatie-ophangen*] Hou je je bril op of niet?

EDWARD Misschien beter niet, hè?

MOEDER Maar dan zíe je niets!

EDWARD Ik had gedacht. Alleen maar gedacht, hoor. Van dit op te zetten. [*Uit zijn zak haalt hij een zwart-fluwelen masker*] Ik heb dat eens aangehad op een bal-masqué. [*Hij doet het aan. Het is een loep, die alleen de ogen bedekt*]

MOEDER Het staat je goed. Kijk niet zo naar mij! Edward! Ben jij dat? Je lijkt iemand anders.

EDWARD [*schuift de loep over zijn voorhoofd. Lacht. Stilte. Dan wil hij van de stoel, maar de riem houdt hem tegen*] Mama, wil je mij de sigaretten aangeven?

Zij verroert niet.

Mama, ga van die stoel af. Genoeg gelachen!—Het is mijn riem om mijn nek onder mijn boom. Ga weg.

De moeder kruipt moeilijk van de stoel, steekt een sigaret voor hem op, geeft ze hem.

En ga nu maar naar binnen.

MOEDER Nee.

EDWARD Je zal kou vatten.

MOEDER Nee.

EDWARD Lááát mij met rust! Voor één keer!

MOEDER Dan ga ik daar op het puntje van de rots zitten. Zodra ik haar zie, zal ik je teken doen. [*Zij gaat*] Pas op, dat je je geen pijn doet. Je bent zo onhandig altijd. [*Bij het weggaan ziet zij het touw op de tafel liggen, zij neemt het gauw mee*]
Stilte.

EDWARD [*reciteert*] Aan de overkant van de zee-engte staat de verkleumde schildwacht. Met vernauwde oogleden, met scherpe blik speurt hij over de wijn-zwarte zee. Nu al, veel verder, heeft een wakkere wacht een toorts aangestoken. Van over de heuvels is het licht zichtbaar aan de volgende wachter die op zijn beurt al de toorts heeft aangestoken. De nacht staat in lichtelaaie, maar wij zien het nog niet. Aan de rand van de rotsheuvel waakt de onvermoeibare Klytaimnestra. Zij zal naar mij toerennen, roepend: Aigistos, Aigistos, de toorts brandt!

Terwijl Edward voor zich uitkijkt, gaat er tijd voorbij. Het wordt lichter. De eerste zonnestralen, schuin over het terras. Zij bereiken Edward nog niet. De sirene van het oorlogsschip. De Vlaamse gaaien.

[*Gewoon*] Zie mij hier staan. [*Declameert*] Stond ooit in 's werelds aanschijn groter, dommer lul? [*De zon wordt heviger, vat hem. Hij slaat zijn handen om zich heen, geeft zich een klap op de wang*] Ten prooi aan het gedierte! [*Hij sist, blaast de muggen weg. Gewoon*]

Die zon bràndt. [*Fluistert*] Mama. Mama. Ik sta hier levend te verbranden. [*Declameert, maar vervalt af en toe in zijn gewone toon*] Voorwaar, voorwaar, dit is een kinderachtig spel. Maar. Doen wat moeder zegt. Moeder weet het wel. De dageraad breekt aan. Is aangebroken. Is gebroken. Het donker is over waarin opnieuw zovele slierten slijm in het donker werden geslingerd. Het licht is daar waarin zovele nieuwe wezens naar het licht worden geperst. Een méér of min. Het is on-over-zien-baar prachtig glanzend het gedans van de mensen op aarde en gruwelijk mooi lieflijk hoe het niet ophoudt. Geen eind in zicht.—Sprak hij ontroerd.

MOEDERS STEM Edward.

EDWARD [*plots opgewonden*] Ja. Jaja.

MOEDERS STEM Zij is daar.

MOEDER [*loopt op het terras*] Ik heb het bootje gezien. Zij zit aan het stuur.

EDWARD Nu al?

MOEDER Geef je sigaret hier. Dat staat niet. [*Zij veegt de peukjes weg met haar voet*] Luister. Zodra je haar hoort op het terras, schop je de stoel weg, heel zacht. Blijf zo stil mogelijk hangen, dan kan er niets gebeuren. Geef geen kik.—Vooral niet zenuwachtig zijn. Ik ben vlakbij. Zij zal de schrik van haar leven... Tot straks. [*Op de tenen loopt zij het huis in*]

EDWARD Eindelijk.

Het getuf van een motorboot is hoorbaar, komt naderbij.

[*Declameert, maar heel gauw vergaat zijn zin daarin*]—Ha. Het schuldig geratel. De schandelijke boot. Kom, mijn engel, kom. *De motorboot stopt, ergens beneden de heuvel.*

[*Hij wacht*] Het duurt. Waar blijft zij?—Zij ligt verdomd op de rotsen te zonnebaden! In de eerste stralen, de zuiverste, de beste! [*Kwaad*] Schiet op! Dit is onhoudbaar. Het mens snuift de eerste zonnestralen, terwijl ik hier op haar moet wachten met een strop rond mijn nek! Kom op!

Een stier loeit.—Een rukwind waait van de tafel de speelkaarten over de vloer.

Ik gebied het je, ik ben je wettige echtgenoot.—Zij zit daar te zítten!

Een kale, lange man in een zwart pak komt op het terras. Als Edward

*hem ziet, schrikt hij. Edward wil zijn afgrijzen uitgillen, maar kan
het niet, hij kokhalst.*

DE KALE MAN [*Edwards vader*] Eddie. Jongen. Apen apen apen
na. [*Met een vinnigheid die niet bij zijn nogal waardig postuur hoort,
schopt hij de stoel van onder Edward weg. Kijkt kalm naar de hulpeloos
spartelende Edward. Gaat achter de boom, af*]

EDWARD [*die zijn hand tussen hals en riem heeft kunnen schuiven,
bengelt over en weer. Hij roept hees, in paniek*] Help! Help mij!—
Mama. Mama, waar ben je?—Hij is teruggekomen, mama, jaag
hem weg. Hij is er weer. Maak me los, moeder. Ik ga kapot.
Gauw. [*Hij slaat zijn voeten tegen de boomstam, probeert daar steun
te zoeken. Zijn houding is nu niet ongelijk aan die van een 'luiaard'
(Bradypus tridactylus). Zijn stem verzwakt*] Ik wil het niet. Help
me toch. Ik stik. Le-na. Lenaatje.

PAUL [*komt op het terras. Hij ziet er slecht uit. Een nacht uitzitten op
zijn leeftijd... Hij onderzoekt Edward*] Missiaen. Wat doe jij mal?
Edward maakt een verstikt geluid.

PAUL Ik had het de hele tijd al in de gaten dat je iets in het schild
voerde, kerel. Jaja, men begint met een grapje in een gesprek,
men neemt een mens die op bezoek komt graag eens in het
ootje, en voordat je het weet. ...Maar, enfin, bezie dit nu eens.
Elena. [*Hij roept, achter in de tuin is lawaai*] Elena. Kom eens kijken wat hij nu gedaan heeft.

EDWARD Help me. Paul.

PAUL Gemakkelijk gezegd.

ELENA [*komt gerend. Stopt*] Edward!

EDWARD Maak me los. Zien jullie dan niet dat ik stik. Ik kan
het niet meer volhouden.

ELENA Paul, maak hem los.

PAUL [*schudt het middenstandshoofd*] Op zijn leeftijd! Als een kind
in een boom gaan hangen! En dan verstrikt zitten.

ELENA Welk kind? Hangt een kind zich nu in een boom op?
Edward, men kan je werkelijk geen ogenblik alleen laten. [*Zij
komt vlakbij haar man*] Paul, kijk eens, alle aderen zwellen in zijn
gezicht. Maar. Hij gaat dood! Help hem, Paul!

PAUL Hoe kan ik nu...

ELENA Snij die riem los!

PAUL Ik heb geen mes bij. Ik loop toch niet met een mes rond.

Ik ben geen padvinder meer. Alsjeblieft.

ELENA Doe iets, Paul. Hef hem op. Een twee.

Zij heffen samen de levenloze Edward iets de lucht in.

O, God, hij ziet paars. Edward, Edward, waarom doe jij toch altijd zo raar? Was het om mij, je kikkertje, eh, je kippetje? O, Edward, hoe kon je het over je hart krijgen. Lelijke rothond. Kan je spreken, Edward?

PAUL [*heel luid, als tegen een dove*] Kan je geen teken doen? Hef je hand als je ons kan verstaan.

Edward verroert niet.

ELENA Zeg iets, mijn liefje. Tegen je eigen vrouw.

EDWARD Hij is teruggekeerd. Ik heb hem gezien. Hier op het terras.

ELENA Moeder! Moeder! Edward sterft! Je zoon...

PAUL [*aanzienlijk kalmer*] Zij slaapt waarschijnlijk.

ELENA Wat moet ik doen? Wij kunnen hier niet zo blijven staan. Edward, help ons.

EDWARD Wanneer?

PAUL Hij begint door te wegen.

ELENA [*kwaad*] Hou hem vast!

PAUL Hij weegt zwaarder dan ik dacht. Een zwaar beenderstelsel...

EDWARD Wat? Waar?

PAUL Zeg, kan je ons niet wat helpen? Je kan toch jezelf losmaken. Je hebt verdorie toch twee handen.

Elena helpt Edward de riem losmaken. Maar het gebeurt te plots dan ineens, hij glijdt tussen hen tweeën door en valt op de grond. Hij zit op het terras, verdwaasd, met open mond. Het masker is weer over zijn ogen gegleden.

PAUL Zorro. De man met het masker. [*Begrijpt het niet*] En dàt bestuurt een fabriek van kindervoeding.

ELENA [*buigt zich voorover*] Heb je je pijn gedaan? Op je stuitje?

PAUL Laat hem maar even zo. De zenuwen moeten weer in hun plooi schuiven. Wacht maar.

Stilte. Zij staren naar Edward, die niet verroert.

ELENA Maar stel je eens voor dat wij... tien minuten later gekomen waren. [*Tot Paul*] Dat wij daar beneden waren blijven zitten. Zoals jij wou. Jij, schoft. Wij moesten naar de Grote

Beer zoeken. Ellendeling! Als wij de Grote Beer gevonden hadden was ik hem, mijn eigen man, kwijt geweest. Dood. Kapot. Koud. Nergens meer. Weg, mijn Eddie, weg...

PAUL [*steeds een logicus*] Maar als wij tien minuten eerder gekomen waren, wat dan, mevrouw? Dan liep hij hier rond, gewiekst als een vink.

ELENA Je neemt het hem kwalijk dat hij leeft! [*Somber*] Hij wou zijn leven voor mij geven. Voor mij die niets gedaan heb voor hem. Tenzij hem gepest en bedrogen.

PAUL [*kan er nog steeds niet bij hoe Edward zoiets kon doen*] Je moet toch maar durven.

Edward, zonder taal of teken, valt plat achterover. Bewusteloos. Of dood?

Wat doet hij nu?

ELENA Edward!

PAUL Hij overdrijft. Vind ik. Pas is hij van een zekere dood gered en hij...

ELENA [*voelt zijn pols*] Ik voel niets.

PAUL Je bent te nerveus. Laat mij...

MOEDER [*nu pas merken wij dat zij—misschien al een hele tijd—in de deuropening stond. Luid, bijbels*] Raak hem niet aan, jij. [*Zij gaat bij Edward, knielt, legt haar oor tegen zijn borst. Roept, zoals een Italiaanse actrice*] Mijn jongen!

ELENA Moeder, het is mijn schuld niet.

MOEDER Mijn Edward!

PAUL Het is een ongelukje.

MOEDER [*richt zich op. Tranen rollen over haar gezicht*] Mijn enig kind! [*Dan, dramatisch, tot Elena*] Ik zou niet in jouw plaats willen zijn, nu.

ELENA Maar...

MOEDER Spreek niet meer tegen mij. Denk, overdenk wat je gedaan hebt!

PAUL Hé, hij doet één oog open! [*Paul neemt Edward resoluut onder de oksels, trekt hem recht*] Kom, mijn jongen. Eén en één is twee en één is, hup.

EDWARD [*klappertandt*] Elena, zeg aan die man dat hij me met rust laat. Dat hij weg moet gaan.

MOEDER Wacht nog even. De wraak is niet volbracht.

EDWARD Wraak, wraak! Weet je niets anders?

PAUL Als je het mij vraagt, dan heeft hij een zenuwschok. Dat komt meer en meer voor tegenwoordig.

ELENA [*schril*] Hoor je dan niet wat hij zegt?

PAUL Zegt hij iets?

ELENA Of je verdwijnen wil. Weg. Buiten.

PAUL Wie? Ikke? Zomaar? Ik heb hem toch niet in die boom gehangen.

MOEDER Jawel!—Het is allemaal jouw schuld. Wij waren een gezellige, leuke familie, samen op vakantie, samen uit samen thuis. En toen kwam jij hier, met je korte broek, en je rare praatjes, onrust stoken.

PAUL Dit is wel het mooiste.

ELENA Paul, je hebt je dienst gedaan. Je bent klaar hier. Ga nou.

PAUL En waar moet ik naartoe?

ELENA [*tot Edward, zij slaat hem lichtjes op de wang*] Ik kan jou wel een oorveeg geven. Hou op met dat beven. Wees een man, Edward.

PAUL Zeg, toch is deze zaak niet rond, en...

ELENA Merk je dan niet dat je hier te veel bent!

MOEDER Ja, precies, het is gedaan met ruzie te stoken, meneer, in ons huis.

PAUL [*geërgerd*] Help ze dan eens klaar te zien in hun eigen toestand. Stank voor dank!—[*Tot Elena*] Heb je dan zo vlug vergeten? Een halfuur geleden zaten wij samen in een boot. Je wou dat ik jou de Grote Beer aanwees. Zoals met jou heb ik nog nooit in een boot gezeten. [*Stilte. Lam*] Dan ga ik maar naar het dorp. Er zal wel niemand wakker zijn, daar. Nu ja. Ik ga al.—Dag, mevrouw. Mevrouw. Mijnheer. [*Hij gaat weg. Voor hij verdwijnt*] Als jullie mij nog eens nodig mochten hebben...

Niemand reageert. Edward valt in een ligzetel.

MOEDER [*tot Elena*] Zo. Ben je tevreden met wat je bereikt hebt. Wat je hem aangedaan hebt, mijn enig kind.

ELENA Moeder, voor mijn part, maak je er nog één.

MOEDER [*gekwetst, sommige grapjes bevallen haar niet*] Als je het zo opneemt... [*Tot Edward*] En jij? Ik heb mijn best gedaan voor je vanavond. Alles is nu in orde.

EDWARD Ja, mama, je hebt je best gedaan. Dank je wel.

MOEDER En wat jou betreft... [*Zij wil Elena weer onder handen nemen*]

EDWARD [*schreeuwt*] Mama, ga slapen. Zet de radio aan. Doe om het even wat. Maar ga uit mijn ogen!

MOEDER Ja zeker. [*Tot Elena*] Ik ga een slaappilletje voor hem halen.

EDWARD Gá in huis!

Moeder verschrikt af.

Elena, is er iemand in de tuin?

Zij kijkt.

Doe de voordeur dicht.

Zij doet het.

[*Hij kijkt haar langdurig aan*] Elena. [*Begint weer te klappertanden*]

ELENA Edward.

EDWARD Mijn moeder heeft mij bedrogen. Zij heeft mij in een hinderlaag gelokt. Zij was akkoord met mijn vader om mij te vermoorden. Ik wou niet dood, mijn engel, echt niet. Ik deed alsof. Het was een spel. Ik ben vlakbij geweest. Ik voelde het slijmerig net al dat dichter en dichter werd getrokken. Door hen. Door hen samen. Altijd hebben zij alles samen bekonkeld, die twee.—Mijn vader is teruggekeerd, Elena!

ELENA Ja. Ja zeker. Dat weten wij al.

EDWARD Maar ik zweer het je. Ik heb hem gezien. Zoals ik jou zie.

ELENA Natuurlijk.—Zit stil.

EDWARD Wat een ellende was het geweest als zij hun zin hadden gekregen. Het was geen gelukzalige razernij, mijn liefje, dat doodgaan. Door zijn grommende, wurgende handen. Hun handen. Vier, Elena! Ik was geen mooie dood gestorven. Een na-aperij, daar leek het op. Een van de miljoenen haringen op het droge. Waar ben je?

ELENA Heb je mij gemist toen? Dacht je aan mij de hele tijd?

EDWARD Hou je mond.

ELENA Ik red hem uit de klauwen... ik haal hem van zijn galg, en hij is weer grof als tevoren tegen mij. Meneer leeft weer.

EDWARD O, hoe smerig was het.—Zwijg.—Het was...Het slipt weg. Ik weet het al niet goed meer.—Ik ben verbrand door

401

de zon. Is dit alles?—Neen, alles is klaarder. Helder. Hij zei: 'Eddie, jongen' tegen mij. Alsof hij mij een geheimpje, een grapje wou vertellen, het lag op de top van zijn tong. Eddie...

ELENA Ik ben hier. Terug. Wij zijn weer samen.

EDWARD Herbeginnen. [*Hij schrikt daarvan*] Neen! Wat zei hij toch? [*Triomfantelijk*] Apen apen apen na.

ELENA Babbel maar, het doet je goed, babbel maar.

Edward zegt natuurlijk niets meer nu.

Wat ben ik geschrokken... maar nu is er niets anders dan wij tweeën, hè, je bent het vergeten...

Terwijl zij hem bedarend toemummelt, wordt achter hen een kamer zichtbaar, of toch iets dat een wijde dure zitkamer suggereert. Een Chinees scherm waarop een grijsaard geschilderd staat. Een trap. Een jongen van dertien. Edward, loopt over en weer. Hij spreekt tot de grijsaard op het scherm. Men merkt al in de jongen iets van de eigenzinnige lust tot theatraliseren die Edward later zal omvormen tot een meer cynische manier van af-reageren. Zoiets.

DE JONGE EDWARD Vijf uur reeds staat de hemelse vuurbal aan de kim, o, oude man, en nog wacht ik, het opperhoofd der Boxers, op uw antwoord. Vrees mijn toorn en geef antwoord, of ik laat u daar aan de paal gebonden staan tot de zon uw ogen doet smelten. Wat zegt gij? [*Hij luistert*] Dat een kat niet met een muis omgaat? Waanzinnige grijsaard. De mannen van mijn regiment zullen u onder handen nemen. Wanneer de zon daalt ter kimme. Uw bloed zal vloeien en...

Een jonge vrouw, Edwards moeder zevenentwintig jaar geleden, komt op. Hoogrood. Overdadig geschminkt. Een zwarte jurk met wit schort voor. Een wit dienstmeidenmutsje. Zij schrikt als zij de jongen ziet.

DE JONGE MOEDER Wat doe je hier?

DE JONGE EDWARD Spelen. Ik heb mijn huiswerk al gemaakt.

DE JONGE MOEDER Maar. Je zou vanavond van school toch meteen naar de club gaan?

DE JONGE EDWARD Het opperhoofd is ziek.

DE JONGE MOEDER Maar. Waar. Waarom. Weet je wat? Omdat je de hele week zo goed gewerkt hebt op school, mag je van mij nu naar het Feestpaleis.

DE JONGE EDWARD Ik heb de film al gezien, mama. Wij zijn er samen naar toe geweest, eergisteren.

DE JONGE MOEDER Wel. Ga dan naar de Palace. Hier heb je twintig frank.

EDWARD, DE OUDERE [*springt op uit zijn stoel. Terwijl de jongen nukkig naar zijn opgewonden moeder kijkt, roept hij*] Maar in de Palace is het: 'Kinderen niet toegelaten!' Waarom moet ik weg? Nu zo ineens?

DE JONGE MOEDER En hier. Vijf frank voor een chocolade-reep.

EDWARD, DE OUDERE Ik wil niet naar de bioscoop!

ELENA Nee. Wij gaan nergens heen. Wij blijven thuis vanavond. [*Zij is ongerust*]

DE JONGE EDWARD [*aarzelend*] Mama.—Waarom heb jij de kleren van het dienstmeisje aan? En haar muts? Ga je de vloer boenen?

DE JONGE MOEDER Ga nou toch, Edward. Ik heb een heleboel te doen.

EDWARD, DE OUDERE Zo mooi had ik haar nog nooit gezien. Armoedig zag zij er uit. Net als Betty, het dienstmeisje. En smerig ook, met heel rood geverfde wangen. En zij zag mij met moeite, zij trilde op haar benen. [*Roept*] Waarom?

DE JONGE MOEDER [*verward*] O, en ik heb mijn muiltjes nog aan! [*Zij schopt haar muiltjes uit*] Waar zijn mijn schoenen? [*Zij vindt onder de sofa een paar hooggehakte schoenen, doet ze moeilijk aan, verliest bijna haar evenwicht*] Edward, blijf hier niet zo rond-draaien, je werkt op mijn zenuwen. Ga nou naar de bioscoop. Loop!

DE JONGE EDWARD [*verongelijkt*] Ja, het is al goed.

DE JONGE MOEDER Dan kom ik je afhalen straks.

EDWARD, DE OUDERE [*stoot een schamper lachje uit*] Ha!

De jongen gaat naar de deur, maar blijft staan. Terwijl de jonge moeder haar schoenen beter aantrekt, haar mutsje schikt in de spiegel, haar lippen likt, verstopt de jongen, die voetstappen achter de deur gehoord heeft, zich achter het Chinees scherm. De deurbel gaat.

DE JONGE MOEDER [*met een hoge, valse stem*] Een ogenblikje! [*Zij telt op haar vingers de seconden, één, twee, drie, vier, vijf, zes, zeven. Trippelt naar de deur. Zij maakt een revérence*] Goedenavond, Mijnheer de commissaris.

EDWARDS VADER [*in hetzelfde donker pak als daarnet. Maar nu met een bolhoed op. Hij draagt een reusachtige bloementuil*] Dag, mijn schoon kind.

Zij neemt zijn hoed, wacht eerbiedig tot hij binnenkomt. Handenwrijvend inspecteert Edwards vader het huis.

Het is een zalig weertje, zeg. Is mevrouw de Gravin thuis?

DE JONGE MOEDER Ja, mijnheer de commissaris. Zij verwacht u met het grootste ongeduld.

EDWARDS VADER En jij, kleine rakker. Wachtte je ook met ongeduld? Hè? [*Hij is overdadig, grotesk, de oude roué*] Wat zie je er weer beeldig uit! Helemaal, helemaal om een commissaris in de totale verwarring te brengen. Kom eens hier. Kom eens een kus halen.

DE JONGE MOEDER [*speelt mee, de kokette soubrette*] Maar, mijnheer de commissaris, wat denkt u wel van mij?

EDWARDS VADER O jij knollebol! Wat een plaaggeest! Kom hier, zeg ik je!

DE JONGE MOEDER Maar wie denkt mijnheer de commissaris dat ik ben?

EDWARDS VADER [*knijpt haar in de billen*] Een bengel van een knollebol! Een koekje! Een abrikoos!

DE JONGE MOEDER Wat zou mevrouw de Gravin hier wel van denken! Bent u niet beschaamd?

EDWARDS VADER [*haalt een briefje van honderd frank te voorschijn, houdt het voor haar neus*] En jij, wat zou je hier wel van denken?

DE JONGE MOEDER [*koket*] Is dit voor mij? Voor mij alleen?

EDWARDS VADER Ja, mijn poezeloesje. Maar voor een kus.

DE JONGE MOEDER [*neemt het briefje en stopt het in haar corsage*] Eéntje dan. En op de wang.

Hij geeft haar een kus op de wang en meteen grijpt hij haar vast. Zij met bolhoed in de hand, hij met de bloementuil. Zij maakt zich los en rent achter de tafel.

Ik wist het, ik wist het dat u dat zou doen.

Hij probeert haar weer te pakken, zij ontwijkt. Een groteske jacht rond de tafel.

O, wat een gevaarlijk heerschap bent u toch!

EDWARDS VADER [*stopt, luistert naar boven*] Ik hoor iets. Me dunkt dat ik stappen hoorde.—Ga gauw je meesteres verwittigen dat ik hier ben, duivelin.

DE JONGE MOEDER [*plagerig*] Even kunt u toch nog wachten! *Zij gaat de trap op. Hij slaat haar nog gauw op de billen.* Au!

Edwards vader, alleen, kuiert rond. Knort van genoegen.

EDWARD, DE OUDERE [*bijt op zijn vingernagels*] Stil! Stil!

EDWARDS VADER [*zingt*] Wie zal er ons kindeke douwen—En doet het zijn vaderke niet.—Trouwen is houen en rou-wen—Met een kluit in het riet.

Edward, de oudere zingt geluidloos mee. Elena durft hem niet te onderbreken. Edwards vader buigt ineens diep. Van de trap komt, gehuld in een enorme, witte bontjas, met een tiara, en in een vorstelijke, ongenaakbare houding de jonge moeder. Edwards vader nadert.

Mevrouw de Gravin. Mijn eerbiedigste hommages.

DE JONGE MOEDER [*geaffecteerd*] Wat een genoegen u te mogen groeten, commissaris. Zijn er geen zakkenrollers te vangen, geen proleten te temmen in de stad, dat u midden op de dag uw verantwoordelijke post in de steek kunt laten?

EDWARDS VADER Vergeef mij als ik u stoor. Als ik u lastig val met [*hij biedt haar de ruiker aan*] een eenvoudig boeket.

DE JONGE MOEDER [*zonder naar de bloemen te kijken, gooit ze achteloos op de sofa. Zeer bloedarmoedig*] Dank u.

EDWARDS VADER Dat ik vanmiddag mijn opwachting kom maken is niet helemaal vreemd aan het feit dat ik mijnheer de Graaf [*de titel spreekt hij uit als een boerenknecht*] naar zijn bridge-club zag rijden.

DE JONGE MOEDER [*achteloos*] Het is woensdag.

EDWARDS VADER [*schuift onzeker rond*] Niet dat ik een vriend, zoals ik mijnheer de Graaf wel mag noemen, zou willen schaden in uw achting...

DE JONGE MOEDER Wilt u niet over hem spreken, als het u belieft. De kerel hangt mij al genoeg de keel uit.

EDWARDS VADER Pardon?

DE JONGE MOEDER De graaf en ik hebben mot.

EDWARDS VADER Ik vreesde het. Neen, mevrouw, ik hoopte het.

DE JONGE MOEDER Gaat u toch zitten.

EDWARDS VADER Met mijn oprechte hoogachting. [*Zit helemaal vooraan op de stoel*]

DE JONGE MOEDER En waaraan hebben wij uw onverwacht bezoek te danken, commissaris? Toch niet weer aan hetzelfde liedje, hoop ik.

EDWARDS VADER Helaas.

EDWARD, DE OUDERE [*die de zinnen af en toe meeprevelt, roept*] Hetzelfde liedje. Wat anders?

DE JONGE MOEDER O, toch.

EDWARDS VADER Als ik zo vrij mag zijn, allerdierbaarste, ik ken geen ander liedje. Ik leef niet meer, ik kook, ik schuim, ik klim de muren op. Mijn ziel verschroeit in haar huls, mijn lijf en leden...

DE JONGE MOEDER Ik kan niet de minste belangstelling opbrengen voor uw eh, lijf en leden, commissaris.

EDWARDS VADER [*windt zich op*] U moet! [*Knielt voor haar, vat haar hand en legt haar op zijn borst*] Dit is mijn hart.

DE JONGE MOEDER Inderdaad. Het klopt.

EDWARDS VADER Als ik u zo dichtbij mag naderen, ik die daar verga in het bureau van Post Achttien, tussen de smokkelaars, de nozems en de pooiers, ik die mijn dagelijks brood verdienen moet met dat schorremorrie, ik, ambtenaar, ik, weduwnaar...

DE JONGE MOEDER Een kopje thee, commissaris?

EDWARDS VADER U pijnigt mij. Wie wil er thee, wanneer in de woestijn van deze wereld vlakbij op de hoogte van zijn lippen, de koelste bron aan het murmelen is, uw lippen, aller-aan-bedenste.

DE JONGE MOEDER Commissaris, u gaat te ver.

EDWARDS VADER Niet ver genoeg. [*Hij valt tegen haar aan*] Mijn zonneschijn.

DE JONGE MOEDER Bedaar, beste man. Denk aan uw verantwoordelijkheden.

EDWARDS VADER Om zeep! Over de haag! Naar de maan!
Er is lawaai te horen achter het Chinees scherm. Edward, de oudere, slaat beide handen tegen zijn oren.

EDWARD, DE OUDERE Ik ben hier niet!

DE JONGE MOEDER [*vergeet haar rol. Schrikt echt*] Wat is dat? Wat zèg je?

EDWARDS VADER Mijn zonneschijn! Alles, de roerloze elementen in de natuur, de meest versteende rotsblokken ontkiemen, splijten in uw nabijheid. Een roes! O, hoe brandt uw zon in mijn gezicht! [*Hij sleurt haar mee op de sofa*]

DE JONGE MOEDER Het boeket!

EDWARDS VADER Een bed van dahlia's. [*Hij scheurt het papier, spreidt de bloemen en duwt haar terug op de sofa*] Zeg mijn naam. Sla mij. Verongeluk mij.

Nu is achter het Chinees scherm duidelijk een snik, een onderdrukt gekerm te horen. De jonge moeder richt zich op.

DE JONGE MOEDER Er is daar een beest achter het scherm.

EDWARDS VADER Uw poedel. Uw angorakat.

DE JONGE MOEDER Er verroert iets.

EDWARDS VADER Ik ben uw beest, een draak, een eenhoorn.

DE JONGE MOEDER [*stoot hem opzij, loopt naar het scherm. Schuift het weg*]

De jongen komt te voorschijn. Hij is in paniek.

Edward!

EDWARDS VADER Eddie! Wat doe je hier?

DE JONGE EDWARD [*kan niet spreken, hij wijst naar hen. Roept luidkeels, terwijl Edward, de oudere, het eveneens roept*] Apen apen apen na. [*Dan vlucht hij*]

De ouders kijken elkaar verbijsterd aan.

EDWARDS VADER [*rent naar de deur*] Eddie! Wacht even! Kom terug.—Het is niet wat je denkt, mijn jongen.

EDWARD, DE OUDERE [*tot zijn ouders*] Wat nu? Wat zeggen jullie nu? Ik ben er niet meer. Ik ben de straat opgelopen. Wat?

EDWARDS VADER Mevrouw... Mariette, dit is mijn schuld niet.

EDWARD, DE OUDERE Dàt wil ik niet horen. Andere woorden. Geen spelletjes meer. Het spel is uit.

EDWARDS VADER Mariette, je kroon zit scheef.

De jonge moeder wrijft lipstick van zijn wang.

Ik heb honger. Ik heb op kantoor alleen maar een uitsmijter gegeten.

DE JONGE MOEDER Er is schapebout. En ananas na.

EDWARDS VADER Ananas na.

DE JONGE MOEDER Denk je dat Eddie iets gehoord...

EDWARD, DE OUDERE [*valt haar geweldig in de rede*] Nee, dat niet. Laat mij er buiten. Ik ben er niet.

EDWARDS VADER Je bent goed voor mij, Mariette.

DE JONGE MOEDER En ik hou van jou. Omdat je sterk bent en goed voor mij bent. En omdat je van mij houdt.

EDWARDS VADER Wat nu?

DE JONGE MOEDER [*lam*] Ik ga die kleren uitdoen.

EDWARDS VADER [*trekt zijn das los, knoopt zijn hemd open*] Ja, doe dat.

DE JONGE MOEDER Wij hebben die kleren niet meer nodig, nu.

EDWARDS VADER Neen.

De jonge moeder gaat af, de vader volgt. Edward springt hen achterna.

EDWARD, DE OUDERE Ga nog niet weg. Vlucht niet, lafaards. De woorden wil ik horen, wanneer jullie geen spel meer spelen. Het is nog niet voorbij. Alstublieft!

Maar zij gaan weg.

[*Tot Elena*] In lompen, Elena, zijn zij gekleed, voor altijd. In hun dagelijkse lompen. Zovele verhalen, zovele fratsen en danspassen kunnen niet blijven duren. Op een dag breekt er iets door, iets dat... wáár moet klinken.—En die woorden hebben ze niet gezegd. Wat ze zeiden had geen enkele betekenis. Niet één betekenis.

ELENA Je babbelt. Bazelt. En ik weet ook geen weg in jouw woorden.

EDWARD Ik heb het koud.

ELENA Ga dan binnen.

EDWARD Nee.

ELENA Heb je honger?

Hij knikt.

Er was niets dan schapevlees te krijgen op de markt. Het rundvlees is verschrikkelijk hier, maar toch zou ik eens willen veranderen. Wil je een soepje?

EDWARD Ik was bang, Elena, daarnet, ik kan het je niet vertellen. [*Niet tot haar*] Een kerkvader ben ik niet die op een rots zit en van distels en sprinkhanen leeft. [*Begint al ietsje te declameren weer*] En die als zijn tijd gekomen is, oog in oog kan zien met het Grote Geheel. En daar bevredigd zijn lichaam in te ruste legt. O neen. Te veel roert nog in mijn gebinte. En het is gauw gekieteld vlees dat trilt rond mijn gebeente.

408

ELENA Dat je dit kan doen. Om mij.

EDWARD [*zakelijk*] Het was niet om jou. Ik wou alleen niet meer bedrogen worden.

ELENA Dat is toch hetzelfde.

EDWARD [*teder*] Jij bent het niet alleen die mij bedriegt.

ELENA Edward, ik wil weg van dit eiland.

EDWARD Ik ook. Wij gaan naar huis.

ELENA Ik zal blij zijn als ik onze tuin terug zal zien. En de tuinier. De televisie. En de regen bij ons.

EDWARD Je borsten zijn twee bruine hondjes.

ELENA Nog meer.

EDWARD Het is alles.

Zij trekt zijn das los. Doet zijn schoenen uit. Trekt dan zijn jasje uit. Zij hangt het over de stoel.

ELENA Je bent al helemaal verbrand. Je moet oppassen met de eerste zon. Eerst tien minuten, dan... [*Zij haalt uit haar tas een crème en wrijft die over zijn gezicht*] Blijf stil.

Stilte. Kinderen die in het water joelen.

Zit je goed zo? Er is niets gebeurd, hè, vanavond. Van mijn kant, noch van de jouwe. Wij vergeten het. Een kruisje er-over. Akkoord? Alles is als vroeger.

EDWARD Je bent goed voor mij. [*Zegt hij het tegen haar of niet?*]

ELENA Ik hou van jou. Omdat je van mij houdt.

EDWARD De zon, als je er in zit, is net een wiel. Het wiel rijdt je omver.

Van binnen is een aanhoudende, luide Arabische klaagzang te horen. Het is 'de dans van de reiger'.

Doek

(1962)

POËZIE

Registreren 1948
Zonder vorm van proces 1949
Tancredo infrasonic 1952
Een huis dat tussen nacht en morgen staat 1953
De Oostakkerse gedichten 1955
Paal en perk 1955
Een geverfde ruiter 1961
Oog om oog 1964
Gedichten 1948-1963 1965
Heer Everzwijn 1970
Van horen zeggen 1970
Dag, jij 1971
Figuratief 1973
Het Jansenisme 1976
Het Graf van Pernath 1978
De Wangebeden 1978
Gedichten 1969-1978 1979
Claustrum 1979
Zwart 1979
Van de koude grond 1979
Antiphon 1979
Füga 1980
Fiesta 1981
Almanak 1982
Alibi 1985
Mijn honderd gedichten 1986
Sonnetten 1987

PROZA

De Metsiers 1950
Corneille 1951
De hondsdagen 1952
Natuurgetrouw 1954
De koele minnaar 1956
De zwarte keizer 1958
Karel Appel, schilder 1962
De verwondering 1962
Omtrent Deedee 1963
De vijanden 1967
Natuurgetrouwer 1969
Schaamte 1972

Het jaar van de kreeft 1972
De vluchtende Atalanta 1977
Jessica! 1977
Het Verlangen 1978
De Verzoeking 1981
Het verdriet van België 1983
De mensen hiernaast 1985
Chateau Migraine 1987
Een zachte vernieling 1988

TONEEL

Een bruid in de morgen 1955
Het lied van de moordenaar 1957
Suiker 1958
Mama, kijk, zonder handen! 1959
De dans van de reiger 1962
Tijl Uilenspiegel 1965
Thyestes 1966
Acht toneelstukken 1966
Het Goudland 1967
Morituri 1968
Masscheroen 1968
Vrijdag 1969
De spaanse hoer 1970
Tand om tand 1970
Het leven en de werken van Leopold II 1970
Oedipus 1971
Interieur 1971
De vossejacht 1972
Pas de deux 1973
Blauw blauw 1973
Thuis 1975
Orestes 1976
Het huis van Labdakos 1977
Phaedra 1980
Een Hooglied 1981
Het haar van de hond 1982
Serenade 1984
Blindeman 1985
Georg Faust 1985
In Kolonos 1986
Gilles en de nacht 1988